Abschied von der Spaltung | Fin d'une division

Peter A. Schmid/Theres Roth-Hunkeler (Hrsg./Ed.)

Abschied von der Spaltung
Fin d'une division

Die letzten Jahre der Schweizer Autorinnen und Autoren
Gruppe Olten und des Schweizerischen Schriftstellerinnen-
und Schriftsteller-Verbandes

Les dernières années du Groupe d'Olten, Ecrivaines et Ecrivains
suisses et de la Société Suisse des Ecrivaines et Ecrivains

Übersetzungen/Traductions:
Gilbert Jolliet, Michael Pfister, Christian Viredaz und Yla von Dach

Rotpunktverlag

© 2003 Rotpunktverlag, Zürich
www.rotpunktverlag.ch
Umschlag: Andi Gähwiler
Druck und Bindung: freiburger graphische betriebe · www.fgb.de
ISBN: 3-85869-254-9
1. Auflage

Inhalt

Vorwort von Peter A. Schmid und Theres Roth-Hunkeler 9
Avant-propos de Peter A. Schmid et Theres Roth-Hunkeler 11

Charles Linsmayer
Das Kapital der Verbandspolitik ist die Literatur 13
    Von der Subversion zur Spasskultur? 15
    Nach dem Modell der «Gruppe 47»? 17
    Bei Lichte besehen eine bemerkenswerte Epoche 17
    Die ersten «Oltner» setzten Zeichen 19
    Generation um Generation überzeugende Debüts 22
    Und die übrigen Landessprachen? 22
Le capital de la politique associative, c'est la littérature 25
    De la subversion à la culture du divertissement? 27
    Selon le modèle du «Groupe 47»? 29
    A y regarder de plus près, une époque remarquable 30
    Les premiers «Oltner» ouvrent la voie 31
    Des débuts convainquants, génération après génération 34
    Et les autres langues nationales? 35

Fredi Lerch
Das Staunen der Dichter am Ende des Traums 37
    Vorbemerkungen 37
    Das hybride Gebilde 38
    Das Kerngeschäft 43
    Die Identität 55
    Die Konkurrenz 74
    Bibliografie 94
L'étonnement des poètes à la fin du rêve 97
    Remarques préliminaires 97
    Une créature hybride 98
    L'activité essentielle 103
    L'identité 115
    La concurrence 134
    Bibliographie 154

Beat Mazenauer
Entfesselung zwischen zwei Versuchen 157
    Zwei Abstimmungen im Jahr 1996 157
    Eine «Affaire Meylan»? 160
    Kooperation und Abhängigkeit 164
    Keine Macht für niemand? 168
    Die Alternative kommt ins Alter 171
    Die Hypothek der Geschichte 173
    Die Aufarbeitung des dunklen Kapitels 178
    Loyalität gegenüber dem Staat? 183
    Links und sexy 185
    Widerstand in den eigenen Reihen 190
    Das gestärkte Selbstbewusstsein 194
    Stil und Moral 197
    Veränderte Balance 203
    Wege zur Professionalisierung 206
    Neuer Anlauf unter veränderten Vorzeichen 210
    Ein glückliches Ende – ein glücklicher Anfang 215
    Bibliografie 220
Se délivrer d'une double histoire 223
    Deux votations en 1996 223
    Une «Affaire Meylan»? 226
    La coopération et l'indépendance 231
    Le pouvoir à personne? 235
    L'âge de l'alternative 238
    L'hypothèque de l'histoire 241
    En finir avec le sombre chapitre 247
    Une loyauté envers l'Etat? 251
    Etre à gauche et sexy 254
    Des résistances internes 259
    Une affirmation renforcée 263
    Le style et la morale 268
    L'équilibre s'inverse 273
    Des voies vers la professionnalisation 277
    Nouvel élan sous de nouveaux auspices 282
    Finir en beauté – Démarrer en fanfare 286
    Bibliographie 292

Daniel de Roulet
Comme si Davos était en Suisse! 295
Als läge Davos in der Schweiz! 298

Eugène
La vieille dame et le bébé 302
Die alte Dame und das Baby 304

Clo Duri Bezzola
Schon wegen der Geselligkeit 306

Anne Cuneo
Groupe d'Olten : le métier d'écrire 309

Ketty Fusco
Fraternità intellettuale: progetto o utopia? 312

Hugo Loetscher
Das Terrain war schon vorbereitet 313

Alberto Nessi
Cambiare binario 315

Bernadette Richard
Le syndrome de Caïn et Abel 317

Jean-Bernard Vuillème
Plus qu'une étiquette 320

Elisabeth Wandeler-Deck
Die GO als eine Einladung zu einer Tischgesellschaft 323

Manfred Züfle
Was mir die Gruppe Olten bedeutete 326

Vorwort

31 Jahre lang traten sie getrennt auf: Die GO (Schweizer Autorinnen und Autoren Gruppe Olten) und der SSV (Schweizerischer Schriftstellerinnen- und Schriftsteller-Verband) vertraten die Interessen ihrer Mitglieder und der Literatur zweispurig. In den letzten Jahren arbeiteten die beiden nationalen Autorinnen- und Autoren-Verbände immer stärker zusammen – und glichen sich immer mehr an. Am 31. Dezember 2002 endete dieser schweizerische Sonderfall: GO und SSV hatten ihrer eigenen Auflösung zugestimmt und ihre Mitglieder gründeten den neuen Schweizerischen Autorinnen- und Autorenverband (AdS). Diesem Schritt sind halbherzige Versuche, zahme Annäherungen, schroffe Abwehr, zähe Verhandlungen und heftige Diskussionen vorausgegangen. Das Resultat aber zeigt, dass die alten kulturpolitischen Fronten überwunden sind. Und: Autorinnen und Autoren haben erkannt, dass sie nur gemeinsam den für die Literatur unentbehrlichen Raum fordern und beanspruchen können.

Das vorliegende Buch geht in Ergänzung zu den Arbeiten von Hans Mühlethaler und Ulrich Niederer[1] der wechselvollen Geschichte der beiden Verbände in den letzten 14 Jahren nach. Unabhängig voneinander und im Auftrag des jeweiligen Verbandes beleuchten Fredi Lerch die GO und Beat Mazenauer den SSV. Der Neuanfang in der Verbandsgeschichte bedeutet für viele Autorinnen und Autoren auch einen Abschied: Die beiden Co-Präsidenten und 9 Vertreterinnen und Vertreter der GO und des SSV blicken in persönlichen Stellungnahmen zurück, bilanzieren und schauen in die Zukunft. Ihren Texten steht die sach-

---

1 Hans Mühlethaler, *Die Gruppe Olten. Das Erbe einer rebellierenden Schriftstellergeneration*, Sauerländer, Aarau 1989. Ulrich Niederer, «75 Jahre Schweizerischer Schriftsteller-Verband», in Otto Böni (Hrsg.), *Literatur geht nach Brot. Die Geschichte des Schweizerischen Schriftstellerverbands*, Sauerländer, Aarau 1987.

kundige und liebenswürdige Einleitung von Charles Linsmayer, einem profunden Kenner und wachen Beobachter der Schweizer Literatur, voran. Seine Schlussfolgerung, dass der neue Verband sich nicht mit der «Altlast zweier letztlich gescheiterter Vereine» beschäftigen, sondern das «junge, sich noch immer weiter entwickelnde literarische Erbe» der Schweizer Literatur fördern solle, kann getrost als programmatische Aufforderung verstanden werden.

Peter A. Schmid
Theres Roth-Hunkeler

Avant-propos

Pendant 31 ans, ils ont fait bande à part : le GO (Ecrivaines et Ecrivains suisses du Groupe d'Olten) et la SSE (Société Suisse des Ecrivaines et Ecrivains) ont défendu les intérêts de leurs membres et de la littérature chacun de leur côté. Les dernières années, les deux associations nationales d'écrivaines et d'écrivains ont collaboré de plus en plus étroitement et se sont harmonisées toujours davantage. Le 31 décembre 2002, cette exception suisse a pris fin : le GO et la SSE avaient décidé leur dissolution respective pour fonder une nouvelle association regroupant les autrices et auteurs de Suisse, AdS. Ce pas décisif avait été précédé par de timides tentatives, de prudents rapprochements, de brusques refus, d'âpres négociations et de vives discussions. Mais le résultat montre que les anciens fronts politico-culturels ont été surmontés. Et les autrices et les auteurs ont reconnu que c'est seulement ensemble qu'ils pourront revendiquer l'espace indispensable à la littérature et en faire usage.

Le présent livre, qui complète les travaux de Hans Mühlethaler et d'Ueli Niederer[1], examine l'histoire mouvementée des deux associations au cours des quatorze dernières années. Indépendamment l'un de l'autre et chacun sur mandat de l'association en question, Fredi Lerch se penche sur le GO et Beat Mazenauer sur la SSE. Ce nouveau départ dans l'aventure associative signifie aussi pour beaucoup d'autrices et d'auteurs un adieu : dans des prises de position personnelles, les deux co-présidents et neuf représentantes et représentants du GO et de la SSE jettent un regard rétrospectif, tirent un bilan et regardent vers

---

1 Hans Mühlethaler : *Die Gruppe Olten. Das Erbe einer rebellierenden Schriftstellergeneration*, Sauerländer, Aarau 1989. Ulrich Niederer : « La Société suisse des écrivains : 75 ans d'existence », in Otto Böni (éd.) : *Ecrire pour vivre. Histoire de la Société suisse des écrivains*, Sauerländer, Aarau 1987.

l'avenir. Leurs textes sont précédés de la préface experte et bienveillante de Charles Linsmayer, profond connaisseur et observateur attentif de la littérature suisse. Sa conclusion, appelant la nouvelle organisation à ne pas s'occuper des «scories de deux associations qui, en fin de compte, ont échoué», mais à promouvoir le «jeune héritage littéraire encore en développement» de la littérature suisse, peut être comprise en toute sérénité comme un programme.

Peter A. Schmid
Theres Roth-Hunkeler

Von Charles Linsmayer

Das Kapital der Verbandspolitik ist die Literatur

Vorbemerkungen eines Sympathisanten
zur Geschichte des SSV und der Gruppe Olten seit 1970

Welche andere Berufsorganisation würde es zulassen, dass ihre Geschichte so schonungslos aufgearbeitet wird, wie Beat Mazenauer und Fredi Lerch es auf den nachfolgenden Seiten für die Gruppe Olten und den Schweizerischen Schriftstellerinnen- und Schriftsteller-Verband (SSV) tun? So dass am Ende, vor der beiderseitigen Auflösung zwecks Neugründung, dem von ein paar cleveren Jungfunktionären handstreichartig übernommenen und mittels moderner Führungs- und Marketingstrategien innert kurzem von einer verschlafenen, hoffnungslos überalterten Traditionskörperschaft in eine effiziente, selbst für Pop- und Slamliteraten noch attraktive «sexy» Organisation verwandelten SSV nun also eine Gruppe Olten gegenüberstand, die 32 Jahre zuvor als linke Alternative zu einem reaktionären SSV angetreten war, seither aber, obschon sie in Sachen Finanzen und Lobbying mit der Konkurrenz längst Hand in Hand ging, ihres (überholten) politischen Bekenntnisses wegen immer mehr ins Abseits geraten war und zuletzt mit ihrem «68er Stallgeruch» für potenzielle Neumitglieder wie ein rotes Tuch wirkte, wollten Letztere doch selbstredend weder «linke Gutmenschen» sein, noch irgendwelche Bekenntnisse ablegen.

Nun wird aber auch Peter Bichsel zitiert, für den es jene Gruppe Olten, die er und ein paar andere damals wollten, «gar nie gegeben» hat, sondern nur einen «lächerlichen Lotterhaufen», der in der «Vereinsmeierei» verkommen sei. Was in dieser Unerbittlichkeit sicher falsch ist, gab der freundschaftliche Oltener Zusammenschluss in einer Zeit, die durch Fremdenhass und Antikommunismus vergiftet war, in der die amerikanische Machtdemonstration in Vietnam die Jugend der Welt zum Protest trieb und Emil Staigers Verdammungsurteil gegen die moderne Literatur noch in bester Erinnerung war, den Schreibenden Mut und den nötigen Rückhalt, um ihren Gefühlen und Einsichten ohne Konzessionen treu bleiben zu können. Und schliesslich: Warum sollte es nicht auch in der Schweiz eine Autorenbewegung wie den deutschen VDS geben, bei dessen Eröffnungsversammlung am 21. November 1970 Willy Brandt die Worte vom «Ende der Bescheidenheit» prägte und ausrief: «Denn so mächtig der Einfluss der Politik auf die Gesellschaft sein mag, längst hat sie ihre Macht teilen müssen: gerade Sie als Schriftsteller sollten Ihren Einfluss nicht unterschätzen.» Aber nicht nur der Glaube an die gesellschaftliche Wirkung schriftstellerischer Tätigkeit, auch die Marschrichtung, wie sie in jenem inzwischen zum Sündenfall herabstilisierten Statutenparagrafen vom anzustrebenden Ziel einer «demokratischen, sozialistischen Gesellschaft» festgeschrieben war, steht in einem gewissen Zusammenhang mit Willy Brandt und dessen Ostpolitik, war damit doch keineswegs die Einführung einer sozialistischen Gesellschaft à la DDR, sondern eine friedliche Zusammenführung der beiden Systeme gemeint. In Befolgung eines Postulats von Max Frisch, der sich 1968 trotz der Niederschlagung des Prager Frühlings zur Hoffnung bekannt hatte, «dass das Versprechen, das dort Sozialismus heisst, und das Versprechen, das hier Demokratie heisst, zu verwirklichen sind durch ihre Vereinigung».[1]

Kein Zweifel: Nicht nur Frisch selbst, auch viele andere Schweizer Schriftstellerinnen und Schriftsteller, und zwar in der überwiegenden Mehrzahl solche, die der Gruppe Olten angehörten, haben sich engagiert mit eingebracht, wenn es galt, in diesem aufklärerischen, gegen die starren ideologischen Fronten gerichteten Sinn Einfluss zu nehmen. Ob es um die Frauenbewegung ging, deren primäres Postulat, das Stimm- und Wahlrecht auf Landesebene, im Gründungsjahr der Gruppe Olten Erfüllung gefunden hatte, ob um die Anti-AKW-Bewegung, die Aufarbeitung der Zürcher Unruhen von 1980, den Kulturboykott gegen den Fichen-Skandal, die Asyldiskussion, die Dienstverweigererfrage: immer waren Schweizer Autorinnen und Autoren bei Aktivitäten wie diesen federführend oder deutlich sichtbar an vorderster Front mit da-

---

[1] Max Frisch, «Rede nach der Besetzung der Tschechoslowakei», in *Forderungen des Tages*, herausgegeben von Walter Schmitz, Suhrkamp-Taschenbuch 957, Suhrkamp-Verlag, Frankfurt am Main 1983, S. 250–253.

bei, und die 100 000 Unterschriften, die Adolf Muschg und Emil Steinberger 1981 in Bern für die «Kulturinitiative» deponierten, die Reden von Otto F. Walter und Anne Cuneo bei der von 50 000 Teilnehmern besuchten Friedensdemo vom 5. November 1983 auf dem Bundesplatz, die historischen und militärstrategischen Diskussionen, die Niklaus Meienberg mit seinem Wille-Buch auslöste, die Teilnahme von Frisch und Dürrenmatt an Gorbatschows Moskauer Abrüstungsforum von 1987, die Zürcher Uraufführung von Frischs *Jonas und der Veteran* am 19. Oktober 1989, wenige Wochen vor der Abstimmung über die Initiative «Schweiz ohne Armee», Dürrenmatts Havel-Rede von 1990 – das alles kennzeichnete in besonders spektakulären Momenten eine Haltung und eine Zielrichtung, die von der überwiegenden Mehrheit der Autoren und Autorinnen fraglos mitgetragen wurde. Und die grössere Eindeutigkeit in dieser Haltung, und nicht, wie man inzwischen zu erkennen gemeint hat, die Konkurrenz zum SSV, war in all den Jahren die besondere Qualität der Gruppe Olten. Der mindestens seit der Präsidentschaft des ehemaligen Kommunisten Alfred A. Häsler ein SSV gegenüberstand, dem der reaktionäre Touch, der zur Spaltung geführt hatte, abhanden gekommen war und dem auch die Altlasten von 1933 bis 1945 in guten Treuen nicht mehr angekreidet werden konnten, hatte Häsler doch die dunklen Kapitel in der Geschichte des Vereins schon 1967, in *Das Boot ist voll,* mit einer Radikalität und Vorurteilslosigkeit offen gelegt, die auch von späteren Kommentatoren nicht mehr übertroffen werden konnten.

Von der Subversion zur Spasskultur?
Natürlich hat sich seit jenem 8. September 1968, als Max Frisch im Theater Basel von der Utopie eines demokratischen Sozialismus sprach, die politische und gesellschaftliche Situation in Europa und darüber hinaus grundlegend verändert. Frisch selbst sah «am Ende der Aufklärung» 1986 noch resignierend jenes «Goldene Kalb»[2] stehen,

---

2 Max Frisch, «Am Ende der Aufklärung steht das Goldene Kalb», Rede vom 10. Mai 1986 an den 8. Solothurner Literaturtagen. In *Schweiz als Heimat?*, herausgegeben von Walter Obschlager, Suhrkamp Weisses Programm Schweiz, Frankfurt 1990, S. 461–469.

das inzwischen auch da herrscht, wo man nach der «Wende» auf einen demokratischen Sozialismus hätte hoffen können, und angesichts einer Welt, in der Kapital, Business, Weltmachthybris und Terrorangst an die Stelle von politischer Weitsicht und demokratischer Urteilsfindung getreten sind, hat längst auch der Glaube, dass Literatur die Gesellschaft oder gar die Welt verändern könne, einer nüchterneren Einschätzung Platz gemacht. «Entspanntheit», «Entideologisierung», «Konventionalisierung», «Allgemeinverständlichkeit», «neues Selbstbewusstsein», «Vermarktung mittels Events» heissen offenbar die Stichworte für eine neue Schweizer Literatengeneration, die sich aller propagierten Internationalität zum Trotz in rein schweizerischen Anthologien[3] zusammenfindet, während in deutschen Sammelbänden, in die früher Frisch, Dürrenmatt, Muschg, Bichsel, Loetscher oder Widmer ganz selbstverständlich mit hineingehörten, nur noch ganz selten Schweizer Beiträge zu finden sind. So dass inzwischen wohl jene oppositionelle Stossrichtung längst nicht mehr für alle Beteiligten unbestritten ein Kennzeichen schweizerischen literarischen Schaffens sein dürfte, die Iso Camartin 1998, anlässlich des Gastauftritts an der Frankfurter Buchmesse, noch folgendermassen charakterisieren konnte: «Wo immer Literatur entsteht, die diesen Namen verdient, sind Revolten im Gang, werden Konventionen über Bord geworfen, Grenzen überschritten, Subversionen praktiziert. Die Schweiz ist kein Land der grossen Aufstände und Umwälzungen, aber sie ist ein Land der heimlichen Putschs, der latenten Unbotmässigkeiten, der individuellen Insurgenz und des listigen Einspruchs.»[4]

---

3   Reto Sorg und Andreas Paschedag (Hrsg.): *Swiss made. Junge Literatur aus der deutschsprachigen Schweiz*, Wagenbach-Taschenbuch 419, Berlin 2001 / Reto Sorg und Yeboaa Ofosu (Hrsg.): *Natürlich die Schweizer!*, Aufbau-Taschenbuch 1874, Berlin 2002. Auch die zitierten Äusserungen stammen von Reto Sorg und sind in *CH-Lit*, Mitteilungen zur deutschsprachigen Literatur der Schweiz Nr. 9, Schweizerisches Literaturarchiv, Bern, Dezember 2002, zu finden.
4   Iso Camartin, «Die Ambitionen der Schreibenden», Dossier der Pressekonferenz «Hoher Himmel – Enges Tal» vom 9. Juni 1998 in Frankfurt.

Nach dem Modell der «Gruppe 47»?

Wenn Peter Bichsel die Aktivitäten der Gruppe Olten als «Vereinsmeierei» einstuft, dann sicher nicht, weil sie sich zu wenig in die kulturelle und gesellschaftliche Diskussion eingebracht oder weil sie die korporativen Anliegen der Autoren nicht effektiv genug vertreten hätte, sondern weil er selbst sich 1970 nicht einen zweiten Berufsverband, sondern eine schweizerische «Gruppe 47» gewünscht hatte. Bichsel war 1965 mit dem «Preis der Gruppe 47» ausgezeichnet worden und hatte – neben Paul Nizon, der 1963 einmal Gast gewesen war – als einziger Schweizer unmittelbar miterleben können, wie sich da Schriftstellerinnen und Schriftsteller wie Ilse Aichinger, Ingeborg Bachmann, Paul Celan, Günter Eich, Günter Grass, Vaclav Havel, Uwe Johnson, Martin Walser und Peter Weiss ohne Statuten und Hierarchien zusammenfanden, um über nichts anderes als über ihre neuen Bücher und Texte zu reden. Und vielleicht verfälscht man jenes Kapitel Literatur-, Kultur- und Wirkungsgeschichte, das 32 Jahre Gruppe Olten (und ebenso viele Jahre SSV) darstellen sollte, durch die Reduktion auf die blosse Verbandsgeschichte bzw. durch die Ausklammerung der in diesen Jahren entstandenen Literatur ebenso sehr, wie wenn man die Darstellung der Gruppe 47 auf die Beschreibung der 34 Tagungen zwischen 1947 und 1990 beziehungsweise auf deren ökonomischen und gruppendynamischen Hintergrund beschränken würde. Denn wenn sie an den Zusammenkünften schweizerischer Autorinnen und Autoren auch nur ganz selten eine Rolle spielten und zumeist diskret verschwiegen wurden: die eigentliche Bedeutung, die eigentliche Existenzberechtigung erhielt die ganze «Vereinsmeierei» nicht anders als im Falle jener Gruppe 47, wo man sie demonstrativ herausstellte, erst durch die von den Beteiligten geschaffenen literarischen Werke, durch den Rang, den sie über die Epoche hinaus einnehmen, und durch die Beachtung, die sie beim Publikum und bei der Kritik zu finden vermochten.

Bei Lichte besehen eine bemerkenswerte Epoche

Literarhistorische Urteile sind umso riskanter, je näher einem die ins Visier genommene Epoche liegt, und doch gibt es bereits heute eine Menge guter Gründe zur Annahme, dass die Jahre 1970 bis 2002, für die wir in diesem Buch, in Ergänzung der Arbeiten von Hans Mühlethaler und Ulrich Niederer[5], eine sorgfältig recherchierte Verbandsgeschichte vorgelegt bekommen, in Sachen Vielfalt, Originalität, Qualität und Aussagekraft eine der bemerkenswertesten Epochen der bisherigen Schweizer Literaturgeschichte gewesen sind. Nie zuvor hat, um für einmal diese herauszugreifen, die Deutschschweizer Literatur innerhalb des grösseren deutschen Sprachgebiets eine derart grosse Rolle gespielt wie in diesen Jahren. Beflügelt durch den rebellischen Impetus von 1968, angespornt durch die Erfolge von Frisch und Dürrenmatt, brachte die deutsche Schweiz, die von der Einwohnerzahl her gerade mal ein Drittel so gross wie Bayern ist, in diesen drei Jahrzehnten eine Literatur hervor, die nicht bloss zahlenmässig mit derjenigen von ganzen Ländern wie Österreich, Holland oder Ungarn mithalten konnte, sondern im Unterschied zur national verbrämten Produktion der Jahre 1933 bis 1950 auch qualitativ und formal alles Provinzielle abgestreift hatte, musste sie sich doch anders als damals nicht mehr nur an autochthon-schweizerischen, sondern an international gültigen Kriterien und Massstäben messen lassen.

Nein, nicht in den offiziellen und inoffiziellen Treffen der «Oltner», in den Jahres- und Generalversammlungen, in den Vorstandssitzungen, in den Verlautbarungen und Grundsatzdiskussionen, den mehr oder weniger glücklichen Aktivitäten und Leistungen der zumeist freundschaftlich miteinander verbandelten Sekretäre von Gruppe Olten und SSV, sondern in den Romanen und Erzählungen, Gedichten und Theaterstücken, Essays und Reportagen, die in dieser Zeit entstanden sind und für deren Entstehung und Verbreitung die beiden Berufsorganisationen vielleicht die ökonomischen und rechtlichen Bedingungen zu verbessern vermochten, liegt die eigentliche, die über die unmittelbar Beteiligten hinaus virulente Bedeutung von 32 Jahren Gruppe Olten und SSV. Und nicht weil sie in den Statuten verkündet wurde, sondern weil diese literarischen Werke sie auf vielfältig-intelligente,

5 Hans Mühlethaler, *Die Gruppe Olten. Das Erbe einer rebellierenden Schriftstellergeneration*, Sauerländer, Aarau 1989. Ulrich Niederer, «75 Jahre Schweizerischer Schriftsteller-Verband», in: Otto Böni (Hrsg.), *Literatur geht nach Brot. Die Geschichte des Schweizerischen Schriftstellerverbands*, Sauerländer, Aarau 1987.

oftmals auch unmittelbar bewegende Weise zu den Leserinnen und Lesern trugen, ist auch die aufklärerische Zielsetzung, die sich die «Oltner» bei ihrer Gründung gegeben hatten – die aber von einzelnen SSV-Mitgliedern wie Hugo Loetscher, Jürg Federspiel oder Yvette Z'Graggen mindestens so engagiert mitgetragen wurde –, jahrzehntelang ein deutlich erkennbares Charakteristikum von guter, von über die Landesgrenzen hinaus wahrgenommener Schweizer Literatur gewesen.

Die ersten «Oltner» setzten Zeichen

Mit dem, was sie von ihrem bisherigen Schreiben her verkörperten, legten Autoren und Autorinnen wie Otto F. Walter, Jörg Steiner, Kurt Marti, Peter Bichsel, Paul Nizon, Adolf Muschg, Walter Vogt, Erica Pedretti, Franz Hohler, Urs Widmer – aber auch Franck Jotterand, Nicolas Bouvier und, nicht zu vergessen: Anne Cuneo, die erste GO-Präsidentin! – bei der Gründung der Gruppe Olten quasi eine erste Spur, ein lockeres, unprätentiöses Koordinatensystem, das den gesellschaftspolitischen Anstoss Max Frischs durchaus ernst nahm und den eigentlichen, literarischen Einfluss des Verfassers von *Stiller* und *Homo faber* keineswegs unterschätzte, in andern Belangen aber – etwa, was die regionale und gesellschaftliche Verwurzelung, den Erlebnishorizont, die formale Gestaltung oder die Erzählweisen betraf – dennoch auch neues, auf vielfältige Weise weiter ausbaubares Terrain öffnete.

Otto F. Walter zum Beispiel, eine der grossen, prägenden Gestalten des Oltener Zusammenschlusses, hatte schon 1959, in seinem Erstlingsroman *Der Stumme*, auf exemplarische Weise einen Vater-Sohn-Konflikt thematisiert und starke Bilder für die den Einzelnen entfremdende moderne Welt gefunden. 1972, in *Die ersten Unruhen*, würde er dann, als wolle er die Träume der «Oltner» eins zu eins in Literatur überführen, der in seinem fiktiven Jammers modellhaft gespiegelten repressiv-reaktionären Schweiz des Kalten Krieges die Utopie einer Wirtschaftsreform gegenüberstellen, «die im Dienste aller steht». Der Utopie von der «Herrschaft der Freiheit» sah sich auch der von der Theologie her kommende Kurt Marti verpflichtet, der 1959 mit seinen *republikanischen gedichten* der Mär von der Musterdemokratie Schweiz auf den Pelz gerückt war, 1969 mit seinen *Leichenreden* die helvetische Behaglichkeit zum Teil als dumpfen Chauvinismus entlarvt hatte und 1966 mit seinem Essay *Die Schweiz und ihre Schriftsteller – die Schriftsteller und ihre Schweiz* auch der Begründer einer kritischunvoreingenommenen Schweizer Literaturgeschichtsschreibung gewesen war. Jörg Steiner wiederum stand mit *Strafarbeit* und *Ein Messer für den ehrlichen Finder* – 1983 würde den beiden Romanen wie eine Aufforderung zum Widerstand gegen Isolation, Lebensangst und Sprachlosigkeit ein dritter, *Das Netz zerreissen*, folgen – für die literarische Aufarbeitung einer Domäne, die weder Frisch noch Dürrenmatt kannten: die Welt der Kinderheime und Erziehungsanstalten, die sich in ihrer nüchternen Zeichnung wie die extremste Verdichtung der viel beklagten helvetischen Enge betrachten liess.

Wobei gerade Paul Nizon, der letztere Wahrnehmung im Gründungsjahr der Gruppe Olten mit seinem *Diskurs in der Enge* zum Stichwort für eine ganze Generation machen sollte, bereits 1963, mit seinem viel diskutierten Rom-Buch *Canto*, auch vorgelebt hatte, dass sich dem Sauerstoffmangel jener Ausbruch zu neuen Ufern, Ländern und Themen entgegenstellen lasse, den mit ihm eine ganze Reihe anderer Autorinnen und Autoren von Gertrud Wilker (*Collages USA*, 1968) und Jürg Federspiel (*Museum des Hasses*, 1969) bis hin zu Hugo Loetscher (*Herbst in der grossen Orange*, 1982) für kürzere oder längere Zeit für sich wählen würden. Auch Adolf Muschg, der engagiert am Entstehen der Gruppe Olten beteiligt war, gehört mit dem Japan-Roman *Im Sommer des Hasen* von 1965 zu jenen, die der Schweizer Literatur früh ferne Welten aufschlossen, und er setzte die Erkundung Asiens bis hin zu *Baiyun oder Die Freundschaftsgesellschaft* von 1980 und *Die Insel, die Kolumbus nicht gefunden hat* von 1995 mit der gleichen Konsequenz fort, mit der er in Büchern wie *Albissers Grund* (1974), *Das Licht und der Schlüssel* (1984) oder *O mein Heimatland* (1998) in immer neuen Ansätzen und Fragestellungen auch das Thema Schweiz anging.

Wichtige Beiträge zur Diskussion über den Weg der Schweiz zwischen Tradition und Moderne, Armut und Wirtschaftsboom, Technik und Natur lieferten aber, gleich, ob sie zur Gruppe Olten oder zum SSV gehörten, auch viele andere: Walter Kauer mit seiner Geschichtscollage *Schachteltraum* (1974), Niklaus Meienberg mit seinen provokanten

Reportagen aus der Schweiz (1974), Rolf Niederhauser mit dem subtilen Industrie-Rapport *Mann im Überkleid* (1976), Mariella Mehr mit dem erschütternden Anstaltsbuch *steinzeit* (1980), Urs Widmer mit den die zunehmende Verbetonierung und Amerikanisierung des Landes protokollierenden *Schweizer Geschichten* von 1975, Hermann Burger mit der eindringlichen Evokation der Lebensunfähigkeit eines Lehrers (*Schilten*, 1976), Franz Hohler mit einer hintersinnigen Parabel auf die zunehmende Umweltzerstörung (*Die Rückeroberung*, 1982), Franz Böni mit den allmählich verstummenden Zeugnissen seiner radikalen Verweigerung, Erika Burkart mit ihren lyrischen Trauergesängen auf die geschändete Natur und Kreatur, Gertrud Leutenegger mit ihrer Prosa-Elegie auf die allmähliche Verfremdung einer Landschaft (*Kontinent*, 1985) oder E. Y. Meyer mit dem Selbstfindungs- und Gesellschaftsroman *Die Rückfahrt* (1977), wo eine Protagonistin ausspricht, was in diesen Jahren in Opposition zu einer grossen schweigenden Mehrheit so viele kritische Schweizer Intellektuelle dachten: «Falls man die Schweiz als ein Experiment betrachten würde, eine zukünftige, für die ganze Welt gültige Lebensform auszuprobieren, so müsste man dieses als gescheitert oder jedenfalls als zu scheitern im Begriffe betrachten.»[6]

Dazu müssten unbedingt noch Stimmen hinzugenommen werden wie diejenige von Hans Boesch – der sich 1960 mit *Das Gerüst* in die Tradition der antifaschistischen deutschen Erzählung eingereiht hatte und 1978 mit *Der Kiosk* aus kompetenter Warte einen Abgesang auf die Technikbegeisterung der Nachkriegszeit lieferte –, diejenige des langjährigen GO-Präsidenten Walter Vogt – der die Schweizer Wirklichkeit mit dem Blick des Psychiaters entlarvte und der am Ende nicht nur die Droge, sondern auch die Menschheitsgeissel Aids aus unmittelbarer Bewegtheit heraus zum Thema machte –, nicht zuletzt aber auch diejenigen von Helen Meier, Christoph Geiser, Ilma Rakusa, Hanna Johansen, Erica Pedretti, Jürg Laederach, Bruno Steiger, Reto Hänny und Gerhard Meier, die ihr Grösstes und Bestes dadurch erreichten, dass sie

---

6 E. Y. Meyer, *Die Rückfahrt*. Roman. Suhrkamp-Verlag, Frankfurt am Main 1977, Seite 213.

sich der schweizerischen realistischen Erzähltradition verweigerten und mit ihrer Kunst der Assoziation und des freien Komponierens und Collagierens auch formal Neuland betraten. Und brachte nicht auch Gerold Späth mit seiner barocken Erzählfreude und seiner abgründigen Fantasie eine ganz neue, befreiende Dimension in die helvetische Literaturwelt ein?

Generation um Generation überzeugende Debüts
Man könnte, zählt man zu den Debütanten von vor 1970 noch Namen wie jene von Beat Brechbühl, Urs Jaeggi, Jürg Acklin, Guido Bachmann, Klaus Merz oder Hansjörg Schneider hinzu, die Autoren und Autorinnen nach dem Zeitpunkt ihres Erstlings in Gruppen und Jahrgänge einteilen und stiesse dann Mitte der 70er-Jahre auf die Debüts von Maja Beutler, Elisabeth Meylan, Lukas Hartmann, Margrit Schriber, Claudia Storz, Ursula Eggli und Laure Wyss, zu Beginn der 80er-Jahre auf diejenigen von Matthias Zschokke, Thomas Hürlimann, Martin R. Dean, Beat Sterchi, Eveline Hasler, Heinrich Kuhn und Hansjörg Schertenleib, ein halbes Jahrzehnt später auf das Erscheinen von Urs Faes, Dante Andrea Franzetti, Francesco Micieli und Markus Werner, Anfang der 90er-Jahre auf dasjenige von Perikles Monioudis, Peter Höner, Milena Moser, Theres Roth-Hunkeler, Urs Richle, Kristin T. Schnider, Tim Krohn und Christina Viragh, Mitte der 90er-Jahre auf die Debüts von Ruth Schweikert, Peter Weber und Zoë Jenny, kurz vor 2000 auf Peter Stamm, Aglaja Veteranyi, Raphael Urweider, Armin Senser und Yusuf Yesilöz – und seither nochmals auf ganz neue Namen wie diejenigen von Michael Stauffer, Lukas Bärfuss, Andreas Münzner und Katharina Faber, der Trägerin des Rauriser Literaturpreises 2003 für das beste deutschsprachige Debüt.

Und die übrigen Landessprachen?
Dabei hätte man, weil die Anzahl deutschsprachiger Schweizer Autorinnen und Autoren schon so überwältigend gross ist und jeder einzelne Name im Grunde wieder für einen ganz eigenen literarischen Kosmos steht, beinahe unterschlagen, dass zum SSV und zur Gruppe Olten und überhaupt zur Literatur des viersprachigen Landes Schweiz natür-

lich auch die französischsprachige Tradition mit Namen wie Jacques Chessex, Maurice Chappaz, Philippe Jaccottet, Alexandre Voisard, Yvette Z'Graggen, Anne Cuneo, Jean-Luc Benoziglio, Nicolas Bouvier, Jean-Marc Lovay, Anne-Lise Grobéty, Yves Laplace, Catherine Safonoff, Sylviane Dupuis, Agota Kristof, Bernard Comment, Daniel de Roulet, Sylviane Roche, Ivan Farron, Daniel Maggetti und vielen anderen hinzuzuzählen ist, dass mit Namen wie denjenigen von Giorgio und Giovanni Orelli, Fleur Jaeggy, Donata Berra, Alice Ceresa, Anna Felder, Alberto Nessi, Vincenzo Todisco oder Fabio Pusterla auch die italienische Schweiz wichtige Impulse überallhin gegeben hat und dass sogar die kleinste Sprachgruppe, das Rätoromanische, mit Namen wie Linard Bardill, Gion Deplazes, Clo Duri Bezzola, Oscar Peer, Leo Tuor und Flurin Spescha Wesentliches zu diesem Schweizer Literaturwunder des letzten Jahrhundertdrittels beigetragen hat, das sich in der Nachfolge von impulsgebenden und bahnbrechenden Autoren wie Frisch und Dürrenmatt fast unbemerkt herausgebildet hat und dem in seiner Fülle, seiner Vielfalt und seiner immer wieder erstaunlichen Qualität und Einzigartigkeit gerecht zu werden noch ganze Interpreten- und Philologengenerationen ihr Bestes werden leisten müssen. Für den entstehenden neuen gesamtschweizerischen Berufsverband AdS aber ist dieses junge, sich noch immer weiter entwickelnde literarische Erbe, und nicht die Altlast zweier letztlich gescheiterter Vereine, das Kapital, mit dem sich ebenso stolz und selbstbewusst wie subversiv und unbotmässig zu neuen Ufern aufbrechen lässt.

Charles Linsmayer

Le capital de la politique associative, c'est la littérature

Remarques préliminaires d'un sympathisant sur l'histoire de la SSE et du Groupe d'Olten depuis 1970

Quelle autre organisation professionnelle accepterait de voir son histoire réexaminée de manière aussi impitoyable que Beat Mazenauer et Fredi Lerch l'ont fait dans les pages qui suivent pour le Groupe d'Olten et la Société Suisse des Ecrivaines et Ecrivains (SSE)? Au point de nous faire voir à la fin, à la veille de la dissolution des deux associations en vue d'en fonder une nouvelle, une SSE reprise en main, par un coup de force, par une poignée de jeunes fonctionnaires futés qui sont parvenus en un rien de temps à transformer, au moyen de stratégies modernes de direction et de marketing, une corporation traditionnelle somnolente et désespérément vieillissante en une organisation efficace, suffisamment «sexy» pour attirer même des auteurs pratiquant le pop et le slam, opposée à un Groupe d'Olten qui, 32 ans plus tôt, s'était affirmé comme alternative de gauche à une SSE réactionnaire mais qui depuis lors, bien que marchant depuis longtemps main dans la main avec l'organisation concurrente pour ce qui concerne les finances et le lobbying, se trouvait de plus en plus marginalisé par la faute de son credo politique dépassé et faisait fuir avec ses relents soixante-huitards les nouveaux membres potentiels qui ne voulaient naturellement ni se poser en «braves gauchistes» ni faire quelque profession de foi que ce soit.

Mais voici maintenant cité aussi Peter Bichsel, pour qui le Groupe d'Olten que lui et quelques autres voulaient à l'époque «n'a jamais existé», mais n'a été qu'une «ridicule bande bordélique» qui s'est noyée dans les «discutailleries» d'association. Jugement cruel qui ne lui rend pas justice, car en un temps pourri par la xénophobie et l'anticommunisme, où la démonstration de puissance américaine au Vietnam poussait la jeunesse du monde entier à la protestation et où la condamnation de la littérature moderne par Emil Staiger était encore dans toutes les mémoires, le rassemblement amical d'Olten a donné à celles et ceux qui avaient choisi la voie de l'écriture le courage et l'appui nécessaire pour rester fidèles à leurs sentiments et à leurs idées sans devoir faire de concessions. Car enfin, pourquoi n'aurait-il pas pu naître en Suisse aussi un mouvement d'auteurs comparable au VDS allemand, pour l'assemblée inaugurale duquel, le 21 novembre 1970, Willy Brandt avait forgé la formule de la «fin de la modestie», en s'écriant: «Car si forte que puisse être l'influence de la politique sur la société, elle a depuis longtemps dû partager sa puissance: et vous précisément, en tant qu'écrivains, ne devriez pas sous-estimer votre propre influence.»

La foi en l'efficacité sociale de l'activité d'écrivain, mais aussi le but que s'est donné le Groupe dans un paragraphe de ses statuts assimilé entre-temps à un véritable péché originel, celui de poursuivre l'objectif d'une «société socialiste et démocratique», est d'une certaine manière lié à Willy Brandt et à son Ostpolitik, car ce qui était visé, ce n'était nullement l'avènement d'une société socialiste style RDA, mais une combinaison pacifique des deux systèmes, suivant un postulat de Max Frisch qui en 1968, malgré la répression du Printemps de Prague, avait exprimé l'espoir «que la promesse qui là-bas se nomme socialisme et la promesse qui ici a nom démocratie, doivent se réaliser par leur réunion.»[1]

Aucun doute là-dessus: non seulement Frisch, mais aussi beaucoup d'autres écrivaines et écrivains suisses, et qui dans leur écrasante majorité faisaient partie du Groupe d'Olten, se sont engagés et investis, quand il le fallait, pour exercer une influence dans ce sens éclairé, contre la rigidité des fronts idéologiques. Qu'il s'agisse du mouvement féministe, dont le premier postulat, le droit de vote et d'éligibilité pour les femmes au niveau national, a été réalisé en l'année de la fondation du

---

1   Max Frisch, «Rede nach der Besetzung der Tschechoslowakei», in *Forderungen des Tages*, publié par Walter Schmitz, Suhrkamp-Taschenbuch 957, Suhrkamp-Verlag, Francfort 1983, p. 250–253.

Groupe d'Olten, qu'il s'agisse du mouvement anti-nucléaire, de l'analyse et de la discussion des troubles zurichois de 1980, du boycott culturel contre le scandale des fiches, de la discussion sur l'asile, de la question de l'objection de conscience : toujours, des autrices et des auteurs suisses ont pris part à des activités comme celles-ci, en tant que responsables ou au moins bien visibles en première ligne, et les 100 000 signatures qu'Adolf Muschg et Emil Steinberger ont déposées à Berne en 1981 pour l'«Initiative culturelle», les discours prononcés par Otto F. Walter et Anne Cuneo devant les 50 000 participants à la manifestation pour la paix du 5 novembre 1983 sur la Place Fédérale, les discussions historiques et militaro-stratégiques que Niklaus Meienberg a déclenchées avec son livre sur Wille, la participation de Frisch et de Dürrenmatt au forum sur le désarmement convoqué en 1987 à Moscou par Gorbatchev, la première de la pièce de Max Frisch *Jonas et le Vétéran* à Zurich le 19 octobre 1989, quelques semaines avant la votation sur l'initiative «Une Suisse sans armée», le discours de Dürrenmatt en l'honneur de Vaclav Havel : tout cela a caractérisé à des moments particulièrement spectaculaires une attitude et une orientation qui ont sans aucun doute été partagées par l'écrasante majorité des autrices et des auteurs. Et c'est d'avoir été le plus clair dans cette attitude – et non, comme on a cru le reconnaître entre-temps, de s'être affirmé comme concurrent de la SSE – qui a été durant toutes ces années la qualité particulière du Groupe d'Olten. Auquel faisait face, au moins depuis la présidence de l'ex-communiste Alfred A. Häsler, une SSE débarrassée de la touche réactionnaire qui avait conduit à la scission et à laquelle, en toute bonne foi, on ne pouvait plus non plus faire grief de l'action délétère poursuivie de 1933 à 1945, Häsler ayant en 1967 déjà exposé les chapitres noirs de l'histoire de la Société, dans son livre *La Barque est pleine*, avec un radicalisme et une absence de préjugés que même les commentateurs plus récents n'ont pas pu égaler.

De la subversion à la culture du divertissement ?
Naturellement, depuis ce 8 septembre 1968 où Max Frisch évoquait au Théâtre de Bâle l'utopie d'un socialisme démocratique, la situation politique et sociale en Europe et au-delà a fondamentalement changé.

Frisch lui-même voyait avec résignation en 1968, «à la fin de l'âge des Lumières», se dresser ce «veau d'or»[2] qui depuis lors règne même là où, après la chute du Mur, on aurait pu espérer en un socialisme démocratique, et face à un monde dans lequel le capital, le business, l'arrogance d'une puissance mondiale et la peur du terrorisme ont supplanté la clairvoyance politique et le processus démocratique, la croyance que la littérature puisse changer la société ou même le monde a cédé la place à une appréciation plus mesurée. «Détente», «désidéologisation», «conventionnalisation», «littérature compréhensible pour tous», «nouvelle conscience de soi-même», «commercialisation par le biais d'events» sont manifestement les mots d'ordre d'une nouvelle génération d'écrivains suisses qui, en dépit de l'internationalisme tant prôné, se retrouvent dans des anthologies purement suisses[3], tandis que dans les volumes collectifs allemands où naguère Frisch, Dürrenmatt, Muschg, Bichsel, Loetscher ou Widmer figuraient tout naturellement, on ne trouve plus que très rarement aujourd'hui des contributions d'auteurs suisses. Si bien que tous les intéressés ne peuvent de loin plus accepter sans conteste comme signe distinctif de la création littéraire suisse cette orientation «oppositionnelle» qu'en 1998, à l'occasion de la Foire de Francfort à laquelle la Suisse était hôte d'honneur, Iso Camartin[4] pouvait encore caractériser ainsi: «Où que naisse une littérature digne de ce nom, des révoltes sont en cours, des conventions sont jetées par-dessus bord, des frontières sont franchies, des subversions pratiquées. La Suisse n'est pas un pays de grands soulèvements et de

2 Max Frisch, «Am Ende der Aufklärung steht das Goldene Kalb», discours tenu le 10 mai 1986 aux 8es Journées littéraires de Soleure. In *Schweiz als Heimat?*, publié par Walter Obschlager, Suhrkamp Weisses Programm Schweiz, Francfort 1990, p. 461–469.
3 Reto Sorg et Andreas Paschedag (éd.): *Swiss made. Junge Literatur aus der deutschsprachigen Schweiz*, Wagenbach-Taschenbuch 419, Berlin 2001 / Reto Sorg et Yeboaa Ofosu (éd.): *Natürlich die Schweizer!* Aufbau-Taschenbuch 1874, Berlin 2002. Les propos cités sont aussi de Reto Sorg et se trouvent dans *CH-Lit*, Mitteilungen zur deutschsprachigen Literatur der Schweiz Nº 9, Archives littéraires suisses, Berne, décembre 2002.
4 Iso Camartin, «Die Ambitionen der Schreibenden», dossier de la conférence de presse «Vaste ciel – vallée étroite» du 9 juin 1998 à Francfort.

révolutions, mais elle est un pays de putschs secrets, d'insubordinations latentes, d'insurrections individuelles et d'objections rusées. »

Selon le modèle du « Groupe 47 » ?

Si Peter Bichsel qualifie de « discutailleries d'association » les activités du Groupe d'Olten, ce n'est certainement pas parce que le GO se serait trop peu engagé dans le débat culturel et social ou parce qu'il n'aurait pas défendu assez efficacement les intérêts corporatifs des auteurs, mais bien parce que lui-même aurait souhaité en 1970 non pas une deuxième association professionnelle mais un « Groupe 47 » suisse. Bichsel avait été distingué en 1965 par le « Prix du Groupe 47 » et il avait été – avec Paul Nizon, invité une fois en 1963 – le seul Suisse à avoir pu faire directement l'expérience de la manière dont des écrivaines et des écrivains comme Ilse Aichinger, Ingeborg Bachmann, Paul Celan, Günter Eich, Günter Grass, Vaclav Havel, Uwe Johnson, Martin Walser et Peter Weiss se retrouvaient sans statuts ni hiérarchie pour ne rien faire d'autre que discuter de leurs nouveaux livres ou textes. Et peut-être qu'on ne fausse pas moins ce chapitre d'histoire littéraire, culturelle et active que représentent 32 ans de Groupe d'Olten (et 32 ans de SSE) en le réduisant à la simple histoire de l'association et en faisant l'abstraction de la littérature créée durant ces années, qu'on ne le ferait en limitant la présentation du Groupe 47 à la description des 34 séances qu'il a tenues de 1947 à 1970 et en ne considérant que son contexte économique et sa dynamique de groupe. Car même si elles n'ont joué que très rarement un rôle lors des réunions des autrices et auteurs suisses et qu'elles ont été la plupart du temps discrètement passées sous silence, ce n'est que par les œuvres littéraires créées par ses membres, par la place qu'elles ont acquise au-delà de l'époque, par l'attention qu'ont pu leur vouer le public et la critique, que l'association avec toutes ses « discutailleries » a trouvé sa véritable signification, la justification de son existence, pas moins que ce ne fut le cas pour le Groupe 47, où les œuvres étaient brandies ostensiblement.

A y regarder de plus près, une époque remarquable
Plus on est proche de l'époque considérée, plus il est risqué de poser des jugements d'histoire littéraire ; pourtant, aujourd'hui déjà, il existe une quantité de bonnes raisons pour affirmer que la période de 1970 à 2002 – de laquelle le présent livre, en complément des travaux de Hans Mühlethaler et Ulrich Niederer[5], nous offre une histoire associative qui est le fruit de recherches attentives – constitue à l'aune de la diversité, de l'originalité, de la qualité et de la puissance expressive une des époques les plus remarquables de l'histoire littéraire suisse à ce jour.

Jamais auparavant la littérature suisse alémanique – pour la distinguer pour une fois à l'intérieur du grand espace germanophone – n'a joué un rôle aussi important que durant ces années. Stimulée par l'élan rebelle de 1968, aiguillonnée par les succès de Frisch et de Dürrenmatt, la Suisse alémanique, qui au regard du nombre d'habitants correspond à peine au tiers de la Bavière, a produit durant ces trois décennies une littérature quantitativement aussi importante que celle de pays entiers comme l'Autriche, les Pays-Bas ou la Hongrie, et qui de plus, par rapport à la production nationale édulcorée des années 1933 à 1950, s'est débarrassée de tout provincialisme quant à la qualité et à la forme, obligée de se mesurer à des critères de validité internationale et non plus simplement autochtones.

Non, ce n'est pas dans les rencontres officielles et officieuses des «Oltner», dans les assemblées générales annuelles, dans les séances de comité, dans les communiqués et les discussions de principe, les activités et les prestations plus ou moins heureuses des secrétaires le plus souvent amicalement complices du Groupe d'Olten et de la SSE, mais dans les romans et les récits, les poèmes et les pièces de théâtre, les essais et les reportages publiés durant ces années, et pour l'écriture et la diffusion desquels les deux organisations professionnelles sont sans doute parvenues à améliorer les conditions économiques et juridiques, que réside la véritable importance de ces 32 ans de Groupe d'Olten et

---

5   Hans Mühlethaler, *Die Gruppe Olten. Das Erbe einer rebellierenden Schriftstellergeneration*, Sauerländer, Aarau 1989. Ulrich Niederer, «La Société suisse des écrivains : 75 ans d'existence», in Otto Böni (éd.), *Ecrire pour vivre. Histoire de la Société suisse des écrivains*, Sauerländer, Aarau 1987.

de SSE, qui ont produit leurs effets au-delà des intéressés directs. Et ce n'est pas parce qu'il était inscrit dans les statuts, mais parce que ces œuvres littéraires l'ont communiqué aux lectrices et aux lecteurs de manière diverse, intelligente et souvent aussi émouvante, que l'objectif éclairé que les «Oltner» se sont donné lors de leur fondation – mais qui a été partagé de manière au moins aussi engagée par certains membres de la SSE comme Hugo Loetscher, Jürg Federspiel ou Yvette Z'Graggen – a été pendant plusieurs décennies un signe clairement reconnaissable d'une littérature suisse de qualité, perçue comme telle au-delà des frontières nationales.

Les premiers «Oltner» ouvrent la voie
Avec ce qu'ils incarnaient par ce qu'ils avaient écrit jusqu'alors, des auteurs et des autrices comme Otto F. Walter, Jörg Steiner, Kurt Marti, Peter Bichsel, Paul Nizon, Adolf Muschg, Walter Vogt, Erica Pedretti, Franz Hohler, Urs Widmer – mais aussi Franck Jotterand, Nicolas Bouvier, sans oublier Anne Cuneo, la première présidente du GO! – posaient en fondant le Groupe d'Olten comme un premier repère, un système de coordonnées lâche et sans prétention qui prenait tout à fait au sérieux l'impulsion socio-politique de Max Frisch et qui ne sous-estimait en aucun cas la véritable influence littéraire de l'auteur de *Stiller* et de *Homo Faber*, mais qui à d'autres points de vue – pour ce qui concernait par exemple l'enracinement régional et social, l'horizon du vécu, la structure formelle ou les modes narratifs – ouvrait de nouvelles terres aménageables de multiples manières.

Otto F. Walter par exemple, l'une des grandes figures marquantes du rassemblement d'Olten, avait déjà pris pour thème de manière exemplaire en 1959, dans son premier roman *Der Stumme (La dernière nuit)*, le conflit père-fils et trouvé des images fortes pour le monde moderne dans lequel les individus se retrouvent désorientés. En 1972, avec *Die ersten Unruhen*, comme s'il voulait transposer grandeur nature les rêves des «Oltner» dans la littérature, il allait opposer à la Suisse répressive et réactionnaire de l'époque de la Guerre froide, exemplairement reflétée dans la petite cité fictive de Jammers, l'utopie d'une réforme économique «au service de tous». C'est aussi pour l'utopie du

« pouvoir de la liberté » que s'était engagé Kurt Marti, venu de la théologie, qui avait bousculé en 1959, avec ses *republikanische gedichte*, la légende de la Suisse démocratie-modèle et démasqué en 1969 avec ses *Leichenreden* le confort helvétique en partie du moins comme un chauvinisme obtus, et qui en 1966, avec son essai *Die Schweiz und ihre Schriftsteller – Die Schriftsteller und ihre Schweiz*, avait aussi été le fondateur d'une historiographie littéraire critique et impartiale de la Suisse. De son côté, Jörg Steiner, avec *Strafarbeit (Le cas du détenu B)* et *Ein Messer für den ehrlichen Finder (Un couteau dans l'herbe)* – deux romans auquel un troisième, *Das Netz zerreissen (Un accroc dans le filet)*, allait suivre en 1983 comme une invitation à la résistance contre l'isolement, la peur de vivre et la réduction au silence – s'engageait pour le traitement littéraire d'un domaine que ni Frisch, ni Dürrenmatt ne connaissaient : le monde des foyers pour enfants et des maisons d'éducation, qui dans leur description objective se révélaient comme la condensation extrême de l'étroitesse helvétique tant déplorée.

Une étroitesse dont Paul Nizon allait faire avec son *Diskurs in der Enge*, publié l'année même de la fondation du Groupe d'Olten, un terme de référence pour toute une génération, cependant qu'il avait déjà éprouvé et exprimé en 1963, avec son livre romain *Canto*, très discuté, comment on pouvait répondre au manque d'oxygène par ce départ pour de nouvelles rives, de nouveaux pays et de nouveaux thèmes qu'après lui toute une série d'autrices et d'auteurs, de Gertrud Wilker (*Collages USA*, 1968) et Jürg Federspiel (*Museum des Hasses*, 1969) à Hugo Loetscher (*Herbst in der grossen Orange / Un automne dans la Grosse Orange*, 1982) allaient choisir pour plus ou moins longtemps. Adolf Muschg aussi, qui avait pris une part active à la fondation du Groupe d'Olten, compte avec son roman japonais *Im Sommer des Hasen* au nombre de ceux qui ont tôt ouvert la littérature suisse aux horizons lointains, et il a poursuivi sa découverte de l'Asie, jusqu'à *Baiyun oder Die Freundschaftsgesellschaft (Bayoun ou le Voyage en Chine)* de 1980 et *Die Insel, die Kolumbus nicht gefunden hat* de 1995, avec la même constance qu'il a mise à soumettre le thème de la Suisse à des approches et des interrogations toujours nouvelles dans des livres comme *Albissers Grund* (*L'impossible enquête*, 1974), *Das Licht und der Schlüssel* (*La lumière et la clef*, 1984) ou *O mein Heimatland* (1998).

Mais la discussion sur le chemin parcouru par la Suisse entre tradition et modernité, pauvreté et boom économique, technique et nature, a été nourrie par les contributions de nombreux autres écrivaines et écrivains, qu'ils aient été membres du Groupe d'Olten ou de la SSE : Walter Kauer avec son collage historique *Schachteltraum* (1974), Niklaus Meienberg avec ses provocants *Reportages en Suisse* (1974), Rolf Niederhauser avec son subtil rapport sur le monde industriel *Mann im Überkleid* (1976), Mariella Mehr avec son bouleversant récit *steinzeit* (1980) sur l'univers des maisons de correction, Urs Widmer avec ses *Histoires suisses* (1975) dressant le procès-verbal du bétonnage progressif et de l'américanisation croissante du pays, Hermann Burger avec son évocation saisissante de l'incapacité de vivre d'un instituteur (*Schilten*, 1976), Franz Hohler avec une parabole pleine de sous-entendus sur la destruction croissante de l'environnement (*Die Rückeroberung/La reconquête*, 1982), Franz Böni avec les témoignages de son refus radical se fondant progressivement dans le silence, Erika Burkart avec ses chants funèbres à la nature et à la créature profanées, Gertrud Leutenegger avec son élégie en prose à la dénaturation progressive d'un paysage (*Kontinent*, 1985) ou E.Y. Meyer avec son roman d'une découverte de soi qui est aussi un roman social, *Die Rückfahrt* (1977), dans lequel une protagoniste exprime ce que pensaient en ces années-là, en opposition à la grande majorité silencieuse, tant d'intellectuels suisses critiques : « Si l'on voulait considérer la Suisse comme une tentative d'expérimenter une forme de vie future valable pour l'humanité entière, on devrait considérer que l'expérience a échoué ou en tout cas qu'elle est en train d'échouer. »[6]

A ces voix, il faudrait absolument en ajouter encore d'autres, comme celles de Hans Boesch – qui s'était inscrit en 1960, avec *Das Gerüst*, dans la tradition du récit antifasciste allemand et qui a donné en 1978 avec *Der Kiosk*, d'un point de vue compétent, un adieu à l'enthousiasme de l'après-guerre pour la technique – et de Walter Vogt, long-

---

6 E.Y. Meyer, *Die Rückfahrt*, Roman. Suhrkamp-Verlag, Francfort 1977, p. 213.

temps président du GO – qui a démasqué la réalité suisse avec le regard du psychiatre et qui pour finir a pris pour thème, de manière infiniment prenante, non seulement la drogue, mais aussi ce fléau qui tient l'humanité en otage, le sida –, sans oublier celles de Helen Meier, Christoph Geiser, Ilma Rakusa, Hanna Johansen, Erica Pedretti, Jürg Laederach, Bruno Steiger, Reto Hänny et Gerhard Meier, qui ont donné le meilleur d'eux-mêmes en se refusant à la tradition suisse du récit réaliste et en pénétrant dans des domaines formels encore inexplorés avec leur art de l'association, du collage et de la composition libre. Et un Gerold Späth, avec sa narration baroque et jubilatoire et sa fantaisie abyssale n'a-t-il pas amené aussi dans le monde littéraire helvétique une dimension toute nouvelle et libératrice ?

Des débuts convaincants, génération après génération
Si l'on ajoute encore aux débutants d'avant 1970 les noms de Beat Brechbühl, Urs Jaeggi, Jürg Acklin, Guido Bachmann, Klaus Merz ou Hansjörg Schneider, on pourrait classer les auteurs et les autrices par groupes ou par classes selon la date de leur première publication, et l'on trouverait alors au milieu des années 70 les débuts de Maja Beutler, Elisabeth Meylan, Lukas Hartmann, Margrit Schriber, Claudia Storz, Ursula Eggli et Laure Wyss, au début des années 80 ceux de Matthias Zschokke, Thomas Hürlimann, Martin R. Dean, Beat Sterchi, Eveline Hasler, Heinrich Kuhn et Hansjörg Schertenleib, un lustre plus tard l'apparition d'Urs Faes, Dante Andrea Franzetti, Francesco Micieli et Markus Werner, au commencement des années 90 celle de Perikles Monioudis, Peter Höner, Milena Moser, Theres Roth-Hunkeler, Urs Richle, Kristin T. Schnider, Tim Krohn et Christina Viragh, au milieu des années 90 les débuts de Ruth Schweikert, Peter Weber et Zoë Jenny, peu avant 2000 Peter Stamm, Aglaja Veteranyi, Raphael Urweider, Armin Senser et Yusuf Yesilöz, et depuis lors encore des noms tout nouveaux comme ceux de Michael Stauffer, Lukas Bärfuss, Andreas Münzner et Katharina Faber, qui vient d'être couronnée par le Rauriser Literaturpreis 2003 pour le meilleur début en langue allemande.

Et les autres langues nationales ?

Ce faisant, et parce que le nombre des autrices et auteurs suisses de langue allemande est si considérable et qu'au fond derrière chacun de ces noms se cache un cosmos littéraire bien particulier, on aurait presque oublié qu'à la SSE et au Groupe d'Olten, ou plutôt à la littérature de ce pays quadrilingue qu'est la Suisse, il faut naturellement encore assigner la tradition francophone avec des noms comme ceux de Jacques Chessex, Maurice Chappaz, Philippe Jaccottet, Alexandre Voisard, Yvette Z'Graggen, Anne Cuneo, Jean-Luc Benoziglio, Nicolas Bouvier, Jean-Marc Lovay, Anne-Lise Grobéty, Yves Laplace, Catherine Safonoff, Sylviane Dupuis, Agota Kristof, Bernard Comment, Daniel de Roulet, Sylviane Roche, Ivan Farron, Daniel Maggetti et bien d'autres ; qu'avec des noms comme ceux de Giorgio et Giovanni Orelli, Fleur Jaeggy, Donata Berra, Alice Ceresa, Anna Felder, Alberto Nessi, Vincenzo Todisco ou Fabio Pusterla la Suisse italienne a aussi donné des impulsions importantes dans toutes les directions ; et que même le plus petit des groupes linguistiques, le rhéto-roman, a apporté avec des noms comme ceux de Linard Bardill, Gion Deplazes, Clo Duri Bezzola, Oscar Peer, Leo Tuor et Flurin Spescha des contributions remarquables à ce miracle littéraire suisse du troisième tiers du XXe siècle qui s'est développé presque sans qu'on s'en aperçoive dans le sillage d'auteurs novateurs et moteurs comme Frisch et Dürrenmatt et pour rendre justice à l'ampleur, à la diversité, à la toujours étonnante qualité et à l'originalité duquel il faudra encore que des générations entières d'interprètes et de philologues donnent le meilleur d'eux-mêmes. Et pour la nouvelle association AdS fondée afin de regrouper l'ensemble des autrices et des auteurs de Suisse, c'est ce jeune héritage littéraire encore en développement – et non pas les scories de deux associations qui, en fin de compte, ont échoué – qui constitue le capital grâce auquel elle pourra cingler vers de nouveaux horizons avec autant de fierté et de conscience de sa propre valeur que de subversion et d'insubordination.

Traduit de l'allemand par Christian Viredaz

Fredi Lerch

Das Staunen der Dichter am Ende des Traums

Die jüngste Geschichte
der Schweizer Autorinnen und Autoren Gruppe Olten

Vorbemerkungen

Ursprünglich wurde dieser Bericht zuhanden der Generalversammlung der Gruppe Olten (GO) vom 26. Mai 2002 in Olten geschrieben. GO-Präsident Daniel de Roulet wollte damit eine Diskussionsgrundlage vorlegen im Hinblick darauf, dass an dieser Generalversammlung die Auflösung des Verbands[1] traktandiert war. Zwar lag in Olten der Bericht dem Vorstand des Verbands vor, weil aber die Übersetzung in die französische Sprache noch ausstand, wurde auf seine Verteilung verzichtet. An dieser GV wurde der Grundsatzentscheid zur Auflösung gefällt, womit klar war, dass der Verband im Herbst anlässlich einer ausserordentlichen Generalversammlung formell aufgelöst werden würde. Im Hinblick darauf wurde der Bericht redigiert und ins Französische übersetzt. Gleichzeitig entstand während des Sommers 2002 die Idee zum vorliegenden Buch, die sich bis zur ausserordentlichen Generalversammlung am 12. Oktober in Bern so weit konkretisiert hatte, dass der Bericht ein zweites Mal zurückbehalten wurde. Für die vorliegende Buchpublikation ist er deshalb im Dezember 2002 erneut überarbeitet worden.

Zusammen mit dem damaligen GO-Präsidenten Andreas Balmer war ich 1990 als Delegierter der WoZ-Redaktion Mitglied des so genannten «Kulturboykott-Komitees», das den «Kulturboykott» gegen die 700-Jahr-Feier der Schweiz von 1991 lancierte und koordinierte. Obschon ich mich bei der vorliegenden Aufgabe der Unparteilichkeit und Sachlichkeit befleissigt habe, soll hiermit offen gelegt sein, dass ich es damals als meine Aufgabe verstand, öffentlich eine Auseinanderset-

---

1 Obschon die Gruppe Olten juristisch als «Verein» konstituiert ist, ist es üblich geworden, von ihr als einem Verband zu sprechen (Jochen Kelter mündlich, 20.3.2002).

zung zu forcieren, die innerhalb der GO zu einer Zerreissprobe und bei verschiedenen Mitgliedern zu Verletzungen geführt hat. Ich habe mich bemüht, die Passage über den Kulturboykott nicht aus dem Blickwinkel eines ehemaligen Boykottkomitee-Mitglieds, sondern als recherchierender Journalist zu schreiben.

Ich danke dem Präsidenten der Gruppe Olten, Daniel de Roulet, für den Auftrag; Patricia Büttiker und Theres Roth-Hunkeler für Unterstützung und Gastfreundschaft im Verbandssekretariat in Frauenfeld; Hans Mühlethaler für Mail-Auskünfte; Jochen Kelter für das Gespräch zum «Kerngeschäft», für Auskünfte und für Kritik; den ehemaligen Präsidenten der Gruppe Olten Andreas Balmer, Manfred Züfle und Klaus Merz für die Gespräche zur Identität der Gruppe Olten, für Auskünfte und für Kritik; Verena Röthlisberger und Peter A. Schmid vom Sekretariat des Schweizerischen Schriftstellerinnen- und Schriftsteller-Verbands für Auskünfte und Unterlagen; Elio Pellin für die Suche nach dem Gruppe-Olten-Material im Schweizerischen Literaturarchiv; Charles Linsmayer für den Text seines Referates «Deutschsprachige Schriftsteller im Schweizer Exil 1933–1950»; für Einzelauskünfte schliesslich Peter Bichsel, Otto Böni, Esther Brunner, Markus Hediger, Lou Pflüger, Andreas Simmen und Jörg Steiner.

Das hybride Gebilde

Vor der Generalversammlung in Frauenfeld vom 11. September 1988 wollte es der Vorstand der Schweizer Autorinnen und Autoren Gruppe Olten (GO), damals präsidiert von Lukas Hartmann, genauer wissen. Er startete eine Umfrage unter den Mitgliedern, die den Titel «Selbstverständnis und Zukunft der Gruppe Olten» trug. Die erste Frage lautete: «Wollen wir uns […] in Zukunft als syndikalistischen Berufsverband mit linksliberaler bis linker Ausrichtung verstehen? Oder verstehen wir uns nach wie vor als politische Organisation, die nebenher auch die beruflichen Interessen ihrer Mitglieder vertritt?»[2] 61 Mitglieder haben geantwortet (davon 50 aus der Deutschschweiz und 15 Frauen): 36 plä-

---

2 Vorstand der GO: Das Selbstverständnis und die Zukunft der Gruppe Olten, Umfrageunterlagen, Typoskript, 25.7.1988.

dierten dafür, die GO solle «vor allem ein linker Berufsverband» sein, 10 dafür, die GO solle «vor allem eine politische Gruppierung» sein, und 15 waren «unentschieden» oder fanden die Frage «irrelevant etc.».[3] An der Generalversammlung führte dieses Resultat zur Erhaltung des Status quo: Nicht linker Berufsverband oder politische Organisation, sondern weiterhin das eine als auch das andere sollte die GO bleiben. Auch der Vorschlag des Vorstands, bei dieser Gelegenheit den Verband in «Schweizerische Autorinnen- und Autorenunion» oder in «Syndikat Schweizerischer Autorinnen und Autoren» umzubenennen, wurde abgelehnt. Der Name der GO blieb bis zum Schluss unverändert.

Drei Jahre später verfasste der Soziologiestudent Andreas Missbach eine Seminararbeit über die Gruppe Olten. Darin kam er zum Schluss, dass diese als «Berufsverband und politische Gruppierung» «zwei Seiten mit unterschiedlichen Funktionslogiken und verschiedenen strukturellen Problemen» vereinige – deshalb charakterisierte er sie als «hybrides Gebilde».[4]

Nichts hat die Geschichte der GO mehr geprägt als die Spannung zwischen den Polen dieser zweiwertigen Struktur. In seinen Erinnerungen an die Gründungszeit des Verbands beschrieb Hans Mühlethaler, GO-Sekretär von 1971 bis 1987, bereits die Stimmung an den insgesamt vier Oltener Treffen von 1970[5] vor der formellen Gründung der GO «als ein Hin- und Herschwanken zwischen einem Gewerkschaftsbeitritt und der Bildung einer Verbindung in der Art der Gruppe 47»[6]. Organisation oder Netzwerk? Linke Lobby oder republikanischer Klub? Gewerkschaft oder literarischer Salon? Die GO versuchte immer wieder, beides zu sein: einerseits ein Sekretär für die Berufspolitik, andererseits ein Präsident für die Ideologie; an den Generalversammlungen einerseits der Samstagabend fürs identitätsstiftende Heimatgefühl, andererseits der Sonntagvormittag für die unumgänglichen Verbandstraktanden.[7] Einerseits mit hartnäckigen kleinen Schritten vorwärts auf

3 GO MB 40, Oktober 1988, 6.
4 Missbach 1991, 18.
5 Mühlethaler 1989, 18, 20, 24 + 29.
6 Mühlethaler 1989, 31.
7 Manfred Züfle mündlich, 9.4.2002.

dem langen Weg durch die Institutionen, andererseits im Vereinszweck die Utopie fürs Gemüt.

Aber ist es wirklich so, dass sich die GO in Abgrenzung vom Schweizerischen Schriftstellerinnen- und Schriftsteller-Verband (SSV) als «hybrid» beschreiben lässt? Hat nicht auch der SSV immer wieder berufs- und gesellschaftspolitisch Stellung genommen?

Im November 1956, nach dem Einmarsch der Roten Armee in Ungarn, war der SSV-Vorstand mit seinem Mitglied André Bonnard unzufrieden. Der Gräzist und Althistoriker Bonnard, Kommunist und Stalinpreis-Träger, weigerte sich in den Tagen der antikommunistischen Hysterie, sich von diesem Einmarsch öffentlich zu distanzieren. Dies veranlasste den SSV-Vorstand, Bonnard schriftlich aufzufordern, entweder diese Distanzierung zu liefern oder aus dem SSV auszutreten. Bonnard verweigerte beides. Daraufhin teilte ihm der Vorstand mit, dass an der nächsten Generalversammlung sein Ausschluss beantragt werde. Der Briefwechsel zwischen dem Vorstand und Bonnard wurde öffentlich, löste vor allem in der Westschweiz einen Sturm der Entrüstung aus und führte dazu, dass der damalige Präsident Hans Zbinden den Ausschlussantrag zurückzog. Die SSV-Generalversammlung ergänzte danach die Statuten mit dem Zusatz: «La SES ne connaît pas le délit d'opinion.» Kein einziges SSV-Vorstandsmitglied nahm nach dieser Desavouierung den Hut.[8]

Diese Episode soll belegen: Im SSV ging man mit gesellschaftspolitischen Problemen pragmatisch um; durchgesetzt wurde in diesem Bereich gewöhnlich nicht der als richtig erkannte Entscheid, sondern jener, der dem verbandspolitischen Frieden am ehesten diente – auch wenns, wie in diesem Fall, der liberalere war.

Um zu verstehen, warum diese gesellschaftspolitische Seite der Hybridstruktur in der GO sehr viel verbindlicher und ideologisch präziser ausgeformt ist, muss man sich die Geschichte ihrer Abspaltung vom SSV vergegenwärtigen.

Der SSV und die GO haben sich in ihren Selbstdarstellungen darauf geeinigt, dass die Abspaltung die Folge einer Protestaktion gegen den

8   Niederer 1994, 202 ff.

SSV-Präsidenten Maurice Zermatten gewesen sei.[9] Dieser hatte das 1969 erschienene so genannte «Zivilverteidigungsbuch» ins Französische übersetzt und dabei die antiintellektuellen und antikommunistischen Passagen noch zugespitzt. Diese Darstellung ist eine Verkürzung der Spaltungsgeschichte. Ulrich Niederer weist darauf hin, dass für den SSV die Jahre zwischen 1964 und 1974 ein «Jahrzehnt des Sturms» gewesen seien: Die «reine Kausalität», Zermattens Übersetzung sei der «Anlass für die Spaltung» gewesen, sei «zu revidieren».[10] Das stimmt zweifellos.

Spätestens am Schriftstellertag an der Expo 1964 – für den damaligen SSV-Sekretär Franz W. Beidler eine «kläglich misslungene Veranstaltung»[11] – artikulierten junge Autoren öffentliche Kritik am SSV: Der Gammlerpoet René E. Mueller beschimpfte den «herzensguten Professor Zbinden» als Präsidenten einer «Schafherde», die sich von Dieter Bührle, «dem Oberwaffenschieber» und Besitzer des Artemis-Verlags, ein «Telefonverzeichnis» habe finanzieren lassen «mit mehr Schweizer Autoren drin, als es in der Schweiz überhaupt gibt».[12]

Als in den Zeitungen daraufhin der SSV aufgefordert wurde, gegen die aufmüpfigen Jungen die notwendigen Konsequenzen zu ziehen und die Spreu vom Weizen zu sondern, erwiderte Walter Matthias Diggelmann in einer Kolumne: «Von mir aus, aber man sei wirklich konsequent, man mache aus dem Schriftstellerverein eine Art Reichsschrifttumskammer, man unterstelle sie dem Eidgenössischen Militärdepartement, man übertrage die Führung des Sekretariates einer bekannten Werbeagentur, damit wir endlich eine totale Landesverteidigung haben.»[13]

Über die SSV-Generalversammlung 1965 wird im vereinsinternen Mitteilungsblatt berichtet, es habe sich gezeigt, «dass es mit der Oppositionslosigkeit, die jahrelang geherrscht hatte, nun vorbei sei». In der Folge, so Niederer, entzündete sich der nonkonformistische Protest ei-

9 Vgl. sowohl SSV (Hrsg.) 1987, 151 ff., als auch Mühlethaler 1974 und 1989, 9 ff.
10 Niederer 1994, 213.
11 NZZ, 22.9.1964.
12 Lerch 2001, 249 ff. + 280 ff.
13 Walter Matthias Diggelmann, in: *Zürcher Woche*, 16.10.1964.

nerseits an der Forderung, der SSV müsse endlich kulturelle Auslandbeziehungen aufnehmen, anderersseits an der Frage des politischen Engagements des SSV. An der Generalversammlung 1968 sagte Jörg Steiner, es gehe nicht an, dass der SSV weiterhin «zu den täglich mehr bedrängenden Fragen der Aussen- und Innenpolitik» schweige, er müsse «den Mitgliedern Gelegenheit zur Aussprache und damit zur Klärung der Geister» geben. An einer ausserordentlichen Generalversammlung im gleichen Jahr nahm der Vorstand zu Steiners Forderung Stellung: Gesinnung bleibe jedem unbenommen, der SSV müsse sich aber darauf beschränken, «die beruflichen Interessen seiner Mitglieder zu wahren», Stellungnahmen zur «internationalen Politik» würden den SSV «auseinanderreissen» und in innenpolitischen Fragen sei sowieso «Zurückhaltung angebracht».[14] Als die Auseinandersetzung um das «Zivilverteidigungsbuch» schliesslich – initiiert von Franck Jotterand, Kurt Marti und Jörg Steiner – zum Austritt von 22 Vereinsmitgliedern führte, war das der Höhepunkt und Abschluss einer mehrjährigen Auseinandersetzung innerhalb des SSV.

Dass sich nach dem Eklat des Kollektivaustritts nur gerade 43 der 438 SSV-Mitglieder für eine ausserordentliche Generalversammlung aussprachen, kommentierte damals Peter Lehner wie folgt: «Statusquo-Leute aus Politik, Wirt- und Gewerkschaft, Hurra-Patrioten, Militaristen, Alt- und Neofaschisten. Wie erdrückend diese Allianz auch im SSV ist, geht aus dem Abstimmungsresultat hervor.»[15] Ulrich Niederer beschreibt die damaligen Auseinandersetzungen zusätzlich als Kampf der Dissidenten gegen «die Trennung der Schriftstellerei von der Staatsbürgerschaft»: «Denn das ist ihrer Ansicht nach nicht nur reaktionär, sondern bedeutet auch, nach zwei verschiedenen moralischen Massstäben zu handeln.»[16]

Sicher ist: Die 22 Autoren verliessen den SSV nicht wegen berufspolitischer Vorbehalte, sondern weil sie mit der in gesellschaftspolitischen Fragen reaktionären Fraktion, die damals den SSV dominierte, nichts

---

14 Niederer 1994, 215 ff.
15 Lehner an Mühlethaler, zitiert in: Mühlethaler 1974, 304.
16 SSV (Hrsg.) 1987, 95.

mehr zu tun haben wollten.[17] Diese Version der Gründungsgeschichte soll belegen: Die GO ist das Resultat eines mehrjährigen Kampfes um gesellschaftspolitisch fortschrittliche Verbindlichkeit – eines Kampfes, mit anderen Worten, um die Forderung, die SchriftstellerInnen in einer ideologisch fortschrittlichen Hybridstruktur zu organisieren. Nicht die Tatsache, dass sich der SSV vollständig von gesellschaftspolitischen Diskussionen dispensiert hätte, unterscheidet deshalb die beiden Verbände, sondern das verbindliche, politisch progressive Engagement, das die GO schliesslich bei der ersten Statutenrevision am 7. September 1974 im Zweckartikel mit der Formulierung dogmatisiert hat: «Ihr Ziel ist eine demokratische sozialistische Gesellschaft.»[18]

Die These dieses Berichts lautet deshalb: Nach dem Willen der Gründergeneration sollte eine gegen gesellschaftspolitischen Opportunismus resistente linke Verbindlichkeit als der eine Pol der hybriden Struktur das entscheidende Merkmal der GO sein. Diese Verbindlichkeit wurde ihre Stärke für Jahrzehnte, sie ist vermutlich aber auch der zentrale Grund, warum ihre Mitglieder den Verband im Laufe des Jahres 2002 aufgelöst haben.

Das Kerngeschäft

Die eine Seite des «hybriden Gebildes», das die GO nach Missbach darstellt, betrifft das verbandspolitische Kerngeschäft. Sofort muss eingeschränkt werden: «Kerngeschäft» nur insofern, als sich die GO als Verband verstand – und sich als berufspolitische Organisation zu verstehen, ist in der Gründungsphase der GO entschieden erst der zweite Impuls gewesen: Zwischen den ersten Intellektuellen-Protesten gegen das «Zivilverteidigungsbuch» – insbesondere dem breit abgestützten Protest in der *Gazette de Lausanne* vom 27. Oktober 1969[19] – bis zur

---

17 Dass bei dieser Abspaltung darüber hinaus der Generationenkonflikt – in dem die «alten Reaktionäre» den «jungen Progressiven» gegenüberstanden – eine Rolle gespielt hat, belegt ein Bonmot aus den frühen 70er-Jahren, das Walter Matthias Diggelmann zugeschrieben wird: Der SSV sei «ein Altersheim», habe er gesagt, und die «Gruppe Olten ein Kindergarten» (Otto Böni mündlich, 6.5.2002).
18 Mühlethaler 1989, 74 f. + 233.
19 Mühlethaler 1989, 12.

Konstituierung der GO als Verein an der Generalversammlung vom 25. April 1971 in Biel[20] liegen anderthalb Jahre. In dieser Zeit werden die ersten Leitplanken einer GO-Identität weniger durch Bekenntnisse zu einem fortschrittlichen Urheberrecht gesetzt als vielmehr durch politisches Pathos, wie es sich in Otto F. Walters drei Thesen vom 4. Oktober 1970 spiegelt: «1. Wir lehnen ab die bestehenden gesellschaftlichen Verhältnisse. 2. Wir respektieren innerhalb des Zusammenschlusses divergierende Standpunkte. 3. Wir intendieren eine Änderung der bestehenden Verhältnisse.»[21]

Auch in den ersten, vom Juristen Hans Peter (Mani) Matter entworfenen Vereinsstatuten steht mehr ideologisch Utopisches als verbandspolitisch Pragmatisches: Festgeschrieben wird einerseits eine schön gedachte basisdemokratische Struktur mit starken Regionalgruppen, die autonom neue Mitglieder wählen und Delegierte in den Vorstand entsenden sollen; andererseits eine Generalversammlung, die über «gemeinsame Projekte und Aktionen» entscheidet und «Projektgruppen» benennt, die wiederum «einzelne Sachgebiete bearbeiten».[22] Was das konkret bedeuten sollte, zeigten die Arbeitsgruppen, die an der ersten Generalversammlung gebildet wurden: Kontakt mit dem SSV (verantwortlich: Peter Bichsel); Gewerkschaftspostulate (Hans Mühlethaler); Übersetzungen (Jeanlouis Cornuz); Auslandkontakte (Walter Gross); Solidarität/Unterstützungen (Alexandre Voisard). Und was es in der Praxis bedeutete, resümiert Mühlethaler so: «Die Gruppe ‹Gewerkschaftspostulate› setzte sich zusammen aus Leuten von Zürich, Lausanne, Basel und Genf. Als ich eine Sitzung ansetzte, liessen sich alle entschuldigen. Soviel mir bekannt ist, hat auch keine der andern Projektgruppen jemals getagt.»[23]

Folgt man Mühlethalers Darstellung, war die GO in den ersten Wochen nach ihrer formellen Gründung völlig inaktiv – nicht zuletzt, weil die beiden am 4. Oltener-Treffen vom 19./20. Dezember 1970 bestimmten «vorläufigen» Sekretäre, Massimo Hauswirth und Peter A.

20 Mühlethaler 1989, 47 ff.
21 Mühlethaler 1989, 33.
22 Mühlethaler 1989, 44.
23 Mühlethaler 1989, 49.

Bloch, «nicht willens» waren, «Arbeiten zu verrichten, die über das blosse Zukleben von Briefumschlägen hinausreichten».[24] An der ersten ordentlichen Generalversammlung am 13. Juni 1971 in Neuchâtel passierte dann dreierlei: Erstens wurden Matters Statuten bereinigt, zweitens wurde eine Arbeitsgruppe «Manifest» eingesetzt – mit dem Auftrag, «ein politisches Programm zu entwerfen» – und drittens wurde Hans Mühlethaler zum verantwortlichen Geschäftsführer ernannt.[25] Drei Jahre später schrieb dieser, «die Tätigkeit der ‹Oltener›» habe sich erst «allmählich vom Gebiet des politischen Protests auf dasjenige der gewerkschaftlichen Arbeit verlagert».[26] Die verbandspolitischen Probleme sind eindeutig erst nach und nach zum Kerngeschäft der GO geworden – und zwar durch die Arbeit der beiden Sekretäre Mühlethaler und Jochen Kelter, denen es weniger um Utopien als um die Verbesserung der materiellen Situation der SchriftstellerInnen ging.

Als Kelter im März 2002 auf die geplante Selbstauflösung der bestehenden AutorInnenverbände GO und SSV und auf die Gründung einer Nachfolgeorganisation angesprochen wurde, fragte er zurück: «Steht dieser neue Verband für Event- und Happeningkultur? Oder steht er dafür, dass Urheber und Urheberinnen von geistigen Werken anständig entlöhnt werden?»[27] Dass die Frage, wie es der neue Verband mit dem Kerngeschäft halten wird, berechtigt ist, und was die GO hier an erstrittenen Leistungen zu verteidigen hat, zeigt ein summarischer Blick auf die drei Arbeitsfelder dieses Kerngeschäfts: jenes der Geldbeschaffung, jenes der direkten und indirekten Leistungen zugunsten der Verbandsmitglieder und jenes der Bemühungen um die Verbesserung der berufspolitischen Rahmenbedingungen.

Geldbeschaffung

Während ihres ganzen Bestehens setzte sich der Ertrag der GO in erster Linie aus Bundessubventionen und in zweiter aus Mitgliederbeiträgen zusammen. Letztere – sie betrugen ursprünglich «Fr. 10.– für die

---

24 Mühlethaler 1989, 38 + 51; Mail Mühlethaler an fl., 17.4.2002.
25 Mühlethaler 1989, 51 ff.
26 Mühlethaler 1974, 307.
27 Hier und im Folgenden: Jochen Kelter mündlich, 20.3.2002.

Unbemittelten und Fr. 50.– für die Normalverdiener»[28] – reichten nie, das GO-Sekretariat «mit den notwendigen Mitteln auszustatten»[29]; im ersten Geschäftsjahr kamen gerade 2150 Franken zusammen. Dass die GO trotzdem bereits 1971 ein Sekretariat betreiben konnte, war dank der Subvention von 38 000 Franken möglich, die die Pro Helvetia für das erste Betriebsjahr des neuen Verbands ausrichtete[30] (erst seit 1988 wurden die Subventionen vom Bundesamt für Kultur [BAK] bezahlt[31]).

In den letzten Jahren hat sich der Anteil der Mitgliederbeiträge am Gesamtertrag bei leicht steigender Tendenz jeweils um 20 Prozent bewegt. Über den gesamten Zeitraum 1987 bis 2002 ergibt sich das folgende Bild:

Jahr	Subventionen (S)	Mitgliederbeiträge (M)	M von S+M in %
1987	150 000.–	43 560.–	22,5
1988	190 000.–	12 900.–	6,4
1989	220 000.–	43 900.–	16,6
1990	214 300.–	46 900.–	18,0
1991	214 300.–	44 600.–	17,2
1992	260 000.–	54 450.–	17,3
1993	230 000.–	49 475.–	17,7
1994	230 000.–	54 430.–	19,1
1995	230 000.–	62 550.–	21,4
1996	230 000.–	59 675.–	20,6
1997	207 000.–	60 840.–	22,7
1998	235 000.–	66 268.–	22,0
1999	238 000.–	68 238.65	22,3
2000	248 000.–	66 871.–	21,2
2001	239 600.–	70 198.–	22,7
2002	239 600.–	64 190.–	21,8

Laut den jeweiligen Jahresberichten: 1987 (GO MB 39); 1988 (GO MB 42) – die niedrige Summe der Mitgliederbeiträge ist in der «Erfolgsrechnung 1988» so ausgewiesen, beruht, so weit erkennbar, nicht auf einem Tippfehler und ist für Jochen Kelter (mündlich, 23.4.2002) spontan nicht erklärbar –; 1989 (GO MB 47); 1990 (GO MB 53);

28 Mühlethaler 1989, 47. «Unbemittelt» hiess: ein «Jahreseinkommen unter 6000 Franken» (a. a. O., 171).
29 Mühlethaler 1989, 57 + 171.
30 Mühlethaler 1989, 58.
31 GO MB 39, Mai 1988, S. 1+4.

1991 (GO MB 57); 1992 (GO MB 62); 1993 (GO MB 67); 1994 (GO MB 72); 1995 (GO MB 77); 1996 (GO MB 81); 1997 (GO MB 85); 1998 (GO MB 89); 1999 (GO MB 93); 2000 (GO MB 97); 2001 (GO MB 101); 2002 Patricia Büttiker, Mail 24.2.2003.

Seit 1980 reichte die GO jeweils mit dem SSV ein gemeinsames Gesuch ein. Gleichzeitig trafen die beiden Verbände eine Vereinbarung über die Aufteilung der Gesamtsubvention: Nach harten Verhandlungen einigte man sich 1987/88 darauf, dass der SSV vom Gesamtbetrag in den kommenden vier Jahren jeweils 100 000 Franken mehr erhalten sollte.[32] Diese Regelung blieb schliesslich bis 1996 bestehen (siehe nachfolgende Tabelle). Im Zuge einer Reformierung des Subventionswesens im BAK gelang es Jochen Kelter 1996, die Subventionen der beiden Verbände zu entkoppeln. Lakonisch kommentiert er: «Diese neue Abmachung bekamen die Leute beim SSV erst mit, als sie hörten, sie kriegten jetzt eine eigene Subvention und müssten entsprechend auch ein eigenes Gesuch stellen.»

Jahr	Subv. GO (S)	Mitglieder (M)	S pro M	Subv. SSV (S)	Mitglieder (M)	S pro M
1987	150 000.-	220	681,8	250 000.-	582	429,6
1988	190 000.-	229	829,7	290 000.-	592	489,9
1989	220 000.-	236	932,2	320 000.-	621	515,3
1990	214 300.-	248	864,1	311 700.-	622	501,1
1991	214 300.-	277	773,6	311 700.-	632	493,2
1992	260 000.-	286	909,1	360 000.-	641	561,6
1993	230 000.-	297	774,4	330 000.-	655	503,8
1994	230 000.-	311	739,5	330 000.-	669	493,3
1995	230 000.-	315	730,2	330 000.-	665	496,2
1996	230 000.-	319	721,0	330 000.-	661	499,2
1997	207 000.-	331	625,4	287 000.-	644	445,7
1998	235 000.-	346	679,2	300 000.-	616	487,0
1999	238 000.-	356	668,5	300 000.-	578	519,0
2000	248 000.-	358	692,7	310 000.-	579	535,4
2001	239 600.-	349	686,6	299 600.-	589	508,7
2002	239 600.-	346	692,5	299 600.-	574	522,0

Subventionen und Mitglieder GO laut Jahresberichten in den GO MB. Subventionen und Mitglieder SSV: Bis 1992: Niederer 1994, 286; seit 1992: Sekretariat SSV/Verena Röthlisberger an fl., 19.3.2002; für 2002: Verena Röthlisberger mündlich, 21.2.2003.

32 Mühlethaler 1989, 179f.

Unter dem Eindruck der verlorenen eidgenössischen Abstimmung um die «Kulturinitiative» vom September 1986 initiierte Hans Mühlethaler den so genannten «Fünferklub» der Primärkultur-Schaffenden[33] – neben der GO und dem SSV schlossen sich darin der Schweizerische Tonkünstlerverein, der Verband Schweizerischer Filmgestalter (heute: Verband Filmregie und Drehbuch Schweiz) und die Gesellschaft Schweizerischer Maler, Bildhauer und Architekten (GSMBA; heute: visarte. berufsverband visuelle kunst schweiz) zusammen.[34] Im Rückblick weist Mühlethaler darauf hin, dass es neben der offiziellen auch eine verdeckte Absicht gegeben habe für sein Engagement: «Was ich verschwieg: Bei meinem Einsatz für den Fünferklub ging es nicht nur um die Wahrnehmung der gemeinsamen Interessen der freischaffenden Urheber, sondern auch um die Stärkung der GO innerhalb einer Umwelt, die ihr nicht günstig gesinnt war. Man darf nicht vergessen, dass die GO bei manchen Politikern und Verwaltern der Kultur, trotz der Prominenz ihrer Mitglieder, als eine linke Verschwörergruppe galt. Es ging also darum, ihre Stellung innerhalb der andern, der traditionellen Verbände der Kunstschaffenden zu sichern, das heisst, dafür zu sorgen, dass nicht plötzlich jemand auf die Idee komme, der GO den Subventionshahn zuzudrehen.»[35] Jochen Kelter sagt, er habe den Fünferklub ab 1988 weiter ausgebaut «und zu einer festen Institution gemacht». Seine zentrale Aufgabe sei es gewesen, gegenüber dem BAK gemeinsam aufzutreten, sich nicht spalten zu lassen und Druck zu machen. Denn grundsätzlich sei es nach wie vor so: «Die Schriftsteller und die Künstlerinnen haben kein Geld. Deshalb benehmen sich die Leute vom Bundesamt für Kultur häufig wie Feudalherren.»

---

33 Für die Datierung Dank an Esther Brunner (Generalsekretärin der GSMBA zwischen 1979 und 1994), mündlich, 25.4.2002.
34 Dass zuvor bereits ein lockerer Zusammenschluss der «Verbände der Kultur- und Medienschaffenden» «unter dem Vorsitz des SSV-Sekretärs» Otto Böni bestand, betont Ulrich Niederer (in: SSV [Hrsg.] 1987, 117). Dieser Zusammenschluss habe den Plan für die «Kulturinitiative» von 1986 entwickelt und die Unterschriftensammlung organisiert.
35 Mail Mühlethaler an fl., 18.4.2002.

Direkte und indirekte Leistungen zugunsten der Verbandsmitglieder

Das Geld, das dem Verband schliesslich pro Jahr zur Verfügung stand, wurde verwendet für die direkten und indirekten Leistungen an die Verbandsmitglieder sowie für die Finanzierung des Sekretariats.

Unter die direkten Leistungen zu zählen sind die Honorarzuschüsse an Bücher und Theaterstücke; die Honorarzuschüsse an Lesungen (zuletzt pauschal 200 Franken, wenn weniger als 400 Franken Honorar bezahlt wurden; Obergrenze: 1400 Franken pro Jahr und Mitglied) sowie die Honorargarantie für Beiträge in schweizerischen Literaturzeitschriften (zuletzt 50 Franken pro Manuskriptseite respektive pro Gedicht).

Direkte Leistungen waren darüber hinaus die Zahlungen aus sozialen Gründen. Dieses Geld wurde ausserhalb des ordentlichen Budgets über die Suisseculture Sociale, die Fürsorgestiftung der ProLitteris und die Elisabeth-Forberg-Stiftung aufgebracht. Für die Unterstützung von unverschuldet in Not geratenen GO-AutorInnen wurden in den letzten Jahren folgende Beträge aufgewendet: 1997: 78 000 Franken; 1998: 89 220 Franken; 1999: 61 608 Franken; 2000: 65 000 Franken; 2001: 94 600 Franken; 2002: 86 336 Franken.[36] Jochen Kelter: «Als ich 1988 angefangen habe, waren diese Unterstützungen noch kein Thema. Einerseits waren das soziale und kulturelle Umfeld und die Konjunktur in den Printmedien ganz anders, andererseits gab es in der GO noch kaum alte Leute. Unterdessen ist das anders. Es gibt Autoren und Autorinnen, die plötzlich eine Arztrechnung von 5000 Franken bezahlen sollen, oder solche, die mit 58 ihren Nebenjob verlieren und keine Arbeit mehr finden. In solchen Fällen muss die Zeit bis zur AHV irgendwie überbrückt werden.»

Die indirekten Leistungen zugunsten der Verbandsmitglieder, über die jeweils in den Jahresberichten informiert worden ist, waren folgende:

---

36 1997: GO MB 85, Mai 1998, S. 7; 1998: GO MB 89, Mai 1999, S. 10f.; 1999: GO MB 93, Mai 2000, S. 12; 2000: GO MB 97, Mai 2001, S. 13; 2001: Patricia Büttiker mündlich, 17.4.2002; Mail Patricia Büttiker, 24.2.2003. Die tieferen Auszahlungen 1999 und 2000 führt Kelter darauf zurück, dass in diesen Jahren weniger Notsituationen bekannt geworden seien. Gesuche seien nicht abgelehnt worden (Jochen Kelter mündlich, 19.4.2002).

- Die Mitglieder konnten Rechtsschutz in Anspruch nehmen, der insbesondere bei Auseinandersetzungen mit Verlegern wichtig war. Diese machten gegen neunzig Prozent der Rechtsschutzfälle aus.[37]
- Die Mitglieder erhielten das Mitteilungsblatt der Gruppe Olten.
- Die Mitglieder konnten das Kutscherhäuschen in Berlin-Steglitz für 600 statt 950 Franken, eine Wohnung an der Rue Labat in Paris für 780 statt 1560 Franken mieten – die Differenz trug der Verband.
- Seit 2000 richtete die GO ein Stipendium von 6000 Franken aus, mit dem sie abwechselnd einem Autor / einer Autorin aus der Schweiz oder aus dem Ausland einen zweimonatigen Aufenthalt im Emanuel von Bodman-Literaturhaus in Gottlieben (TG) ermöglichte.
- Seit 1985 führte die GO im südwürttembergischen Rottweil – zusammen mit dem Verband deutscher Schriftsteller und dem dortigen Stadtarchiv – «schweizerisch-deutsche Autorenbegegnungen» durch. Seit 2001 gab es in Rottweil zudem eine Stadtschreiberstelle.
- Mit Finnland und Slowenien hatte die GO einen jährlichen «Sommeraustausch» eingerichtet, der darin bestand, dass je ein GO-Mitglied einen Monat im Literaturhaus in Helsinki respektive in einer Wohnung in Ljubljana verbringen konnte. Im Gegenzug wurde je ein Gast aus Finnland und Slowenien für einen Monat nach Aarau respektive in die Kartause Ittingen eingeladen.

Bemühungen um die Verbesserung
der berufspolitischen Rahmenbedingungen

Um die Rahmenbedingungen des schweizerischen Kulturschaffens im Allgemeinen und der Literaturproduktion im Speziellen zu verbessern, braucht es einen langen Atem, hartnäckige Lobbyarbeit und diplomatisches Verhandlungsgeschick. Sowohl Hans Mühlethaler als auch Jochen Kelter verfügten über diese Tugenden und waren bereit, sie im Bereich der verbandspolitischen Knochenarbeit je weit mehr als zehn Jahre lang einzusetzen. Ihre wichtigsten Arbeitsfelder:
- Urheberrecht. Bereits an einer seiner ersten Sitzungen verabschie-

---

[37] Als Nachfolger des 1972 verstorbenen Hans Peter (Mani) Matter hat diese Arbeit bis zum Schluss der Berner Rechtsanwalt Paul Brügger gemacht.

dete der Vorstand des SSV am 23. November 1912 in Bern einen Arbeitsplan, in dem als Punkt 3 der «Schutz der Schriftsteller vor Ausbeutung» postuliert wurde.[38] Gerade für den ersten SSV-Präsidenten Carl Albert Loosli war die Verbesserung des Urheberrechts «ein treibender Faktor zur Gründung des SSV».[39] Seither haben die verschiedenen Revisionen dieses für die Schreibenden zentralen Gesetzes den SSV und ab 1971 auch die GO immer wieder beschäftigt.[40] Gleich zu Beginn seines Engagements als GO-Sekretär wurde Hans Mühlethaler in die Turbulenzen um die Gründung der Verwertungsgesellschaft ProLitteris hineingezogen, und er unterstützte deren formelle Gründung am 19. September 1974.[41] 1985 wurde – diesmal initiiert von Mühlethaler – die «Arbeitsgemeinschaft der Urheber» (AGU) als lockere Vereinigung der wichtigsten Urheberorganisationen gegründet,[42] 1989 konstituierte sie sich als Verein, 1995 benannte sich dieser in «Suisseculture» um.[43] Nach seiner Wahl zum GO-Sekretär engagierte sich Jochen Kelter zuerst im Vorstand dieser Organisation, ab 1989 als deren Vizepräsident und ab 1993 als deren Präsident. Nach 25-jährigem Seilziehen wurde schliesslich auf 1. Juli 1993 ein neues Urheberrecht in Kraft gesetzt. Dank Suisseculture hatten sich die einzelnen UrheberInnen nicht nach Kunstsparten auseinander dividieren lassen. Damit habe, so Kelter, für die SchriftstellerInnen einerseits im Rahmen des Reprografie-

---

38 Marti 1999, 59.
39 Niederer 1994, 37.
40 Vgl. Niederer 1994, 40, 53, 59, 70, 84, 91, 102, 108, 183, 224; Mühlethaler 1989, 198 ff.
41 Mühlethaler 1989, 65f. + 221 ff. Auf ihrer Homepage charakterisiert die ProLitteris ihr heutiges Engagement wie folgt: «[Die ProLitteris] handelt mit den Nutzerorganisationen für die Verwendung geschützter Werke (z. B. Bücher, Zeitungsartikel, Bilder, Fotografien) ihrer Mitglieder Tarife aus. In diesen Tarifen werden die Entschädigungen festgelegt, welche für die Verwendung eines Werks an die ProLitteris zu entrichten sind. Diese Einnahmen werden aufgrund des Verteilungsreglements nach Abzug des Anteils für die Urheber- und Verleger-Fürsorgestiftung sowie der Verwaltungskosten an die berechtigten Mitglieder überwiesen.» (www.prolitteris.ch)
42 Mühlethaler 1989, 204.
43 www.suisseculture.ch.

rechts die Fotokopierabgabe für literarische Werke durchgesetzt und andererseits der Produzentenartikel verhindert werden können. Dieser hätte bedeutet, dass angestellte Urheber oder Urheber im Auftragsverhältnis automatisch ihre Rechte an den Auftraggeber verloren hätten – eine Forderung, die insbesondere die SRG verfochten hatte. Unterdessen ist allerdings bereits eine nächste Urheberrechtsrevision im Gang. Damit die Schweiz internationale Abkommen unterzeichnen kann, sind redaktionelle Eingriffe in den Rechtstext nötig geworden. Beim Redigieren wird es freilich auch diesmal nicht bleiben: Bereits hat die SRG den Produzentenartikel wieder in die Diskussion eingebracht und im Gegenzug Suisseculture den so genannten «Bibliotheksrappen» für literarische und das «Folgerecht» (droit de suite) für Werke der bildenden Kunst.

- Mustervertrag. Auch die «Aufstellung des Normalvertrags» stand bereits 1912 auf dem Arbeitsplan des SSV-Vorstands.[44] Unter dem Titel «Das Ringen um einen einvernehmlichen Verlagsvertrag» berichtete Hans Mühlethaler 77 Jahre später über das bisherige Scheitern der Verhandlungen, die er in dieser Sache seit 1977 (gemeinsam mit dem SSV-Sekretär Otto Böni) mit dem Schweizerischen Buchhändler- und Verlegerverband geführt hatte.[45] Jochen Kelter und Lou Pflüger als Bönis Nachfolgerin hatten das Dossier noch weitere zehn Jahre auf dem Tisch, bevor 1998 ein «Modellvertrag für Belletristik» abgeschlossen werden konnte. Er enthält zwar keine verbindlichen Formulierungen, jedoch im Sinn eines Menus Empfehlungen, und er sieht die Einrichtung einer Schiedsstelle in Streitfällen vor.[46]
- SRG als Vertragspartner. Mit der Schweizerischen Radio- und Fernsehgesellschaft SRG gelang es der GO und dem SSV 1973/74 gemeinsam, ein Vertragswerk für wortdramatische Werke im Radio und im Fernsehen auszuhandeln, die beide bis 1979 in Kraft waren. Seither herrscht ein vertragsloser Zustand, der sich, so Mühlethaler 1989, zum Nachteil der Autoren auswirke.[47] Heute sind, so Jochen Kelter,

44 Marti 1999, 59.
45 Mühlethaler 1989, 205 ff.
46 SSV (Hrsg.) 1999a; GO (Hrsg.) 2000.
47 Mühlethaler 1989, 215 ff., hier 219.

zwischen der SRG und der ProLitteris Tarifverträge in Kraft. Die Verträge für Auftragshonorare werden aber individuell ausgehandelt.
- Buchpreisbindung. 1996 wollte die EU Deutschland und Österreich verbieten, die gemeinsame freiwillige Buchpreisbindung weiterzuführen. Beiden Ländern gelang es aber in der Folge, sie in nationalen Gesetzen festzuschreiben. Gleichzeitig ist die Forderung, die Buchpreisbindung sei aufzuheben, auch in der Schweiz gestellt worden und nach wie vor in Diskussion. Zurzeit ist eine Klage des Verlegerverbands gegen einen Spruch der Wettbewerbskommission am Bundesgericht hängig. 1997 hat Jochen Kelter die Leipziger Erklärung für die Buchpreisbindung entworfen, die in der Folge von allen deutschsprachigen Schriftstellerverbänden unterzeichnet worden ist.
- Europäischer Schriftstellerkongress (European Writers' Congress, EWC). Er wird seit 1989 von Jochen Kelter präsidiert. Darin sind 50 Verbände aus 29 Ländern zusammengeschlossen, die insgesamt 50 000 AutorInnen und ÜbersetzerInnen repräsentieren. Kelter: «Für die Gruppe Olten war dieses Engagement immer sehr wichtig, weil es die einzige Möglichkeit war und ist, eingebunden zu sein in den europäischen Prozess der Harmonisierung des Urheberrechts und der Kulturpolitik allgemein.» En passant fügt er bei: «Der Pro Helvetia habe ich deshalb angeboten, dafür zu sorgen, dass sie zumindest die EU-Kulturprogramme erhalte. Der damalige Direktor der Pro Helvetia, Bernard Cathomas, hat dankend abgelehnt mit dem Argument: Noch mehr Papier! Das brauchen wir nicht.»
- Soziale Absicherung der Verbandsmitglieder. Wie erwähnt organisierte die GO für in Not geratene Mitglieder Geld, das das ordentliche Budget nicht belastete. Neben diesen Feuerwehrübungen engagierte sie sich aber auch dafür, die Rahmenbedingungen in den Bereichen AHV, zweite Säule, Krankenkasse und Steuerrecht für alle Kulturschaffenden zu verbessern. Im GO-Jahresbericht für das Jahr 2000 schrieb Kelter hierzu: «Die Erfahrung gerade auch des letzten Jahres zeigt, dass es noch ein weiter (und harziger) Weg bis zu einer Alters- und sozialen Absicherung von Künstler/innen in diesem Land ist.»[48]

48 GO MB 97, Mai 2001, S. 13.

Anfang der 90er-Jahre kam es zur Erweiterung der GO um den «Schweizerischen Literarischen Übersetzer Verband» (SLUeV/ASTL), der als Sektion der GO eingegliedert wurde. In einem Diskussionspapier hatten Jochen Kelter und Gilbert Musy argumentiert, Übersetzende seien, wenn auch «dienende», so doch Autoren und Autorinnen: «[Sie schaffen] kreative Werke der Literatur. Urheberrechtlich sind sie den Schriftsteller/innen gleichgestellt, vertragsrechtlich befinden sie sich zumindest in einer analogen Situation.»[49] Die Eingliederung als Sektion wurde an der GV von 1990 in Burgdorf vordiskutiert[50] und ein Jahr später an der GV in Fribourg vollzogen. Formell war dazu die Neuformulierung des Artikels 3 der GO-Statuten nötig: «Mitglieder der Gruppe Olten sind in der Schweiz lebende Autorinnen und Autoren, Autorinnen und Autoren schweizerischer Nationalität mit Wohnsitz im Ausland und literarische Übersetzerinnen und Übersetzer, die den Vereinszweck bejahen und urheberrechtliche Interessen gegenüber Werknutzern geltend zu machen haben.»[51]

Aufgenommen wurden damals zwanzig ÜbersetzerInnen, zum Schluss umfasste die Sektion 41 Mitglieder[52]. Markus Hediger, Ombudsmann der Sektion, erwähnt als seine wichtigsten Pflichten die Beratertätigkeit (Tariffragen, Streitigkeiten mit Verlagen) sowie seine Arbeit als GO-Delegierter im «Conseil Européen des Associations de Traducteurs Littéraires» (CEATL). Das letzte sektionsinterne Treffen fand 1999 statt: «Es kamen immer die gleichen sechs, sieben Leute», stellt Hediger fest.[53]

Manfred Züfle war jener Präsident der GO, der sich am stärksten für das berufspolitische Kerngeschäft des Verbands interessiert und engagiert hat. Rückblickend kommentiert er: «Die Sekretäre der GO haben verstanden und durchgesetzt, dass sich das Politische realisiert im Strukturellen. Das ist von den allermeisten Mitgliedern – ich würde

49 GO MB 48, Juli 1990, S. 3.
50 GO MB 49, Oktober 1990, S. 3.
51 Die Statutenänderung wurde mit 31 gegen 7 Stimmen bei 9 Enthaltungen gutgeheissen. GO MB 54, September/Oktober 1991, S. 3.
52 Patricia Büttiker, Mail 24.2.2003.
53 Markus Hediger mündlich, 16.12.2002.

sagen von neunzig Prozent – nicht rezipiert worden. Man hat diese Themen an die Fachleute delegiert und nicht verstanden, dass da in knallharter Knochenarbeit Kulturpolitik betrieben worden ist. Man sagte, das sei alles viel zu kompliziert, und der Jochen mache das schon recht. In diesen Fragen hat es nie eine Identifikation der Mitglieder gegeben.»

Überblickt man das Kerngeschäft, wie es von den beiden Sekretären der GO zwischen 1971 und 2001 geführt worden ist, so müssen einige Verdienste hervorgehoben werden: Die GO hat die ProLitteris mit aufgebaut. Sie hat den Fünferklub initiiert und dessen Politik geprägt. Und sie hat die AGU initiiert und ihren Auf- und Ausbau zur heutigen Suisseculture massgeblich mitbestimmt. Neben dem Geschick und den Fähigkeiten ihrer Sekretäre gibt es allerdings einen zweiten Grund, warum die GO im letzten Viertel des 20. Jahrhunderts der massgebliche Verband der Schweizer SchriftstellerInnen gewesen ist: die gleichzeitige Schwäche des SSV.

Die Identität

Die andere Seite des «hybriden Gebildes», das die GO nach Missbach darstellt, betrifft ihre ideologische Verbindlichkeit und ihr kontinuierliches gesellschaftspolitisches Engagement. Dieses war, wie der Gründungsprozess zeigt, der primäre Impuls für ihre Entstehung, und es war bis zum Schluss für viele Mitglieder das Herzstück ihrer Identität. In den Diskussionen der ersten Zeit, in denen es darum ging, ob die SSV-Dissidenten sich der Gewerkschaft VPOD anschliessen, sich selber organisieren oder als informelle Gruppe verbunden bleiben wollten, argumentierten nicht wenige antiinstitutionell. Der auf Peter Bichsel zurückgehende Name «Gruppe Olten» sollte nicht nur an das «Oltener Komitee» erinnern, das 1918 zum Generalstreik aufgerufen hatte, sondern auch an die «Gruppe 47» – also an Hans Werner Richters informelles Netzwerk prominenter deutschsprachiger NachkriegsautorInnen.

Heute sagt Bichsel: «Die ‹Gruppe Olten›, die wir wollten, hat es gar nie gegeben.» In seiner Biografie habe deshalb dieser Zusammenschluss «null Bedeutung», umso mehr als er nach den ersten informellen Treffen in Olten schnell zum «lächerlichen Lotterhaufen» geworden und in der «Vereinsmeierei» verkommen sei.[54]

Nach Mühlethalers Darstellung wurde der informelle «Freundeskreis», wie er Bichsel vorgeschwebt haben mag, allerdings gar nie zur Diskussion gestellt, obschon ein solcher, «auf gegenseitiger Sympathie» beruhender Zirkel «vermutlich am meisten geheime Befürworter» gehabt habe: «Aber in einem Freundeskreis gibt es auch Ausgeschlossene, und dass sie zu diesen gehören würden, mögen gerade die ‹kleinen Fische› befürchtet haben.» Die Nicht-Arrivierten hätten deshalb ein Modell angestrebt, «das ihnen die Zugehörigkeit zum Kreis der Berühmtheiten» garantiert habe.[55]

Vergleicht man den GO-Mythos der frühen Jahre, wie er sich in mündlichen Darstellungen spiegelt, mit dem faktisch Rekonstruierbaren, ergibt sich ein Kontrast: Der Mythos beschwört den «Freundeskreis», während die Fakten den Weg zum Berufsverband und die zunehmende Ausweitung und Kontinuität der kerngeschäftlichen Aktivitäten belegen. Manfred Züfle, der dem neuen Verband 1971 sofort beitrat: «Es gab eine Art von Freundschaftlichkeit, die ich an den Samstagabenden der GVs immer wieder erlebt habe. Dort haben wir uns bewiesen, dass wir uns zwar als Autoren alle eigentlich nicht mögen, weil wir Konkurrenten sind; aber kaum sind wir zusammen, haben wirs gut. An diesen Abenden hat man je nachdem intensiv über ir-

---

54 Peter Bichsel mündlich, 26.4.2002. Kurz nach dieser telefonischen Auskunft hat Bichsel gehandelt: Am 10. Mai hat er per E-Mail seinen Austritt aus der GO erklärt. In einem Gespräch mit der *NZZ am Sonntag* stellte er daraufhin am 2. Juni die Existenz von AutorInnenverbänden grundsätzlich in Frage: «Im Übrigen weiss ich nicht, warum Schriftsteller unterstützt werden müssen. Man übt diese Tätigkeit ja freiwillig aus. [...] Eine soziale Gesellschaft stelle ich mir nicht so vor, dass sie die Kunst unterstützt. Sie muss der Kunst ihre Freiheit lassen. Vielleicht braucht es dazu auch Geld. Für Renten zum Beispiel, die in Notsituationen gesprochen werden. Aber darin unterscheidet sich der Beruf der Schriftsteller nicht von anderen Berufen.» Das heisst ja wohl: Wer sich mit seiner Schreibarbeit nicht durchzuschlagen vermag, soll zur Fürsorge statt in einen Verband – eine Desavouierung auch von Carl Albert Loosli, Heinrich Federer, Hermann Aellen und Alfred Huggenberger, die 1912 zur Gründung des SSV aufgerufen haben.
55 Mühlethaler 1989, 29 ff.

gend etwas Literarisches oder Politisches gesprochen oder einfach das Kalb gemacht. Das hatte eine grosse Qualität.»[56] Ähnlich Klaus Merz: «Wir wollten ja auch ein bisschen auf die Pauke hauen. Damals ging man jeweils zwei Tage an die GVs. Heute kommen viele erst am zweiten Tag noch kurz vorbei. Damals hat man jeweils die Nacht durchgemacht und einander ‹gestärkt› für die Generalversammlung am nächsten Tag.»[57] In diesen langen Nächten wurde literarisiert und politisiert und man war sich jederzeit so weit einig, dass sich mit dem Debattieren ein emotionales Wohlsein einstellte, das Jochen Kelter mit dem «Familien- oder Heimatcharakter der Gruppe Olten» umschreibt.[58] Vermutlich meint Züfle nicht etwas ganz anderes, wenn er sagt: «Klar war: Wer in der GO ist, ist links. Und auch das Umgekehrte: Wer nicht in der GO ist, ist nicht links.»[59] Dass es in diesen Sternstunden der Intellektuellengeselligkeit dem einen oder der anderen scheinen mochte, ob so viel rhetorischen Schwungs *müsse* sich die Welt ganz einfach zum Guten verändern, mag den Mythos vom «Freundeskreis» noch verstärkt haben – umso mehr als man sich, so Züfle weiter, im Sinne Antonio Gramscis als «organische Intellektuelle» verstand, als solche demnach, die nicht im Dienste der Herrschaft stehen, sondern ihre Fähigkeiten für die Analyse und die Organisierung der eigenen sozialen Klasse einsetzen.

An der ersten GV nach der Gründung der GO wurde am 13. Juni 1971 in Neuchâtel eine Arbeitsgruppe «Manifest» eingesetzt mit dem Auftrag, so Mühlethaler, «ein politisches Programm zu entwerfen, mit welchem die Scharte im Zweckartikel, nämlich das Fehlen einer politischen Absichtserklärung, ausgewetzt werden sollte». Was die Arbeitsgruppe zustande brachte, war ernüchternd: «Eine einzige Sitzung [...] zeigte jedoch, dass die Meinungen zu weit auseinandergingen [...]. Der Versuch einer anders zusammengesetzten Gruppierung, ein solches Manifest zu entwerfen, scheiterte ebenfalls. Das Projekt wurde sang- und klanglos begraben.»[60]

56 Manfred Züfle mündlich, 18.4.2002.
57 Klaus Merz mündlich, 11.4.2002.
58 Jochen Kelter mündlich, 20.3.2002.
59 Manfred Züfle mündlich, 18.4.2002.
60 Mühlethaler 1989, 53.

Bis 1974 setzte sich die Erkenntnis durch, dass die ersten Statuten «in wichtigen Punkten versagt» hatten. Insbesondere die darin stark verankerte Basisdemokratie mit den weitgehenden Kompetenzen der regionalen «Stammtische» war gescheitert. Die diesmal vom Juristen Paul Brügger ausgearbeiteten neuen Statuten schrieben ein zentralistischeres Organisationsschema fest, das sich, so Mühlethaler, «kaum noch von demjenigen der meisten anderen Vereine und Verbände» unterschied. Der Statutenentwurf wurde zur Vernehmlassung an die Mitglieder verschickt. Keiner und keine der antiinstitutionellen BasisdemokratInnen der ersten Stunde lief dagegen Sturm. Es gab einen einzigen Änderungsvorschlag, der den Zweckartikel des Vereins betraf: «Ein Mitglied verlangte eine Ergänzung in dem Sinne, dass die GO ein klares Bekenntnis zum demokratischen Sozialismus ablege.»[61]

Dem Vorschlag wurde stattgegeben. An der ausserordentlichen Generalversammlung vom 7. September 1974 in Bern wurde als letzter Satz des Zweckartikels der GO die Formulierung verabschiedet: «Ihr Ziel ist eine demokratische sozialistische Gesellschaft.» Mit nichts ist der Verband seither so stark in Verbindung gebracht worden wie mit diesem für die verbandspolitische Praxis völlig folgenlosen Satz. Wer ihn vorgeschlagen hat, ist nicht mehr zu rekonstruieren. Sicher ist nur, dass er nicht aus dem Umfeld der neulinken 68erInnen, sondern aus jenem der nonkonformistischen SSV-Dissidenten kam. Mühlethaler, der in seinem Buch mit diskreter Zurückhaltung bloss von einem «Mitglied» sprach, erinnert sich heute dezidiert: «Adolf Muschg hatte den Antrag gestellt, Hansjörg Schneider gab dann dem politischen Credo die endgültige Fassung.»[62] Ebenso dezidiert erinnert sich Manfred Züfle: «An der GV von 1974 waren es vor allem Adolf Muschg und Jörg Steiner, die die Formulierung gefordert haben.»[63] Jörg Steiner sagt, er wolle sich nicht mit fremden Federn schmücken, und nennt Otto F. Walter oder Peter Bichsel als mögliche Urheber des Satzes.[64] Bichsel seinerseits verweist auf Max Frisch und Otto F. Walter, wobei es Letzterem

61 Mühlethaler 1989, 74 f.
62 Mail Mühlethaler an fl., 9.4.2002.
63 Manfred Züfle mündlich, 18.4.2002.
64 Jörg Steiner mündlich, 23.4.2002.

mehr um das politische Anliegen, Ersterem eher darum gegangen sei, die «mögliche Teilnehmerschaft» an der Gruppe zu beschränken.[65] Was die Formulierung für jene, die sie vorschlugen, am ehesten bedeutet haben mag, kann man nur vermuten. Mit «demokratischem Sozialismus» brachte man Anfang der 70er-Jahre im Allgemeinen zuerst den «Prager Frühling» von 1968 in Verbindung, während dem die reformkommunistische Bewegung in der Tschechoslowakei eine Demokratie auf sozialistischer Basis zu realisieren versucht hatte.[66] Was sich die einzelnen Mitglieder der GO darüber hinaus unter dem Schlagwort vorgestellt haben, blieb ihnen selber überlassen – Theoriebildung unter DichterInnen war nicht vorgesehen. Klaus Merz sagt heute: «Ich bin eigentlich immer von diesen zwei Wörtern ausgegangen. Darin soll natürlich das Totalitäre des Sozialismus abgewehrt werden mit dem Demokratischen – insofern ist das ja nichts Böses. Aber ich bin trotzdem froh, haben wir diesen ‹Ismus›-Schwur jetzt weggelassen.»[67]

Den bedeutendsten Versuch, die Formel des «demokratischen Sozialismus» zu konkretisieren, leisteten schliesslich drei der SSV-Dissidenten von 1970: einerseits Otto F. Walter und Peter Bichsel, andererseits Yves Velan. Zusammen mit Arnold Künzli, François Masnata und Elisabeth Schild bildeten Walter und Bichsel (den später Rolf Niederhauser ersetzt hat) die Arbeitsgruppe, die ab 1977 für die Sozialdemokratische Partei der Schweiz ein neues Parteiprogramm entwerfen sollte.[68] Hel-

65 Peter Bichsel mündlich, 26.4.2002.
66 Bereits in der so genannten «Revisionismusdebatte» zu Beginn des 20. Jahrhunderts grenzte sich der Sozialdemokratismus mit dem Begriff des «demokratischen Sozialismus» vom kommunistischen Teil der Arbeiterbewegung ab. Bei der Neugründung der Sozialistischen Internationalen 1951 wurde «demokratischer Sozialismus» in den Statuten wie folgt umschrieben: «Der Sozialismus kann nur durch die Demokratie verwirklicht, die Demokratie nur durch den Sozialismus vollendet werden.» 1959 übernahm die SPD diese Formulierung in ihr Godesberger Programm. Im Sommer 2002 hat die Geschäftsleitung der kantonalzürcherischen SP im Rahmen der Revision ihres Zweckartikels beantragt, den «demokratischen Sozialismus», für dessen «Verbreitung und Verwirklichung» man sich bisher hatte einsetzen wollen, als «nicht mehr zeitgemäss und historisch belastet» zu streichen. Diese Streichung wurde abgelehnt (*Tages-Anzeiger*, 1.7.2002).
67 Klaus Merz mündlich, 11.4.2002.
68 Hier und im Folgenden: Sidler 2000, 162 ff.

mut Hubacher, der damalige SP-Parteipräsident, hatte zuerst Otto F. Walter als Mitarbeiter angefragt. Dieser antwortete, dass er nur dann einen Sinn in der Mitarbeit sehe, «wenn die Partei in ihrer Langzeitstrategie eine demokratische und sozialistische Gesellschaft» vor Augen habe. Auch Künzli machte mit, weil ihm der Auftrag eine «Chance» schien, «eine gesellschaftliche Veränderung im Sinne des demokratischen Sozialismus einzuleiten». In einem ersten Positionspapier postulierte Walter dann als zentrale Forderungen: «‹Sozialismus› als Utopie, als Konkretum definieren. […] Klar aussprechen, dass die SPS nicht Reparatur-Hilfskraft des bürgerlichen Staates, sondern Trägerin einer Idee der Alternative zu diesem heutigen Staat ist. Volksherrschaft über die Produktionsmittel als zentraler Punkt – Selbstverwaltung.» An ihrer ersten Sitzung beschloss die Kommission einstimmig, mit dem Thema «Bruch mit dem Kapitalismus» in die Diskussion einzusteigen. Ziel sollte sein, ein Programm für eine gesellschaftliche Ordnung zu entwerfen, «welche die Selbstbefreiung der Menschen im Sinne der Selbstverwaltung» ins Zentrum stellen würde. Als sich dann die SPS fünf Jahre später, am Parteitag von Lugano 1982, ein neues Parteiprogramm gab, war die Programmkommission vollständig gescheitert: Die Reparatur-Hilfskraft des bürgerlichen Staates wollte bleiben, was sie war. Festzuhalten ist: Durch das Engagement von Walter und Bichsel/Niederhauser wurde dieser Versuch, den «demokratischen Sozialismus» mit schweizerischer und sozialdemokratischer Tradition zusammenzuführen, auch zu einem Versuch der Konkretisierung des GO-Zweckartikels.

Der andere Konkretisierungsimpuls kam von Yves Velan. Im März 1978 veröffentlichte die Literaturzeitschrift *drehpunkt* seinen Essay «Zur kulturellen Situation der Schweiz. Der Gruppe Olten ins Dossier». Velan ging darin vom 1976 erschienenen eidgenössischen «Clottu-Bericht» zur schweizerischen Kultur aus. In einer weitläufig und dunkel mäandernden Sprache definierte er Kultur als Aufstand gegen den «weichen Gulag», «das Reich des Immergleichen» und schlug im Sinne der Abkoppelung von diesem Reich «die gemeinsame Produktion» von «praxischer Literatur» vor. Weiter regte er an, sowohl als «Gruppe» gemeinsam zu schreiben als auch in «regelmässiger Veröffentlichung» zu publizieren, und zwar so, dass die GO im «Verlagswesen» «die Abhängigkeit aufheben» sollte.[69] In Manfred Züfles Worten hat Velan damals gefordert, «dass die GO selber einen Verlag gründen müsse. Zudem forderte er, dass alle Mitglieder der GO nur noch in diesem Verlag publizieren dürften.» Das steht zwar so nicht im Essay, zeigt aber, wie er offenbar diskutiert worden ist.[70]

Für Züfle hat damals nicht nur eine intellektuelle Auseinandersetzung stattgefunden – für ihn zeigte diese Debatte einen «Bruch, der weniger politische als vielmehr sozialpsychologische Gründe hatte»: «Damals ist ein Spalt aufgegangen zwischen denen, die keinen Verlag gehabt und zu Velans Vorschlag gesagt haben: Grossartig! und zwischen den Suhrkamp-Autoren, die fragten: Gaats äigetlich na? Das sagten sie zwar nicht laut, aber sie lehnten Velans Vorschlag kategorisch ab. Die Velan-Debatte ist deshalb wichtig, weil sich zeigte – mindestens in meiner Wahrnehmung –, dass es einen Bruch gab zwischen den verlagsmässig Arrivierten und den verlagsmässig nicht Arrivierten. Diesen Bruch hat man in der GO nie ausdiskutiert.»[71]

Damals hat sich unter anderen auch Kurt Marti in die Debatte eingeschaltet und als Antwort auf die Frage, was denn «Schreiben im Blick auf eine demokratische sozialistische Gesellschaft» eigentlich heisse, der von Velan beschworenen «Gruppe» den Spiegel vorgehalten: «Wir sind keine Gruppe mehr, sondern ein Verein. Gruppenerlebnisse haben wir anderswo, Erfahrungen mit Solidarität und Aktion machen wir nicht oder nicht mehr im Rahmen der Gruppe. [...] Wer weiss, wenn wir einmal gefordert würden, könnte wieder Gegenwart werden, was zur Zeit Erinnerung

69 Yves Velan: Zur kulturellen Situation der Schweiz, in: *drehpunkt* 38, März 1978, 3–36; zuerst erschienen unter dem Titel: Yves Velan: *Contre-pouvoir. Lettre au Groupe d'Olten sur la littérature et le socialisme au Suisse.* Bertil Galland, Vevey 1978.
70 Diese Diskussion ist dokumentiert in: *drehpunkt* 40/41, Oktober 1978, mit Beiträgen von Anne Cuneo, Manfred Züfle, Delia Castelnuovo Frigessi, Franz Hohler, Roger-Louis Junod, Kurt Marti, Hans Mühlethaler, Monique Laederach, Anna Stüssi, Peter J. Betts, Rudolf Bussmann, Benoist Magnat, Emil Zopfi, Hans Peter Gansner und Walter Vogt. Ausser Stüssi, Bussmann, Zopfi und Gansner gehörten die Diskutierenden laut Mitgliederverzeichnis 1977/78 alle der GO an – Bussmann und Gansner traten später der GO ebenfalls bei.
71 Manfred Züfle mündlich, 18.4.2002.

ist.» Immerhin bleibe das «kuriose Dasein» der GO «noch ein bisschen gerechtfertigt», «solange ihre blosse Existenz hie und da» zu Essays wie jenen von Velan inspiriere.[72] Festzuhalten ist: In Martis Spiegel wurde statt das Bild einer «fortschrittlichen, sozialistischen Kunst» (Rudolf Bussmann[73]) eines zurückgeworfen, das den Mythos der frühen Jahre schon sieben Jahre nach der Gründung der GO als solchen entlarvte.

Im Übrigen war Velans Idee, das gemeinsame Publizieren zu forcieren, zum Zeitpunkt der Debatte bereits erledigt: Walter Matthias Diggelmanns Vorschlag, eine *Oltener Zeitung* zu lancieren, wurde nicht realisiert; eine «Oltener Seite» in der *Weltwoche* scheiterte daran, «dass zu wenig substanzielle Beiträge in Aussicht standen».[74] Zudem hatte die GO zwischen 1973 und 1976 insgesamt fünf Anthologien veröffentlicht,[75] über die Hans Mühlethaler im Rahmen der Velan-Debatte schrieb: «Tatsache ist, dass diese Bücher niemanden begeistert haben. Der Verkaufserfolg stand in umgekehrtem Verhältnis zur Belastung unserer Vereinskasse. Nicht einmal intern konnte ein befriedigender Absatz erreicht werden. Ich meine, wir sollten aus diesen Erfahrungen lernen und mit einer Tätigkeit, die uns nur Arbeit, Ärger und negative Kritik eingebracht hat, endgültig Schluss machen.»[76]

Anders lagen die Dinge dann aber während der Jugendbewegung 1980/81, als die deutschsprachigen AutorInnen der GO ein letztes Mal Bücher veröffentlichten: Manfred Züfle, der damals zusammen mit seiner Frau Astrid in Zürich mithalf, den «Verein pro AJZ» und den «Verein betroffener Eltern» zu gründen, und sich voll auf der Seite der Jugendlichen engagierte: «Ich erinnere mich, dass Astrid damals zu mir

72 *drehpunkt* 40/41, 24 f.
73 *drehpunkt* 40/41, 42.
74 Mühlethaler 1989, 182.
75 GO (Hrsg.) 1973; GO (Hrsg.) 1974a; GO (Hrsg.) 1974b; GO (Hrsg.) 1975; GO (Hrsg.) 1976.
76 *drehpunkt* 40/41, 25; vgl. auch: Mühlethaler 1989, 181 ff. In den letzten zwanzig Jahren hat einzig noch die Sezione della Svizzera italiana Bücher produziert (GO SSI [Hrsg.] 1986, 1991 + 2000). Dabei handelt es sich nicht um eine Buchreihe, sondern um Publikationen zu besonderen Gelegenheiten – etwa zum Geburtstag von Giovanni Orelli –, die die GO jeweils finanziell unterstützt habe (Jochen Kelter mündlich, 29.4.2002).

sagte: Du, diese Gruppe Olten könnte eigentlich auch etwas machen. Danach ging es sehr schnell, weil an den Demos immer GO-Mitglieder mit dabei waren. Muschg zum Beispiel, der damals sehr mutig gewesen ist und immer zuvorderst im Tränengas stand. Anne Cuneo, die bei jeder Demo dabei und ebenfalls sehr mutig war. Franz Hohler, auch immer wieder. Und Werner Bucher.» Bucher als Verleger des orte-Verlags ermöglichte die Veröffentlichung zweier Bände unter dem Titel «Die Zürcher Unruhe».[77] In dieser Situation gesellschaftspolitischer Polarisierung waren diese Bücher «eine Geste»: «Ein Mitgehen mit der Bewegung. Und mehr. [...] Nicht die geschliffene Form, Literarität und Distanz waren an erster Stelle gefragt, sondern Betroffenheit, Emotionalität, Mitgenommensein.»[78] Wenn die GO je im Sinn von Jean-Paul Sartre «littérature engagée» produziert hat – der sich in jener Zeit noch die meisten ihrer Mitglieder verpflichtet gefühlt haben werden[79] –, dann mit diesen beiden Büchern zur Jugendbewegung.

Neben den nicht ausgetragenen Konflikten wie dem Bruch zwischen jenen, die eine zweite Gruppe 47 gewollt hätten, und jenen, die den Anschluss an eine Gewerkschaft suchten, oder dem Bruch zwischen arrivierten und nicht arrivierten AutorInnen, entstand nach und nach ein verdeckter ideologischer zwischen der Gründergeneration und den Neueintretenden. Manfred Züfle: «Der Konsens ist durch gesellschaftliche Ereignisse wie die Jugendbewegung in seiner Selbstverständlichkeit noch einmal zementiert worden. Allerdings wurde diese Selbstverständlichkeit mit der Zeit so selbstverständlich, dass eigentlich niemand mehr recht wusste, was denn eigentlich selbstverständlich sei.»[80] Hans Mühlethaler erklärt: «Eine neue Generation von Autorinnen und Autoren trat in die GO ein, die sich wenig um die politische Richtung kümmerte, sondern sich von den renommierten Schriftstellern angezogen fühlte, die unser Mitglieder-Verzeichnis schmücken.»[81] Und Klaus Merz, der der GO Mitte der 70er-Jahre beigetreten ist, sagt, es habe sehr wohl

---

77 GO (Hrsg.) 1980 + 1981.
78 GO (Hrsg.) 1980, 3, Vorwort.
79 Vgl. z. B. Bloch u. a. (Hrsg.) 1972.
80 Manfred Züfle mündlich, 18.4.2002.
81 Hans Mühlethaler, in: GO MB 37, November 1987, S. 7.

«Glaubenssachen» und «eine Art diffusen Druck» gegeben: «Es hätte jeder sagen können, was er sagen wollte. Aber er wäre dann schon ein Arschloch gewesen.»[82] Es ist deshalb möglich, dass die schleichende Erosion der GO-Identität lange unbemerkt blieb, weil jene, die redeten, in den grundsätzlichen Dingen gleicher Meinung waren und jene, die nicht gleicher Meinung waren, schwiegen.

An der Reform-Generalversammlung in Frauenfeld am 10./11. September 1988 stellte der Vorstand nicht nur Name und Zweckartikel des Verbands zur Diskussion, der damalige Präsident Lukas Hartmann schrieb aus der Sicht des Vorstands auch eine kleine Analyse zur Frage «Was ist die Gruppe Olten?». Unter anderem stellte er fest: «Es gibt in der GO heute eine starke Diskrepanz zwischen politischer Rhetorik und wirklichem Engagement. Einzelne Mitglieder fordern zwar immer wieder politische Aktivitäten; aber was der Vorstand in dieser Richtung versucht, stösst mehrheitlich auf taube Ohren. [...] Vielleicht ist unsere Überzeugung, die GO sei früher ‹politischer› gewesen, ohnehin eine Legende; vielleicht verwechseln wir den Widerhall, den die Stimme der Prominenten damals fand, mit dem politischen Profil der GO.» Was die öffentliche Wirkung der politischen GO-Verlautbarungen anbelangt, konstatierte Hartmann: «Unsere Resolutionen, die früher – sofern sie von den ‹richtigen› Leuten unterschrieben waren – Leitartikel provozierten, schrumpfen im Blätterwald zu Fünf-Zeilen-Meldungen.»[83] Ironisch hat Jochen Kelter Anfang 2002 davon gesprochen, dass die GO «zeitweise eine regelrechte Communiqué-Verlautbarungs-Maschinerie» gewesen sei,[84] und Klaus Merz im Gespräch davon, die GO-Mitglieder hätten sich von «Revolutionären zu Resolutionären» entwickelt.[85] Was die Reformvorschläge betrifft, heisst es im Protokoll zur Frauenfelder GV: «Die Anträge des Vorstands auf Statutenänderung (Namensänderung, Änderung des Zweckartikels) werden mit grosser Mehrheit abgelehnt.»[86]

---

82 Klaus Merz mündlich, 11.4.2002.
83 Lukas Hartmann: «Was ist die Gruppe Olten? Was soll sie in Zukunft sein?», Typoskript, Juli 1988.
84 *St. Galler Tagblatt*, 3.1.2002.
85 Klaus Merz mündlich, 11.4.2002.
86 GO MB 40, Oktober 1988,S. 4f.

Für Klaus Merz ist der Untergang des real existierenden Sozialismus, symbolisiert durch den Mauerfall im November 1989, eine zentrale Bruchstelle in der Geschichte der GO: «Mit der Wende erhielt unsere Utopie des demokratischen Sozialismus einen entscheidenden Schlag, als der Realsozialismus am Boden lag und noch immer schäbiger wurde.»[87] In der Schweiz allerdings riss in diesen Monaten das Zusammentreffen der so genannten «Staatsschutzaffäre» mit den Vorbereitungen zur 700-Jahr-Feier der Eidgenossenschaft 1991 noch einmal die Gräben des Kalten Kriegs auf, skandalisierte die Kulturschaffenden vor allem in der Deutschschweiz und stellte die GO vor eine Zerreissprobe, bei der er, so Jochen Kelter, nicht gewusst habe: «Spaltet sich die Gruppe Olten? Treten Leute aus?»[88]

Ende 1989 überprüfte eine Parlamentarische Untersuchungskommission die Tätigkeiten der schweizerischen Bundesanwaltschaft und stellte fest, dass diese über viele Jahrzehnte hinweg gegen eine Million SchweizerInnen und in der Schweiz lebende AusländerInnen bespitzelt und auf Karteikarten «fichiert» hatte. Unter den Fichierten befanden sich nicht zuletzt viele Kulturschaffende – nicht nur die GO als Verband hatte eine Fiche, sondern auch die überwiegende Mehrzahl ihrer Mitglieder. Am 17. Januar 1990 konstatierte der 1988 in Frauenfeld gewählte Präsident der GO, Andreas Balmer, in einem Brief an die Bundesräte Flavio Cotti und Arnold Koller: «Es bietet sich ein eigenartiges Bild. Die CH-91-Kommission, ein staatliches Gremium, fordert die Kulturschaffenden enthusiastisch auf, nicht abseits zu stehen bei den Gedenkfeiern zum siebenhundertsten Geburtstag unseres Staatswesens, sie lädt uns ein mitzudenken, mitzuschöpfen, ja sogar Utopien zu entwickeln, wach und kritisch. Auf der anderen Seite duldet es dieselbe Regierung, die diese Gedenkfeiern anregt, dass die politische Polizei schwarze Listen derjenigen Bürgerinnen und Bürger anlegt, die eben genau das tun, die nicht abseits stehen, die mitdenken, die den Begriff

87 Klaus Merz mündlich, 11.4.2002. Andere sehen andere Zäsuren. Für Otto Böni ist der Tod von Otto F. Walter am 24. September 1994 eine solche Zäsur: Walter sei zu seiner Zeit der «führende Kopf» und der «härteste Verhandlungspartner» in der GO gewesen (Otto Böni mündlich, 6.5.2002).
88 Jochen Kelter mündlich, 20.3.2002.

Demokratie wörtlich nehmen [...]. Da fühlen wir uns betrogen und hintergangen.»[89]

Am 25. Januar schrieb das GO-Mitglied Gerold Späth an den Bundesrat, dass er unter den gegebenen Umständen nicht gewillt sei, an der 700-Jahr-Feier mitzuarbeiten, und deshalb ein bereits produziertes Hörspiel zurückziehe. Die *WochenZeitung* (WoZ) nahm Späths Idee auf und veröffentlichte am 5. Februar einen Aufruf an alle Kulturschaffenden, «ihre Mitarbeit [zu] überdenken und sich vor[zu]behalten, aus den Projekten ganz auszusteigen, falls bis Ende Jahr nicht alle Registrierten volle Einsicht in Fichen und Akten erhalten». Unterzeichnet war dieser Aufruf unter anderen von folgenden GO-Mitgliedern: Andreas Balmer, Beat Brechbühl, Urs Faes, Franz Hohler, Mariella Mehr, Niklaus Meienberg, Adolf Muschg, Paul Parin, Isolde Schaad und Otto F. Walter.[90] Das Protokoll der GO-Vorstandssitzung vom 8. Februar vermerkt: «Zusammen mit der WoZ lanciert die GO einen Aufruf an die Kulturschaffenden der Schweiz.»[91]

Diese «Boykottdrohung» wurde zwar bis Ende März von rund 700 Kulturschaffenden unterzeichnet, blieb aber wirkungslos. Am 6. April beschlossen deshalb Delegierte verschiedener Kulturorganisationen, einen Aufruf zum «Kulturboykott» der 700-Jahr-Feier zu lancieren und zu diesem Zweck ein «Boykott-Komitee» einzusetzen. Ihm gehörten neben Markus Eichenberger (Werkstatt für improvisierte Musik, Zürich),

89 Hier und im Folgenden: Lerch/Simmen (Hrsg.) 1991, hier: 18 ff.
90 Sowohl Manfred Züfle (mündlich, 18.4.2002) als auch Andreas Balmer (mündlich, 25.4.2002) betonen, dass der «Kulturboykott» eine Idee der WoZ gewesen sei. Der damalige WoZ-Redaktor Andreas Simmen erinnert sich an ein Abendessen mit dem Journalisten und Publizisten Jürg Frischknecht, an dem der offene Brief Gerold Späths an den Bundesrat diskutiert worden sei. Frischknecht habe angeregt, etwas zu unternehmen, damit es nicht bei dieser Einzelaktion bleibe. Auf der damaligen Kulturredaktion der WoZ habe das sofort eingeleuchtet, man sei aber der Meinung gewesen, dass die WoZ nicht allein handeln sollte. Er, Simmen, habe daraufhin den GO-Präsidenten Andreas Balmer angerufen und mit ihm in einem Spunten im Zürcher Binz-Quartier die Idee einer gemeinsamen Aktion konkretisiert (Andreas Simmen mündlich, 29.4.2002). Weil Simmen einige Wochen später einen dreimonatigen Urlaub antreten konnte, übernahm der Schreibende Mitte Februar 1990 innerhalb der WoZ-Redaktion das Dossier Kulturboykott.
91 Protokoll der Vorstandssitzung vom 8. Februar 1990, Typoskript.

Liliane Studer (Literaturtage Schriftwechsel) und Fredi Lerch (WoZ) auch die beiden GO-Mitglieder Andreas Balmer und Linus Reichlin an. Dieses Komitee veröffentlichte Ende April folgenden «Boykottaufruf»: «Wir boykottieren jegliche kulturelle Mitarbeit bei sämtlichen Veranstaltungen zur 700-Jahr-Feier der Eidgenossenschaft. Wir appellieren an all jene Kulturschaffenden, die Projekte für die 700-Jahr-Feier in Auftrag haben, sie abzusagen und die Boykottbewegung zu unterstützen.» Dieser Aufruf wurde bis im Sommer 1990 von ungefähr 500 Kulturschaffenden unterzeichnet und führte in der Öffentlichkeit zu einer breiten Debatte nicht nur über Sinn und Unsinn eines solchen Boykotts, sondern auch über die Schweiz und ihre Kulturschaffenden im Allgemeinen.[92]

Leidenschaftlich wurden diese Fragen auch GO-intern debattiert, wobei das «hybride Gebilde» doppelt unter Druck geriet: Einerseits drohte es zwischen den Polen auseinander zu brechen, andererseits zeigten sich Risse innerhalb des zweiten Pols beim Streit unter den Mitgliedern um die Frage, welches die richtige Haltung zum Boykott sei.

- Heute schildert Andreas Balmer sein nicht eben diplomatisches Vorgehen bei der Lancierung des Kulturboykotts so: «Damals ist vieles informell gelaufen. Ich habe jeweils mit den WoZ-Leuten etwas angerissen, bin danach zu Jochen Kelter und habe gesagt: He, Jochen, zur Information: Wir machen jetzt dieses oder jenes. Er hat jeweils gewarnt: Pass auf! Wir haben einen heterogenen Haufen, du musst an alle denken als Präsident. Jochen hat versucht, den Konflikt so zu steuern, dass die Gruppe Olten nicht auseinander bricht.»[93] Bereits am 6. April 1990 erklärte Balmer dann in der WoZ selber: «Ich finde den Boykottaufruf nach wie vor richtig, aber ich will nicht, dass es zu einer Spaltung der Gruppe Olten kommt.»[94] Kelter sei-

---

92 Die Debatte ist ausführlich dokumentiert in: Lerch/Simmen (Hrsg.) 1991, 56 ff.
93 Andreas Balmer mündlich, 25.4.2002.
94 WoZ, 6.4.1990, in: Lerch/Simmen (Hrsg.) 1991, 51. Drei Monate später, an der Generalversammlung in Burgdorf, hat Balmer betont, der Aufruf zum Boykott sei nicht von der GO ausgegangen, sondern «von einem autonomen Komitee», dem er nicht als GO-Präsident, sondern «als Privatperson» angehöre (*Bund*, 12.6.1990).

nerseits versuchte auch öffentlich zu vermitteln zwischen den verbandspolitischen Interessen (zu denen auch die staatlichen Subventionen gehörten, die im Jahr zuvor eben um 30 000 Franken erhöht worden waren)[95] und jenen, die diesem Staat so pathetisch wie moralisch rigoros eine Absage erteilen wollten. «KünstlerInnenverbände», schrieb Kelter damals, «sind stets von zwei Seiten bedroht. Die einen meinen, der Künstler, die Apotheose des bürgerlichen Individualismus, dürfe sich nicht organisieren, gehöre in keinen Verband, der dem Genie zu so etwas Profanem wie Rechtssicherheit verhilft. Die anderen verwechseln einen Verband von Kulturschaffenden mit einer Kampf- oder Kadertruppe und fordern ihm eine ‹politische› Disziplin und moralische Exekutivgewalt ab, die er nicht erbringen kann und will.»[96]

- Der andere Bruch verlief zwischen den Boykottierenden unter den GO-Mitgliedern und jenen, die den Boykott aus verschiedenen Gründen ablehnten. In einer schwierigen Situation befanden sich all jene, die bereits einen Auftrag für die Jubiläumsfeiern angenommen hatten und deswegen nun öffentlich angegriffen wurden – beispielsweise Hansjörg Schneider, der den Auftrag hatte, ein «Sinnspiel» zu verfassen, das im Bundeshaus aufgeführt werden sollte.[97] Dann gab es AutorInnen, vor allem aus der Westschweiz, die die moralische Empörung ihrer Deutschschweizer KollegInnen nicht verstanden. Monique Laederach sagte: «Ich bin nicht einverstanden mit dem Boykott, weil ich mich verantwortlich fühle für meine Mitbürger, [...] für die Zukunft des Landes.» Und Anne Cuneo: «Man muss vorwärts schauen.»[98] Manfred Züfle argumentierte, er finde die Idee der «Bestreikung» der 700-Jahr-Feier zwar interessant, aber: «Wenn man Streik denken will, muss man sich genau überlegen: Wie sind die ökonomischen Bedingungen der Produktion. Und die sind so, dass wir offenbar immer wieder abhängig sind von staat-

---

95 Vgl. Seite 47.
96 WoZ, 23.5.1990, in: Lerch/Simmen (Hrsg.) 1991, 95 f.
97 Lerch/Simmen (Hrsg.) 1991, 49 ff.
98 Zitate aus einem Podiumsgespräch an den Solothurner Literaturtagen, 25.5.1990, in: Lerch/Simmen (Hrsg.) 1991, 103.

lichen und anderen Geldern.»[99] Hans Saner schliesslich sprach sich persönlich für einen «absoluten Boykott» aus, aber: «Das reicht nicht hin zu einer diskursiven Erkenntnis, aus der heraus ich gleichsam Ratschläge, ja Appelle oder Forderungen, womöglich gar moralische Forderungen an andere stellen könnte.»[100] An einer bisher nicht datierbaren Versammlung im Frühling 1990 im «Hinteren Sternen» in Zürich[101] haben die GO-Mitglieder vehement über das Für und Wider des Kulturboykotts gestritten. In der Erinnerung von Jochen Kelter sind die Anwesenden sozusagen «mit den Dachlatten aufeinander los».[102] Andreas Balmer: «Offenbar habe ich mich damals so verhalten oder ausgedrückt, dass sich verschiedene Mitglieder überfahren vorgekommen sind, weil sie meinten, ich sage ihnen, welche Gesinnung sie haben müssten. Das ist schlecht angekommen.» Hansjörg Schneider auf der einen Seite habe damals grundsätzlich argumentiert: Egal, ob es um den Kulturboykott oder sonst etwas

99 Aus einem Radiogespräch mit Züfle und Balmer anlässlich der Solothurner Literaturtage, in: Lerch/Simmen (Hrsg.) 1991, 98.
100 Zitat aus einem Podiumsgespräch an den Solothurner Literaturtagen, 25.5.1990, in: Lerch/Simmen (Hrsg.) 1991, 103. Noch schärfer ging Saner mit dem «Boykott-Komitee» im Rückblick nach zehn Jahren ins Gericht: «Selbst ernannte Sprecher des Boykotts verdächtigten und diffamierten die schwarzen Schafe öffentlich und schienen nicht zu merken, dass sie Strategien ihrer Gegner übernahmen: die quasi totalitäre Kontrolle der Zeichen und die repressive Drohung in die Zukunft hinaus.» (WoZ, 26.10.2000). Diese Einschätzung ärgert heute wiederum den damaligen WoZ-Redaktor Andreas Simmen: Das sei eine «Denunziation des Kulturboykotts auf der Basis einer selektiven Erinnerung». Niemand habe damals im Ernst geglaubt, man könne mit der Aktion die 700-Jahr-Feier verhindern, aber man habe versucht, eine öffentliche Debatte über die Schweiz und die Stellung der Künstlerinnen und Künstler in diesem Land zu lancieren – was auch gelungen sei, in der Debatte um den Boykott selber, vor allem aber mit dem «Kultursymposium 90» im November des gleichen Jahres, das direkt aus der Boykottbewegung heraus entstanden ist [dokumentiert in: Lerch/Simmen (Hrsg.) 1991, 313 ff.]. Der «kurioserweise oft sogar als kulturfeindlich geschmähte Kulturboykott» habe mithin ein vorübergehendes politisch-kulturelles Forum realisiert, wie es in dieser Breite in der Schweiz zuvor lange nicht mehr und seither nie wieder gesehen worden sei (Andreas Simmen mündlich, 29.4.2002).
101 An den Ort erinnert sich Andreas Balmer, mündlich, 25.4.2002.
102 Jochen Kelter mündlich, 20.3.1990.

gehe, er lasse sich nicht vorschreiben, was er zu tun habe. Und auf der anderen Seite habe ihn Mariella Mehr heftig angegriffen: «Es ist sehr emotional geworden.»[103]

Auch an der ordentlichen Generalversammlung in Burgdorf am 10. Juni 1990 wurde man sich in der Frage des Boykotts nicht einig. Jetzt aber herrschte ein engagiert-sachlicher Ton[104]: Der vom Vorstand vorgeschlagenen Resolution zur 700-Jahr-Feier wurde die explizite Formulierung eingefügt: «Sie [die GO, fl.] unterstützt den Kulturboykott 700.» In der Abstimmung wurde diese Version dann aber lediglich mit 22 zu 17 Stimmen bei 5 Enthaltungen angenommen.[105] Aus dem Brief, den Jochen Kelter in der folgenden Woche an die Vorstandsmitglieder verschickte, sprach Erleichterung: «Die Diskussion zu dem heiklen Thema Kulturboykott war, wenn auch bisweilen ein wenig chaotisch, offen, fair und von einem gemeinsamen Willen zur persönlichen Redlichkeit und intellektuellen Klarheit getragen.»[106] In Burgdorf beschlossen worden ist im Übrigen eine ausserordentliche Generalversammlung zum Verhältnis der Kulturschaffenden zu Staat und Gesellschaft. Sie hat am 18. November 1990 in Fribourg unter Ausschluss der Öffentlichkeit stattgefunden.[107]

Am 9. Juni 1991 fand, wiederum in Fribourg, die nächste ordentliche Generalversammlung statt. Als wilder Kandidat setzte sich bei der Wahl des Nachfolgers von Balmer Manfred Züfle gegen Urs Faes

---

103 Andreas Balmer mündlich, 25.4.2002.
104 Der Schreibende war als Journalist anwesend.
105 GO MB 49, Oktober 1990, S. 4.
106 Jochen Kelter an den Vorstand der Gruppe Olten, 14.6.1990, Typoskript.
107 Der Vorstand hat die Öffentlichkeit auf Antrag von Isolde Schaad, Hartlib Rex, Anne Cuneo, Alexander J. Seiler und Kurt Hutterli ausgeschlossen. Diese argumentierten: «Aus unserer Erfahrung heraus erachten wir es als wesentlich, dass wir in diesem Punkt unter uns diskutieren» (Antrag, Zürich, den 1. November 1990, Typoskript). In Fribourg hat die Versammlung dann auf Antrag von Jürgen Theobaldy beschlossen, den Vorstandsbeschluss zu missbilligen und aufzuheben (BaZ, 20.11.1990). Das erfährt man nicht aus dem Protokoll (weil keines erstellt worden ist, vgl. GO MB 50, Dezember 1990, S. 1), sondern aus dem einzigen Zeitungsartikel zu diesem Anlass, den das GO-Mitglied Urs Allemann als Feuilletonredaktor der *Basler Zeitung* verfasst hat.

durch.[108] Züfle, ein Jahr zuvor als Kulturboykott-Gegner ein «Dissidenter der Dissidenz», betonte anlässlich seiner Wahl, er finde es «absolut notwendig, dass die GO wieder ein klares politisches Profil» zeige.[109] Weil dieses Profil die kontinuierliche Diskussion voraussetze, initiierte er noch im Herbst des gleichen Jahres per Vorstandsbeschluss eine formelle «Arbeitsgruppe Gesellschaft und Politik». Im Mitteilungsblatt schrieb Züfle damals, überall mitreden zu wollen sei «eine Überforderung und eine falsche Selbsteinschätzung»: «Aber es gibt ein paar Themen, von denen wir meinen, dass wir ihnen wegen unseres Zweckartikels nicht ausweichen können. Dieser Zweckartikel wird heute doch wohl mindestens immer noch bedeuten, dass die GO zu dem gehört, was sich eine ‹andere Schweiz› nennt.»[110] In der Folgezeit engagierten sich die Mitglieder dieser «Politgruppe», wie sie dann allgemein genannt wurde, hauptsächlich in den Bereichen Rassismus, Ausländer- und Flüchtlingsfragen und Europapolitik.[111] An der Generalversammlung 1992 meldete Züfle: «Die Gruppe tagt regelmässig, funktioniert erstaunlich effizient, ist noch sehr Zürich-lastig.»[112] Ein Jahr später bat Erica Brühlmann-Jecklin an der GV «die Mitglieder um Mitarbeit in der Politgruppe».[113] Noch einmal ein Jahr später hiess es dann, die Arbeitsgruppe sei «während beinahe eines Jahres nicht mehr» zusammengekommen, der Aufruf, diesmal von Jürgmeier, sich an der Debatte um «das Ende des Politischen in der Literatur» und um den «langen Abschied vom Mythos Schweiz» zu engagieren, war erfolglos.[114] Im Rückblick sagt Züfle heute: «Mit der Zeit musste ich einsehen, dass es ein Interesse über Zürich hinaus an dieser Gruppe praktisch nicht gab. Wir haben versucht, auch Welsche dazu zu bringen mitzumachen. Aber die sagten: Zürich ist uns zu weit weg. Die Gruppe hat

---

108 GO MB 54, September/Oktober 1991, S. 4.
109 Hier und im Folgenden: Manfred Züfle mündlich, 18.4.2002; GO MB 58, August 1992, S. 9.
110 Manfred Züfle: Arbeitsgruppe Gesellschaft und Politik, in: GO MB 55, Dezember 1991, S. 4.
111 GO MB 68, August/September 1994, S. 9.
112 GO MB 58, August 1992, S. 8.
113 GO MB 63, September 1993, S. 4.
114 GO MB 68, August/September 1994, S. 9.

zwar spannende Sachen diskutiert, aber sie ist von der GO nie getragen worden.»[115]

Diese «Politgruppe» war der letzte Versuch der GO, im Sinn des Zweckartikels eine kontinuierliche, gesellschaftspolitisch verbindliche Praxis zu entwickeln. «Ich habe mich insofern getäuscht», sagt Züfle, «als das Feuer des Kulturboykotts nur noch das letzte Aufflackern des politisch Manifestwerdens der GO gewesen ist – kontrovers zwar, aber immerhin. Solange ich Präsident gewesen bin – das tönt jetzt überheblich –, ist der Gedanke, dass die GO ein politischer, ein kulturpolitischer Verband ist, stark an meiner Person gehangen.» In der Tat bedeutete sein Rücktritt 1995 eine Zäsur. Auch wenn die nachfolgenden Präsidenten Klaus Merz und Peter Höner das Ziel einer «demokratischen sozialistischen Gesellschaft» noch im Auge zu behalten versuchten: Den Mitgliedern der GO ging es immer mehr wie Hugo von Hofmannsthals Lord Chandos: «Die abstrakten Worte, deren sich doch die Zunge naturgemäss bedienen muss, um irgend welches Urtheil an den Tag zu geben, zerfielen mir im Munde wie modrige Pilze.»

An der Generalversammlung vom 16. Juni 1996, nun präsidiert von Klaus Merz, hat die GO im Roxy-Kulturzentrum von Birsfelden ihr 25-jähriges Bestehen gefeiert. Dort stellte Jürg Amann, dem, wie das Protokoll vermerkt, «der demokratische Sozialismus immer noch ein Anliegen ist», den Antrag, «bis zur nächsten Generalversammlung zwei Formulierungsvorschläge auszuarbeiten, die den Zweckartikel auf die Höhe der Zeit bringen sollen».[116] An der GV im folgenden Jahr wird zwar «das Protokoll der o. GV 1996» verdankt, von Amanns Antrag ist allerdings nicht mehr die Rede.[117]

Erst drei Jahre später, an der Generalversammlung vom 18. Juni 2000 in Aarau, ist die Diskussion wieder auf dem Tisch. Jürg Amann, Martin R. Dean und Klaus Merz stellen nun den Antrag, den letzten Satz des Zweckartikels zu ersetzen durch die Formulierung: «Ihr Ziel ist eine solidarische, demokratische und gewaltfreie Gesellschaft.» Be-

---

115 Manfred Züfle mündlich, 18.4.2002.
116 GO MB 78, August 1996, S. 4.
117 Siehe Jahresbericht 1996 (GO MB 81, Mai 1997, S. 5) und Protokoll der GV (GO MB 82, September 1997, S. 3).

gründung: Es sei an der Zeit, «Abschied zu nehmen von einem Vokabular des kalten Krieges». In der anschliessenden Diskussion wird unter anderem gefordert, sich vom Begriff «Sozialismus» zu distanzieren, weil er «durch den Stalinismus unwiderruflich desavouiert worden sei». Andere warnen, der «Verzicht auf die sozialistische Utopie» sende in diesen Jahren des Neoliberalismus «das falsche Signal in die Öffentlichkeit». In der Konsultativabstimmung erhält schliesslich der Antrag von Amann, Dean und Merz 9 Stimmen. Der Gegenantrag von Claudia Storz auf ersatzlose Streichung erhält 13 Stimmen. Drei weitere Formulierungsvorschläge erhalten zusammen 10 Stimmen. Die GV beschliesst, eine Urabstimmung durchzuführen.[118] Die Formulare für diese schriftliche Abstimmung werden Ende September 2000 verschickt. Die Mitglieder können erstens befinden, ob die GO in «Schweizer Autorinnen & Autoren GO» umgetauft und ob zweitens der letzte Satz des Zweckartikels ersatzlos gestrichen werden soll. Im November 2000 steht fest: Bei einer Stimmbeteiligung von 67 Prozent wird die Namensänderung mit 140 zu 96 Stimmen verworfen, die Streichung des letzten Satzes im Zweckartikel mit 168 zu 70 Stimmen gutgeheissen – für die erforderliche Zweidrittelsmehrheit hätten 159 genügt.[119] An der Generalversammlung vom 24. Juni 2001 in Delémont haben die GO-Mitglieder diese Statutenänderung lediglich noch zur Kenntnis genommen.

Kurt Marti hat das jahrelange Ringen der GO um ihren Zweckartikel mitverfolgt, ohne in die Diskussion einzugreifen. Jetzt aber kommentierte er: «Im Zugwind des entfesselten Spätkapitalismus [...] das Wort ‹Sozialismus› – und damit den Hinweis auf eine nach wie vor mögliche Alternative – aus dem Verkehr zu ziehen, kommt einer Kapitulation vor dem Zeitgeist gleich und verrät, dass man die Zeichen der Zeit nicht er-, sondern verkennt.»[120] Knapp zwei Jahre später, als die «Gründung des neuen Einheitsvereins» beschlossene Sache war, ergänzte er, die Streichung des «demokratischen Sozialismus» sei «nicht nur eine Adaption an den momentanen Zeitgeist, sondern auch, wie sich jetzt zeigt, eine Art Reinigungsakt im Hinblick auf die Hochzeit mit dem SSV,

118 Hier und im Folgenden: GO MB 94, September 2000, S. 6f.
119 GO MB 95, November 2000, S. 1.
120 *neue wege* 1/01.

der, auf Überparteilichkeit bedacht, keine Braut zu ehelichen wünschte, die mit dem Makel linker oder linksutopischer Parteilichkeit behaftet ist.»[121]

Auf die Identität des «hybriden Gebildes» GO angesprochen, gibt sich auch Manfred Züfle desillusioniert: «Dass das, was du Hybridstruktur der GO nennst – in der die zweite Seite lange etwas bedeutet hat und eine Lebensrealität der Mitglieder gewesen ist –, dass das im Moment gestorben ist, davon bin ich überzeugt.»[122]

Die Konkurrenz

Der Protest der 22 SSV-Dissidenten war 1970 politisch-ideologisch motiviert. Diese Autoren hatten genug vom saturierten Mief der unheimlichen Patrioten und dichtenden Honoratioren. Ihnen war der SSV ein Gegner, mit dem sie möglichst wenig zu tun haben wollten. Nach der formellen Gründung der GO und nachdem die verbandspolitische Arbeit in Gang gekommen war, änderte sich die Perspektive: Einerseits setzte die GO progressive Akzente, war initiativer und erreichte mit einem billigeren Sekretariat verbandspolitisch mehr; unter diesem Aspekt wurde der SSV zum Konkurrenten, den es in Schach zu halten galt. Andererseits zeigte es sich vor allem im Bereich der kulturpolitischen Lobbyarbeit oder bei den Subventionsverhandlungen mit den Bundesbehörden, dass das gemeinsame Auftreten von GO und SSV vorteilhaft oder schlicht notwendig war – unter diesem Aspekt wurde der SSV schon früh zum Partner.[123]

Eine direkte Folge der hybriden Struktur der GO war also, dass der SSV für sie seit den frühen 70er-Jahren gleichzeitig ideologischer Gegner, verbandspolitischer Konkurrent und kulturpolitischer Partner

---

121 *Reformatio* 4/02.
122 Manfred Züfle mündlich, 18.4.2002.
123 Mühlethaler datiert die erste Vernehmlassung, die die GO mit dem SSV gemeinsam verfasst habe (es ging um das Urheberrecht), auf den April 1972 (GO MB 37, November 1987, S. 6). In seinem Buch (1989) spricht er resümierend von einem «Verhältnis von Konkurrenz und Kooperation» (168). Und: «Da die beiden Teilsysteme dieselben Ziele verfolgten und dieselben Aktivitäten entwickelten, verwischten sich die Unterschiede. Die GO, als ‹Gegenverein› zum SSV konzipiert, mauserte sich zu einem ganz normalen Schriftstellerverband durch.» (163).

war[124] und dass den einzelnen Verbandsmitgliedern – je nachdem, für welchen Aspekt ihres Verbands sie sich vor allem interessierten – der SSV vorab als Gegner oder Konkurrent oder Partner erschien. Aber wie drückte sich die Konkurrenz zum SSV aus? Und wie entwickelte sich die Partnerschaft auf der Ebene der kulturpolitischen Lobbyarbeit?

Wer nach der Konkurrenz zwischen den beiden Verbänden fragt, fragt nach den verbandspolitischen Differenzen. Deren drei sollen hier skizziert werden:

- Umfang der Leistungen. Im letzten «Mitteilungsblatt», das Hans Mühlethaler redigiert hat, schrieb er: «Nach meiner Auffassung sind wir schon längst nicht mehr die ‹Anarchos› der Schweizer Literaturszene oder die linken Dissidenten des SSV, sondern der aktivere der beiden Berufsverbände.» Zur Erhärtung der Behauptung stellte er einige gerundete GO-Kennzahlen von 1987 den entsprechenden des SSV von 1986 gegenüber. Dabei ergab sich erstens, dass 220 GO-Mitglieder 40 000 Franken Mitgliederbeiträge aufbrachten, 580 SSV-Mitglieder lediglich 30 000 Franken. Zweitens entrichtete die GO 144 000 Franken an Leistungen für ihre Mitglieder, der SSV lediglich 47 000 Franken. Und drittens standen dem administrativen Aufwand von 56 000 Franken bei der GO 180 000 Franken beim SSV gegenüber.[125] Ein Jahr später schrieb Mühlethaler auch in seinem Buch nicht ohne Stolz: «[Die Leistungen der GO] an ihre Mitglieder sind in den letzten Jahren wesentlich höher, die Kosten des Sekretariats dagegen wesentlich tiefer gewesen als bei der Konkurrenzorganisation.»[126] Zwischen 1990 und 1993 hat auch sein Nachfolger Jochen Kelter dem Jahresbericht jeweils einen Leistungsvergleich der Verbände beigefügt. Setzt man die vier Zusammenstellungen beider Verbände nebeneinander, ergibt sich das folgende Bild:

---

[124] Daraus folgt wiederum: Je mehr die ursprüngliche Identität der GO an Bedeutung verlor, desto bedeutungsloser wurde der Aspekt der Gegnerschaft zum SSV.
[125] GO MB 39, Mai 1988, S. 1.
[126] Mühlethaler 1989, 167.

	GO				SSV			
	1990	1991	1992	1993	1990	1991	1992	1993
Eigenleist./ Mitglieder	46900/ 248	44600/ 277	54450/ 286	49475/ 297	34887/ 622	38790/ 632	54160/ 641	59290/ 655
Leistungen an Mitglieder	127844	129614	132343	134605	116031	135532	138322	152054
Administrativer Aufwand	49080	53913	71353	81022	110937	100905	111926	108959
Quelle: GO MB	53,8	57,8	62,8	67,7	53,8	57,8	62,8	67,7

Festzustellen ist eine Tendenz zur Angleichung: Nahezu stagnierende Eigenleistungen und Leistungen an die Mitglieder bei der GO stehen steigenden Zahlen beim SSV gegenüber. Und während beim SSV der administrative Aufwand stagniert, steigt er bei der GO stark (weil der Präsident Züfle damals Wert gelegt hat auf eine verbesserte Bezahlung seiner SekretariatsmitarbeiterInnen[127]). Kelter hat mit seinen Zusammenstellungen nicht nur die grössere Effizienz der GO, sondern auch Indizien für einen nachholenden Reformprozess beim SSV dokumentiert.[128]

- Art der Leistungen. Vergleicht man die einzelnen Rubriken dieser Leistungsvergleiche, fällt vor allem zweierlei auf. Der SSV verfügt in diesen Jahren über keinen Rechtsdienst und bezahlt im Gegensatz zur GO Druckkostenbeiträge.[129] Ersteres kommentiert Jochen Kelter so: «Der Rechtsschutz ist das Kernstück eines Verbandes. Trotzdem hat der SSV jahrelang gefunden, er brauche das nicht.» Und Letzteres so: «Der SSV hat lange Zeit keine Zuschüsse gegeben an Bücher der Mitglieder, dafür Druckkostenzuschüsse an die Verlage. Das ist

127 Manfred Züfle mündlich, 18.4.2002.
128 Weitere Indizien für die These von einem nachholenden Reformprozess beim SSV im Bereich des Kerngeschäfts – und dafür, dass er vermutlich bereits in den 70er-Jahren eingesetzt hat – liefert Ulrich Niederer (in: SSV [Hrsg.] 1987, 95–119).
129 «Waren die Beiträge der alten Werkbeleihungskasse (WBK) gedacht als Ersatz für Vorschusszahlungen der Verleger, quasi als Einkommen der Schriftsteller», schreibt Niederer, so sei der 1977 daraus gemachte «Fonds für Publikationsförderung» (FPF) dazu da, «die Publikation eines Werkes [zu] unterstützen, sind also eigentlich Druckkostenzuschüsse» (in: SSV [Hrsg.] 1987, 109).

aber nicht Aufgabe eines Schriftstellerverbands – dafür gibt es die Pro Helvetia und die kantonalen und städtischen Stellen. Aber man kann die Tatsache natürlich erklären: Im SSV ist der Druck von einer anderen Richtung gekommen, weil die soziale Basis eine völlig andere war als in der GO und weil dort Leute drin waren, die keinen Verlag fanden, wenn sie kein Geld mitbrachten.»[130] In diesen beiden Punkten scheint sich die Position der GO durchzusetzen: Seit 1999 arbeitete die Zürcher Rechtsanwältin Regula Bähler für den SSV, und im Entwurf des Leistungskatalogs des neuen Verbands AdS ist die «Publikationsförderung» nicht mehr vorgesehen.[131]

- Aufnahmekriterien. Dass die large Mitgliederaufnahme-Politik «wesentlich zur Krise des alten SSV beigetragen habe», betonte schon 1989 Mühlethaler.[132] Die GO hat deshalb immer nur neue Mitglieder aufgenommen, die urheberrechtliche Interessen geltend machen, das heisst eine Buchpublikation vorweisen konnten, die nicht im Eigenverlag erschienen war. Die Devise war: Aktive Berufsleute statt Karteileichen. Heute plädiert Jochen Kelter sogar für eine Verschärfung dieser formellen Bedingung für eine Mitgliedschaft: «Man müsste zwei Bücher fordern und einen Kandidaten- oder Juniorenstatus für Leute schaffen, die bisher ein Buch veröffentlicht haben.» Als Begründung für eine strenge Aufnahmepraxis erwähnt er die Situation der Westschweizer SchriftstellerInnen im SSV: «Der SSV hat immer auch solche Leute aufgenommen, die ich als ‹amis de la littérature› bezeichne. Deshalb hatte er lange Zeit mit 250 unverhältnismässig viele welsche Mitglieder. Das kam davon, dass kantonale Schriftstellergesellschaften en bloc aufgenommen wurden – inklusive Universitätsprofessoren oder Lehrer, die einmal im Eigenverlag ein Büchlein mit Gedichten gemacht haben.»[133]

---

130 Jochen Kelter mündlich, 20.3.2002.
131 GO MB 100, S. 9; SSV MB 10, S. 13; «Leistungskatalog des neuen Verbands AdS», undatiert (Oktober 2002).
132 Mühlethaler 1989, 174.
133 Jochen Kelter mündlich, 20.3.2002. Dieser Darstellung Kelters widerspricht der SSV-Geschäftsführer Peter A. Schmid: En-bloc-Aufnahmen seien unmöglich, weil Aufnahmegesuche individuell gestellt werden müssten. Seit den 90er-Jahren ha-

Neben diesem Konkurrenzverhältnis auf der Ebene der Verbandspolitik entstand wie erwähnt schon früh eine Partnerschaft in Belangen der kulturpolitischen Lobbyarbeit. Wie sie konkret funktioniert hat, können am ehesten jene beantworten, die sie gemacht haben, also Hans Mühlethaler, der zwischen 1971 und Ende 1987 Sekretär der GO war, und Otto Böni (SSV-Sekretär zwischen 1974 und 1988[134]) einerseits; Jochen Kelter (im Amt zwischen 1988 und 2001) und Lou Pflüger (SSV-Sekretärin zwischen 1988 und Ende 1998[135]) andererseits.

Otto Böni, ehemaliger SP-Parteisekretär der Stadt Zürich, erinnert sich, es habe zwar einen Konkurrenzkampf auf der Ebene der neuen Mitglieder gegeben und er habe jeweils Rücksicht nehmen müssen «auf den rechten Flügel des SSV», aber wer von beiden sich bei der Festlegung der gemeinsamen Position durchgesetzt habe, könne er nicht mehr beantworten. Vor Sitzungen habe man jeweils gemeinsame Vorbesprechungen gemacht und da habe es eine «sehr gute Zusammenarbeit» gegeben.[136] Hans Mühlethaler seinerseits nimmt wie folgt Stellung: «Mein Verhältnis zu Böni war geprägt durch gegenseitige Achtung. Ich glaube, dass er innerhalb des SSV eine gute Arbeit leistete. Was nun die kollektiven Interessen der Schriftsteller betraf – Interessen gegenüber den Werknutzern und gegenüber dem Staat in der Frage des Urheberrechts –, so lagen, soweit ich mich erinnern kann, Initiative und Formulierung meistens in meiner Hand. Aber Böni war mir in all diesen Fragen ein kompetenter und loyaler Berater.»[137]

---

be der SSV seine Aufnahmekriterien zudem nicht zuletzt unter dem Konkurrenzdruck jenen der GO angeglichen. Richtig sei allerdings, dass es beim SSV «amis de la littérature» gebe, die zuvor nach und nach dazugekommen seien (Peter A. Schmid mündlich, 29.5.2002). – Der anlässlich der AdS-Gründungsversammlung am 12.10.2002 gutgeheissene Artikel 4 der Statuten lautet: «Mitglieder von AdS können Autorinnen und Autoren werden, welche die Grundsätze des Vereins bejahen, urheberrechtliche Ansprüche gegenüber Dritten geltend machen können und die weiteren Voraussetzungen der Mitgliedschaft erfüllen.»
134 Niederer 1994, 255.
135 Übrigens arbeitete Lou Pflüger als administrative Sekretärin bereits seit April 1972 auf dem SSV-Sekretariat (SSV [Hrsg.] 1987, 107).
136 Otto Böni mündlich, 6.5.2002.
137 Mühlethaler an fl., 9.4.2002.

Kulturpolitisch und gewerkschaftlich hätten sie und Jochen Kelter sehr ähnliche Positionen gehabt, sagt Lou Pflüger. «Wir haben ein gutes Tandem gebildet und meistens am gleichen Strick gezogen», insgesamt sei es «eine sehr gute Zusammenarbeit» gewesen. Es möge sein, dass die GO gemeinsame Positionen etwas häufiger vorformuliert habe, aber eigentlich sei das ziemlich ausgeglichen gewesen. Geschrieben habe jeweils jener Verband, der in einer bestimmten Sachfrage die Initiative ergriffen habe.[138] Ähnlich wie Mühlethaler gegenüber Böni sieht sich Kelter als der aktivere Teil des Tandems, das er mit Pflüger gebildet hat. Sie habe sich zwar jederzeit für die gemeinsamen Ziele loyal eingesetzt: «Lou hat nie irgendwie Obstruktion betrieben oder versucht, die Gruppe Olten zu hintergehen.» Aber sie habe ihn häufig auch nicht gross unterstützt: «Zu den Subventionsverhandlungen mit dem BAK sind wir immer zusammen gegangen. Nur Lou hat jeweils nichts gesagt – wie übrigens die meisten anderen, die den Fünferklub vertreten haben.» Auf die Frage, ob das nicht dazu geführt habe, dass er bei gewissen Themen die Politik beider Verbände gemacht habe, antwortet Kelter lakonisch: «Soweit das nötig gewesen ist.»[139]

Die Phase der unbestrittenen Koexistenz zwischen GO und SSV dauerte bis gegen 1996. Zuvor hatte Hans Mühlethaler verschiedentlich der «Forderung nach einer Wiedervereinigung, wie sie in verhüllter oder offener Form regelmässig gestellt wird» widersprochen: «Die Existenzberechtigung» der GO leite sich aus der Tatsache ab, «dass sie das Verhältnis von Konkurrenz und Kooperation zwischen den beiden Schriftstellerverbänden gewährleistet und den SSV zu bessern Leistungen beflügelt, so wie auch sie [die GO, fl.] durch diesen zu einer effizienteren Verbandsarbeit stimuliert wird.»[140] Dieser Meinung war im Prin-

---

138 Lou Pflüger mündlich, 6.5.2002.
139 Jochen Kelter mündlich, 20.3.2002.
140 Mühlethaler 1989, 168 (siehe zu Mühlethalers damaliger Position auch GO MB 37, November 1987, S. 5ff. und 39, Mai 1988, S. 9). In einem Mail hat er am 9.4.2002 bestätigt: «Die offenbar bevorstehende Zusammenlegung der beiden Verbände wirft wieder einmal die Frage auf, was besser sei, das Monopol oder die Konkurrenz. Meine Überzeugung, dass das Konkurrenzprinzip besser sei, habe ich in meinem GO-Buch S. 160ff. dargelegt. Ich halte an dieser Meinung fest.»

zip auch Jochen Kelter, als er für die Generalversammlung 1996 in Birsfelden eine «Aussprache» über «unser Verhältnis zum SSV» ankündigend schrieb: «Konkurrenz belebt das Geschäft.» Jedoch: «Eine ganz andere Frage ist, ob das auch in Zukunft so sein wird, ob wir uns auch in den nächsten zehn oder zwanzig Jahren zwei Verbände leisten müssen, wollen und können.»[141]

Noch vor dieser Aussprache schrieb Roman Bucheli in der *Neuen Zürcher Zeitung* ein Porträt über die GO zu deren 25-Jahr-Jubiläum: Unter dem «Profilierungsdruck gegenüber dem SSV» habe sich der Verband vor allem gewerkschaftlich engagiert und mit seinen Erfolgen den «SSV seinerseits unter Reformdruck» gebracht, sodass dieser «seine Strukturen und Tätigkeiten allmählich, wenn auch immer etwas verspätet, auf den von der Gruppe Olten vorgegebenen Standard bringen musste». Bucheli zitierte Hugo Loetscher, SSV-Präsident zwischen 1986 und 1990, wonach die Verbände «im Vergleich mit öffentlichen und privaten Institutionen [...] an Einfluss und Bedeutung» verloren hätten, und Jochen Kelter mit dem Hinweis, die Aufgabe der Verbände verlagere sich zunehmend «auf die Optimierung der Arbeitsbedingungen der Schriftstellerinnen und Schriftsteller». Buchelis Anschlussfrage: «Weshalb es dazu zwei Verbände braucht – darauf würde man sich im Jubiläumsjahr der Gruppe Olten eine überzeugende Antwort jenseits von Sentimentalitäten und falschen Empfindlichkeiten wünschen.»[142]

Als man in Birsfelden dann das Traktandum «Zukunft der Gruppe Olten» diskutiert, ist als Gast auch die SSV-Präsidentin Edith Gloor anwesend. Ihr Statement wird folgendermassen protokolliert: «Sie erklärt, dass keine qualitativen Unterschiede mehr zwischen den Verbänden bestünden; die Aufnahmepraxis des SSV sei verschärft worden und es würden auch Lesungszuschüsse an die Autoren/innen bezahlt. Den Grossteil ihres Statements widmet sie der Rechtfertigung der SSV-Verbandspolitik.» Deutlicher wird der damalige GO-Präsident Klaus Merz, wenn er sich an Gloors Rede erinnert: «Es war eigenartig, weil sie fast gesagt hat:

---

141 GO MB 76, März 1996, S. 3.
142 Roman Bucheli: «Ein Verein wider Willen: 25 Jahre Gruppe Olten», in: NZZ, 25.4.1996.

Übernehmt uns!»[143] Noch pointierter erinnert sich Jochen Kelter: «Sie sagte, wir müssten uns wiedervereinigen, und die Gruppe-Olten-Leute müssten helfen gegen die Reaktionäre im SSV.»[144] Historisch sauber wird sich das nicht mehr belegen lassen, aber denken kann man sichs: das eine oder andere selbstgerechte Schmunzeln ob Gloors Hilflosigkeit – die einem die eigene vergessen half ob Lukas Hartmanns Empfehlung kurz zuvor, die Fusion nicht zuletzt deshalb zu diskutieren, weil «unser Mitgliederzuwachs in den letzten Jahren abgenommen hat». Die Versammlung verabschiedete schliesslich wohlgemut und einstimmig bei einer Enthaltung einen Antrag Hans Mühlethalers: «Der Vorstand der GO wird beauftragt, die Gespräche mit dem SSV über eine Partnerschaft auf der Grundlage der Autonomie der GO weiterzuführen.» Am Ende der Versammlung hat Klaus Merz laut Protokoll gewünscht, «dass SSV-Präsidentin Edith Gloor nicht allzu zerknirscht nach Hause gehen möge».[145]

Als Jochen Kelter 1997 im Jahresbericht über die Gespräche mit dem SSV-Vorstand informierte, wurde klar, dass die GO mit dem SSV aus einer Position der Stärke verhandelte. Es habe sich gezeigt, dass die «Wiedervereinigung» schwierig sein würde, «da für uns ein blosser Zusammenschluss der bestehenden Verbände nicht in Frage käme, der SSV bei einem anderen Vorgehen und individueller Aufnahme jedoch in eine Zerreissprobe geriete, bei beiden Varianten die neuerliche Bildung eines zweiten Autorenverbands also durchaus wahrscheinlich wäre».[146] An der GV 1998 war der SSV gerade noch für einen Seitenhieb gut. Berichtet wurde über eine Subventionserhöhung, die auch als «Anerkennung unserer Arbeit» gesehen werden dürfe. Und: «Im Gegensatz zur GO ist der SSV nicht mit einer Erhöhung des Bundesbeitrags bedacht worden.»[147] Als sich im Oktober des gleichen Jahres die beiden Verbandspräsidenten auf Einladung der WoZ zum Gespräch trafen, nahmen sie unter anderem zur Frage einer Fusion der Verbände Stellung. Dabei schlug Tim Krohn im Vergleich zu seiner Vorgängerin Gloor einen neuen Ton an: «Wenn die

143 Klaus Merz mündlich, 11.4.2002.
144 Jochen Kelter mündlich, 20.3.2002.
145 GO MB 78, August 1996, S. 4.
146 GO MB 81, Mai 1997, S. 5.
147 GO MB 86, September 1998, S. 5.

Gruppe Olten irgendwann sagt, wir würden gern mit euch fusionieren, umso besser. Aber es geht nicht darum, dass wir kommen und sagen: Entschuldigung, könntet ihr uns bitte unter eure Fittiche nehmen.» Peter Höner beschränkte sich auf die Feststellung: «Im Moment ist die Fusion nicht möglich, weil sie von den Mitgliedern nicht gewollt wird.»[148]

Im folgenden Winter ersetzte Manfred Züfle für ein halbes Jahr den im Urlaub befindlichen Sekretär Kelter. Unter anderem nahm er in dieser Funktion am Abschiedsabend für die SSV-Sekretärin Lou Pflüger teil, über den er anschliessend unter dem süffisanten Titel «Die kürzlich stattgefundenen Turbulenzen bei unserem ‹Parallelverband› sind unser Problem nicht» im Mitteilungsblatt berichtete.[149] Was er unter einem «Parallelverband» versteht, erläutert er so: «Parallelen sind mathematisch gesprochen Linien, die zwar in die gleiche Richtung laufen, aber sich erst im Unendlichen treffen.»[150] Im «Mitteilungsblatt» erzählte er, dass ihm ein SSV-Vorstandsmitglied bestätigt habe, «der SSV ziehe ja meist mit seinen Einrichtungen, der GO folgend, nach». Züfles Kommentar: «Ist doch schön!»[151]

Erst an der Generalversammlung vom 13. Juni 1999 ändert sich der zur Gewohnheit gewordene selbstgerechte Ton der GO-Funktionäre. In seinem Jahresbericht erlaubt sich Peter Höner als Präsident, so das Protokoll, «eine kleine Provokation». Er stellt die Frage: «Hat die Gruppe Olten den Zeitpunkt ihrer Auflösung verschlafen?» Nachdenklich gestimmt habe ihn insbesondere, dass die Zeitschrift *Facts* von der GO als einem «peinlichen Verein» gesprochen habe und der *Beobachter* davon, dass da eine Mannschaft absteige: «Was lange ‹in› war, wird plötzlich ‹out›.»[152] An der gleichen Generalversammlung wird die Internet-Homepage der GO vorgestellt – eine Dienstleistung notabene, die der SSV schon seit einiger Zeit besitzt.[153]

148 WoZ 40/1998.
149 GO MB 88, Februar 1999, S. 3.
150 Manfred Züfle mündlich, 18.4.2002.
151 GO MB 88, Februar 1999, S. 3.
152 GO MB 90, September 1990, S. 4.
153 GO MB 90, September 1990, S. 6. Siehe auch GO MB 88, Februar 1999, S. 3 und GO MB 93, Mai 2000, S. 11.

Was ist los mit der GO in dieser Zeit? Manfred Züfle sagt, wie Peter Höner sei auch er der Meinung gewesen: «Wir müssen diese Entwicklung einfach aussitzen. Wir müssen warten. Der Literaturbegriff wird wieder anders. Unsere Position war es – auch jene von Jochen letztlich: Warten, bis die Zeiten anders werden. Es ist ja nicht schlimm, wenn die GO nicht mehr wahnsinnig viel grösser wird.» Während man deshalb in der GO in gewohnter Zuverlässigkeit und Professionalität den courant normal verwaltete und auf bessere Zeiten wartete, passierte zweierlei. Erstens wurde Lukas Hartmanns Menetekel von Birsfelden, wonach «unser Mitgliederzuwachs in den letzten Jahren abgenommen hat», zum unübersehbaren Problem. Und zweitens übernahm beim SSV im Juni 1998 Tim Krohn das Präsidium und auf Anfang 1999 Peter A. Schmid als Nachfolger Lou Pflügers den Posten des Geschäftsführers.

Die Mitglieder bleiben weg. Zwar sind die Mitgliederzahlen des SSV zwischen 1994 (669) und 1999 (578) um gut 90 gesunken.[154] Aber nicht, weil ihm die Leute davongelaufen wären, im Gegenteil. Vielmehr hat man den eigenen Mitgliederbestand von «Karteileichen» befreit.[155] Gleichzeitig hat in den frühen 90er-Jahren eine Trendwende eingesetzt: So wie die jungen Autoren und Autorinnen bis dahin sozusagen automatisch der GO beigetreten sind, treten sie von nun an ebenso automatisch dem SSV bei.[156] Als Tim Krohn als frischgebackener SSV-Präsi-

---

154 Vgl. Fussnote 36.
155 Konkret habe man Mitglieder, die ihre Beiträge nicht mehr bezahlten, insgesamt dreimal angeschrieben und, wenn nicht reagiert worden sei, aus der Kartei gestrichen. Die Aktion habe zweifellos zur Professionalisierung des Bestands beigetragen (Verena Röthlisberger mündlich, 7.5.2002).
156 Laut dem neuen Mitteilungsblatt des SSV, das seit März 1999 erscheint, wurden in den letzten drei Jahren zum Beispiel folgende AutorInnen willkommen geheissen: Lukas Bärfuss, Sibylle Berg, Adi Blum, Rea Brändle, Renata Burckhardt, Julien Burri, Marianne Freidig, Claire Genoux, Sabine Harbeke, Lukas Holliger, Emanuel Hurwitz, Zoë Jenny, Gerhard Meister, Sylvie Neeman Romascano, Marius Daniel Popescu, Peter Stamm, Michael Stauffer, Daniel Thürler, Aglaja Veteranyi, Florian Vetsch, Willi Wottreng, Yusuf Yesilöz – in den ersten zehn Ausgaben des Mitteilungsblatts sind insgesamt über 130 Neuaufgenommene aufgeführt.

dent gefragt wurde, warum er nicht der GO beigetreten sei, antwortete er keck: «Weil ich als junger Autor aus dem Glarnerland schlicht nicht wusste, dass es auch eine Gruppe Olten gibt.»[157] Manfred Züfle macht diesen Umschwung der Präferenzen bei den jungen Schreibenden an der Generation der so genannten «Netz»-AutorInnen[158] fest: «Das ‹Netz› hat im Grunde genommen klar gemacht: Euer Verband mag ja gut sein, aber er ist nichts für uns.»[159] In der integralen Abschrift eines Gesprächs, das in Ausschnitten in der WoZ dokumentiert worden ist, sagte das damalige Netz- und heutige GO-Vorstandsmitglied Urs Richle 1994: «Die Gruppe Olten ist eher eine Institution und das ‹Netz› ist eher ein Freundeskreis, ein Bekanntenkreis.» – «Also alles informell, keine Protokolle?» – «Nein, nichts. Und ich hoffe, dass das auch so bleibt.»[160] So gesehen verweigerten sich die jungen AutorInnen der Vereinsmeierei der Verbände und setzten dagegen – wie 1970 zum Beispiel Peter Bichsel – auf einen informellen «Freundeskreis».

An der SSV-Generalversammlung in Basel am 26. Juni 1993, die er als GO-Präsident zu besuchen hatte, wollte es Züfle genauer wissen. Er setzte sich an den Tisch der jungen Verbandsmitglieder und begann zu fragen: «‹Warum seid ihr eigentlich nicht bei uns?› Ich bin sogar soweit gegangen und habe sie aufgefordert, doch zu uns zu wechseln, der SSV gebe doch sein Geld für unsinniges Zeug aus, für Druckkostenbeiträge zum Beispiel. ‹Und schaut euch doch mal diesen Haufen an. Von Däniken dort drüben, der einen Klüngel von Bewunderern um sich versammelt hat und Brandreden über irgendwelche Götterlandungen hält!›

---

157 *SonntagsZeitung*, 21.6.1998. Vier Tage später antwortete Krohn auf die gleiche Frage weniger naiv: «Wir haben hier nicht diese dominante, mittelalterliche Generation, die die Geschäfte bestimmt» (*Bund*, 25.6.1998). Zwei Wochen später war er dann bereits abgeklärt: «In den meisten Bereichen spielt die Wahl [zwischen SSV und GO, fl.] keine Rolle» (*Tages-Anzeiger*, 6.7.1998).
158 1993/94 propagierte ein Kreis junger AutorInnen das «Netz» als informelle Selbsthilfeorganisation ohne Mitgliederausweise, die jedem und jeder offen stehen sollte. Die NZZ rechnete damals diesem Kreis unter anderen Peter Weber, Urs Richle, Ruth Schweikert, Perikles Monioudis und Tim Krohn zu (NZZ, 24.1.1994).
159 Hier und im Folgenden: Manfred Züfle mündlich, 18.4.2002.
160 Urs Richle, mündlich, 28.2.1994; Ausschnitte des Gesprächs in: WoZ 19/1994.

Aber diese Jungen haben gesagt: Du, nein. Wir bleiben hier. Bei euch muss man Bekenntnisse ablegen.» So gesehen verweigerten die jungen AutorInnen das Bekenntnis zur «demokratischen sozialistischen Gesellschaft» und damit zum hybriden Charakter der GO.[161] Man wollte kein linker Gutmensch mehr sein müssen, nur weil man Dienstleistungen eines Verbandes in Anspruch nahm. Klaus Merz fasst seine Erfahrungen als Präsident in den Jahren 1995 bis 1997 so zusammen: «Ich möchte die jüngeren Leute nicht einfach als Yuppies und desinteressiert bezeichnen, sondern: Die sind uns einfach nicht mehr gefolgt. Niemand hat gesagt: Wir nehmen eure Fahne und tragen sie weiter. Weit und breit kein Cornet.»[162]

Das Gespann Krohn/Schmid. Ende der 90er-Jahre hatte der SSV ein verbandsinternes und ein verbandsexternes Problem zu lösen. Den verbandsinternen Konflikt kommentierte Charles Linsmayer anlässlich der SSV-Generalversammlung in Neuchâtel am 14. Juni 1998 so: Es sei «zum Eklat» gekommen, weil zwar ein fortschrittlicher Vorstand gewählt worden, die vorgeschlagene neue Literaturförderungspolitik, die das Geld statt den Verlagen wirklich den Schreibenden zugute kommen lassen würde, jedoch verworfen worden sei: «Die Diskussion [...] hatte unmissverständlich gezeigt, dass zwischen der älteren und der jüngeren Generation, zwischen Deutsch und Welsch, zwischen den eigentlichen Berufsautoren und den schreibenden Lehrern und Dilettanten Gräben liegen, die der sich nun abzeichnende progressive Kurs des jungen Vorstands wohl kaum überbrücken, sondern nur noch weiter vertiefen kann.»[163]

---

161 Peter A. Schmid sagte nach seiner Wahl zum SSV-Geschäftsführer auf die Frage, was die Attraktivität des SSV für junge Mitglieder ausmache: «Für eine Generation um die Dreissig ist ein Statut wie dasjenige der GO, das über die Schriftstellerei die sozialistische Gesellschaft befördern will, nicht sehr attraktiv» (*Bund*, 25.6.1998). GO-Präsident Peter Höner hat kurz darauf an anderer Stelle relativiert, wohl gehe es seinem Verband, nicht aber der von den einzelnen Verbandsmitgliedern betriebenen Schriftstellerei um die Beförderung der sozialistischen Gesellschaft: «Die Literatur steht nicht im Dienst einer bestimmten Ideologie, auch nicht einer sozialistischen. Das wäre genau so gefährlich, wie wenn man von der anderen Seite her sagen würde: Wenn der Staat uns Geld gibt, dann müssen wir in seinen Diensten schreiben.» (WoZ 40/1998).
162 Klaus Merz mündlich, 11.4.2002.

Zur Zerreissprobe wurde am 12. November des gleichen Jahres die ausserordentliche Generalversammlung in Fribourg. Sie war einberufen worden, weil Mousse Boulanger, Janine Massard und 130 Mitunterzeichnende die Rechtmässigkeit der Vorstandswahlen von Neuchâtel bestritten hatten: Die Forderung nach Gesamterneuerungswahlen war ein Misstrauensvotum gegen den neuen Vorstand; dieser setzte sich durch; Boulanger, Massard und andere verliessen den SSV unter Protest und traten der GO bei. Der Sinn dieser paradoxen Aktion schien zu sein, dass diese DissidentInnen von der langjährigen fortschrittlichen Verbandspolitik der Konkurrenz profitieren wollten, nachdem sie sie im SSV nicht hatten verhindern können.[164]

Als auf Anfang Januar 1999 Peter A. Schmid neben dem bereits seit einigen Monaten amtierenden Tim Krohn die Verbandsgeschäfte übernahm, war der verbandsinterne Machtkampf entschieden, die Linie des Reformvorstandes hatte gesiegt. Nun galt es, das verbandsexterne Problem zu lösen: das Imageproblem. Die Situation war klar: Dem SSV liefen zwar seit einigen Jahren die Leute zu. Aber gegenüber der Öffentlichkeit im Allgemeinen und der GO im Speziellen würde man sich nur dann Respekt verschaffen können, wenn es gelingen würde, das Imageproblem des SSV, ein verstaubter Klub von alten reaktionären HobbyliteratInnen zu sein, zum Imageproblem der GO zu machen, ein verhockter Klub von altgewordenen autoritären 68er-SchwätzerInnen zu sein. Es ging für den SSV also um eine PR-Offensive[165] – darum, selbstbewusst, clever und öffentlichkeitswirksam aufzutreten und sich wie nebenbei verbandspolitisch auf der Höhe zu zeigen. Folgerichtig griff Krohn nach seiner Wahl zum Präsidenten sofort das Herzstück der GO-Identität an: «Wir werden uns nicht scheuen, politisch eine Position

---

163 *Bund*, 25.6.1998.
164 *Bund*, 9.11.98; WoZ 46/98.
165 Dass der SSV die Strategie einer PR-Offensive verfolgt habe, ist bestritten: Wenn es überhaupt eine solche gegeben habe, dann nicht gegen die GO, sondern SSV-intern für eine fortschrittliche Verbandspolitik. Die Frage sei gewesen, wie der SSV den eigenen Verband in Ordnung bringe. Allerdings habe man gewusst: «Wenn es gelingt, wird gerade dies die GO in Schwierigkeiten bringen.» (Peter A. Schmid mündlich, 29.5.2002).

einzunehmen, die man eigentlich von der Gruppe Olten erwartet hat.»[166] Und: «Um attraktiv zu sein, wollen wir, von der gewerkschaftlichen Tätigkeit einmal abgesehen, durch unsere Veranstaltungen ein literarisches Umfeld schaffen, das deutlich macht, dass der SSV ein lebendiges literarisches Klima mitprägt […] und die GO ist jederzeit eingeladen, Gast zu sein.»[167] Und: «Wir wollen sehr viel aktiver werden in der Öffentlichkeitsarbeit.»[168]

Für diese Öffentlichkeitsarbeit gab es bald verschiedene Beispiele. Drei von ihnen zeigen das clevere Vorgehen des Gespanns Krohn/Schmid besonders instruktiv:

- Kurz nachdem der Mustervertrag 1998 abgeschlossen werden konnte, liess der SSV ohne Rücksprache mit der GO eine Broschüre über «Vertragsverhandlungen Belletristik» drucken. Das Vorwort beginnt so: «1998 haben der Buchverleger-Verband der deutschsprachigen Schweiz, die Schweizer Autorinnen und Autoren Gruppe Olten und der Schweizerische Schriftstellerinnen- und Schriftsteller-Verband sich nach intensiven Verhandlungen [etc.]».[169]

Jochen Kelter erinnert sich an die Verhandlungen, die er seit 1988 beinahe ohne Unterbruch geführt hatte: «Als der Vertrag endlich weitgehend vorlag, kam der SSV und fragte: Was habt ihr denn da jahrelang verhandelt? Er hat dann noch ein halbes Jahr gebraucht, um sich einzuarbeiten, was den Abschluss weiter verzögert hat.»[170] Von der Publikation des SSV ist die GO überrumpelt worden. Sie hat für ihre Mitglieder ein Jahr später eine analoge Broschüre herausgegeben.[171] Man wird wohl sagen dürfen, dass der SSV hier erntete, was die GO gesät hat.

- In seiner Eröffnungsansprache zur Frankfurter Buchmesse – Themenschwerpunkt waren die Schweizer Literaturen – hat der damalige Bundesrat Flavio Cotti am 6. Oktober 1998 die schweizerischen

166 *SonntagsZeitung*, 21.6.1998.
167 *Bund*, 25.6.1998.
168 *Basler Zeitung*, 7./8.11.1998.
169 SSV (Hrsg.) 1999a.
170 Jochen Kelter mündlich, 20.3.2002.
171 GO (Hrsg.) 2000.

Intellektuellen aufgefordert, sich nicht «schmollend zurück[zu]ziehen», «sondern im Gegenteil sich ein[zu]mischen und ein[zu]greifen und unbequem [zu] sein und das auch [zu] bleiben».[172] Krohn und Schmid gaben daraufhin einen lesenswerten Band mit Repliken an Cotti heraus, der schon dadurch, dass die Beiträge in den verschiedenen Originalsprachen dokumentiert wurden, eine gewisse gesamtschweizerische Repräsentativität beanspruchte. Neben klingenden Namen wie Yvette Jaggi, Peter von Matt oder Egon Ammann waren als AutorInnen unter anderen folgende SSV-Mitglieder vertreten: Urs Jaeggi, Hugo Loetscher, Roger Monnerat, Dragica Rajčić, Kristin T. Schnider, Yusuf Yesilöz und Jean Ziegler. Vonseiten der GO durften lediglich Daniel de Roulet und Mariella Mehr mitschreiben.[173] Zehn Jahre nach dem Kulturboykott, den der SSV als stummer Zaungast bestaunt hatte,[174] signalisierte er mit diesem Buch: Wenn es um das Verhältnis der Kulturschaffenden zum Staat geht, ist die GO heutzutage eine weitgehend vernachlässigbare Adresse.

- 2001 veröffentlichte der SSV unter dem Titel *Zweifache Eigenheit* eine weitere Anthologie, diesmal über «neuere jüdische Literatur in der Schweiz» – ein schön gemachtes und nötiges Buch, immerhin hat der SSV zwischen 1933 und 1945 mit seiner Gutachtertätigkeit zuhanden der Fremdenpolizei über die Aufnahme oder die Abweisung nicht zuletzt jüdischer KollegInnen befunden, die als politische Flüchtlinge in der Schweiz Asyl gesucht haben. Für dieses Buch haben Krohn und Schmid das Vorwort verfasst und darin in einem Abschnitt korrekt geschrieben: «Die Gutachten, die das SSV-Sekretariat bis 1945 für die Fremdenpolizei verfasste, waren geprägt von Antisemitismus und der Idee der geistigen Landesverteidigung, als ‹hervorragend› galten in erster Linie politisch nicht engagierte, wohlhabende AutorInnen mit konservativem Schreibstil.» Nach

---

172 SSV (Hrsg.) 1999b, 57.
173 Mariella Mehr hat kurz darauf – wegen der Streichung der «demokratischen sozialistischen Gesellschaft» aus dem Zweckartikel – unter Protest die GO verlassen (vgl. GO MB 96, Februar 2001, S. 3).
174 Otto Böni: Schriftsteller und die 700 Jahr-Feier, in: SSV (Hrsg.) 1990, 109 ff.

dem Wort «Schreibstil» folgt ein Sternchen und die dazugehörige Fussnote teilt mit, dass «die Geschichte des SSV» bereits «mehrfach aufgearbeitet» worden sei.[175] Als erste Quelle wird danach Ulrich Niederers Dissertation genannt, ohne allerdings darauf zu verweisen, dass darin diese Gutachtertätigkeit auf knapp zwei Druckseiten abgehakt wird mit dem Hinweis auf eine Skizze des Themas im SSV-Jubiläumsband von 1987.[176] Die Zurückhaltung des SSV der eigenen Geschichte gegenüber ist umso bemerkenswerter, als Edith Gloor als scheidende Verbandspräsidentin 1998 dezidiert für «das Aufarbeiten» plädiert hat: «Heute leben wir in einer Zeit der Umwälzungen und Erneuerungen und es könnte sich erneut die Situation ergeben, dass aus wirtschaftlichen Gründen fliehenden Schriftstellern die Einreise in die Schweiz verwehrt wird.» Aufarbeiten heisse deshalb bewusst machen: «Nur so sind wir im Besitz jenes strukturellen und geistigen Instrumentariums, das garantiert, dass ein Schulterschluss zwischen SchriftstellerInnen und herrschender Macht nicht mehr möglich ist.»[177] Tim Krohn und zuletzt Eugène Meiltz haben als Nachfolger von Gloor zwar vieles an die Hand genommen, auf diese historische Aufarbeitung wartet man allerdings immer noch – und zwar obschon unterdessen bekannt ist, dass der Verband nicht bis 1945, sondern mindestens bis 1957 mit der Fremdenpolizei zu-

175 Newman/SSV (Hrsg.) 2001, 7 f.
176 Niederer 1994, 140 f. (Fussnote 365; darin wird u. a. verwiesen auf SSV (Hrsg.) 1987, 121–149). Die bisher fundierteste Darstellung dieses dunklen Kapitels der SSV-Geschichte stammt von Charles Linsmayer (Linsmayer/Pfeifer [Hrsg.] 1983, v. a. 479 ff. und Linsmayer, in: *Der kleine Bund*, 5.7.1997); die gerechteste Würdigung des damaligen SSV-Dilemmas von Werner Mittenzwei: «Um dem Konflikt dieser Berufsorganisation […] gerecht zu beurteilen, muss man allerdings berücksichtigen, dass sich ihre Bemühungen auf die Förderung Schweizer Autoren und Künstler richtete, die sich gegenüber dem Einfluss des reichsdeutschen Kunst- und Literaturbetriebs nur schwer behaupten konnten. Eine solche Politik, wurde sie nicht mit nationalistischen und frontistischen Vorzeichen betrieben, war nicht nur richtig, sondern für die Schweiz auch notwendig.» (Mittenzwei 1978, 112). Zu fragen ist demnach: Gab es nationalistische und frontistische Vorzeichen bei der Gutachtertätigkeit des SSV – und wenn ja, worin bestanden sie?
177 *Rote Revue* 3/98.

sammengearbeitet hat.[178] So blieb dieses SSV-Engagement für die neuere jüdische Literatur in der Schweiz doppeldeutig: Man tat etwas Notwendiges, um etwas anderes Notwendiges nicht tun zu müssen.[179] Aber wahr ist trotzdem: Der SSV hat sein Imageproblem effizient

178 Am 11. März 2002 hielt Charles Linsmayer anlässlich der Eröffnung der Ausstellung «Deutschsprachige Schriftsteller im Schweizer Exil 1933–1950» in Frankfurt am Main einen Vortrag, in dem er sich ausführlich zur Zusammenarbeit zwischen dem SSV und der Fremdenpolizei äusserte. «Wie ein Augenschein im SSV-Archiv» zeige, sagte er, sei «auch nach 1945 die Gutachtertätigkeit in Sachen Aufenthalts- oder Arbeitsbewilligung munter» weitergegangen, «und sie war auch unter der Ägide Franz Beidlers keineswegs frei von jenem Denunziatorischen, das ihr zwischen 1933 und 1943 angehaftet hatte». Den zeitlich spätesten Fall, den Linsmayer vorstellte, betraf ein Gutachten des SSV-Sekretärs Beidler vom 23. Februar 1957, worin es hiess: «Die beiden Gesuchsteller sind uns nicht nur dem Namen nach völlig unbekannt, sondern auch in keinem der in Betracht kommenden Nachschlagewerke verzeichnet. Die Frage der kantonalen Fremdenpolizei, ob es sich bei ihnen um prominente Schriftsteller handelt, muss daher eindeutig verneint werden. Von dieser Seite her besteht mithin keinerlei Anlass, das Gesuch zu bewilligen.» Im Gespräch ergänzt Linsmayer, weil er damals vor allem den Zeitraum zwischen 1933 und 1945 untersuchte, habe er seine Recherchen im SSV-Archiv mit dem Jahr 1960 beendet. Er sei aber möglich, dass die denunziatorische Zusammenarbeit mit den Behörden noch weiter angedauert habe (Charles Linsmayer mündlich, 13.6.2002). Franz W. Beidler bekleidete sein Amt bis Mitte 1971 (Niederer 1994, 254).
179 In seiner Frankfurter Rede (vgl. Fussnote 178) hat Linsmayer auch die neueren Bemühungen des SSV um die Bewältigung der eigenen Vergangenheit gewürdigt: «Während einer Veranstaltung am 1. November 1997 in Zürich wurde die denunziatorische Gutachtertätigkeit der Jahre 1933 bis 1945 öffentlich angeprangert und entschuldigte sich die damalige Präsidentin, Edith Gloor, namens des SSV ausdrücklich für das Verhalten ihrer Vorgänger im Vereinsvorstand. Dabei blieb es dann aber auch, denn die Publikation, die an jener Versammlung ins Gespräch gebracht worden war und die unter dem Titel ‹Laut Gutachten des SSV...› Daten, Texte und Dokumente von all jenen Autoren hätte enthalten sollen, die 1933–1945 unter Beihilfe des SSV ausgewiesen oder am Schreiben gehindert worden waren, fand beim Vorstand schon bald kein Interesse mehr. An ihrer Stelle wurde unter dem Titel *Zweifache Eigenheit* eine Anthologie mit Texten von heute lebenden jüdischen Schweizer Autorinnen und Autoren produziert, die im Nachwort auf gerade mal zwei von 58 Seiten und praktisch ohne Namensnennung auf die zum Schweigen gebrachten Emigranten eingeht.»

und wohl weitgehend zu Lasten der GO gelöst: Er glich seine gewerkschaftlichen Dienstleistungen immer mehr den von der GO erstrittenen Standards an, er machte der GO die Meinungsführerschaft in gesellschaftspolitischen Belangen streitig, er pries sich an als jung, modern und sexy und wurde dafür belohnt mit den Beitritten vieler junger AutorInnen. Dagegen hatte die GO ausser der Durchhalteparole, die Krise auszusitzen, nichts zu bieten.

Am 18. Juni 2000 wurde an der GO-Generalversammlung in Aarau Daniel de Roulet zum Nachfolger von Peter Höner gewählt. De Roulet hatte eine Vision und kommunizierte sie von Anfang an mit aller Klarheit: Erstens behielt er sich nach der Wahl vor, nach einem Jahr zurückzutreten, falls die Mitglieder dannzumal «die Änderung von Namen und Zweckartikel im Sinne einer Öffnung» ablehnen würden.[180] Zweitens plädierte er für einen «nationalen Autorenverband» mit kulturellen, gewerkschaftlichen und politischen Ambitionen.[181] Und drittens sprach er sich klar gegen eine Neuauflage des «hybriden Gebildes» aus, das die GO gewesen ist: «[Der Autor] braucht keine Organisation, um mit seinen Kollegen Politik zu machen. [...] Die Konstruktion einer sozialen Utopie ist nicht die Triebkraft eines nationalen Autorenverbandes.» Seither arbeitete er – von Mitteilungsblatt zu Mitteilungsblatt transparent nachvollziehbar – auf die Annäherung der beiden Verbände GO und SSV hin. In seinem «Bericht des Präsidenten» zur Generalversammlung 2001 in Delémont schrieb er: «Der kulturelle Platz der Literatur ist in Gefahr, und wir erschöpfen uns in lächerlichen Querelen. Jeder Verband (GO und SSV) hat zunächst daran gedacht, den anderen zu schlucken. Dann war jeder Verband der Meinung, man müsse alle Details regeln, bevor man über eine eventuelle Annäherung diskutieren könne. Vielleicht gibt es einen anderen Weg, nicht den schweizerischen, auf dem man sich zunächst über alles einigt, bevor man etwas Neues aufbaut, sondern den, die Notwendigkeiten der Literatur zu sehen und die Ärmel hochzukrempeln.»[182] An dieser GV haben die Mit-

---

180 GO MB 94, September 2000, S. 8.
181 Hier und im Folgenden: Daniel de Roulet: Mein Programm als Präsident, in: GO MB 94, September 2000, S. 10.
182 GO MB 98, September 2001, S. 8.

glieder bei einer Gegenstimme dem Vorstand das Mandat erteilt, «eines oder mehrere Szenarien für die Annäherung der Verbände oder aber die weitere Selbständigkeit auszuarbeiten».[183] Ein halbes Jahr später lagen zwei Szenarien vor – eines «für eine Neugründung» und eines «für einen verbesserten Status Quo» –, wobei der Vorstand «einstimmig» für die Neugründung plädierte.[184]

Die Nachfolge für Jochen Kelter wurde deshalb lediglich noch provisorisch geregelt, indem Theres Roth-Hunkeler und Urs Richle seinen Posten im Jobsharing befristet auf ein Jahr bis Ende 2002 übernahmen. Im Hinblick auf die ordentliche Generalversammlung in Olten vom 26. Mai standen die Zeichen auf Selbstauflösung. Jochen Kelter, der auslandabwesend war, schrieb in einem offenen Brief, zwar sei der Zeitpunkt wirklich gekommen, die Wiedervereinigung der schweizerischen SchriftstellerInnen ernsthaft zu prüfen. Unverzichtbar sei jedoch, dass bei der Gründung des AdS nicht nur Statuten verabschiedet würden, sondern auch ein «Gründungsdokument», in dem zur Vergangenheit und zur Zukunft der Schweizer AutorInnen und ihrer Verbände «klipp und klar Stellung genommen» werde.[185] Der Entscheid für das Szenarium der Selbstauflösung fiel mit 41 zu 13 Stimmen bei 5 Enthaltungen deutlich.[186] Am 1. Juni votierte die Generalversammlung des SSV in Lausanne ebenfalls einstimmig für das gleiche Szenarium.[187] So kam es am 12. Oktober in Bern zu einer denkwürdigen Veranstaltung: Zeitgleich wurden im «Hotel Bern» in einem durch eine Schiebewand getrennten Saal an zwei ausserordentlichen Generalversammlungen der SSV und die GO formell aufgelöst. Danach wurde die Schiebewand entfernt und die gleichen Leute gründeten den AdS (die Abkürzung steht für Autorinnen und Autoren der Schweiz respektive für Autrices et Auteurs de Suisse respektive für Autrici ed Autori della Svizzera).

Manfred Züfle, der den Auflösungsprozess der GO mit Skepsis und Sorge verfolgt hatte, nahm an dieser Gründungsversammlung teil und

183 GO MB 98, September 2001, S. 12.
184 GO MB 100, Februar 2002, S. 6 ff.
185 GO MB 102, September 2002, S. 12 f.
186 *Bund*, 27.5.2002, WoZ 22/2002.
187 *Bund*, 3.6.2002, WoZ 23/2002.

schrieb danach grossherzig: «Erstens, es geht um die Zukunft, und darum kann es zweitens nach dieser Neugründung nicht mehr relevant sein, welcher der beiden Verbände im Verlauf ihrer getrennten Geschichte was und wann und allenfalls früher als der andere erreicht hat. [...] Ich bin skeptisch neugierig und werde in den Verband, den ich mit 127 KollegInnen am 12. Oktober 2002 mitgegründet habe, eintreten.»[188] Auch Kurt Marti – der einzige der Dissidenten von 1970, der noch einmal das Wort ergriff – wies auf die Bedeutung der Neugründung hin: «Ein Berufsverband also, eine Gewerkschaft sozusagen zur Anmeldung und Verteidigung schriftstellerischer Berufsinteressen. Das ist in der Tat auch sehr nötig angesichts der fortschreitenden Marginalisierung der belletristischen Literatur. [...] Deshalb ist es verständlich, dass gerade Profi-Autoren sich eine starke Position gegenüber Verlagen und Medien wünschen. Hoffentlich gelingts. [...] Gute Fahrt denn, AdS!»[189]

188 WoZ 42/2002.
189 *Reformatio* 4/2002.

Bibliografie

Bloch u. a. (Hrsg.) 1972	Peter André Bloch u. a. (Hrsg.): *Der Schriftsteller in unserer Zeit. Schweizer Autoren bestimmen ihre Rolle in der Gesellschaft.* Francke Verlag, Bern 1972.
GO (Hrsg.) 1973	Gruppe Olten (Hrsg.): *Almanach du Groupe d'Olten.* Editions L'Âge d'Homme, Lausanne 1973.
GO (Hrsg.) 1974a	Gruppe Olten (Hrsg.): *Taschenbuch der Gruppe Olten.* Benziger Verlag, Zürich 1974.
GO (Hrsg.) 1974b	Gruppe Olten (Hrsg.): *Almanach 1974.* Editions L'Âge d'Homme, Lausanne 1974.
GO (Hrsg.) 1975	Gruppe Olten (Hrsg.): *Zwischensaison 1. Textbuch der Gruppe Olten.* Lenos Presse, Basel 1975.
GO (Hrsg.) 1976	Gruppe Olten (Hrsg.): *Zwischensaison 2. Textbuch der Gruppe Olten.* Lenos Presse, Basel 1976.
GO (Hrsg.) 1980	Gruppe Olten (Hrsg.): *Die Zürcher Unruhe.* orte-Verlag, Zürich 1981.
GO (Hrsg.) 1981	Gruppe Olten (Hrsg.): *Die Zürcher Unruhe 2. Analysen, Reportagen, Berichte.* orte-Verlag, Zürich 1981.
GO (Hrsg.) 2000	Gruppe Olten (Hrsg.): «Belletristische Werke: Muster-Verlagsvertrag. Kommentar». Frauenfeld 2000.
GO SSI (Hrsg.) 1986	Gruppe Olten, Sezione della Svizzera italiana (Hrsg.): *Per i settant'anni di Virgilio Gilardoni.* Unterer Weinberg 10, Weinfelden 1986.
GO SSI (Hrsg.) 1991	Gruppe Olten, Sezione della Svizzera italiana (Hrsg.): *Variazioni su basso ostinato. Per Giovanni Orelli.* Casagrande, Bellinzona 1991.
GO SSI (Hrsg.) 2000	Gruppe Olten, Sezione della Svizzera italiana (Hrsg.): *Una sceneggiatura e cinque poesie. Angelo Gregorio.* Casagrande, Bellinzona 2000.
GO MB	Mitteilungsblatt der Gruppe Olten. (Die Seitenangaben beziehen sich durchwegs auf die deutschsprachige Ausgabe.)
Lerch 2001	Fredi Lerch: *Muellers Weg ins Paradies. Nonkonformismus im Bern der sechziger Jahre.* WoZ im Rotpunktverlag, Zürich 2001.
Lerch/Simmen (Hrsg.) 1991	Fredi Lerch/Andreas Simmen (Hrsg.): *Der leergeglaubte Staat. Kulturboykott: Gegen die 700-Jahr-Feier der Schweiz.* WoZ im Rotpunktverlag, Zürich 1991.
Linsmayer/ Pfeifer (Hrsg.) 1983	Charles Linsmayer/Andrea Pfeifer (Hrsg.): *Frühling der Gegenwart: Erzählungen III.* Buchclub Ex Libris, Zürich 1983.
Marti 1999	Erwin Marti: *Carl Albert Loosli 1877–1959. Eulenspiegel*

	in helvetischen Landen 1904–1914. Chronos Verlag, Zürich 1999.
Missbach 1991	Andreas Missbach: *Die Gruppe Olten. Berufsverband und politische Gruppierung.* Seminararbeit am Soziologischen Institut der Universität Zürich. Typoskript. 19.9.1991.
Mittenzwei 1978	Werner Mittenzwei: *Exil in der Schweiz.* Verlag Philipp Reclam jun., Leipzig 1978.
Mühlethaler 1974	«Die Entstehung der Gruppe Olten oder die Verteidigung gegen die Zivilverteidigung», in: Dieter Fringeli/Paul Nizon/Erica Pedretti (Hrsg.): *Taschenbuch der Gruppe Olten.* Benziger Verlag, Zürich/Köln 1974, 301 ff.
Mühlethaler 1989	*Die Gruppe Olten. Das Erbe einer rebellierenden Schriftstellergeneration.* Verlag Sauerländer, Aarau 1989.
Newman/SSV (Hrsg.) 2001	Rafaël Newman/SSV (Hrsg.): *Zweifache Eigenheit. Neuere jüdische Literatur in der Schweiz.* Limmat Verlag, Zürich 2001.
Niederer 1994	Ulrich Niederer: *Geschichte des Schweizerischen Schriftsteller-Verbandes. Kulturpolitik und individuelle Förderung: Jakob Bührer als Beispiel.* Basler Studien zur deutschen Sprache und Literatur Bd. 61. Francke Verlag, Tübingen/Basel 1994.
Sidler 2000	Roger Sidler: «Arnold Künzli», in: *Nachfragen und Vordenken. Intellektuelles Engagement bei Jean Rudolf von Salis, Golo Mann, Arnold Künzli und Niklaus Meienberg.* Chronos Verlag, Zürich 2000.
SSV (Hrsg.) 1987	*Literatur geht nach Brot. Die Geschichte des Schweizerischen Schriftsteller-Verbandes.* Verlag Sauerländer, Aarau 1987.
SSV (Hrsg.) 1990	SSV (Hrsg.): *Forum der Schriftsteller.* Jahrbuch 4/1991. Verlag Sauerländer, Aarau 1991.
SSV (Hrsg.) 1999a	SSV (Hrsg.): *Vertragsverhandlungen Belletristik. Ratgeber für AutorInnen anhand des Muster-Verlagsvertrags.* SSV, Zürich 1999.
SSV (Hrsg.) 1999b	SSV (Hrsg.): *Der Stil ist eine Frage der Moral. Essays zur literarischen Gesellschaftskritik der Jahrtausendwende.* Nagel & Kimche, Zürich 1999.
SSV MB	Schweizerischer Schriftstellerinnen- und Schriftsteller-Verband (Mitteilungsblatt; erscheint seit März 1999 dreimal jährlich).

Fredi Lerch

L'étonnement des poètes à la fin du rêve

L'histoire récente du Groupe d'Olten

Remarques préliminaires
A l'origine, le présent rapport a été écrit en vue de l'assemblée générale du Groupe d'Olten (GO) agendée le 26 mai 2002 à Olten. Le président du GO, Daniel de Roulet, voulait s'en servir comme base pour discuter de la dissolution de l'association, qui était à l'ordre du jour. A Olten, le rapport était en fait déjà en possession du comité, mais comme il n'avait pas encore été traduit en français, on a renoncé à le distribuer. Le principe de la dissolution ayant été adopté lors de cette assemblée, il était clair que l'association serait formellement dissoute en automne à l'occasion d'une assemblée générale extraordinaire. Dans cette perspective, le rapport a été remanié et traduit en français. Simultanément, l'idée de le publier sous forme de livre, née dans le courant de l'été 2002, s'était à tel point concrétisée à la date de l'assemblée générale extraordinaire du 12 octobre 2002 à Berne qu'on a pour la deuxième fois renoncé à le diffuser. Il a donc été une nouvelle fois remanié en décembre 2002 pour la présente publication.

En 1990, j'étais, en qualité de délégué de la rédaction de la *Wochen-Zeitung* (WoZ), membre avec Andreas Balmer, alors président du GO, du comité qui a lancé et coordonné en 1991 le «boycott culturel» contre les festivités célébrant le 700e anniversaire de la Confédération. Cela méritait d'être dit pour qu'il soit clair que, si je me suis appliqué à réaliser le présent travail en toute impartialité et objectivité, je concevais alors que ma tâche était de provoquer un débat public qui a constitué pour le GO une épreuve de vérité dont plusieurs membres ne sont pas sortis indemnes. Je ne m'en suis pas moins efforcé de rédiger le passage concernant le boycott culturel non du point de vue d'un ancien membre du Comité pour le boycott culturel, mais de celui d'un journaliste d'investigation.

Je remercie Daniel de Roulet, président du Groupe d'Olten, pour le mandat qu'il m'a confié; Patricia Büttiker et Theres Roth-Hunkeler pour le soutien et l'hospitalité qu'elles m'ont accordés au secrétariat du GO à Frauenfeld; Hans Mühlethaler pour les renseignements qu'il m'a fournis par courriel; Jochen Kelter pour l'entretien qu'il m'a accordé sur l'«activité essentielle», pour ses renseignements et ses critiques; les anciens présidents du Groupe d'Olten Andreas Balmer, Manfred Züfle et Klaus Merz pour les entretiens qu'ils m'ont accordés sur l'identité du Groupe d'Olten, pour leurs renseignements et leurs critiques; Verena Röthlisberger et Peter A. Schmid, du secrétariat de la Société Suisse des Ecrivaines et Ecrivains, pour les renseignements et les documents qu'ils m'ont fournis; Elio Pellin, pour la recherche des documents concernant le Groupe d'Olten dans les Archives littéraires suisses; Charles Linsmayer, pour le texte de sa conférence «Deutschsprachige Schriftsteller im Schweizer Exil 1933–1950»; et enfin, pour les renseignements qu'ils m'ont donnés sur certains points précis, Peter Bichsel, Otto Böni, Esther Brunner, Markus Hediger, Lou Pflüger, Andreas Simmen et Jörg Steiner.

Une créature hybride

Avant l'assemblée générale du 11 septembre 1988 à Frauenfeld, le comité du Groupe d'Olten, Ecrivaines et Ecrivains suisses (GO), alors présidé par Lukas Hartmann, a voulu en avoir le cœur net. Il a lancé auprès de ses membres une enquête sous le titre «Auto-définition et avenir du Groupe d'Olten». La première question en était la suivante: «Voulons-nous […] nous définir à l'avenir comme une association syndicalisante à tendance de gauche ou libérale de gauche? Ou voulons-nous continuer à nous voir comme une organisation politique qui, en outre, défend aussi les intérêts professionnels de ses membres?»[1] Sur les 61 membres qui ont répondu (dont 50 de Suisse alémanique et 15 femmes), 36 plaidaient pour que le GO soit «avant tout […] une association de gauche», 10 pour que le GO soit «avant tout […] un groupe poli-

---

1 Comité du GO: L'image et l'avenir du Groupe d'Olten, documents d'enquête. Tapuscrit, 25.7.1988.

tique » et 15 étaient « indifférents » ou trouvaient la question « non pertinent[e] ».[2] A l'assemblée générale, ce résultat a débouché sur un maintien du statu quo : le GO ne devait pas être un syndicat de gauche ou une organisation politique, mais rester les deux à la fois. La proposition du comité de rebaptiser à cette occasion l'association en « Union » ou « Syndicat » des écrivaines et écrivains suisses a également été rejetée. Le nom du GO est resté inchangé jusqu'à la fin.

Trois ans plus tard, l'étudiant en sociologie Andreas Missbach réalisait un travail de séminaire sur le Groupe d'Olten. Il arrivait à la conclusion que celui-ci, en tant qu'« association professionnelle et groupement politique », réunissait « deux faces présentent des logiques fonctionnelles et des problèmes structurels différents », raison pour laquelle il le qualifiait de « créature hybride ».[3]

Rien n'a davantage marqué l'histoire du GO que la tension entre les deux pôles de cette structure bivalente. Dans ses souvenirs de l'époque de la fondation de l'association, Hans Mühlethaler, secrétaire du GO de 1971 à 1987, décrivait déjà l'atmosphère des quatre rencontres d'Olten de 1970[4] qui ont précédé la fondation formelle du GO comme « une hésitation constante entre l'adhésion à un syndicat et la création d'un réseau dans le genre du Groupe 47 »[5]. Organisation ou réseau ? Lobby de gauche ou club républicain ? Syndicat ou salon littéraire ? Le GO a toujours essayé d'être les deux : d'un côté un secrétaire pour la politique professionnelle, de l'autre un président pour l'idéologie ; aux assemblées générales, d'une part le samedi soir pour le sentiment d'appartenance à une communauté et le renforcement identitaire, d'autre part le dimanche matin pour les indispensables objets à l'ordre du jour de l'association.[6] D'un côté une suite obstinée de petits pas en avant sur le long chemin à travers les institutions, de l'autre l'envol des esprits à la poursuite du but utopique de l'association.

Mais le GO peut-il réellement être qualifié d'« hybride » par opposi-

2   GO Circ. 40, 5, nov. 1988.
3   Missbach 1991, 18.
4   Mühlethaler 1989, 18, 20, 24 + 29.
5   Mühlethaler 1989, 31.
6   Manfred Züfle, par oral, 9.4.2002.

tion à la Société Suisse des Ecrivaines et Ecrivains (SSE)? La SSE n'a-t-elle pas elle aussi sans cesse pris position sur des questions de politique sociale et professionnelle?

En novembre 1956, après l'invasion de la Hongrie par les troupes de l'Armée Rouge, le comité de la SSE n'était pas content de son membre André Bonnard. Au plus fort de l'hystérie anticommuniste qui se déclencha alors, l'helléniste et historien de l'Antiquité Bonnard, lauréat du Prix Staline, refusa de se distancier publiquement de cette invasion. Cela amena le comité de la SSE à sommer Bonnard par écrit de livrer une déclaration de distanciation, ou alors de quitter la SSE. Bonnard n'accepta ni l'un ni l'autre. Sur ce, le comité lui communiqua que son exclusion serait inscrite à l'ordre du jour de la prochaine assemblée générale. La correspondance entre le comité et Bonnard, publique, déclencha en Suisse romande surtout une tempête d'indignation et eut pour résultat que le président d'alors, Hans Zbinden, retira la proposition d'exclusion. A la suite de cela, l'assemblée générale de la SSE compléta les statuts par la phrase: «La SSE ne connaît pas le délit d'opinion.» Après ce désaveu, aucun membre du comité de la SSE ne rendit son tablier.[7]

Cet épisode est révélateur de la manière pragmatique dont la SSE réglait les problèmes de politique sociale: la décision qui prévalait dans ce domaine n'était pas celle que l'on estimait juste, mais celle qui servait au mieux la paix au sein de l'association, même si, comme dans ce cas, c'était la plus libérale.

Pour comprendre pourquoi cette face politico-sociale de la structure hybride a pris au GO une forme bien plus rigide et idéologiquement précise, il faut se remettre à l'esprit l'histoire de sa scission d'avec la SSE.

Dans le portrait qu'ils ont brossé d'eux-mêmes, la SSE et le GO s'accordent sur ce point: la scission était le résultat d'une action de protestation contre le président de la SSE Maurice Zermatten.[8] Ce dernier avait traduit en français le «Petit livre rouge de la défense civile» paru en 1969 et, ce faisant, il en avait encore accentué les passages anti-intellectuels et anticommunistes. Mais cette façon de présenter les choses

---

7   Niederer 1994, 202 ss.
8   Cf. SSE (éd.) 1987, 143 ss.; Mühlethaler 1974 et 1989, 9 ss.

est une vision réductrice de l'histoire de la scission. Ulrich Niederer souligne que pour la SSE, la période allant de 1964 à 1974 a été une «décennie de tempête»: il convient de «réviser» la notion de «pure causalité» selon laquelle la traduction de Zermatten aurait été la «raison de la scission».[9] Cela ne fait aucun doute.

C'est en tout cas (s'ils ne l'avaient pas déjà fait avant) à l'occasion de la Journée des écrivains à l'Expo 1964 – qualifiée par Franz W. Beidler, alors secrétaire de la SSE, de «ratage lamentable»[10] – que de jeunes auteurs formulèrent publiquement leurs critiques à l'égard de la SSE: le poète beatnik René E. Mueller traita «ce cœur d'or de professeur Zbinden» de président d'un «troupeau de moutons» qui s'était fait financer par «le trafiquant d'armes en chef» Dieter Bührle, propriétaire des éditions Artemis, un «bottin de téléphone avec dedans davantage d'auteurs suisses qu'on ne peut en réalité en trouver en Suisse».[11] Quand, après cela, des voix s'élevèrent dans les journaux pour exhorter la SSE à tirer les conséquences qui s'imposaient contre les jeunes insoumis et à séparer le bon grain de l'ivraie, Walter Matthias Diggelmann répliqua dans une chronique: «De mon point de vue, si l'on veut vraiment être conséquent, que l'on fasse donc de la Société des écrivains une sorte de Chambre d'écriture du Reich, qu'on la subordonne au Département militaire fédéral, que l'on en confie la direction du secrétariat à une agence de publicité réputée, pour avoir enfin une défense nationale totale.»[12]

A propos de l'assemblée générale de 1965 de la SSE, le bulletin interne de la société rapporte que «c'en est désormais fini de l'absence d'opposition qui a régné durant des années». Par la suite, selon Niederer, la protestation non conformiste s'enflamma sous l'effet, d'une part, de l'exigence que la SSE noue enfin des relations culturelles à l'étranger et, d'autre part, de la question de l'engagement politique de la SSE. A l'assemblée générale de 1968, Jörg Steiner déclara qu'il n'était pas acceptable que la SSE continue de garder le silence «sur les questions chaque jour plus brûlantes de politique intérieure et extérieure» et

9 Niederer 1994, 213.
10 NZZ, 22.9.1964.
11 Lerch 2001, 249 ss., 280 ss.
12 Walter Matthias Diggelmann, in *Zürcher Woche*, 16.10.1964.

qu'elle devait donner «l'occasion à ses membres de s'exprimer et ainsi de clarifier les esprits». A l'occasion d'une assemblée générale extraordinaire tenue la même année, le comité prit position sur la revendication de Steiner: chacun restait libre de ses convictions, mais la SSE devait se limiter à défendre les intérêts professionnels de ses membres, des prises de position sur la politique internationale conduiraient à un déchirement de la SSE et, en ce qui concernait la politique intérieure, la retenue était de mise.[13] Quand finalement la polémique sur le «Livre rouge de la défense civile» – lancée par Franck Jotterand, Kurt Marti et Jörg Steiner – déboucha sur la démission de 22 membres de l'association, cela marqua le point culminant et la conclusion d'une lutte intestine qui agitait la SSE depuis plusieurs années.

Quant au fait qu'après l'esclandre de cette démission collective, seuls 43 membres sur les 438 que comptait alors la SSE se soient prononcés en faveur d'une assemblée générale extraordinaire, Peter Lehner le commenta à l'époque comme suit: «Gens des milieux politiques, économiques et syndicaux partisans du statu quo, hourra-patriotes, militaristes, vétéro- et néo-fascistes. A quel point cette alliance est écrasante au sein de la SSE également, le résultat du vote le montre bien.»[14] Ulrich Niederer décrit en outre la polémique d'alors comme le combat des dissidents contre «la coupure entre l'écrivain et le citoyen»: «A leurs yeux, cette coupure n'est pas seulement réactionnaire, elle revient à agir selon une double morale.»[15] Ce qui est sûr, c'est que les 22 auteurs ont quitté la SSE non en raison de réserves qu'ils soulevaient contre sa politique professionnelle, mais parce qu'ils ne voulaient plus rien avoir à faire avec la fraction, réactionnaire sur les questions de politique sociale, qui dominait alors la SSE.[16]

---

13 Niederer 1994, 215 ss.
14 Lehner à Mühlethaler, cité dans Mühlethaler 1974, 304.
15 SSE (éd.) 1987, 91.
16 Il apparaît que le conflit de générations entre «vieux réactionnaires» et «jeunes progressistes» a aussi joué un rôle dans cette scission, si l'on en croit un bon mot du début des années 70 attribué à Walter Matthias Diggelmann: la SSE serait «un asile de vieux» et le Groupe d'Olten «un jardin d'enfants» (cité oralement par Otto Böni, 6.5.2002).

Cette version de l'histoire de la fondation du GO devrait prouver que celui-ci est le résultat d'une lutte de plusieurs années pour un engagement ferme en faveur d'une politique sociale progressiste, un combat visant, en d'autres termes, à organiser les écrivains en une structure hybride idéologiquement progressiste. Ce qui distingue donc les deux associations, ce n'est pas le fait que la SSE se soit dispensée de toute discussion de politique sociale, mais le ferme engagement politique progressiste que le GO a fini par formuler dogmatiquement dans l'article relatif à ses buts à l'occasion de la première révision de ses statuts, le 7 septembre 1974 : « Son objectif est une société socialiste et démocratique. »[17]

La thèse du présent rapport est donc la suivante : selon la volonté des membres fondateurs, la caractéristique décisive du GO devait être un ferme engagement résistant, de gauche, contre l'opportunisme en matière de politique sociale. Cet engagement, qui constitue l'un des pôles de sa structure hybride, a fait sa force pendant des décennies, mais il est aussi probablement la principale raison pour laquelle ses membres ont dissous l'association dans le courant de 2002.

L'activité essentielle

L'une des deux faces de la « créature hybride » que le GO constitue selon Missbach est représentée par l'activité essentielle de sa politique associative. Il convient ici de faire aussitôt une restriction : « activité essentielle » seulement dans la mesure où le GO se concevait comme une association, et se concevoir comme une organisation professionnelle n'a été incontestablement que la deuxième des impulsions dans la phase de fondation du GO ; entre les premières protestations d'intellectuels contre le « Petit livre rouge de la défense civile » – en particulier celle parue dans la *Gazette de Lausanne* du 27 octobre 1969 et signée de nombreuses personnalités[18] – et la constitution du GO en tant qu'association lors de l'assemblée générale du 25 avril 1971 à Bienne[19], une année et demie s'est écoulée. Du-

---

17 Mühlethaler 1989, 74 s., 233.
18 Mühlethaler 1989, 12.
19 Mühlethaler 1989, 47 ss.

rant tout ce temps, les premiers éléments de l'identité du GO sont posés bien moins par la foi en un droit d'auteur progressiste que par le pathos politique qui se reflète surtout dans les trois thèses d'Otto F. Walter du 4 octobre 1970: «1. Nous refusons les rapports sociaux existants. 2. Nous respectons la diversité des points de vue au sein du groupement. 3. Nous visons une modification des rapports existants.»[20]

Même dans les premiers statuts rédigés par le juriste Hans Peter (Mani) Matter, on trouve beaucoup plus d'utopie idéologique que de pragmatisme associatif : ils contiennent d'une part la belle conception d'une structure démocratique de base avec des groupes régionaux forts qui admettent de nouveaux membres de façon autonome et envoient des délégués au comité ; de l'autre, une assemblée générale qui décide de «projets» et d'«actions communes» et désigne des «groupes de travail pour l'étude de problèmes particuliers».[21] Ce que cela devait signifier concrètement est révélé par les groupes de travail constitués lors de la première assemblée générale : Contact avec la SSE (responsable : Peter Bichsel) ; Postulats syndicaux (Hans Mühlethaler) ; Traductions (Jeanlouis Cornuz) ; Contacts à l'étranger (Walter Gross) ; Solidarité/Soutiens (Alexandre Voisard). Et ce que cela a signifié dans la pratique est ainsi résumé par Mühlethaler : «Le groupe ‹Postulats syndicaux› était constitué de gens de Zurich, Lausanne, Bâle et Genève. Lorsque je convoquai une séance, tous s'excusèrent. Pour autant que je sache, aucun des autres groupes de projet n'a jamais tenu séance.»[22]

Si l'on suit la description de Mühlethaler, le GO est resté totalement inactif durant les premières semaines qui ont suivi sa création formelle, en grande partie parce que les deux secrétaires «provisoires» désignés lors de la quatrième rencontre d'Olten des 19/20 décembre 1970, Massimo Hauswirth et Peter A. Bloch, n'étaient «pas disposés à faire des travaux qui aillent au-delà du simple collage d'enveloppes».[23] Lors de la première assemblée générale ordinaire, le 13 juin 1971 à Neuchâtel, il se

20 Mühlethaler 1989, 33.
21 Mühlethaler 1989, 44.
22 Mühlethaler 1989, 49.
23 Mühlethaler 1989, 38, 51 ; courriel Mühlethaler à fl, 17.4.2002.

passa trois choses : d'abord, les statuts de Matter ont été mis au net ; ensuite, un groupe de travail « Manifeste » a été constitué, avec pour mandat de « rédiger un programme politique » ; enfin, Hans Mühlethaler a été élu secrétaire responsable.[24] Trois ans plus tard, ce dernier écrivait que « l'activité des ‹Oltener›» ne s'est que « progressivement déplacée du domaine de la protestation politique à celui du travail syndical ».[25] Il est évident que les problèmes de politique associative ne sont devenus l'activité essentielle du GO que petit à petit, et cela grâce au travail des deux secrétaires Mühlethaler et Jochen Kelter, qui se préoccupaient moins d'utopies que d'améliorer la situation matérielle des écrivains.

Interrogé en mars 2002 sur le projet de dissolution des deux sociétés d'écrivains existantes, GO et SSE, et de création d'une nouvelle organisation qui en prenne le relais, Kelter répondait en demandant à son tour : « Cette nouvelle société va-t-elle représenter une culture de l'event et du happening ? Ou va-t-elle s'engager pour que les auteurs d'œuvres de l'esprit soient rémunérés convenablement ? »[26] Un rapide survol des trois domaines couverts par ce que nous nommons l'activité essentielle – la récolte de fonds, les prestations directes et indirectes en faveur des membres et les efforts de politique professionnelle en vue d'améliorer les conditions de base – montrera, d'une part, que la question de savoir comment la nouvelle organisation entend traiter cette activité essentielle est justifiée et, d'autre part, quelles sont les prestations, obtenues de haute lutte, que le GO a à défendre.

Récolte de fonds

Les recettes du GO, tout au long de son existence, ont été constituées en premier lieu par les subventions de la Confédération, en second lieu par les cotisations de ses membres. Ces dernières – elles se montaient à l'origine à « 10 francs pour les membres sans ressources, 50 francs pour ceux qui gagnent normalement leur vie »[27] – n'ont jamais suffi « à

---

24 Mühlethaler 1989, 51 ss.
25 Mühlethaler 1974, 307.
26 Ici et plus loin : Jochen Kelter, par oral, 20.3.2002.
27 Mühlethaler 1989, 47. « Sans ressources » signifiait : ayant un « revenu annuel inférieur à 6000 francs » (loc. cit., 171).

doter le secrétariat [du GO] des moyens nécessaires»; au cours du premier exercice, les rentrées de cotisations n'ont été que de 2150 francs.[28] Si le GO a pu néanmoins fonctionner dès 1971 avec un secrétariat, il le doit à la subvention de 38 000 francs que Pro Helvetia a accordée à la nouvelle association pour sa première année statutaire[29] (c'est seulement depuis 1988 que les subventions ont été versées par l'Office fédéral de la culture [OFC][30]).

Au cours des dernières années, la part des cotisations des membres aux recettes globales est toujours restée aux environs de 20%, avec une légère tendance à la hausse. Pour l'ensemble de la période de 1987 à 2002, on obtient le tableau suivant:

Année	Subventions (S)	Cotisations des membres (M)	M sur S+M en %
1987	150 000.–	43 560.–	22,5
1988	190 000.–	12 900.–	6,4
1989	220 000.–	43 900.–	16,6
1990	214 300.–	46 900.–	18,0
1991	214 300.–	44 600.–	17,2
1992	260 000.–	54 450.–	17,3
1993	230 000.–	49 475.–	17,7
1994	230 000.–	54 430.–	19,1
1995	230 000.–	62 550.–	21,4
1996	230 000.–	59 675.–	20,6
1997	207 000.–	60 840.–	22,7
1998	235 000.–	66 268.–	22,0
1999	238 000.–	68 238.65	22,3
2000	248 000.–	66 871.–	21,2
2001	239 600.–	70 198.–	22,7
2002	239 600.–	64 190.–	21,8

Selon les rapports annuels: 1987 (GO Circ. 39); 1988 (GO Circ. 42 – le faible montant des cotisations reçues est ainsi indiqué dans le «Compte de résultats 1988», il ne semble pas dû, pour autant qu'on puisse le vérifier, à une faute de frappe et Jochen Kelter, lors de l'entretien du 23.4.2002, ne disposait d'aucune explication spontanée); 1989 (GO Circ. 47); 1990 (GO Circ. 53); 1991 (GO Circ. 57); 1992 (GO Circ. 62);

28 Mühlethaler 1989, 57, 171.
29 Mühlethaler 1989, 58.
30 GO Circ. 39, 1 et 4, mai 1988.

1993 (GO Circ. 67); 1994 (GO Circ. 72); 1995 (GO Circ. 77); 1996 (GO Circ. 81); 1997 (GO Circ. 85); 1998 (GO Circ. 89); 1999 (GO Circ. 93); 2000 (GO Circ. 97); 2001 (GO Circ. 101); 2002 Patricia Büttiker, par courriel, 24.2.2003.

Depuis 1980, le GO a toujours déposé une demande commune avec la SSE. En même temps, les deux associations ont conclu un accord sur la répartition de la subvention globale: après d'âpres négociations, elles sont convenues en 1987/88 que, les quatre années suivantes, la SSE toucherait chaque fois 100 000 francs de plus que le GO sur le montant total.[31] Ce règlement s'est maintenu jusqu'en 1996 (voir tableau ci-dessous). A l'occasion d'une réforme de la politique de subventionnement de l'OFC, Jochen Kelter est parvenu à rendre les subventions des deux associations indépendantes l'une de l'autre. Il commente laconiquement: «Les gens de la SSE n'ont eu connaissance de cet arrangement que lorsqu'ils ont entendu qu'ils recevraient désormais leur propre subvention et qu'ils devaient aussi déposer leur propre demande.»

Année	Subv. GO (S)	Membres (M)	S par M	Subv. SSE (S)	Membres (M)	S par M
1987	150 000.–	220	681,8	250 000.–	582	429,6
1988	190 000.–	229	829,7	290 000.–	592	489,9
1989	220 000.–	236	932,2	320 000.–	621	515,3
1990	214 300.–	248	864,1	311 700.–	622	501,1
1991	214 300.–	277	773,6	311 700.–	632	493,2
1992	260 000.–	286	909,1	360 000.–	641	561,6
1993	230 000.–	297	774,4	330 000.–	655	503,8
1994	230 000.–	311	739,5	330 000.–	669	493,3
1995	230 000.–	315	730,2	330 000.–	665	496,2
1996	230 000.–	319	721,0	330 000.–	661	499,2
1997	207 000.–	331	625,4	287 000.–	644	445,7
1998	235 000.–	346	679,2	300 000.–	616	487,0
1999	238 000.–	356	668,5	300 000.–	578	519,0
2000	248 000.–	358	692,7	310 000.–	579	535,4
2001	239 600.–	349	686,6	299 600.–	589	508,7
2002	239 600.–	346	692,5	299 600.–	574	522,0

Subventions et membres GO selon les rapports annuels in GO Circ. Subventions et membres SSE: jusqu'en 1992: Niederer 1994, 286; depuis 1992: secrétariat SSE/Verena Röthlisberger à fl, 19.3.2002; pour 2002: Verena Röthlisberger, par oral, 21.2.2003.

31 Mühlethaler 1989, 179 s.

Sous l'effet du résultat négatif de la votation populaire sur l'«initiative culturelle» de septembre 1986, Hans Mühlethaler lança le «Club des cinq» réunissant les associations de créateurs[32]: outre le GO et la SSE, l'Association des musiciens suisses, l'Association suisse des réalisatrices et réalisateurs de films, la Société des peintres, sculpteurs et architectes suisses (SPSAS; aujourd'hui: visarte, société des artistes visuels suisse).[33] Rétrospectivement, Mühlethaler indique que, derrière le motif officiel, il y avait aussi une intention cachée dans son engagement: «Ce que je n'ai pas dit: dans mon engagement en faveur du Club des cinq, il ne s'agissait pas seulement de défendre les intérêts communs des auteurs indépendants, mais aussi de renforcer le GO au sein d'un environnement qui ne lui était pas favorable. Il ne faut pas oublier que le GO, auprès de nombreux politiciens et administrateurs de la culture, et malgré la célébrité de ses membres, passait pour un groupe de conspirateurs de gauche. Il s'agissait donc d'assurer sa position parmi les autres associations de créateurs, traditionnelles, autrement dit de veiller à ce qu'il ne vienne pas soudain à l'idée de quelqu'un de fermer pour le GO le robinet des subventions.»[34] Jochen Kelter relève qu'il a continué de développer le Club des cinq à partir de 1988 pour en faire «une institution solide». Sa tâche principale a été selon lui de faire front commun vis-à-vis de l'OFC, de ne pas se laisser diviser et de faire pression. Car, dans le fond, les choses sont restées pareilles: «Les écrivains et les artistes n'ont pas d'argent. C'est pourquoi les gens de l'Office fédéral de la culture se comportent souvent comme des seigneurs féodaux.»

---

32 Pour la datation, merci à Esther Brunner (secrétaire générale de la SPSAS de 1979 à 1994), renseignement oral, 25.4.2002.
33 Il existait déjà auparavant une organisation «souple» de «toutes les associations de créateurs des médias et de la culture», placée «sous la direction du secrétaire de la SSE», Otto Böni, comme le souligne Ulrich Niederer (in: SSE [éd.] 1987, 110–111). Ce groupement avait échafaudé le plan de l'«initiative culturelle» de 1986 et organisé la récolte de signatures.
34 Courriel de Mühlethaler à fl, 18.4.2002.

Prestations directes et indirectes
en faveur des membres

L'argent dont l'association a disposé finalement chaque année a été utilisé pour les prestations directes et indirectes en faveur des membres de l'association, et pour financer son secrétariat.

Au titre des prestations directes, il faut compter les compléments d'honoraires pour livres et pièces de théâtre; les compléments d'honoraires pour lectures (les dernières années, un forfait de 200 francs quand les honoraires versés étaient inférieurs à 400 francs; plafond: 1400 francs par année et par membre); ainsi que les garanties d'honoraires pour contributions à des revues littéraires suisses (les dernières années, 50 francs par page de manuscrit ou par poème).

Autres prestations directes, les sommes versées au titre de l'aide sociale. L'argent nécessaire était réuni en dehors du budget ordinaire par l'intermédiaire de Suisseculture sociale, de la Fondation de prévoyance de ProLitteris et de la Fondation Elisabeth-Forberg. Ces dernières années, les montants suivants ont été alloués pour soutenir des auteurs du GO tombés dans une situation précaire sans qu'il y soit de leur faute: 1997: 78 000 francs; 1998: 89 220 francs; 1999: 61 608 francs; 2000: 65 000 francs; 2001: 94 600 francs; 2002: 86 336 francs.[35] Jochen Kelter: «Quand j'ai commencé en 1988, ces soutiens n'étaient pas encore à l'ordre du jour. D'une part, l'environnement social et culturel et la conjoncture dans les médias imprimés étaient tout différents, d'autre part il n'y avait encore pratiquement pas de gens âgés au GO. Depuis, les choses ont changé. Il y a des auteurs qui doivent tout d'un coup payer une facture de dentiste de 5000 francs, il y en a d'autres qui perdent leur boulot accessoire à 58 ans et qui ne retrouvent plus de travail. En pareil cas, il faut trouver d'une manière ou d'une autre le moyen de tenir jusqu'à l'âge AVS.»

[35] 1997: GO Circ. 85, 7, mai 1998; 1998: GO Circ. 89, 8, mai 1999; 1999: GO Circ. 93, 11, mai 2000; 2000: GO Circ. 97, 13, mai 2001; 2001: Patricia Büttiker, par oral, 17.4.2002; Patricia Büttiker, par courriel, 24.2.2003. Kelter explique les montants plus bas versés en 1999 et 2000 par le fait que moins de situations difficiles sont venues à sa connaissance ces années-là. Aucune demande n'a été rejetée (Jochen Kelter, par oral, 19.4.2002).

Les prestations indirectes en faveur des membres de l'association, sur lesquelles le rapport annuel informait régulièrement, étaient les suivantes :

- Les membres pouvaient bénéficier d'un soutien juridique, ce qui est particulièrement important en cas de litige avec un éditeur. Ces litiges représentaient 90 % des cas de soutien juridique.[36]
- Les membres recevaient la *Circulaire* du Groupe d'Olten.
- Les membres pouvaient louer une maisonnette de cocher à Berlin-Steglitz pour 600 francs par mois au lieu de 950 francs et un appartement à Paris, rue Labat, pour 780 francs au lieu de 1560 francs ; l'association payait la différence.
- Depuis 2000, le GO a alloué chaque année une bourse de 6000 francs permettant le séjour d'un auteur ou d'une autrice, alternativement de Suisse ou de l'étranger, à la Maison de la littérature Emanuel-von-Bodman de Gottlieben (TG), durant deux mois.
- Depuis 1985, le GO a organisé à Rottweil, conjointement avec la Société des écrivains allemands et les archives de cette ville du sud du Wurtemberg, des « rencontres littéraires germano-suisses ». Depuis 2001, il existe également à Rottweil un poste d'écrivain en résidence.
- Avec la Finlande et la Slovénie, le GO a mis sur pied un « échange d'été » : un membre du GO pouvait passer un mois dans la Maison des écrivains d'Helsinki, un autre membre un mois dans un appartement à Ljubljana ; en contrepartie, un auteur ou une autrice de Finlande et un/e de Slovénie étaient invités par le GO pour un mois, respectivement à Aarau et à la chartreuse d'Ittingen (TG).

Efforts de politique professionnelle
en vue d'améliorer les conditions de base

Celui qui cherche à améliorer les conditions de base de la création artistique en général et de la production littéraire en particulier doit faire preuve de persévérance, d'opiniâtreté dans le lobbying et de diplomatie dans l'art de la négociation. Tant Hans Mühlethaler que Jochen Kelter

---

36 Depuis le décès de Hans Peter (Mani) Matter en 1972, c'est l'avocat bernois Paul Brügger qui a accompli ce travail pour le GO.

réunissaient ces vertus et ont accepté de se vouer l'un et l'autre pendant plus de dix ans à ce rude travail. Leurs principaux champs d'activité :

- Droit d'auteur. A l'une de ses premières séances déjà, le comité de la SSE avait adopté le 23 novembre 1912 à Berne un plan de travail qui postulait au point 3 la «protection de l'écrivain contre l'exploitation».[37] Pour le premier président de la SSE, Carl Albert Loosli, l'amélioration de la loi sur le droit d'auteur était en effet «un des moteurs de la fondation de la SSE».[38] Depuis lors, les diverses révisions de cette loi essentielle pour les écrivains n'ont cessé d'occuper la SSE et, dès 1971, le GO également.[39] Au début même de son engagement en tant que secrétaire du GO, Hans Mühlethaler a été pris dans les turbulences précédant la création de la société de gestion de droits d'auteur ProLitteris, et il en a soutenu la création formelle le 19 septembre 1974.[40] En 1985, à l'initiative de Mühlethaler cette fois, les principales organisations d'auteurs se sont regroupées de manière informelle en une «Communauté de travail des auteurs» (CTA)[41] qui s'est constituée en association en 1989 et s'est rebaptisée «Suisseculture» en 1995.[42] Après avoir été élu secrétaire du GO, Jochen Kelter s'est engagé dans cette organisation d'abord en tant que membre du comité, puis comme vice-président (dès 1989) et dès 1993 comme président. Après 25 ans de tir à la corde, une nouvelle loi sur le droit d'auteur est enfin entrée en vigueur le

---

37 Marti 1999, 59.
38 Niederer 1994, 37.
39 Cf. Niederer 1994, 40, 53, 59, 70, 84, 91, 102, 108, 183, 224 ; Mühlethaler 1989, 198 ss.
40 Mühlethaler 1989, 65 s. et 221 ss. – Sur sa page d'accueil, ProLitteris décrit ainsi son engagement actuel : «[ProLitteris] négocie avec les associations d'utilisateurs des tarifs applicables à l'utilisation des œuvres protégées de ses membres (livres, articles de journaux, images, photographies, etc.). Ces tarifs fixent le montant des indemnités qui doivent être réglées à ProLitteris. Après déduction des frais d'administration et de la part attribuée à la Fondation de prévoyance sociale en faveur des auteurs et des éditeurs, ces recettes sont transmises aux ayants droit sur la base d'un règlement de répartition.»
41 Mühlethaler 1989, 204.
42 www.suisseculture.ch.

1ᵉʳ juillet 1993. Grâce à Suisseculture, les différents types d'auteurs ne s'étaient pas laissé diviser en branches artistiques. Ainsi, relève Kelter, il a été possible, d'une part, d'imposer en faveur des auteurs la redevance sur les photocopies dans le cadre du droit de reprographie et, d'autre part, d'empêcher l'introduction d'un article relatif aux producteurs; ce dernier aurait signifié que les auteurs employés ou travaillant sur mandat auraient automatiquement perdu leurs droits au profit de leur employeur ou de leur mandant, une revendication pour laquelle s'était battue notamment la SSR. Depuis, une nouvelle révision du droit d'auteur est d'ailleurs en cours. Pour que la Suisse puisse ratifier certaines conventions internationales, des modifications rédactionnelles du texte de loi sont devenues nécessaires. Mais, cette fois non plus, il est clair qu'on ne s'en tiendra pas au plan rédactionnel: la SSR a déjà remis sur le tapis l'article relatif aux producteurs et, en guise de riposte, Suisseculture a remis en discussion le « sou de bibliothèque » (redevance sur les prêts des bibliothèques) pour les œuvres littéraires et le « droit de suite » pour les beaux-arts.

- Contrat-type. La « mise en place du contrat normal » figurait elle aussi dès 1912 sur le plan de travail du comité de la SSE.[43] Sous le titre « La lutte pour un contrat d'édition consensuel », Hans Mühlethaler a rendu compte, 77 ans plus tard, de l'échec des négociations qu'il a menées dans ce domaine (conjointement avec le secrétaire de la SSE Otto Böni) avec l'Association suisse des libraires et éditeurs.[44] Jochen Kelter et Lou Pflüger, qui a succédé à Otto Böni, ont encore planché dix ans sur ce dossier jusqu'à ce qu'en 1998 un « contrat type d'édition pour les œuvres littéraires » puisse enfin être conclu. Il ne contient pas de formulations ayant force obligatoire, mais des recommandations « à la carte » et prévoit l'institution d'un office d'arbitrage en cas de litige.[45]

SSR, partenaire contractuel. En 1973/74, le GO et la SSE sont par-

---

43 Marti 1999, 59.
44 « Das Ringen um einen einvernehmlichen Verlagsvertrag », Mühlethaler 1989, 205 ss.
45 « Contrat d'édition de livres », SSE (éd.) 1999a; GO (éd.) 2000.

venus ensemble à négocier avec la Société suisse de radiodiffusion et télévision (SSR) un contrat pour les œuvres dramatiques diffusées à la radio d'une part, à la télévision d'autre part ; tous deux sont restés en vigueur jusqu'en 1979. Depuis lors, il n'y a plus de contrat à la matière, ce qui, a relevé Mühlethaler en 1989, a tourné au désavantage des auteurs.[46] A l'heure actuelle, indique Jochen Kelter, il y a des conventions tarifaires entre la SSR et ProLitteris. Mais les contrats fixant les honoraires des œuvres de commande sont négociés individuellement.

- Prix unique du livre. En 1996, l'UE a voulu interdire à l'Allemagne et à l'Autriche de maintenir leur accord sur le prix unique du livre. Mais les deux pays sont parvenus par la suite à l'inscrire dans leurs lois nationales. Simultanément, la revendication de suppression du prix unique a été soulevée en Suisse aussi et elle est toujours en discussion. Actuellement, une plainte de l'association des éditeurs contre une décision de la Commission de la concurrence est pendante devant le Tribunal fédéral. En 1997, Jochen Kelter a rédigé la Déclaration de Leipzig pour le prix unique du livre, qui a été signée par toutes les sociétés d'écrivains de langue allemande.
- Congrès des écrivains européens (European Writers' Congress, EWC). Cette fédération des associations européennes d'écrivains est présidée depuis 1989 par Jochen Kelter. Elle regroupe 50 associations de 29 pays, qui représentent au total 50 000 écrivains et traducteurs. Kelter : « Pour le Groupe d'Olten, cet engagement a toujours été très important, car il constitue l'unique possibilité d'être associé au processus européen d'harmonisation du droit d'auteur et de la politique culturelle. » Il ajoute en passant : « C'est pour cette raison que j'ai proposé à Pro Helvetia de lui procurer au moins le programme culturel de l'UE. Bernard Cathomas, qui était alors directeur de Pro Helvetia, a refusé poliment en disant : Encore plus de papiers ! Nous n'en avons pas besoin. »
- Protection sociale pour les membres de l'association. Comme indiqué plus haut, le GO, pour venir en aide à des membres tombés dans le besoin, se débrouille pour obtenir des fonds qui ne grèvent

---

46 Mühlethaler 1989, 215 ss., ici 219.

pas son budget ordinaire. A côté de ces «exercices de pompier», il œuvre également pour améliorer les conditions générales en matière d'AVS, de 2ᵉ pilier, d'assurance-maladie et de droit fiscal pour tous les artistes. Dans le rapport annuel 2000, Jochen Kelter a écrit à ce propos: «L'expérience, surtout celle de l'an dernier, montre qu'un long (et dur) chemin reste encore à parcourir pour procurer aux artistes de ce pays une véritable protection sociale, en particulier pour leurs vieux jours.»[47]

Au début des années 90, le GO s'est agrandi en intégrant en son sein, en tant que section, l'Association suisse des traducteurs littéraires (ASTL). Dans un document servant de base de discussion, Jochen Kelter et Gilbert Musy avaient argumenté que les traducteurs, même si leurs œuvres sont «secondes», sont bel et bien des auteurs: «Leurs œuvres [...] sont un apport créatif à la littérature. Au regard du droit, ils ont le même statut que les auteurs d'œuvres ‹premières›; face aux éditeurs également, leur situation est analogue à celle des auteurs.»[48] L'intégration des traducteurs littéraires en tant que section a fait l'objet d'une discussion préliminaire lors de l'assemblée générale de 1990 à Berthoud[49] et elle s'est concrétisée l'année suivante à l'AG de Fribourg. Pour cela, il a fallu reformuler l'article 3 des statuts du GO: «Sont membres du Groupe d'Olten les écrivains vivant en Suisse, les écrivains de nationalité suisse domiciliés à l'étranger et les traducteurs littéraires qui adhèrent aux buts de l'association et ont à faire valoir, auprès des diffuseurs, des intérêts concernant la perception des droits d'auteur.»[50] Vingt traducteurs et traductrices ont été admis en tant que nouveaux membres à cette occasion; au moment de la dissolution du GO, la section des traducteurs et traductrices littéraires comptait 41 membres.[51] Markus Hediger, ombudsman de la section, cite comme ses principales tâches les conseils (questions tarifaires, litiges avec les éditeurs) et son

---

47 GO Circ. 97, 13, mai 2001.
48 GO, Circ. 48, 3, juillet 1990.
49 GO, Circ. 49, 3, oct. 1990.
50 Cette modification des statuts a été adoptée par 31 voix contre 7 et 9 abstentions; GO Circ. 54, 3, sept. 1991.
51 Patricia Büttiker, par courriel, 24.2.2003.

travail en tant que délégué du GO au Conseil Européen des Associations de Traducteurs Littéraires (CEATL). La dernière réunion de la section s'est tenue en 1999 : « Il venait toujours les mêmes six, sept personnes », remarque Hediger.[52]

Manfred Züfle est, de tous les présidents du GO, celui qui s'est le plus intéressé à cette activité essentielle menée par l'association professionnelle et qui s'est le plus mobilisé sur le plan de la politique professionnelle. Il commente rétrospectivement : « Les secrétaires du GO ont compris que le politique se réalise dans le structurel et ils ont réussi à faire prévaloir cette idée. Mais la plupart des membres – je dirais 90% d'entre eux – ne l'ont pas saisi. On a délégué ces questions aux spécialistes sans comprendre que cela voulait dire faire de la politique culturelle, un véritable travail de forçat. On a dit que c'était bien trop compliqué et que Jochen faisait ça très bien. Sur ces thèmes, il n'y a jamais eu identification des membres. »

Si l'on considère l'ensemble du travail accompli dans ce domaine essentiel, de 1971 à 2001, par les deux secrétaires du GO, on relèvera plusieurs résultats importants : le GO a participé à la mise sur pied de Pro Litteris ; il a lancé le Club des cinq et en a largement orienté la politique ; enfin, il a lancé la Communauté de travail des auteurs et a pris une part déterminante dans son développement et la constitution de ce qui est aujourd'hui Suisseculture. Mais en plus de l'habileté et des capacités de ses secrétaires, il est une autre raison qui a fait que le GO a été durant le dernier quart du XXe siècle l'association des écrivains suisses qui a donné le ton : la faiblesse, pendant ce temps, de la SSE.

L'identité

L'autre face de cette « créature hybride » que le GO représente selon Missbach est celle de sa fermeté idéologique et de son continuel engagement politique. Cet aspect, comme le montre le processus de sa création, a été sa première impulsion fondatrice et pour beaucoup de membres il est resté jusqu'à la fin l'élément essentiel de son identité. Dans les discussions du début, lorsque les dissidents de la SSE se deman-

---

52 Markus Hediger, par oral, 16.12.2002.

daient s'ils voulaient adhérer au syndicat SSP-VPOD, former leur propre organisation ou rester un groupe informel, ils n'étaient pas peu à argumenter contre l'idée d'institution. Le nom de «Groupe d'Olten», dû à Peter Bichsel, ne devait pas seulement rappeler le «Comité d'Olten» qui avait appelé en 1918 à la grève générale, mais aussi le «Groupe 47», soit ce réseau informel d'importants auteurs allemands de l'après-guerre lancé par Hans Werner Richter. Bichsel affirme aujourd'hui: «Le ‹Groupe d'Olten› que nous voulions n'a jamais existé.» Dans sa biographie, ce regroupement est donc «sans aucune signification», d'autant plus qu'après les premières rencontres informelles d'Olten il s'est vite transformé en «ridicule bande bordélique» et s'est noyé dans les «discutailleries» d'association.[53]

D'après le portrait tracé par Mühlethaler, le «cercle d'amis» informel que Bichsel a pu avoir en tête n'a cependant jamais été mis en discussion, bien qu'un tel cercle reposant «sur une sympathie réciproque» ait «probablement eu beaucoup de partisans muets»: «Mais dans un cercle d'amis il y a aussi des exclus, et c'est précisément les ‹petits poissons› qui ont dû craindre de faire partie de ces exclus.» Les non-arrivés se seraient donc battus pour un modèle qui leur garantisse «l'accès au cercle des célébrités».[54]

Si l'on compare le mythe du GO des débuts, tel qu'il se reflète dans les évocations orales, avec ce que l'on peut reconstituer au niveau des

---

53 Peter Bichsel, par oral, 26.4.2002. Peu après cet entretien téléphonique, Bichsel a tiré les conséquences de ces affirmations: le 10 mai, il a annoncé au GO, par courriel, sa démission. Dans un entretien accordé à la *NZZ am Sonntag* du 2 juin 2002, il a remis en question la raison d'être même d'associations d'écrivains: «Du reste, je ne sais pas pourquoi les écrivains devraient être soutenus. Après tout, personne ne vous oblige à exercer cette activité. [...] Je n'attends pas d'une société sociale qu'elle soutienne l'art. Elle doit lui laisser sa liberté. Peut-être qu'il faut aussi de l'argent pour cela. Par exemple pour des rentes accordées dans des situations de détresse. Mais, en cela, le métier d'écrivain ne diffère pas des autres.» Autrement dit, celui qui n'arrive pas à percer par son écriture doit se tourner vers l'aide sociale et non vers une association – ce qui revient aussi à désavouer, a posteriori, Carl Albert Loosli, Heinrich Federer, Hermann Aellen et Alfred Huggenberger, qui ont appelé en 1912 à la fondation de la SSE.
54 Mühlethaler 1989, 29 ss.

faits, un contraste apparaît: le mythe évoque le «cercle d'amis», alors que les faits montrent le chemin accompli vers une association professionnelle, l'élargissement croissant et la continuité de l'activité essentielle décrite au chapitre précédent. Manfred Züfle, qui adhéra immédiatement, en 1971, à la nouvelle association, raconte: «Il y avait une sorte d'atmosphère amicale que j'ai toujours respirée le samedi soir à la veille des assemblées générales. Là, nous nous sommes prouvé que, si ne nous aimions pas tous en tant qu'auteurs, parce que nous sommes concurrents, nous nous sentions bien dès que nous étions ensemble. Lors de ces soirées, suivant les années, nous avons discuté passionnément de tel ou tel sujet politique ou littéraire ou simplement fait les veaux. Cela faisait la grande qualité de ces rencontres.»[55] Klaus Merz dit un peu la même chose: «Nous voulions aussi faire un peu la bringue. A l'époque, on allait toujours aux AG les deux jours. Aujourd'hui, il y en a beaucoup qui se contentent de passer en vitesse le deuxième jour. A l'époque, on faisait la fête toute la nuit en nous ‹encourageant› mutuellement pour l'assemblée générale du lendemain.»[56] Au cours de ces longues nuits, on discutait littérature et politique, et l'on était toujours suffisamment d'accord pour que s'installe au fil des débats ce bien-être émotionnel que Jochen Kelter décrit par le «caractère familial», le «sentiment d'appartenance»[57] du Groupe d'Olten. Züfle ne pense probablement pas quelque chose de très différent quand il dit: «Une chose était claire: quand on est du GO, on est de gauche. Et inversement: quand on n'est pas du GO, on n'est pas de gauche.»[58] Que durant ces moments forts de convivialité intellectuelle l'un ou l'autre ait pu avoir l'impression que par la grâce d'un tel élan rhétorique le monde *devait* tout simplement devenir meilleur, la chose a bien pu renforcer encore le mythe du «cercle d'amis», d'autant plus, continue Züfle, qu'on se voyait dans le rôle de l'«intellectuel organique» au sens d'Antonio Gramsci, autrement dit de celui qui n'est pas au service du pouvoir, mais qui investit ses capacités pour l'analyse et l'organisation de sa propre classe sociale.

55 Manfred Züfle, par oral, 18.4.2002.
56 Klaus Merz, par oral, 11.4.2002.
57 «Heimatcharakter» – Jochen Kelter, par oral, 20.3.2002.
58 Manfred Züfle, par oral, 18.4.2002.

Le 13 juin 1971 à Neuchâtel, la première assemblée générale suivant la fondation du GO a institué un groupe de travail «Manifeste» chargé, selon Mühlethaler, «d'élaborer un programme politique qui pallie la lacune de l'article relatif au but [de l'association], c'est-à-dire le manque d'une déclaration d'intention politique.» Ce que ce groupe réussit à produire fit l'effet d'une douche froide: «Une seule séance […] a montré cependant que les avis divergeaient par trop […]. La tentative d'un autre groupe différemment constitué pour mettre sur pied un tel manifeste a également échoué. Le projet a été enterré sans tambour ni trompettes.»[59]

En 1974, on finit par se rendre à l'évidence que les premiers statuts avaient «échoué sur certains points importants». En particulier, la démocratie de base qui s'y trouvait solidement inscrite avec les larges compétences laissées aux «stamms» ou sections régionales avait fait long feu. Les nouveaux statuts, élaborés cette fois par le juriste Paul Brügger, prévoyaient une forme d'organisation plus centraliste qui, observe Mühlethaler, «ne se distinguait presque plus de celle des autres sociétés et associations». Le projet de statuts fut mis en consultation auprès des membres. Aucun des démocrates de base de la première heure ne jeta les hauts cris. Il n'y eut qu'une seule proposition de modification, concernant l'article 2, relatif au but du GO: «Un membre demanda qu'il soit complété dans le sens d'une claire profession de foi en faveur du socialisme démocratique.»[60]

Il fut fait droit à cette proposition. L'assemblée générale extraordinaire convoquée à Berne le 7 septembre 1974 adopta en tant que dernière phrase de cet article la formule: «Son objectif est une société socialiste et démocratique.» Il n'est rien qui soit resté aussi solidement collé à l'image du GO que cette phrase demeurée totalement sans conséquence pratique au niveau de la politique associative. Il n'est plus possible d'établir avec certitude qui l'a proposée. Mühlethaler, qui avec retenue et discrétion parle simplement dans son livre d'«un membre», se souvient aujourd'hui catégoriquement: «C'est Adolf Muschg qui a présenté la proposition, Hansjörg Schneider qui a donné au credo poli-

---

59 Mühlethaler 1989, 53.
60 Mühlethaler 1989, 74 s.

tique sa version définitive.»[61] Manfred Züfle est tout aussi certain de se souvenir : «A l'AG de 1974, c'est avant tout Adolf Muschg et Jörg Steiner qui ont demandé cette formulation.»[62] Jörg Steiner proteste qu'il ne veut pas se parer des plumes d'un autre et nomme Otto F. Walter ou Peter Bichsel comme l'auteur possible de cette phrase.[63] Bichsel de son côté renvoie à Max Frisch et à Otto F. Walter, ajoutant que si ce dernier tenait surtout à l'engagement politique, il s'agissait plutôt pour le premier de restreindre le «cercle potentiel» des adhérents au GO.[64]

Ce que cette formule signifiait avant tout pour ceux qui l'ont proposée, on ne peut que le deviner. Au début des années 70, la notion de «socialisme démocratique» renvoyait généralement d'abord au «Printemps de Prague» de 1968, au cours duquel le mouvement réformiste des communistes tchèques a tenté de réaliser une démocratie sur une base socialiste.[65] Ce que les membres du GO se sont chacun représenté sous ce slogan n'appartient qu'à eux-mêmes : la théorisation n'était pas au programme des écrivains. Klaus Merz affirme aujourd'hui : «En fait, je suis toujours parti de ces deux mots. Bien sûr, l'aspect démocratique devait faire ici barrage contre le côté totalitaire du socialisme : en soi, il n'y a rien de mal à cela. Mais je suis quand même content que nous ayons laissé tombé ce serment idéologique.»[66]

61 Courriel Mühlethaler à fl, 9.4.2002.
62 Manfred Züfle, par oral, 18.4.2002.
63 Jörg Steiner, par oral, 23.4.2002.
64 Peter Bichsel, par oral, 26.4.2002.
65 Déjà lors du «débat sur le révisionnisme» tenu au début du XXe siècle, les sociaux-démocrates se sont distanciés de la partie communiste du mouvement ouvrier avec le concept de «socialisme démocratique». A la refondation de l'Internationale socialiste de 1951, le «socialisme démocratique» a été défini comme suit : «Le socialisme ne peut être réalisé que par la démocratie, la démocratie ne peut être accomplie que par le socialisme.» En 1959, le SPD a repris cette formule dans son programme de Godesberg. En été 2002, la direction du parti socialiste du canton de Zurich a proposé, dans le cadre de la révision de l'article de ses statuts relatif au but poursuivi, de biffer le «socialisme démocratique» – pour la «diffusion» et la «réalisation» duquel le parti avait jusque-là entendu s'engager – parce qu'il «n'était plus en phase avec l'actualité» et qu'il était «historiquement trop connoté». Cette suppression a été refusée (*Tages-Anzeiger*, 1.7.2002).
66 Klaus Merz, par oral, 11.4.2002.

La plus importante tentative en vue de concrétiser la formule du « socialisme démocratique » a finalement été le fait de trois des dissidents de la SSE de 1970 : d'un côté Otto F. Walter et Peter Bichsel, de l'autre Yves Velan. Avec Arnold Künzli, François Masnata et Elisabeth Schild, Walter et Bichsel (remplacé ensuite par Rolf Niederhauser) ont formé le groupe de travail qui devait concevoir à partir de 1977 un nouveau programme pour le parti socialiste suisse.[67] Helmut Hubacher, qui était alors président du PSS, avait d'abord demandé à Otto F. Walter d'y collaborer. Walter avait répondu que sa collaboration n'aurait un sens que si le parti envisageait « dans sa stratégie à long terme une société démocratique et socialiste ». Künzli l'avait rejoint, parce qu'il voyait dans cette mission une « chance de mettre sur les rails un changement de la société dans le sens du socialisme démocratique ». Dans une première prise de position, Walter a postulé alors comme principales revendications : « Définir le ‹ socialisme › en tant qu'utopie, en tant qu'objet concret. […] Enoncer clairement que le PSS n'est pas une équipe de réparation de l'Etat bourgeois, mais le garant d'une idée d'alternative à cet Etat actuel. Point essentiel, le pouvoir du peuple sur les moyens de production, autogestion. » A sa première séance, la commission a décidé à l'unanimité d'entamer la discussion par le thème « rupture avec le capitalisme ». L'objectif devait être de mettre sur pied un programme pour un ordre social centré sur l'« autolibération de l'homme dans le sens de l'autogestion ». Quand cinq ans plus tard, au congrès du parti de 1982 à Lugano, le PSS s'est donné un nouveau programme, la commission du programme avait complètement échoué : l'équipe de réparation de l'Etat bourgeois voulait rester ce qu'elle était. Il n'en demeure pas moins que, par cet engagement de Walter et de Bichsel/Niederhauser, cette tentative de conjuguer le « socialisme démocratique » avec la tradition suisse et sociale-démocrate a aussi constitué un essai de concrétiser l'article des statuts relatif au but du GO.

L'autre effort de concrétisation est venu d'Yves Velan. Son essai *Contre-pouvoir, lettre au Groupe d'Olten sur la littérature et le socialisme en Suisse,* est paru en mars 1978 dans la revue littéraire *dreh-*

---

67 Ici et plus loin : Sidler 2000, 162 ss.

punkt.⁶⁸ Il partait du «Rapport Clottu» que la Confédération avait publié en 1976 sur la culture suisse. Dans les obscurs méandres de sa prose ample, Velan y définissait la culture comme un soulèvement contre le «goulag mou», «l'empire du Même» et il proposait, pour rompre avec cet empire, la «production collective» d'une «littérature praxique».

Il appelait en outre à écrire en commun, en tant que groupe, ainsi qu'à «publi[er] régulière[ment]» et cela de telle manière que le GO «supprime la dépendance» au niveau de l'édition. Selon Manfred Züfle, Velan avait alors réclamé «que le GO fonde lui-même une maison d'édition. Il exigeait en outre que les membres du GO ne puissent plus publier ailleurs que dans cette maison.» La chose n'est pas dite ainsi dans son essai, mais elle montre de quelle manière il a vraisemblablement été discuté à l'époque.⁶⁹

Pour Züfle, ce qui a eu lieu alors n'était pas seulement un débat entre intellectuels, cette discussion a révélé une «cassure dont les motifs étaient bien moins politiques que socio-psychologiques»: «Une fissure s'est ouverte alors entre ceux qui n'avaient pas d'éditeur et qui ont réagi à la proposition de Velan en disant: Super! et ceux qui publiaient chez Suhrkamp et qui ont dit: Ça va la tête? Ils ne l'ont pas dit à haute voix, mais ils ont catégoriquement rejeté la proposition de Velan. Ce débat est important, parce qu'il montre – c'est du moins ce que j'ai perçu – qu'il y avait une fracture entre les arrivés et les non-arrivés au niveau de l'édition. C'est une fracture que l'on n'a jamais discutée à fond au GO.»⁷⁰

A l'époque, Kurt Marti, parmi d'autres, est également intervenu dans la discussion, et en réponse à la question de savoir ce qu'«écrire dans la

68 Yves Velan: *Contre-pouvoir. Lettre au Groupe d'Olten sur la littérature et le socialisme au Suisse*. Bertil Galland, Vevey 1978; «Zur kulturellen Situation der Schweiz. Der Gruppe Olten ins Dossier», in *drehpunkt* 38, mars 1978, 3–36.
69 Cette discussion est documentée par la revue *drehpunkt*, qui a publié dans son n° 40/41, octobre 1978, des interventions d'Anne Cuneo, Manfred Züfle, Delia Castelnuovo Frigessi, Franz Hohler, Roger-Louis Junod, Kurt Marti, Hans Mühlethaler, Monique Laederach, Anna Stüssi, Peter J. Betts, Rudolf Bussmann, Benoist Magnat, Emil Zopfi, Hans Peter Gansner et Walter Vogt. A part Stüssi, Bussmann, Zopfi et Gansner, tous étaient membres du GO, témoin la liste des membres 1977/78 (Bussmann et Gansner ont d'ailleurs rejoint le GO par la suite).
70 Manfred Züfle, par oral, 18.4.2002.

perspective d'une société socialiste et démocratique » voulait dire, il a tendu un miroir au « groupe » évoqué par Velan : « Nous ne sommes plus un groupe, mais une association. Les expériences de groupe, nous les vivons ailleurs, l'expérience de la solidarité et de l'action, nous ne la faisons pas ou plus dans le cadre du Groupe. [...] Qui sait, peut-être que si nous étions mis à l'épreuve, ce qui est maintenant souvenir pourrait redevenir présent. » Néanmoins, la « curieuse existence » du GO restait « encore un peu justifiée, tant que le simple fait qu'il existe » inspirait « ici et là » des essais dans le genre de celui de Velan.[71] Toujours est-il que l'image que renvoyait le miroir de Marti n'était pas celle d'un « art socialiste progressiste » (Rudolf Bussmann[72]), mais une qui révélait, sept ans déjà après la fondation du GO, le mythe des premières années pour ce qu'il était.

Du reste, l'idée de Velan de forcer la publication en commun avait déjà été enterrée au moment de la discussion : la proposition de Walter Matthias Diggelmann de lancer un *Oltener Zeitung* n'a pas été réalisée ; quant à l'« Oltener Seite » qui devait paraître dans la *Weltwoche*, elle a échoué parce qu'« il n'y avait pas assez de contributions substantielles en vue ».[73] De plus, le GO avait publié entre 1973 et 1976 en tout cinq anthologies[74] à propos desquelles Mühlethaler a écrit dans le cadre du débat Velan : « Le fait est que ces livres n'ont emballé personne. Le résultat des ventes est inversement proportionnel aux charges supportées par la caisse de notre association. Nous n'avons pas même réussi à en vendre un nombre satisfaisant parmi nos membres. Je pense que nous devrions tirer les leçons de ces expériences et tirer définitivement un trait sur une activité qui ne nous a causé que du travail, des ennuis et des critiques négatives. »[75]

71 *drehpunkt* 40/41, 24 s.
72 *drehpunkt* 40/41, 42.
73 Mühlethaler 1989, 182.
74 GO (éd.) 1973 ; GO (éd.) 1974a ; GO (éd.) 1974b ; GO (éd.) 1975 ; GO (éd.) 1976.
75 *drehpunkt* 40/41, 25 ; cf. aussi Mühlethaler 1989, 181 ss. – Au cours des vingt dernières années, seule la Sezione della Svizzera italiana a encore produit des livres (GO SSI [éd.] 1986, 1991 et 2000). Cependant il ne s'est pas agi là d'une série, mais de publications à des occasions particulières – l'anniversaire de Giovanni Orelli par exemple –, que le GO a soutenues financièrement (Jochen Kelter, renseignement oral, 29.4.2002).

Les choses se sont toutefois présentées différemment durant le mouvement des jeunes de 1980/81, quand les auteurs alémaniques du GO ont publié des livres en commun pour la dernière fois : Manfred Züfle, qui à l'époque a contribué avec sa femme Astrid à créer à Zurich l'association « pro AJZ » et le « Verein betroffener Eltern », s'est engagé corps et âme aux côtés des jeunes : « Je me souviens qu'Astrid m'a dit alors : Ecoute, ce Groupe d'Olten devrait quand même aussi faire quelque chose. Ensuite c'est allé très vite, parce qu'il y avait toujours des membres du GO aux manifs. Muschg par exemple, qui a été très courageux à l'époque et qui était toujours tout devant sous les lacrymogènes. Anne Cuneo, qui était de chaque manif et qui était aussi très courageuse. Franz Hohler aussi, à tout moment. Et Werner Bucher. » Bucher, éditeur de la maison « orte », a permis la publication de deux livres sous le titre *Die Zürcher Unruhe*.[76] Dans cette situation de polarisation sociopolitique, ces livres ont constitué « un geste » : « Une manière d'accompagner le mouvement. Et davantage. [...] Ce n'est pas la forme raffinée, la littérarité et la distance qu'on nous demandait en premier lieu, mais de la participation, de l'émotionnel, la réaction de gens qui se sentent concernés. »[77] Si jamais le GO a produit de la « littérature engagée » au sens de Jean-Paul Sartre – envers lequel la plupart de ses membres, à ce moment-là, se sentait encore avoir une dette[78] –, c'est avec ces deux livres sur le mouvement des jeunes qu'il l'a fait.

Aux conflits non résolus, comme la fracture entre ceux qui auraient voulu un second Groupe 47 et ceux qui cherchaient l'adhésion à un syndicat, ou celle entre auteurs arrivés et non-arrivés, s'ajouta peu à peu une fracture idéologique cachée entre la génération des fondateurs et les nouveaux adhérents. Manfred Züfle : « Le consensus n'a même pas été cimenté par des événements sociaux comme le mouvement des jeunes avec toute son évidence. Mais à la longue, cette évidence est allée tellement de soi qu'en fait plus personne ne savait vraiment ce qui en fait allait de soi. »[79] Hans Mühlethaler explique : « Les jeunes auteurs

---

76   GO (éd.) 1980 et 1981.
77   GO (éd.) 1980, 3, Préface.
78   Cf. p. ex. Bloch et al. (éd.) 1972.
79   Manfred Züfle, par oral, 18.4.2002.

entraient au GO non pas pour des raisons politiques, mais parce qu'ils étaient attirés par le prestige de leurs aînés.»[80] Et Klaus Merz, qui est entré au GO au milieu des années 70, dit qu'il y avait bel et bien des «articles de foi» et «une forme de pression diffuse»: «Chacun aurait pu dire ce qu'il voulait. Mais alors il aurait quand même été un trou du cul.»[81] Il est donc possible que l'érosion insidieuse de l'identité du GO ait longtemps passé inaperçue, parce que ceux qui parlaient étaient du même avis sur les choses fondamentales, et ceux qui n'étaient pas du même avis se taisaient.

A l'occasion de l'assemblée générale des 10/11 septembre 1988 sur la réforme de l'association, le comité ne mit pas seulement en discussion le nom du Groupe et l'article des statuts relatif à son but; le président d'alors, Lukas Hartmann, écrivit du point de vue du comité une petite analyse sur la question «Qu'est-ce que le Groupe d'Olten?» Il constatait entre autres: «Il existe aujourd'hui au GO un net décalage entre la rhétorique politique et l'engagement effectif. Il y a bien quelques membres qui ne cessent de réclamer des activités politiques; mais ce que le comité essaie de faire dans cette direction tombe en général dans l'oreille de sourds. […] Peut-être notre conviction que le GO, avant, était ‹politique› n'est-elle rien d'autre qu'une légende; peut-être confondons-nous l'écho que la voix des célébrités a rencontré alors avec le profil politique du GO.» Pour ce qui est de l'effet public des communiqués politiques du GO, Hartmann constatait: «Nos résolutions, qui autrefois – quand elles étaient signées par les gens qu'il fallait – suscitaient des éditoriaux, se réduisent à des brèves de cinq lignes dans la jungle des feuilles.»[82] Au début de 2002, Jochen Kelter a remarqué ironiquement que le GO avait parfois été «une véritable machine à pondre de communiqués»[83] et Klaus Merz que les membres du GO, de révolutionnaires qu'ils étaient, étaient devenus des «résolutionnaires».[84] En ce qui concerne les propo-

---

80 GO Circ. 37, 5, nov. 1987.
81 Klaus Merz, par oral, 11.4.2002.
82 Lukas Hartmann: «Was ist die Gruppe Olten? Was soll sie in Zukunft sein?», tapuscrit, juillet 1988.
83 *St. Galler Tagblatt*, 3.1.2002.
84 Klaus Merz, par oral, 11.4.2002.

sitions de réforme, le procès-verbal de l'AG de Frauenfeld rapporte:
«Les propositions du comité à propos de modifications des statuts
(changement de nom, changement de l'article fondamental) ont été refusées à une large majorité.»[85]

Pour Klaus Merz, le déclin du «socialisme réel», symbolisé par la chute du Mur en novembre 1989, a été un point de rupture essentiel dans l'histoire du GO: «Avec la chute du Mur, notre utopie du socialisme démocratique a reçu un coup décisif, quand le socialisme réel s'est retrouvé au tapis et qu'il est devenu toujours plus piteux.»[86] En Suisse cependant, durant ces mois, la coïncidence de «l'affaire des fiches» avec les préparatifs des festivités marquant le 700e anniversaire de la Confédération en 1991 a rouvert les fossés de la guerre froide, scandalisé les artistes en Suisse alémanique surtout et représenté pour le GO une véritable épreuve de vérité, au point que Jochen Kelter s'est demandé alors: «Le GO va-t-il éclater? Des membres vont-ils le quitter?»[87]

Fin 1989, une commission d'enquête parlementaire s'est penchée sur les activités du Ministère public de la Confédération et a constaté que celui-ci, durant des décennies, avait espionné un million de Suisses et d'étrangers vivant en Suisse et avait consigné leurs faits et gestes dans un grand fichier. Parmi les fichés se trouvaient notamment un grand nombre d'artistes; le GO en tant qu'association avait une fiche, mais aussi la très grande majorité de ses membres. Le 17 janvier 1990, Andreas Balmer, qui avait été élu président du GO à l'AG de Frauenfeld en 1988, constatait dans une lettre adressée aux conseillers fédéraux Flavio Cotti et Arnold Koller: «Une étrange image s'offre à nous. La commission CH-91, un organe étatique, encourage avec enthousiasme les artistes à ne pas rester sur la touche lors des festivités commémorant le 700e anniversaire de notre Etat fédéral, elle nous invite à y par-

---

85   GO Circ. 40, 3 s., nov. 1988.
86   Klaus Merz, par oral, 11.4.2002. D'autres voient d'autres césures. Pour Otto Böni, la mort d'Otto F. Walter, le 24 septembre 1994, a représenté une de ces césures: Walter avait été en son temps la «tête pensante» et «le négociateur le plus coriace» du GO (Otto Böni, par oral, 6.5.2002).
87   Jochen Kelter, par oral, 20.3.2002.

ticiper par nos réflexions, nos créations, à développer même des utopies, en se montrant éveillés et critiques. D'un autre côté, ce même gouvernement qui propose ces festivités tolère que la police politique dresse des listes noires des citoyennes et des citoyens qui font exactement cela, qui ne restent pas sur la touche, qui réfléchissent, qui prennent au mot le concept de démocratie [...]. Nous nous sentons trahis et dupés.»[88]

Le 25 janvier, le membre du GO Gerold Späth écrivait au Conseil fédéral que, dans ces circonstances, il ne souhaitait pas collaborer aux fêtes du 700ᵉ anniversaire et qu'il retirait donc une pièce radiophonique déjà produite. La *WochenZeitung* (WoZ) reprit l'idée de Späth et publia le 5 février un appel à tous les artistes, leur demandant de «reconsidérer leur collaboration et [de] se réserver de se retirer entièrement des projets si, d'ici la fin de l'année, tous les fichés n'obtenaient pas un plein droit de regard sur les fiches et les dossiers». Cet appel était signé notamment des membres du GO suivants : Andreas Balmer, Beat Brechbühl, Urs Faes, Franz Hohler, Mariella Mehr, Niklaus Meienberg, Adolf Muschg, Paul Parin, Isolde Schaad et Otto F. Walter.[89] Le procès-verbal de la séance du comité du GO du 8 février indique : «Le GO lance avec la WoZ un appel aux créateurs de Suisse.»[90]

Cette «menace de boycott» a beau avoir été signée par quelque 700

---

88 Ici et plus bas : Lerch/Simmen (éd.) 1991 ; ici, 18 ss.
89 Tant Manfred Züfle (par oral, 18.4.2002) qu'Andreas Balmer (par oral, 25.4.2002) soulignent que le «boycott culturel» a été une idée de la WoZ. Andreas Simmen, alors rédacteur de ce journal, se souvient d'un souper au cours duquel il a discuté avec le journaliste et essayiste Jürg Frischknecht de la lettre ouverte de Gerold Späth. Frischknecht avait suggéré d'entreprendre quelque chose pour qu'on n'en reste pas à cette action isolée. Cela avait aussitôt paru évident à la rédaction culturelle de la WoZ, mais on avait estimé que la WoZ ne devait pas agir seule. Simmen avait alors appelé le président du GO, Andreas Balmer, et avait concrétisé avec lui, dans un bistrot du quartier zurichois de Binz, l'idée d'une action commune (Andreas Simmen, par oral, 29.4.2002). Comme quelques semaines plus tard Simmen entamait un congé de trois mois, l'auteur du présent rapport reprit au milieu de février 1990 le dossier du boycott culturel à la rédaction de la WoZ.
90 Procès-verbal de la séance de comité du 8 février 1990, tapuscrit.

artistes jusqu'à la fin de mars, elle est restée sans effet. Le 6 avril, les délégués de diverses organisations culturelles ont donc décidé de lancer un «boycott culturel» des fêtes du 700ᵉ anniversaire et ont constitué à cet effet un «comité de boycott», formé de Markus Eichenberger (Werkstatt für improvisierte Musik, Zurich), Liliane Studer (Literaturtage Schriftwechsel), Fredi Lerch (WoZ), ainsi que de deux membres du GO, Andreas Balmer et Linus Reichlin. Ce comité publia fin avril l'appel suivant: «Nous boycottons toute collaboration culturelle à l'ensemble des manifestations célébrant le 700ᵉ anniversaire de la Confédération. Nous appelons tous les créateurs mandatés pour des projets dans le cadre des fêtes du 700ᵉ anniversaire à se décommander et à soutenir le mouvement de boycott.» A l'été 1990, cet appel avait été signé par quelque 500 artistes et il suscita dans l'opinion publique un large débat sur le sens ou le non-sens d'un tel boycott, mais aussi sur la Suisse et ses créateurs en général.[91]

Ces questions ont également été discutées passionnément au sein du GO, la «créature hybride» étant alors doublement mise sous pression: d'un côté il menaçait de se disloquer entre les deux pôles, de l'autre des fissures se sont manifestées à l'intérieur du second pôle au cours de la dispute entre les membres sur la question de savoir quelle était l'attitude à adopter à l'égard du boycott.

- Aujourd'hui, Andreas Balmer décrit ainsi sa manière de faire pas très diplomatique lors du lancement du boycott culturel: «Beaucoup de choses se sont passées alors de manière informelle. Chaque fois, j'esquissais quelque chose avec les gens de la WoZ, puis j'allais voir Jochen Kelter et je lui disais: Eh, Jochen, pour information: nous faisons maintenant ceci ou cela. Chaque fois, il m'avertissait: Attention! Nous sommes une bande très hétérogène, en tant que président tu dois penser à tous. Jochen a essayé de piloter le conflit de telle façon que le Groupe d'Olten n'éclate pas.»[92] Le 6 avril 1990 déjà, Balmer déclarait lui-même dans la WoZ: «Je continue de trouver juste le boycott culturel, mais je ne veux pas qu'il en résulte une

---

91 Ce débat est largement documenté par Lerch/Simmen (éd.) 1991, 56 ss.
92 Andreas Balmer, par oral, 25.4.2002.

scission du Groupe d'Olten.»[93] De son côté, Kelter essaya, publiquement aussi, d'agir en médiateur entre les intérêts de l'association (il en allait aussi des subventions fédérales, qui venaient justement d'être augmentées de 30 000 francs l'année précédente[94]) et ceux qui, de manière à la fois pathétique et moraliste, voulaient opposer à l'Etat fédéral un refus rigoureux. «Les associations d'artistes», écrivit alors Kelter, «sont toujours menacées de deux côtés. Les uns estiment que l'artiste, apothéose de l'individualisme bourgeois, ne doit pas s'organiser et n'a pas sa place dans une association qui offre au génie quelque chose d'aussi profane que la protection juridique. Les autres confondent association de créateurs et troupe de combat ou de cadres et exigent d'elle une discipline ‹politique› et un pouvoir exécutif moral qu'elle ne peut et ne veut pas fournir.»[95]

- L'autre fracture séparait les membres du GO qui soutenaient le boycott et ceux qui, pour diverses raisons, le refusaient. Particulièrement difficile était la situation de ceux qui avaient déjà accepté une commande pour les festivités et qui maintenant se trouvaient publiquement attaqués pour cela: par exemple Hansjörg Schneider, qui était chargé de composer un «Sinnspiel» qui devait être représenté à l'intérieur du Palais fédéral.[96] Il y avait aussi des auteurs, surtout en Suisse romande, qui ne comprenaient pas l'indignation morale de leurs collègues alémaniques. Monique Laederach affirma: «Je ne suis pas d'accord avec le boycott, parce que je me sens responsable devant mes concitoyens […] pour l'avenir du pays.» Et Anne Cuneo: «Il faut regarder de l'avant.»[97] Manfred Züfle argumenta qu'il trouvait intéressante l'idée de faire la «grève» des fêtes du 700ᵉ anniversaire, mais: «Si l'on veut penser grève, il faut se de-

93 WoZ, 6.4.1990, in Lerch/Simmen (éd.) 1991, 51. Trois mois plus tard, à l'assemblée générale du GO à Berthoud, Balmer a souligné que l'appel au boycott n'était pas venu du GO, mais «d'un comité autonome» dont il faisait partie non en tant que président du GO, mais «à titre privé» (*Bund*, 12.6.1990).
94 Cf. page 107.
95 WoZ, 23.5.1990, in Lerch/Simmen (éd.) 1991, 95 s.
96 Lerch/Simmen (éd.) 1991, 49 ss.
97 Citations tirées d'une table ronde aux Journées littéraires de Soleure, 25.5.1990, in Lerch/Simmen (éd.) 1991, 103.

mander précisément quelles sont les conditions économiques de la production. Et elles sont telles que manifestement nous resterons constamment tributaires de l'argent de l'Etat et d'autres bailleurs de fonds.»[98] Enfin, Hans Saner se prononça à titre personnel pour un «boycott absolu», mais : «Cela ne suffit pas pour une connaissance discursive à partir de laquelle je pourrais en quelque sorte donner des conseils, voire lancer des appels ou poser des exigences, peut-être même des exigences morales, à d'autres.»[99]

Lors d'une réunion qui eut lieu au printemps 1990 au «Hinterer Sternen» de Zurich[100], les membres du GO se sont empoignés avec véhémence sur le pour et le contre du boycott culturel. Dans le souvenir de Jochen Kelter, les participants ont même fini par «se taper dessus».[101] Andreas Balmer : «Apparemment, je me suis alors comporté ou exprimé d'une manière telle que plusieurs membres ont eu l'impression que je leur forçais la main, que je leur disais quelle opinion ils devaient

[98] Citation tirée d'un entretien radiophonique avec Züfle et Balmer à l'occasion des Journées littéraires de Soleure, in Lerch/Simmen (éd.) 1991, 98.
[99] Citation tirée d'une table ronde aux Journées littéraires de Soleure, 25.5.1990, in Lerch/Simmen (éd.) 1991, 103. Dix ans plus tard, Saner sera encore beaucoup plus dur avec le «comité de boycott» : «Les porte-parole autoproclamés du boycott ont soupçonné et diffamé publiquement les moutons noirs sans paraître remarquer qu'ils reprenaient les stratégies de leurs adversaires : le contrôle quasi totalitaire des signes et la menace répressive pour l'avenir.» (WoZ, 26.10.2000). Une appréciation qui fâche aujourd'hui Andreas Simmen, alors rédacteur de la WoZ : c'est là pour lui une «dénonciation du boycott culturel sur la base d'une mémoire sélective». Personne alors n'avait cru sérieusement que cette action pourrait empêcher les festivités du 700e anniversaire, mais on avait essayé de lancer un débat public sur la Suisse et la place des artistes dans notre pays : et on y est parvenu, dans le débat sur le boycott lui-même, mais surtout avec le «Symposium culturel 90» en novembre de la même année, directement issu du mouvement pour le boycott [documenté in Lerch/Simmen (éd.) 1991, 313 ss.]. Le «boycott culturel, curieusement souvent même taxé d'hostile à la culture», aurait donc réalisé un forum politico-culturel provisoire comme il n'y en avait plus eu de cette ampleur en Suisse depuis longtemps et comme il n'y en a plus eu par la suite (Andreas Simmen, par oral, 29.4.2002).
[100] A une date qu'il n'a pas été possible de préciser davantage. Andreas Balmer se souvient de l'endroit (renseignement oral, 25.4.2002).
[101] Jochen Kelter, par oral, 20.3.1990.

avoir. Ça a été mal accueilli.» D'un côté, Hansjörg Schneider avait alors argumenté sur le fond : peu importe qu'il s'agisse du boycott culturel ou d'autre chose, il ne se laissait pas dicter ce qu'il avait à faire. De l'autre, Mariella Mehr l'avait violemment attaqué. « Ça a été très émotionnel.»[102]
L'unanimité ne se fit pas non plus lors de l'assemblée générale du 10 juin 1990 à Berthoud. Mais là, le ton fut engagé et concret[103] : à la résolution proposée par le comité sur les festivités du 700ᵉ anniversaire fut ajoutée la formule explicite : « Il [le GO, fl] soutient le boycott culturel 700.» Mais, lors du vote, cette version n'a été acceptée que par 22 voix contre 17 et 5 abstentions.[104] La lettre que Jochen Kelter adressa la semaine suivante aux membres du comité exprime du soulagement : « La discussion sur le thème épineux du boycott culturel, même si elle a été parfois un peu chaotique, a été franche, correcte et soutenue par une volonté commune de loyauté personnelle et de clarté intellectuelle.»[105] Il fut en outre décidé à Berthoud de tenir une assemblée générale extraordinaire sur les relations des créateurs avec l'Etat et la société. Elle eut lieu le 18 novembre 1990 à Fribourg, à huis clos.[106]

L'assemblée générale ordinaire suivante s'est tenue le 9 juin 1991, de nouveau à Fribourg. A la succession d'Andreas Balmer, l'outsider Manfred Züfle l'emporta contre le candidat officiel Urs Faes.[107] Züfle qui, un an auparavant, en tant qu'adversaire du boycott culturel, avait été un

---

102 Andreas Balmer, par oral, 25.4.2002.
103 L'auteur de ces lignes y était présent en tant que journaliste.
104 GO Circ. 49, 4, oct. 1990.
105 Jochen Kelter au comité du Groupe d'Olten, 14.6.1990, lettre dactylographiée.
106 Le comité avait exclu la présence des médias sur proposition d'Isolde Schaad, Hartlib Rex, Anne Cuneo, Alexander J. Seiler et Kurt Hutterli, qui avançaient l'argument suivant : « Par expérience, nous jugeons essentiel que ce point soit discuté entre nous» (Proposition, Zurich, 1ᵉʳ novembre 1990, dactylographiée). A Fribourg, l'assemblée a décidé, sur proposition de Jürgen Theobaldy, de désapprouver et d'annuler la décision du comité (*Basler Zeitung*, 20.11.1990). Cela ressort non du procès-verbal (parce qu'il n'y en a point eu, cf. GO Circ. 50, 1, déc. 1990), mais du seul article de presse paru à cette occasion, rédigé par Urs Allemann, membre du GO et feuilletoniste à la *Basler Zeitung*.
107 GO Circ. 54, 9, sept. 1991.

« dissident de la dissidence », souligna à l'occasion de son élection qu'il trouvait « absolument indispensable que le GO montre à nouveau un profil politique clair ».[108] Du fait que ce profil nécessitait une discussion continue, il lança en octobre de la même année, par décision du comité, un groupe de travail « Société et politique ». Dans la *Circulaire*, Züfle écrivit alors que vouloir se mêler de tout était sans doute se surestimer et se condamner à ne pouvoir faire face : « Il y a cependant quelques thèmes dont nous pensons que nous ne pouvons leur échapper à cause de l'article 2 [but du GO]. Car même aujourd'hui, cet article implique sans doute encore, et au minimum, que le GO fait partie de ce qui se nomme ‹une autre Suisse›. »[109] Par la suite, les membres de ce « groupe politique », comme on l'appela généralement dès lors, s'occupèrent surtout de racisme, de la question des étrangers, des réfugiés et de l'Europe.[110] A l'assemblée générale de 1992, Züfle rapporta : « Ce groupe se réunit régulièrement et fonctionne avec une efficacité étonnante, il reste cependant passablement centré sur Zurich. »[111] Une année plus tard, Erica Brühlmann-Jecklin, à l'occasion de l'assemblée générale, invitait les membres à « collaborer au Groupe politique ».[112] Une autre année plus tard, il est rapporté que les travaux du groupe ont été interrompus pendant « près d'un an » et l'appel, lancé cette fois par Jürgmeier, à se lancer dans le débat sur « la fin du politique dans la littérature » et « la lente séparation d'avec le mythe suisse » restera sans écho.[113] Rétrospectivement, Züfle remarque aujourd'hui : « Avec le temps, j'ai dû me rendre à l'évidence que ce groupe ne rencontrait pratiquement aucun intérêt en dehors de Zurich. Nous avons essayé d'inciter des Romands à y participer aussi. Mais ils disaient : Zurich est trop loin. Ce groupe a discuté des sujets passionnants, mais il n'a jamais été soutenu par le GO. »[114]

108 Ici et plus bas : Manfred Züfle, par oral, 18.4.2002, et GO Circ. 58, 8, août 1992.
109 Manfred Züfle, « Groupe de travail société et politique », in GO Circ. 55, 4, déc. 1991.
110 GO Circ. 68, 6, sept. 1994.
111 GO Circ. 58, 8, août 1992.
112 GO Circ. 63, 4, sept. 1993.
113 GO Circ. 68, 6, sept. 1994.
114 Manfred Züfle, par oral, 18.4.2002.

Ce «groupe politique» a constitué la dernière tentative faite par le GO pour développer une pratique ferme et continue en matière de politique sociale dans l'esprit de l'article 2 des statuts. «Je me suis mépris», dit Züfle, «dans la mesure où le feu du boycott culturel n'avait été que le dernier retour de flamme d'une manifestation du GO sur le plan politique. Une manifestation controversée, mais une manifestation quand même. Tant que j'ai été président – cela a l'air présomptueux de le dire maintenant – l'idée que le GO est une association politique, de politique culturelle, a tenu fortement à ma personne.» Effectivement, son retrait en 1995 a constitué une césure. Même si les présidents qui lui ont succédé, Klaus Merz et Peter Höner, ont tenté de garder le cap sur «une société socialiste et démocratique», les membres du GO se sont trouvés toujours plus dans la situation du Lord Chandos de Hugo von Hofmannsthal: «Les mots abstraits dont ma langue aurait pourtant dû naturellement se servir pour amener au jour quelque jugement que ce fût se défaisaient dans ma bouche comme des champignons pourris.»

A l'assemblée générale du 16 juin 1996, présidée par Klaus Merz, le GO a fêté ses 25 ans d'existence au centre culturel Roxy de Birsfelden. A cette occasion, Jürg Amann, «à qui le socialisme démocratique tient toujours à cœur», comme le dit le procès-verbal, a proposé «que le comité reçoive le mandat de préparer, d'ici à la prochaine assemblée générale, deux formulations qui remettent à la page» l'article relatif aux buts politiques du GO.[115] A l'AG de l'année suivante, le procès-verbal de l'AG 1996 est adopté «à l'unanimité, sans discussion», mais il n'est plus question de la proposition d'Amann.[116]

Ce n'est que trois ans plus tard, lors de l'assemblée générale du 18 juin 2000, que la discussion revient sur le tapis. Jürg Amann, Martin R. Dean et Klaus Merz proposent maintenant de remplacer la dernière phrase de l'article 2 par la formule: «Son objectif est une société solidaire, démocratique et non-violente.» Motivation: «Il est grand temps de se défaire d'un vocabulaire qui date de la guerre froide.» Dans la

---

115 GO Circ. 78, 4, sept. 1996.
116 Voir le Rapport annuel 1996 (GO Circ. 81, 5 s., mai 1997) et le procès-verbal de l'AG 1997 (GO Circ. 82, 3, sept. 1997).

discussion qui s'ensuit, il est notamment préconisé de se distancier d'avec la notion de «socialisme», car elle «a été irrévocablement discréditée par le stalinisme». D'autres avertissent que «le renoncement à l'utopie socialiste», en cette époque de néo-libéralisme, risque d'être «compris de travers par le grand public». Lors du vote consultatif qui suit, la proposition Amann, Dean et Merz recueille 9 voix. La contre-proposition de Claudia Storz (supprimer purement et simplement la dernière phrase) obtient 13 voix. Trois autres propositions de reformulation recueillent 10 voix au total. L'AG décide alors de procéder à une consultation des membres par correspondance.[117] Les formulaires de cette consultation écrite sont postés fin septembre 2000. Les membres peuvent se prononcer, premièrement, sur la question de savoir si le GO doit être rebaptisé «Ecrivaines et écrivains suisses GO» et, deuxièmement, si la dernière phrase de l'article 2 doit être supprimée sans contrepartie. Le résultat de la votation est publié en novembre 2000: avec une participation de 67%, le changement de nom est rejeté par 140 voix contre 96, la suppression de la dernière phrase de l'article 2 acceptée par 168 voix contre 70 (159 voix auraient suffi pour atteindre la majorité des deux tiers qui était de rigueur).[118] A l'assemblée générale du 24 juin 2001 à Delémont, les membres du GO n'ont fait que prendre connaissance de cette modification des statuts.

Kurt Marti a suivi la dispute qui a agité des années durant le GO à propos de ce fameux article, sans intervenir dans la discussion. Mais il commente début 2001: «Dans le vent coulis du tardo-capitalisme effréné qui souffle aujourd'hui, [...] retirer de la circulation le terme de ‹socialisme› – et avec lui le renvoi à une alternative qui reste toujours possible – revient à une capitulation devant l'esprit du temps et révèle que l'on n'a pas compris le signe des temps, mais qu'on s'est mépris sur lui.»[119] Presque deux ans plus tard, quand la «fondation de la nouvelle association unitaire» est chose décidée, il ajoute que la suppression du «socialisme démocratique» a été «non seulement une adaptation à l'esprit du temps, mais aussi, comme il apparaît aujourd'hui, une sorte

117 Ici et ci-dessous: GO Circ. 94, 6 s., sept. 2000.
118 GO Circ. 95, 1, nov. 2000.
119 *neue wege* 1/01.

d'acte de purification en vue des noces avec la SSE qui, soucieuse d'impartialité, ne voulait pas épouser un promis entaché de partialité de gauche ou d'utopie de gauche.»[120]

Interrogé sur l'identité de la «créature hybride», Manfred Züfle se dit lui aussi désillusionné: «Que ce que tu appelles la structure hybride du GO – dans laquelle la deuxième face a longtemps signifié quelque chose et a été une réalité vécue pour les membres –, que cela soit mort à présent, j'en suis convaincu.»[121]

La concurrence

La protestation des 22 dissidents de la SSE, en 1970, avait des motivations idéologiques et politiques. Ces auteurs en avaient assez de l'odeur de renfermé qu'exhalaient les inquiétants patriotes et les notables de la plume. Pour eux, la SSE était un adversaire avec lequel ils voulaient avoir aussi peu affaire que possible. Après la fondation formelle du GO et après que celui-ci se fut lancé dans son travail de politique associative, la perspective a changé: d'une part, le GO a donné à ce travail une orientation progressiste, a fait preuve de davantage d'initiative et a obtenu davantage avec un secrétariat moins coûteux; sous cet aspect de la politique associative, la SSE était un concurrent qu'il s'agissait de tenir en échec. Mais il est apparu d'autre part, surtout dans le domaine de la politique culturelle et pour négocier les subventions avec les autorités fédérales, qu'il était préférable ou même tout simplement nécessaire que GO et SSE fassent cause commune, et sous cet aspect la SSE est très tôt devenue un partenaire.[122]

---

120 *Reformatio* 4/02. En allemand, SSV (Verein) étant masculin et GO (Gruppe) féminin, Marti parle de la SSE comme du marié et du GO comme de la promise (NdT).
121 Manfred Züfle, par oral, 18.4.2002.
122 Mühlethaler date d'avril 1972 la première consultation sur laquelle le GO et la SSE ont rédigé une prise de position commune (il s'agissait de la loi sur le droit d'auteur; cf. GO Circ. 37, 7, nov. 1987). Dans son livre (1989), il parle en résumé d'un «rapport de concurrence et de coopération» (168). Il note également: «Comme les deux systèmes poursuivaient les mêmes objectifs et développaient les mêmes activités, les différences se sont estompées. Le GO, conçu comme ‹contre-association› opposée à la SSE, se mua en une association d'écrivains parfaitement normale.» (163)

La structure hybride du GO a donc eu pour conséquence que, dès le début des années 70, la SSE a été pour lui à la fois un adversaire idéologique, un concurrent sur le plan de la politique associative et un partenaire dans le domaine de la politique culturelle[123], et que ses différents membres – selon l'aspect de l'association qui les intéressait en priorité – voyaient d'abord dans la SSE un adversaire, un concurrent ou un partenaire.

Mais comment s'est exprimée cette concurrence avec la SSE ? Et comment s'est développé le partenariat en ce qui concerne le travail de lobbying entrepris sur le terrain de la politique culturelle ?

Poser la question de la concurrence entre les deux organisations, c'est poser celle de leurs différences en matière de politique associative. Nous en esquisserons trois ici :
- Volume des prestations. Dans la dernière *Circulaire* que Hans Mühlethaler a rédigée, ce dernier écrit : «Selon ma perception, nous ne sommes plus les ‹anars› de la scène littéraire suisse ni les dissidents gauchistes de la SSE, mais la plus active des deux organisations professionnelles.» Pour étayer cette affirmation, il met en regard certains chiffres significatifs (arrondis) du GO pour 1987 avec les chiffres correspondants de la SSE pour 1986. Il en ressort d'abord que 220 membres du GO ont versé pour 40 000 francs de cotisations, alors que 580 membres de la SSE n'ont versé à ce titre que 30 000 francs. Ensuite, que le GO a accordé pour 144 000 francs de prestations à ses membres, et la SSE seulement 47 000 francs. Enfin, que les frais administratifs n'ont été que de 56 000 francs pour le GO, contre 180 000 francs pour la SSE.[124] Un an plus tard, Mühlethaler écrit dans son livre, non sans quelque fierté : «Ces dernières années, [les] prestations [du GO] à ses membres ont été nettement plus élevées qu'elles ne l'ont été chez l'organisation concurrente, et les frais de secrétariat considérablement moindres.»[125] De 1990 à 1993, son successeur Jochen Kelter a lui aussi procédé à

---

123 Il s'ensuit que plus l'identité initiale du GO a perdu de son importance, plus le rapport antagoniste avec la SSE est devenu insignifiant.
124 GO Circ. 39, 2, mai 1988.
125 Mühlethaler 1989, 167.

une comparaison des prestations des deux associations, qu'il a jointe au rapport annuel. Si l'on juxtapose ces comparaisons, on obtient le tableau suivant :

	GO				SSE			
	1990	1991	1992	1993	1990	1991	1992	1993
Prest. propres/ membres	46 900/ 248	44 600/ 277	54 450/ 286	49 475/ 297	34 887/ 622	38 790/ 632	54 160/ 641	59 290/ 655
Prestations aux membres	127 844	129 614	132 343	134 605	116 031	135 532	138 322	152 054
Frais administratifs	49 080	53 913	71 353	81 022	110 937	100 905	111 926	108 959
Source : GO Circ.	53, 8	57, 8	62, 8	67, 7	53, 8	57, 8	62, 8	67, 7

On y constate une tendance au rééquilibre : alors qu'au GO les cotisations des membres (« prestations propres ») et les prestations aux membres restent quasiment stationnaires, ces chiffres sont en augmentation à la SSE. Et tandis que les frais administratifs restent pratiquement inchangés à la SSE, ils augmentent fortement au GO (du fait que le président Züfle a tenu à ce que le secrétaire et la collaboratrice du secrétariat soient mieux rémunérés[126]). Par ses comparaisons, Jochen Kelter a révélé la plus grande efficacité du GO, mais il a aussi mis au jour les indices d'un processus de réforme au sein de la SSE.[127]

- Nature des prestations. Si l'on compare les diverses rubriques de cette mise en regard des prestations respectives, deux choses frappent surtout : d'une part la SSE ne dispose alors d'aucun service ju-

[126] Manfred Züfle, par oral, 18.4.2002.
[127] Ulrich Niederer fournit (in SSE [éd.] 1987, 91–113) d'autres indices à l'appui de la thèse selon laquelle la SSE a entrepris un processus de réforme pour combler son retard par rapport au GO – et qu'elle s'y est probablement engagée dans les années 70 déjà.
[128] Alors que « les subventions de l'ancienne Caisse d'avances et de prêts (CPA) avaient été conçues comme substitut aux acomptes non versés par les éditeurs, quasiment comme un revenu de l'écrivain », écrit Niederer, le « Fonds d'aide à la publication » (FAP) vise « à soutenir la publication d'une œuvre et représente en somme une avance sur les frais d'impression » (in SSE [éd.] 1987, 103).

ridique et, d'autre part, elle verse des contributions aux frais d'impression, contrairement au GO.[128] Jochen Kelter commente ainsi la première : « La protection juridique constitue l'élément essentiel d'une association. Pourtant, la SSE a estimé pendant des années qu'elle n'en avait pas besoin. » Et la seconde : « Longtemps, la SSE n'a versé à ses membres aucun complément d'honoraires pour leurs livres, tout en accordant aux éditeurs des contributions aux frais d'impression. Mais pour ça, il y a Pro Helvetia et les services cantonaux et municipaux, ce n'est pas la tâche d'une société d'écrivains. Mais on peut naturellement expliquer la chose ainsi : à la SSE, la pression est venue d'ailleurs, car la base sociale est complètement différente de ce qu'elle est au GO et qu'il y avait là-bas des gens qui ne trouvaient pas d'éditeur s'ils ne mettaient pas de l'argent sur la table. »[129] Sur ces deux points, la position du GO semble s'être imposée : depuis 1999, l'avocate zurichoise Regula Bähler a travaillé pour la SSE et il n'est plus question de « Fonds d'aide à la publication » dans le projet de catalogue des prestations de la nouvelle association AdS.[130]

- Critères d'admission. Mühlethaler soulignait déjà en 1989 qu'une politique d'admission laxiste « avait largement contribué à la crise de l'ancienne SSE ».[131] C'est pourquoi le GO n'a jamais admis de nouveaux membres que s'ils avaient des intérêts à défendre en matière de droits d'auteur, c'est-à-dire s'ils pouvaient faire état d'un livre publié autrement qu'à compte d'auteur. Il avait pour devise : « Nous voulons des professionnels actifs, pas des fantômes dans le fichier. » Aujourd'hui, Jochen Kelter plaide même pour que cette condition d'admission formelle soit rendue plus sévère encore : « On devrait exiger deux livres et créer un statut de candidat ou de junior pour les personnes qui n'ont encore publié qu'un livre. » Pour motiver une pratique plus sévère, il évoque la situation des membres romands de la SSE : « La SSE a toujours admis également ces gens que

---

129 Jochen Kelter, par oral, 20.3.2002.
130 GO Circ. 100, 7 s. et SSE Bull., 10, 13 s., fév. 2002, ainsi que « Catalogue des prestations de la nouvelle association AdS », non daté (octobre 2002).
131 Mühlethaler 1989, 174.

j'appelle ‹amis de la littérature›. C'est pourquoi les auteurs romands ont longtemps été surreprésentés à la SSE, avec 250 membres. Cela provenait du fait que des sociétés d'écrivains cantonales ont été admises en bloc, y compris des professeurs d'université ou des instituteurs qui, une fois, ont publié une plaquette de poèmes à compte d'auteur.»[132]

Parallèlement à ce rapport de concurrence au niveau de la politique associative, un partenariat s'est tôt dessiné entre les deux organisations, comme on l'a dit, pour leur travail de lobbying sur le terrain de la politique culturelle. Comment il a fonctionné concrètement, ce sont ceux qui l'ont fait qui sont le mieux à même de le dire, autrement dit d'une part Hans Mühlethaler, qui a été secrétaire du GO de 1971 à la fin de 1987, et Otto Böni (secrétaire de la SSE de 1974 à 1988[133]); d'autre part Jochen Kelter (en fonction au GO de 1988 à 2001) et Lou Pflüger (secrétaire de la SSE de 1988 à la fin de 1998[134]).

Otto Böni, ancien secrétaire du PS de la ville de Zurich, se souvient qu'il y a bien eu une concurrence au niveau de l'acquisition de nouveaux membres et qu'il a toujours dû tenir compte «de l'aile droite de la SSE», mais il ne peut plus dire qui des deux s'est imposé dans l'établissement de la position commune. Avant les séances, il y avait toujours eu des entretiens préparatoires et, dans ce cadre, la collaboration

---

132 Jochen Kelter, par oral, 20.3.2002. Le secrétaire général de la SSE, Peter A. Schmid, s'inscrit en faux contre cette manière de présenter les choses: les admissions en bloc seraient impossibles, car les demandes d'admission doivent être déposées individuellement. De plus, la SSE, depuis les années 90, a rapproché ses critères d'admission de ceux du GO, et cela en grande partie sous la pression de la concurrence. Au reste, il est vrai que la SSE compte des «amis de la littérature», qui sont venus garnir ses rangs peu à peu (Peter A. Schmid, par oral, 29.5.2002). – L'article 4 des statuts de l'AdS, adopté lors de l'assemblée constitutive du 12.10.2002, a la teneur suivante: «Peuvent devenir membres de l'AdS les écrivaines et les écrivains qui adhèrent aux principes de l'association, qui ont des intérêts à faire valoir en matière de droits d'auteur et qui remplissent les conditions définies ci-après.»
133 Niederer 1994, 255.
134 Lou Pflüger a par ailleurs travaillé depuis avril 1972 déjà au secrétariat de la SSE en qualité de secrétaire administrative (SSE [éd.] 1987, 101).

avait toujours été « très bonne ».[135] Hans Mühlethaler, de son côté, se prononce ainsi : « Mes rapports avec Böni étaient empreints de respect mutuel. Je crois qu'il a fait du bon travail au sein de la SSE. Pour ce qui est des intérêts collectifs des écrivains – vis-à-vis des utilisateurs des œuvres et vis-à-vis de l'Etat en matière de droit d'auteur –, l'initiative et la formulation, pour autant que je m'en souvienne, venaient la plupart du temps de moi. Mais, dans toutes ces questions, Böni était un conseiller compétent et loyal. »[136]

Sur le plan de la politique culturelle et syndicale, Lou Pflüger affirme qu'elle et Jochen Kelter avaient des positions très proches. « Nous avons formé un bon tandem et avons en général tiré à la même corde », leur collaboration a dans l'ensemble été « très bonne ». Il est possible que la formulation des positions communes soit venue un peu plus souvent du GO, mais en fait, cela aurait été assez équilibré. Dans chaque cas, l'association qui écrivait était celle qui avait pris l'initiative sur une question donnée.[137] Comme Mühlethaler avec Böni, Kelter se voit comme la partie la plus active du tandem qu'il a formé avec Lou Pflüger. Bien sûr, elle s'est toujours engagée avec loyauté pour les objectifs communs : « Lou n'a jamais fait d'obstruction d'aucune sorte ni essayé de tromper le Groupe d'Olten. » Mais elle lui aurait rarement été d'un grand secours : « Nous sommes toujours allés ensemble aux négociations avec l'OFC sur les subventions. Seulement Lou n'a jamais rien dit, pas plus d'ailleurs que les autres représentants du Club des cinq. » A la question de savoir si cela n'avait pas abouti à ce que, sur certains thèmes, il fasse la politique des deux associations, Kelter répond laconiquement : « Seulement dans la mesure où c'était nécessaire. »[138]

La période de coexistence incontestée entre le GO et la SSE a duré jusque vers 1996. Auparavant, Mühlethaler s'était opposé à diverses reprises à la « demande d'une réunification, posée de façon ouverte ou voilée » : le GO avait toute sa raison d'être du fait « qu'il assure la relation de concurrence et de coopération entre les deux sociétés d'écri-

---

135 Otto Böni, par oral, 6.5.2002.
136 Mühlethaler à fl, 9.4.2002.
137 Lou Pflüger, par oral, 6.5.2002.
138 Jochen Kelter, par oral, 20.3.2002.

vains et qu'il stimule la SSE à garantir de meilleures prestations, tout comme celle-ci l'incite à fournir un travail associatif plus efficace».[139] Cette opinion était en principe aussi celle de Jochen Kelter quand, annonçant pour l'assemblée générale de 1996 à Birsfelden une «discussion» sur «nos rapports avec la SSE», il écrivait: «La concurrence stimule.» Avant de relever toutefois: «Quant à savoir s'il en ira de même à l'avenir, si pour les dix ou vingt prochaines années nous devons, voulons ou pouvons nous payer le luxe de deux associations, c'est une autre question.»[140]

Avant encore cette discussion, Roman Bucheli traçait dans la *Neue Zürcher Zeitung* un portrait du GO à l'occasion de ses 25 ans d'existence: «contrainte de se démarquer vis-à-vis de la SSE», l'association se serait surtout engagée sur le plan syndical et, par ses succès, aurait «contraint à son tour la SSE à se réformer», si bien que celle-ci aurait «dû amener peu à peu ses structures et ses activités, bien que toujours avec un peu de retard, aux standards définis par le Groupe d'Olten».[141] Bucheli citait Hugo Loetscher, président de la SSE de 1986 à 1990, selon lequel les associations avaient perdu «de leur influence et de leur importance par rapport aux institutions publiques et privées», et la remarque de Jochen Kelter, pour qui la tâche des associations se déplaçait toujours davantage sur le terrain de «l'optimisation des conditions de travail des écrivaines et des écrivains». En conclusion, Bucheli interrogeait: «Pourquoi on a besoin de deux associations à cette fin, c'est là une question à laquelle on souhaiterait, en cette année jubilaire du Groupe d'Olten, recevoir une réponse convaincante, au-delà de tout sentimentalisme et de toute sensibilité déplacée.»

---

139 Mühlethaler 1989, 168; voir aussi, sur la position de Mühlethaler à l'époque, GO Circ. 37, 5 s., nov. 1987 et 39, 4, mai 1988. Dans un courriel du 9.4.2002, il confirme: «La réunification apparemment imminente des deux associations pose une nouvelle fois la question de ce qui est meilleur, le monopole ou la concurrence. J'ai exposé dans mon livre sur le GO, p. 160 ss., ma conviction que le principe de concurrence est préférable. Je reste de cet avis.»
140 GO Circ. 76, 3, mars 1996.
141 Ici et ci-dessous: Roman Bucheli, «Ein Verein wider Willen: 25 Jahre Gruppe Olten», in NZZ, 25.4.1996.

Lorsque l'assemblée générale de Birsfelden aborde le point intitulé «l'avenir du Groupe d'Olten», la présidente de la SSE, Edith Gloor, est aussi présente en tant qu'invitée. Son intervention est ainsi rapportée par le procès-verbal: «Elle affirme qu'il n'existe plus de différence qualitative entre les deux associations; la pratique en matière d'admission est devenue plus sévère et l'on verse aussi des compléments d'honoraires pour lectures. Elle consacre une bonne part de son intervention à justifier la politique suivie par la SSE [...].»[142] Klaus Merz, qui présidait alors le GO, est plus explicite en se souvenant aujourd'hui du discours d'Edith Gloor: «C'était étrange, parce qu'elle a presque dit: accueillez-nous au GO!»[143] Les souvenirs de Jochen Kelter sont encore plus précis: «Elle a dit que nous devrions nous réunifier et que les gens du Groupe d'Olten devraient les aider contre les réactionnaires de la SSE.»[144] Il n'est plus possible d'en donner une preuve historiquement sûre, mais on peut l'imaginer: un sourire autosatisfait de l'un ou de l'autre face au désarroi de Gloor, qui aidait à oublier son propre désarroi face à la recommandation faite peu avant par Lukas Hartmann d'«engager au moins la discussion sur l'idée de fusion», ne serait-ce que parce que «ces dernières années, notre taux de croissance [nouveaux membres] a diminué». Ensuite de quoi l'assemblée a adopté gaiement, à l'unanimité moins une abstention, une proposition de Hans Mühlethaler: «Le comité du GO est chargé de poursuivre le dialogue avec la SSE en vue d'un partenariat basé sur l'autonomie du GO.» A la fin de l'assemblée, Klaus Merz a, selon le procès-verbal, souhaité «à la présidente de la SSE, Edith Gloor, de regagner point trop contrite ses pénates».[145]

Quand en 1997 Jochen Kelter rend compte dans le rapport annuel des entretiens avec le comité de la SSE, il apparaît clairement que le GO négociait avec la SSE dans une position de force. Il s'est avéré «qu'une réunification serait difficile», car «de notre avis [...] une simple fusion des deux associations était hors de question; la SSE, elle, aurait été mise à rude épreuve par une autre procédure (admissions à titre indivi-

142 GO Circ. 78, 4, août 1996.
143 Klaus Merz, par oral, 20.3.2002.
144 Jochen Kelter, par oral, 20.3.2002.
145 GO Circ. 78, 4, août 1996.

duel) et dans les deux cas le risque était grand qu'il se crée une nouvelle deuxième association d'écrivains».[146] A l'AG de 1998, la SSE était encore tout juste bonne pour un coup de griffe. Il est rendu compte d'une augmentation de la subvention fédérale, qui devrait aussi être comprise «comme une reconnaissance de notre travail». Suit peu après la remarque : «Contrairement au GO, la SSE n'a pas été gratifiée d'une hausse de sa subvention.»[147] Quand, en octobre de la même année, les présidents des deux associations se rencontrent pour un entretien sur invitation de la WoZ, ils prennent notamment position sur la question d'une fusion. Tim Krohn prend alors un tout autre ton qu'Edith Gloor, dont il a pris la succession : «Si à un moment ou à un autre, le Groupe d'Olten dit : nous aimerions bien fusionner avec vous, tant mieux. Mais il n'est pas question pour nous de venir leur demander : excusez, pourriez-vous nous accueillir sous votre aile.» Peter Höner, lui, se contente de constater : «En ce moment, une fusion n'est pas possible, parce que les membres n'en veulent pas.»[148]

L'hiver suivant, Manfred Züfle remplace pour six mois le secrétaire Jochen Kelter en congé. Dans cette fonction, il prend entre autre part à la soirée d'adieux à la secrétaire de la SSE Lou Pflüger, dont il rend compte ensuite dans la *Circulaire* sous un titre plein de suffisance : «Les turbulences qui viennent d'agiter ‹ l'association parallèle › ne sont pas notre problème».[149] Ce qu'il entend par «association parallèle», il l'explique ainsi : «Mathématiquement parlant, des parallèles sont des lignes qui vont dans la même direction, mais qui ne se rencontrent qu'à l'infini.»[150] Dans la *Circulaire*, Züfle rapporte qu'un membre de la SSE lui a confié «qu'avec ses institutions, la SSE suivait la plupart du temps le GO», et de commenter : «Sympa !»[151]

Ce n'est qu'à l'assemblée générale du 13 juin 1999 que le ton auto-suffisant devenu une habitude chez les fonctionnaires du GO commence

---

146 GO Circ. 81, 5, mai 1997.
147 GO Circ. 86, 5, sept. 1998.
148 WoZ 40/1998.
149 GO Circ. 88, 3, fév. 1999.
150 Manfred Züfle, par oral, 18.4. 2002.
151 GO Circ. 88, 3, fév. 1999.

à changer. Dans son rapport annuel, le président Peter Höner se permet, selon le procès-verbal, « une petite provocation ». Il pose la question : « le Groupe d'Olten n'aurait-il pas raté le moment de sa dissolution ? » Ce qui lui a donné à réfléchir, c'est notamment le fait que le magazine *Facts* ait parlé du GO comme d'une « association tatillonne » et que le *Beobachter* l'ait comparé à une équipe reléguée en ligue B : « ce qui a longtemps été ‹in› devient soudain ‹out› ».[152] A la même assemblée, le président présente la page d'accueil Internet du GO, une prestation que la SSE, elle, offrait depuis un certain temps déjà.[153]

Que s'est-il alors passé au GO ? Manfred Züfle dit que, comme Peter Höner, il avait pensé : « Nous devons simplement attendre et voir comment les choses évoluent. Le concept de littérature est de nouveau en train de changer. Notre position, et aussi celle de Jochen en fin de compte, était : attendre que les temps changent. Après tout, ce n'est pas grave si l'effectif du GO n'augmente plus énormément. » Ainsi, pendant qu'au GO on gère le « courant normal » avec la confiance et le professionnalisme habituels, il se passe deux choses : d'abord, l'avertissement de Lukas Hartmann à l'AG de Birsfelden, qui relevait que « ces dernières années, notre taux de croissance a diminué », est devenu un problème incontournable. Ensuite, Tim Krohn a repris en juin 1998 la présidence de la SSE et, au début de 1999, Peter A. Schmid a succédé à Lou Pflüger au poste de secrétaire général.

Les rangs du GO ne se renouvellent pas. Si, du côté de la SSE, l'effectif a fondu de plus de 90 unités de 1994 (669) à 1999 (578)[154], ce n'est pas que les gens aient quitté la SSE, mais au contraire qu'on a « nettoyé » le fichier de ses « fantômes ».[155] En même temps, un tournant s'est dessiné au début des années 90 : si jusqu'alors les jeunes au-

---

152 GO Circ. 90, 4, sept. 1999.
153 GO Circ. 90, 4, sept. 1999. Voir aussi GO Circ. 88, 3, fév. 1999 et 93, 10, mai 2000.
154 Cf. tableau p. 107.
155 Concrètement, on a envoyé en tout trois rappels aux membres qui ne payaient plus leur cotisation et, s'ils ne réagissaient pas, on les a rayés du fichier. Cette mesure a sans aucun doute contribué à la professionnalisation de l'effectif de la SSE (Verena Röthlisberger, renseignement oral, 7.5.2002).

teurs avaient presque automatiquement adhéré au GO, maintenant ils se tournent presque aussi automatiquement vers la SSE.[156] Quand on a demandé à Tim Krohn, tout frais élu président de la SSE, pourquoi il n'avait pas adhéré au GO, il a répondu effrontément: «Parce que, jeune auteur glaronais, je ne savais tout simplement pas qu'il existait aussi un Groupe d'Olten».[157]

Manfred Züfle met ce brusque renversement des préférences des jeunes auteurs en rapport avec la génération du «Netz»[158]: «Au fond, le ‹Netz› a fait comprendre: votre association est peut-être bonne, mais elle ne représente rien pour nous.»[159] Dans la transcription intégrale d'un entretien dont la WoZ a publié des extraits, Urs Richle, membre alors du «Netz» et aujourd'hui du comité du GO, disait en 1994: «Le Groupe d'Olten est plutôt une institution et le ‹Netz› un cercle d'amis, de connaissances. – Alors tout est informel, pas de procès-verbaux? – Non, rien. Et j'espère que ça restera comme ça.»[160] Vu sous cet angle, les jeunes auteurs refusaient les discutailleries des associations et misaient – comme un Peter Bichsel en 1970 – sur l'informalité d'un «cercle d'amis».

[156] D'après le nouveau bulletin de la SSE qui paraît depuis mars 1999, la SSE a accueilli entre autres au cours des trois dernières années Lukas Bärfuss, Sibylle Berg, Adi Blum, Rea Brändle, Renata Burckhardt, Julien Burri, Marianne Freidig, Claire Genoux, Sabine Harbeke, Lukas Holliger, Emanuel Hurwitz, Zoë Jenny, Gerhard Meister, Sylvie Neeman Romascano, Marius Daniel Popescu, Peter Stamm, Michael Stauffer, Daniel Thürler, Aglaja Veteranyi, Florian Vetsch, Willi Wottreng, Yusuf Yesilöz – au total, 130 nouveaux membres sont signalés dans les dix premiers numéros du bulletin.

[157] *SonntagsZeitung*, 21.6.1998. Quatre jours plus tard, Krohn donne à la même question une réponse moins naïve: «Nous n'avons pas, ici, cette génération dominante d'âge moyen qui dicte la marche des affaires» (*Bund*, 25.6.1998). Deux semaines plus tard, il est déjà éclairé: «Dans la plupart des cas, le choix [entre la SSE et le GO, fl] ne joue aucun rôle» (*Tages-Anzeiger*, 6.7.1998).

[158] En 1993/94, un groupe de jeunes auteurs a lancé avec le «Netz» une sorte de groupe d'entraide informel sans carte d'adhérent, qui devait être ouvert à toutes et à tous. La NZZ comptait alors entre autres, parmi les membres de ce «réseau», Peter Weber, Urs Richle, Ruth Schweikert, Perikles Monioudis et Tim Krohn (NZZ, 24.1.1994).

[159] Ici et plus loin: Manfred Züfle, par oral, 18.4.2002.

[160] Urs Richle, par oral, 28.2.1994; des extraits de cet entretien ont paru dans la WoZ 19/1994.

A l'occasion d'une assemblée générale de la SSE tenue à Bâle le 26 juin 1993, à laquelle il était invité en qualité de président du GO, Manfred Züfle voulut en avoir le cœur net. Il s'assit à la table des jeunes membres de la société et commença à demander: «‹Pourquoi vous n'êtes pas chez nous, au fait?› Je suis même allé jusqu'à les inciter à passer chez nous, la SSE donnait quand même ses sous pour des trucs incroyables, pour des contributions aux frais d'impression par exemple. ‹ Et regardez-moi donc cette bande. Von Däniken là-bas qui a réuni autour de lui sa clique d'admirateurs et qui tient des discours enflammés sur la venue des dieux sur terre!› Mais ces jeunes m'ont dit: ‹non, écoute, on reste ici. Chez vous, il faut faire sa profession de foi.›» Vu sous cet angle, les jeunes auteurs refusaient le credo de la «société socialiste et démocratique» et par là même le caractère hybride du GO.[161] On ne voulait plus devoir être de braves gauchistes rien que parce qu'on recourait aux prestations d'une association. Klaus Merz résume ainsi ses expériences de président du GO de 1995 à 1997: «Je ne voudrais pas décrire simplement les plus jeunes comme des yuppies indifférents, mais ils ne nous ont simplement plus suivis. Personne n'a dit: Nous reprenons votre drapeau et nous le portons plus loin. Pas de cornette à l'horizon.»[162]

Le duo Krohn/Schmid. A la fin des années 90, la SSE avait à résoudre un problème interne et un problème externe. Charles Linsmayer, à l'occasion de l'assemblée générale du 14 juin 1998 à Neuchâtel commente ainsi le problème interne: il y aurait eu «un esclandre» parce qu'on avait bien élu un comité progressiste, mais qu'on avait rejeté la

---

[161] Interrogé après son élection au poste de secrétaire général de la SSE sur ce qui faisait l'attrait de la SSE pour ses jeunes membres, Peter A. Schmid répondait: «Pour une génération autour des trente ans, des statuts comme ceux du GO, qui veulent promouvoir la société socialiste en plus de l'écriture, ne sont pas très attractifs» (*Bund*, 25.6.1998). Peu après, dans un autre contexte, le président du GO Peter Höner relativisait les choses, affirmant que si son association allait bien ce n'était pas le cas de l'écriture pratiquée par ses membres pour promouvoir la société socialiste: «La littérature n'est pas au service d'une idéologie donnée, pas même socialiste. Cela serait aussi dangereux que si, de l'autre côté, on disait: Si l'Etat nous donne des sous, nous devons écrire à son service» (WoZ 40/1998).
[162] Klaus Merz, par oral, 11.4.2002.

nouvelle politique de promotion de la littérature proposée, par laquelle l'argent aurait réellement profité aux écrivains et non aux éditeurs : « La discussion [...] a démontré sans équivoque qu'entre l'ancienne génération et la nouvelle, entre Alémaniques et Romands, entre les écrivains de métier et les enseignants qui écrivent et les dilettantes s'ouvrent des fossés que le nouveau cap que le jeune comité semble vouloir tenir ne pourra guère combler, mais au contraire creuser davantage. »[163] L'assemblée générale extraordinaire tenue à Fribourg le 12 novembre de la même année se transformera en épreuve de vérité. Elle avait été convoquée parce que Mousse Boulanger, Janine Massard et 130 cosignataires avaient contesté la légitimité de l'élection du comité de Neuchâtel : l'exigence d'une élection générale était un vote de défiance à l'égard du nouveau comité ; ce dernier tint bon ; Mousse Boulanger, Janine Massard et d'autres quittèrent la SSE par protestation et adhérèrent au GO. Le sens de cette action paradoxale semblait être que ces dissidents voulaient profiter de la politique progressiste pratiquée depuis longtemps par l'association concurrente, faute d'avoir pu l'empêcher à la SSE.[164]

Quand, début janvier 1999, Peter A. Schmid reprend les rênes de la société aux côtés d'un Tim Krohn déjà en fonction depuis quelques mois, la lutte intestine pour le pouvoir est jouée, la ligne du comité réformateur l'a emporté. Il s'agissait maintenant de résoudre le problème externe, le problème d'image. La situation était claire : depuis quelques années les gens accouraient à la SSE. Mais vis-à-vis du public en général et du GO en particulier, on ne pourrait s'attirer le respect que si on parvenait à transformer le problème d'image de la SSE, club poussiéreux de vieux plumitifs dilettantes et réactionnaires, en un problème d'image du GO, club figé de bavards soixante-huitards autoritaires et vieillissants. Il s'agissait donc pour la SSE d'une offensive de relations publiques[165] : de se poser en société consciente de sa propre valeur, futée et publiquement efficace et de se montrer, comme en passant, à la hauteur du point de

---

[163] *Bund*, 25.6.1998.
[164] *Bund*, 9.11.1998 ; WoZ 46/1998.
[165] Que la SSE ait suivi la stratégie d'une offensive de ce type est contesté : si réellement c'en était une, affirme Peter A. Schmid, elle n'était pas dirigée contre le GO mais, à l'intérieur de la SSE, pour une politique associative progressiste. La ques-

vue de la politique associative. Logiquement, Krohn, une fois élu président de la SSE, a aussitôt attaqué le cœur même de l'identité du GO : « Nous ne nous gênerons pas pour prendre une position politique qu'on attendait en fait du Groupe d'Olten. »[166] Et : « Pour être attractifs, nous voulons, abstraction faite pour une fois de l'activité syndicale, créer par nos manifestations un environnement littéraire qui montre clairement que la SSE anime un climat littéraire vivant [...] et le GO y est invité quand il veut. »[167] Et encore : « Nous voulons devenir encore plus actifs dans les relations publiques. »[168]

Les exemples de ce travail de relations publiques ne manquent pas. Il en est trois qui montrent de façon particulièrement instructive l'habileté du duo Krohn/Schmid :

- Peu après la conclusion du contrat d'édition type en 1998, la SSE a imprimé, sans se concerter avec le GO, une brochure sur le « Contrat d'édition de livres ». Son avant-propos commence par ces mots : « En 1998, suite à d'intenses négociations, l'Association des éditeurs de la Suisse alémanique, les auteur-e-s suisses du groupe d'Olten et la Société suisse des Ecrivaines et Ecrivains sont convenus [etc.] ».[169] Jochen Kelter se souvient de ces négociations, qu'il a menées presque sans interruption depuis 1988 : « Alors que le contrat était enfin presque tout à fait au point, la SSE est arrivée et a demandé : Qu'est-ce que vous avez donc négocié là des années ? Il lui a encore fallu six mois pour se mettre au fait, ce qui a retardé encore la conclusion. »[170] Le GO a été cueilli à froid par la publication de la SSE. Un an plus tard, il a publié une brochure analogue à l'intention de ses membres.[171] On peut donc dire qu'ici, la SSE a récolté ce que le GO avait semé.

tion était de savoir comment la SSE allait mettre de l'ordre chez elle. Mais on en était conscient : « Si ça réussit, c'est justement ça qui va mettre le GO en difficulté » (Peter A. Schmid, par oral, 29.5.2002).
166 *SonntagsZeitung*, 21.6.1998.
167 *Bund*, 25.6.1998.
168 *Basler Zeitung*, 7/8.11.1998.
169 SSE (éd.) 1999a.
170 Jochen Kelter, par oral, 20.3.2002.
171 GO (éd.) 2000.

- Dans son discours prononcé le 6 octobre 1998 à l'ouverture de la Foire du Livre de Francfort – qui réservait la place d'honneur aux littératures suisses – le Conseiller fédéral Flavio Cotti exhortait les intellectuels suisses à ne pas «bouder dans leur coin [...] mais au contraire [à] s'ingérer et [à] intervenir, [à] être dérangeants et [à] le rester».[172] Krohn et Schmid ont réagi en publiant peu après un intéressant recueil de répliques à Cotti, qui peut prétendre à une certaine représentativité helvétique, ne serait-ce que parce que les textes écrits dans les diverses langues nationales sont publiés dans l'original. A côté de personnalités comme Yvette Jaggi, Peter von Matt ou Egon Ammann, on y trouve entre autres auteurs les membres de la SSE Urs Jaeggi, Hugo Loetscher, Roger Monnerat, Dragica Rajčić, Kristin T. Schnider, Yusuf Yesilöz et Jean Ziegler. Du côté du GO, seuls Daniel de Roulet et Mariella Mehr ont pu intervenir.[173] Dix ans après le boycott culturel, auquel la SSE avait assisté en spectateur étonné et muet[174], elle signalait maintenant en publiant ce livre: s'agissant de la relation entre les artistes et l'Etat, le GO est aujourd'hui une adresse largement négligeable.
- En 2001, la SSE a publié sous le titre *Zweifache Eigenheit* une autre anthologie, de la «nouvelle littérature juive de Suisse» cette fois; un ouvrage bien fait et nécessaire, si l'on pense que la SSE avait décidé entre 1933 et 1945, par ses rapports à l'intention de la Police des étrangers, du sort de collègues étrangers, à commencer par les écrivaines et écrivains juifs qui cherchaient asile en Suisse. Krohn et Schmid ont rédigé la préface de ce livre et ont correctement relevé, dans un paragraphe, que «les rapports que le secrétariat de la SSE a rédigé pour la Police des étrangers jusqu'en 1945 étaient empreints d'antisémitisme et de l'idée de la défense spirituelle du pays; étaient reconnus ‹ éminents ›, en premier lieu, des auteurs ai-

---

172 SSE (éd.) 1999b, 57.
173 Mariella Mehr a quitté peu après le GO par protestation (notamment contre l'abandon du «socialisme démocratique» dans les statuts du GO; cf. GO Circ., 96, 6, fév. 2001).
174 Otto Böni: «Schriftsteller und die 700-Jahr-Feier», in SSE (éd.) 1990, 109 ss.
175 Newman/SSE (éd.) 2001, 7 s.

sés, non engagés politiquement, écrivant dans un style conservateur». Ces derniers mots étaient suivis d'une astérisque renvoyant à une note disant que que «l'histoire de la SSE» avait déjà été «assumée à plusieurs reprises».[175] La première source citée ensuite est la dissertation d'Ulrich Niederer, sans toutefois qu'il soit mentionné que l'activité rapporteuse de la SSE y est liquidée en deux pages à peine, avec le renvoi à une esquisse de ce thème dans le volume anniversaire publié en 1987 par la SSE.[176] La retenue de la SSE à l'égard de sa propre histoire est d'autant plus étonnante qu'Edith Gloor, en quittant la présidence de la société en 1998, a résolument plaidé pour que la SSE «assume» son histoire: «Nous vivons aujourd'hui une époque de bouleversements et de renouvellements et il pourrait se répéter une situation dans laquelle, pour des raisons économiques, des écrivains cherchant refuge en Suisse se voient refuser l'entrée dans notre pays.» Assumer signifie donc prendre conscience: «Ce n'est qu'ainsi que nous disposerons des instruments structurels et intellectuels qui garantiront que les écrivains ne fassent pas cause commune avec le pouvoir en place.»[177] Tim Krohn et enfin Eugène Meiltz, les successeurs d'Edith Gloor, ont certes entrepris beaucoup de choses, mais on attend encore cette confrontation de la SSE avec sa propre histoire, alors même que l'on sait maintenant que la société a poursuivi sa collaboration avec

176 Niederer 1994, 140 s. (note 365, qui renvoie notamment à SSE [éd.] 1987, 115–142). Le tableau le plus fondé à ce jour de ce sombre chapitre de l'histoire de la SSE a été tracé par Charles Linsmayer (Linsmayer/Pfeifer [éd.] 1983, notamment p. 479 ss., et Linsmayer in *Der kleine Bund*, 5.7.1997); l'appréciation la plus juste du dilemme dans lequel se trouvait alors la SSE est le fait de Werner Mittenzwei: «Pour juger équitablement le conflit de cette organisation professionnelle […], il faut toutefois tenir compte du fait que ses efforts étaient axés sur la promotion d'auteurs et d'artistes suisses qui ne parvenaient que difficilement à s'imposer par rapport à l'art et à la littérature propagés par le Reich. Une telle politique, si elle n'avait pas été menée sous le signe des idées nationalistes et frontistes, n'était pas seulement juste, mais nécessaire pour la Suisse» (Mittenzwei 1978, 112). La question qui se pose est de savoir si les rapports établis par la SSE étaient inspirés par des idées nationalistes et frontistes et, si oui, en quoi consistait cette inspiration.
177 *Rote Revue* 3/1998.

la Police des étrangers non seulement jusqu'en 1945, mais au moins jusqu'en 1957.[178] Ainsi, cet engagement de la SSE en faveur de la nouvelle littérature juive en Suisse est à double sens : on a fait quelque chose de nécessaire pour ne pas devoir faire autre chose de tout aussi nécessaire.[179]

178 Le 11 mars 2002, à l'occasion de l'ouverture de l'exposition « Deutschsprachige Schriftsteller im Schweizer Exil 1933–1950 », Charles Linsmayer a tenu à Francfort une conférence dans laquelle il s'est exprimé en détail sur la collaboration entre la SSE et la Police des étrangers. « Comme le montre un coup d'œil aux archives de la SSE », a-t-il relevé, « la rédaction de rapports en matière d'autorisations de séjour ou de travail s'est poursuivie gaiement même après 1945, et elle ne s'est pas non plus départie, même sous l'égide de Franz Beidler, de ce caractère dénonciateur qui lui était inhérent entre 1933 et 1943. » Le cas le plus récent présenté par Linsmayer est celui d'un rapport rédigé le 23 février 1957 par le secrétaire de la SSE Beidler, qui notait : « Non seulement les noms des deux requérants nous sont complètement inconnus, mais ils ne figurent dans aucun des ouvrages de référence qui entrent en considération. Il convient donc de répondre clairement par la négative à la question de la police cantonale des étrangers demandant s'il s'agit d'auteurs éminents. De ce point de vue, il n'existe donc aucun motif d'accéder à leur requête. » Dans l'entretien que nous avons eu avec lui, Linsmayer précise que comme son enquête portait sur la période allant de 1933 à 1945, il a interrompu ses recherches dans les archives de la SSE à l'année 1960, mais qu'il est tout à fait possible que la collaboration délatrice avec les autorités se soit prolongée au-delà (Charles Linsmayer, par oral, 13.6.2002). Franz Beidler est resté en fonction jusqu'au milieu de 1971 (Niederer 1994, 254).
179 Dans sa conférence de Francfort (cf. note 178), Linsmayer a aussi rendu justice aux efforts accomplis par la SSE pour se confronter à son propre passé : « A l'occasion d'une manifestation qui a eu lieu le 1er novembre 1997 à Zurich, l'activité dénonciatrice de la SSE entre 1933 et 1945 a été publiquement stigmatisée et la présidente d'alors, Edith Gloor, s'est expressément excusée, au nom de la SSE, du comportement de ses prédécesseurs au comité. Mais les choses en sont restées là, car la publication dont il a été question lors de cette assemblée et qui sous le titre ‹ Laut Gutachten des SSV… › aurait dû rassembler des indications, des textes et des documents de et sur tous les auteurs qui, entre 1933 et 1945, ont été expulsés de Suisse ou empêchés d'écrire sur la foi des rapports de la SSE, cette publication n'a bientôt plus du tout intéressé le comité. A la place, la SSE a publié sous le titre *Zweifache Eigenheit* une anthologie de textes d'écrivaines et écrivains juifs contemporains de Suisse, un ouvrage qui, dans sa postface, ne consacre qu'à peine deux pages sur 58 à la question des émigrants réduits au silence, et cela pratiquement sans citer aucun nom. »

Il n'en reste pas moins que la SSE a résolu efficacement son problème d'image, et cela largement aux dépens du GO: elle a de plus en plus amené ses prestations syndicales au niveau des standards pour lesquels le GO s'était battu, elle lui a disputé la vedette en matière d'opinion sur les questions de politique sociale, elle s'est posée en organisation jeune, moderne et sexy et elle s'est vue récompensée par l'adhésion de nombreux jeunes auteurs et autrices. Face à cela, le GO n'avait rien d'autre à offrir que le mot d'ordre: tenir bon jusqu'à ce que la crise soit passée.

Le 18 juin 2000, à l'assemblée générale du GO tenue à Aarau, Daniel de Roulet a été élu à la succession de Peter Höner. De Roulet avait une vision et il l'a communiquée d'emblée sans équivoque: il se réservait de démissionner au bout d'un an au cas où les membres refuseraient «un changement de nom et [...] une modification de l'article 2 [des statuts] dans un esprit d'ouverture».[180] En deuxième lieu, il plaidait en faveur d'une «société nationale d'auteurs» mue par des ambitions culturelles, syndicales et politiques.[181] Enfin, il se prononçait contre une nouvelle mouture de la «créature hybride» que le GO était devenu: «[L'auteur] n'a pas besoin d'une organisation pour faire de la politique avec ses collègues. [...] La construction de l'utopie sociale n'est pas du ressort d'une société nationale d'auteurs.» Depuis lors, il a travaillé – d'une manière que l'on peut clairement suivre de *Circulaire* en *Circulaire* – au rapprochement des deux associations. Dans son «Rapport du président» à l'assemblée générale 2001 tenue à Delémont, il écrit: «La place culturelle de la littérature est en danger et nous nous épuisons en querelles ridicules. Chaque société (GO et SSE) a d'abord pensé absorber l'autre. Puis chaque société a pensé qu'il fallait d'abord régler tous les détails avant de discuter d'un éventuel rapprochement. Existe peut-être une autre voie. Non pas, à la Suisse, se mettre d'abord d'accord sur tout avant de construire du nouveau, mais voir les nécessités de la littérature et s'y jeter.»[182] A l'occasion de cette

---
180 GO Circ. 94, 7, sept. 2000.
181 Ici et ci-après: Daniel de Roulet, «Mon programme présidentiel», in GO Circ. 94, 10 s., sept. 2000.
182 GO Circ. 98, 5, sept. 2001.

AG, les membres ont donné au comité, à l'unanimité moins une voix, le mandat « d'élaborer un ou plusieurs scénarios de rapprochement, en envisageant également le maintien de l'indépendance des deux associations ».[183] Six mois plus tard, deux scénarios étaient présentés, le premier envisageant la « fondation d'une nouvelle association », le second un « statu quo amélioré », avec la précision que le comité s'était « prononcé à l'unanimité pour le premier ».[184]

La succession de Jochen Kelter n'a donc été réglée que provisoirement, Theres Roth-Hunkeler et Urs Richle reprenant son poste en job-sharing pour un mandat d'une année s'achevant à la fin de 2002. A la veille de l'assemblée générale ordinaire du 26 mai 2002 à Olten, le temps était à l'autodissolution. Jochen Kelter, qui se trouvait à l'étranger, écrivait dans une lettre ouverte que le moment était vraiment venu « de réfléchir sérieusement au regroupement de tous les écrivains de ce pays en une seule et nouvelle association », mais qu'il était indispensable que l'assemblée constitutive de la future AdS ne se contente pas d'adopter des statuts, mais qu'elle adopte aussi un « document fondateur prenant clairement position tant sur le passé des auteurs suisses et de leurs associations que sur leur avenir ».[185] La décision en faveur du scénario de l'autodissolution a été prise à une nette majorité : 41 voix contre 13 et 5 abstentions.[186] Le 1er juin à Lausanne, l'assemblée générale de la SSE se prononçait à l'unanimité pour le même scénario.[187] On en arriva ainsi à la manifestation mémorable du 12 octobre à Berne : à l'Hotel Bern, dans une grande salle séparée en deux par une paroi coulissante, la SSE et le GO ont été formellement dissous lors de deux assemblées générales extraordinaires tenues simultanément. Ensuite, la paroi coulissante a été escamotée et les mêmes personnes ont fondé l'AdS (cette abréviation signifiant Autrices et Auteurs de Suisse, Autorinnen und Autoren der Schweiz, Autrici e Autori della Svizzera).

Manfred Züfle, qui avait suivi le processus de dissolution du GO

---

183 GO Circ. 98, 8, sept. 2001.
184 GO Circ. 100, 4 ss., fév. 2002.
185 GO Circ. 102, 12, sept. 2002.
186 *Bund*, 27.5.2002; WoZ 22/2002.
187 *Bund*, 3.6.2002; WoZ 23/2002.

avec scepticisme et préoccupation, a pris part à cette assemblée constitutive et a écrit ensuite, magnanime : « D'abord, il s'agit de l'avenir, et de ce fait il n'importe plus, après cette refondation, de savoir laquelle des deux associations, au cours de leur histoire séparée, a obtenu quoi et quand et le cas échéant avant l'autre. […] Je suis sceptiquement curieux et j'adhérerai à l'association que j'ai fondée conjointement avec 127 collègues le 12 octobre 2002. »[188] Kurt Marti – le seul des dissidents de 1970 à avoir repris la parole à cette occasion – souligne lui aussi l'importance de la fondation de la nouvelle association : « Une organisation professionnelle donc, un syndicat pour ainsi dire, pour revendiquer et défendre les intérêts professionnels des écrivains. La chose est aussi effectivement très nécessaire en regard de la marginalisation croissante de la littérature. […] Il est par conséquent compréhensible que ce soit précisément des auteurs professionnels qui souhaitent prendre une position forte vis-à-vis des éditeurs et des médias. Espérons qu'ils y parviennent. […] Bon vent donc, AdS ! »[189]

Traduit de l'allemand par Christian Viredaz

---

188 WoZ 42/2002.
189 *Reformatio* 4/2002.

Bibliographie

Bloch et al. (éd.) 1972	Peter André Bloch et al. (éd.): *Der Schriftsteller in unserer Zeit. Schweizer Autoren bestimmen ihre Rolle in der Gesellschaft*. Francke Verlag, Berne 1972.
GO (éd.) 1973	Groupe d'Olten (éd.): *Almanach du Groupe d'Olten*. Editions L'Âge d'Homme, Lausanne 1973.
GO (éd.) 1974a	Groupe d'Olten (éd.): *Taschenbuch der Gruppe Olten*. Benziger Verlag, Zurich 1974.
GO (éd.) 1974b	Groupe d'Olten (éd.): *Almanach 1974*. Editions L'Âge d'Homme, Lausanne 1974.
GO (éd.) 1975	Groupe d'Olten (éd.): *Zwischensaison 1. Textbuch der Gruppe Olten*. Lenos Presse, Bâle 1975.
GO (éd.) 1976	Groupe d'Olten (éd.): *Zwischensaison 2. Textbuch der Gruppe Olten*. Lenos Presse, Bâle 1976.
GO (éd.) 1980	Groupe d'Olten (éd.): *Die Zürcher Unruhe*. orte-Verlag, Zurich 1981.
GO (éd.) 1981	Groupe d'Olten (éd.): *Die Zürcher Unruhe 2. Analysen, Reportagen, Berichte*. orte-Verlag, Zurich 1981.
GO (éd.) 2000	Groupe d'Olten (éd.): «Belletristische Werke: Muster-Verlagsvertrag. Kommentar». Frauenfeld 2000.
GO SSI (éd.) 1986	Gruppo di Olten, Sezione della Svizzera italiana (éd.): *Per i settant'anni di Virgilio Gilardoni*. Unterer Weinberg 10, Weinfelden 1986.
GO SSI (éd.) 1991	Gruppo di Olten, Sezione della Svizzera italiana (éd.): *Variazioni su basso ostinato. Per Giovanni Orelli*. Casagrande, Bellinzona 1991.
GO SSI (éd.) 2000	Gruppo di Olten, Sezione della Svizzera italiana (éd.): *Una sceneggiatura e cinque poesie. Angelo Gregorio*. Casagrande, Bellinzona 2000.
GO Circ.	Circulaire du Groupe d'Olten. (La pagination indiquée renvoie toujours à la version française.)
Lerch 2001	Fredi Lerch: *Muellers Weg ins Paradies. Nonkonformismus im Bern der sechziger Jahre*. WoZ im Rotpunktverlag, Zurich 2001.
Lerch/Simmen (éd.) 1991	Fredi Lerch/Andreas Simmen (éd.): *Der leergeglaubte Staat. Kulturboykott: Gegen die 700-Jahr-Feier der Schweiz*. WoZ im Rotpunktverlag, Zurich 1991.
Linsmayer/Pfeifer (éd.) 1983	Charles Linsmayer/Andrea Pfeifer (éd.): *Frühling der Gegenwart: Erzählungen III*. Buchclub Ex Libris, Zurich 1983.

Marti 1999	Erwin Marti: *Carl Albert Loosli 1877–1959. Eulenspiegel in helvetischen Landen 1904–1914*. Chronos Verlag, Zurich 1999.
Missbach 1991	Andreas Missbach: *Die Gruppe Olten. Berufsverband und politische Gruppierung*. Seminararbeit am Soziologischen Institut der Universität Zürich. Tapuscrit. 19.9.1991.
Mittenzwei 1978	Werner Mittenzwei: *Exil in der Schweiz*. Verlag Philipp Reclam jun., Leipzig 1978.
Mühlethaler 1974	«Die Entstehung der Gruppe Olten oder die Verteidigung gegen die Zivilverteidigung», in Dieter Fringeli/Paul Nizon/Erica Pedretti (éd.): *Taschenbuch der Gruppe Olten*. Benziger Verlag, Zurich/Cologne 1974, 301 ss.
Mühlethaler 1989	*Die Gruppe Olten. Das Erbe einer rebellierenden Schriftstellergeneration*. Verlag Sauerländer, Aarau 1989.
Newman/SSV (éd.) 2001	Rafaël Newman/SSV (éd.): *Zweifache Eigenheit. Neuere jüdische Literatur in der Schweiz*. Limmat Verlag, Zurich 2001.
Niederer 1994	Ulrich Niederer: *Geschichte des Schweizerischen Schriftsteller-Verbandes. Kulturpolitik und individuelle Förderung: Jakob Bührer als Beispiel*. Basler Studien zur deutschen Sprache und Literatur Bd. 61. Francke Verlag, Tübingen/Bâle 1994.
Sidler 2000	Roger Sidler: «Arnold Künzli», in *Nachfragen und Vordenken. Intellektuelles Engagement bei Jean Rudolf von Salis, Golo Mann, Arnold Künzli und Niklaus Meienberg*. Chronos Verlag, Zurich 2000.
SSE (éd.) 1987	*Ecrire pour vivre. Histoire de la Société suisse des écrivains*. Traduit par Liliane Morend et Michel Thévenaz. Verlag Sauerländer Aarau 1987.
SSE (éd.) 1990	SSV (éd.): *Forum der Schriftsteller*. Jahrbuch 4/1991. Verlag Sauerländer, Aarau 1991.
SSE (éd.) 1999a	SSE (éd.): *Contrat d'édition de livres. Guide pour les auteurs et autrices, fondé sur le contrat type d'édition pour les œuvres littéraires*. SSE, Zurich 1999.
SSE (éd.) 1999b	SSV (éd.): *Der Stil ist eine Frage der Moral. Essays zur literarischen Gesellschaftskritik der Jahrtausendwende*. Nagel&Kimche, Zurich 1999.
SSE Bull.	*Société suisse des écrivaines et des écrivains* (Bulletin; paraît trois fois l'an depuis mars 1999).

Beat Mazenauer

Entfesselung zwischen zwei Versuchen

Die jüngste Geschichte des Schweizerischen
Schriftstellerinnen- und Schriftsteller-Verbands (SSV)

«So liesse sich der Möglichkeitssinn geradezu als die Fähigkeit
definieren, alles, was ebensogut sein könnte, zu denken und das, was ist,
nicht wichtiger zu nehmen als das, was nicht ist.» (Robert Musil)

Zwei Abstimmungen im Jahr 1996

Das Resultat liess an Deutlichkeit nichts zu wünschen übrig. Einstimmig mit einer Enthaltung beschloss die Gruppe Olten anlässlich ihrer 25. Generalversammlung am 16. Juni 1996 in Birsfelden, auf Antrag ihres ehemaligen Sekretärs Hans Mühlethaler, «die Gespräche mit dem SSV über eine Partnerschaft auf der Grundlage der Autonomie der GO weiterzuführen». Was derart wohl tönte, kam indes einer klaren Abfuhr gleich. Mit der konstruktiven Formulierung versagte die GV einem Projekt die Zustimmung, das ein paar Monate zuvor auf Ersuchen des SSV und auch aus Gründen der praktischen Vernunft eingeleitet worden war: die Zusammenführung der beiden Schriftstellerverbände in einer noch zu entwickelnden Form. Die GO entschied sich anders. Anstatt einer Fusion mit dem SSV sollten die eigenen Strukturen und die eigene Identität weiter entwickelt werden. Als Gründe für dieses beinahe einhellig gefasste Votum nennt das GV-Protokoll «unter anderem die gewachsene Identität, die unterschiedliche Mitgliederstruktur und Verbandspolitik, die Unvereinbarkeit der Interessen eines professionellen und eines nicht-professionellen Autorenverbandes, der eindeutig bessere Leistungsausweis der GO, der Vorteil der Wahlmöglichkeit zwischen zwei Verbänden und nicht zuletzt auch die Abneigung gegenüber einem anonymen Grossverband».[1] Keine protokollarische Erwähnung fand der vehemente Widerstand vor allem der Mitglieder aus der Ro-

---

1 GO MB 78, August 1996, S. 4.

mandie und dem Tessin, die um keinen Preis mit den «reaktionären» lateinischen Mitgliedern des SSV zusammenspannen wollten. Alte Zwiste sowie die nostalgische Empfindung, durch eine Fusion ein wichtiges Element der Zugehörigkeit zu verlieren, entschieden über den Ausgang der Abstimmung.

Ohne Feindseligkeit und ohne «giftige Worte», wie sich der damals zum GO-Präsidenten gewählte Klaus Merz heute erinnert,[2] war so auch dessen Ansinnen gescheitert, die beiden Schriftstellerverbände zu den Bedingungen der GO zu vereinigen. Dazu wäre die Gelegenheit günstig wie nie seit 1971 gewesen. Für ein Zusammengehen sprach nicht allein die Befürchtung, dass das Bundesamt für Kultur (BAK) auf mittlere Frist die Subventionen an zwei getrennte SchriftstellerInnenverbände reduzieren könnte. Bereits im März 1996 hatte der GO-Sekretär Jochen Kelter die Frage gestellt, «ob wir uns auch in den nächsten zehn oder zwanzig Jahren zwei Verbände leisten müssen, wollen und können».[3] Zwar selbst kein Freund einer Fusion, hatte er im Einverständnis mit dem Präsidenten Klaus Merz die Aussprache darüber an der GV angeregt. Für ein Zusammengehen aber sprach noch ein zweiter, womöglich gewichtigerer Grund: nämlich der dringliche Wunsch des SSV, sich einer Fusion mit der GO gewissermassen zu unterwerfen. Das Statement, mit dem die SSV-Präsidentin Edith Gloor vor den GO-Mitgliedern dafür warb, ist bei Klaus Merz als Rettungsruf «Übernehmt uns!» in Erinnerung geblieben.[4]

Eine Woche zuvor, am 8. Juni im Casino Zürichhorn, hatte der SSV-Vorstand seine Mitglieder über das Projekt informiert – unter dem Traktandum «Mitteilungen und Notizen». Dem Bericht von Heinrich Kuhn zufolge hatte bereits am 26. April ein erstes informelles Treffen stattgefunden, an dem nebst den beiden GeschäftsführerInnen Jochen Kelter und Lou Pflüger die Vorstandsmitglieder Donata Berra und Klaus Merz (GO) bzw. Edith Gloor und Heinrich Kuhn (SSV) teilgenommen hatten. Beratschlagt wurde über die vier Szenarien Neugründung, Fusion, verstärkte Zusammenarbeit und Status quo. Im Bericht anlässlich

2 Klaus Merz, mündlich, 19.8.2002.
3 GO MB 76, März 1996, S. 3.
4 Klaus Merz, mündlich, 19.8.2002.

der Mitgliederversammlung empfahl Kuhn: «Die Zusammenlegung könnte die beste Lösung sein», zumal etliche deutschsprachige GO-Mitglieder «nicht mehr so genau wissen, weshalb sie gerade in der GO sind».[5] Beschlüsse wurden an der Zürcher MV keine gefasst, doch der Wunsch nach einer Fusion war nicht zu überhören. Im anschliessenden Abendprogramm plädierten sowohl der ehemalige SSV-Präsident Hugo Loetscher wie der künftige GO-Präsident Klaus Merz in ihren «Standortbestimmungen» für den Versuch, die Kooperation zu intensivieren und die zentralen Anliegen der Literaturschaffenden verstärkt wahrzunehmen, zumal sich, wie Merz anfügte, «zumindest in der Deutschschweiz – das jeweilige Profil [von GO bzw. SSV] für Aussenstehende nicht mehr klar erkennen lässt».[6] Damit stiess er ins gleiche Horn wie ein paar Wochen zuvor schon Roman Bucheli in der NZZ: «Weshalb es dazu zwei Verbände braucht – darauf würde man sich im Jubiläumsjahr der Gruppe Olten eine überzeugende Antwort jenseits von Sentimentalitäten und falschen Empfindlichkeiten wünschen.»[7]

Die Generalversammlung der GO entschied anders, vielleicht auch, weil sich niemand von der Presse zu einer Fusion drängen lassen wollte. Zudem war die GO für viele Mitglieder «so etwas wie eine Heimat geworden».[8] Vor allem aber trübte ein Name die Aussicht auf Fusion nachhaltig: Jacques Meylan. Sowohl im Protokoll der GO-Generalversammlung wie in Charles Linsmayers Berichterstattung darüber tauchte er kurz und geheimnisvoll auf.

Linsmayer zitierte die SSV-Präsidentin Edith Gloor wie folgt: «Wir schämen uns im nachhinein für Monsieur Meylan, und wenn unsere jungen Mitglieder letzten Samstag nicht zum Baden oder zum Fussball gegangen, sondern an die GV gekommen wären, hätten wir den Skandal um Meylan auch öffentlich diskutiert.»[9] Und im GO-Protokoll hiess es ergänzend: «Den Grossteil ihres Statements widmet sie der Rechtfer-

---

5 Protokoll der MV vom 8.6.1996, S. 5.
6 Merz 1996, S. 4.
7 NZZ, 25.4.1996.
8 Hans Peter Gansner, zit. nach: *Bund*, 18.6.1996.
9 *Bund*, 18.6.1996.

tigung der SSV-Verbandspolitik im Umgang mit Alt-Präsident Jaques [sic] Meylan und der Klage über die ungeliebten Konservativen im eigenen Verband und die Passivität der jüngeren Mitglieder.»[10]

Ob es sich wirklich um einen Skandal handelte, wie Gloor andeutete, und welche «reaktionären Äusserungen» Meylans, so Charles Linsmayer[11], innerhalb der GO für Aufregung sorgten, blieb weitgehend im unartikulierten Dunkeln. Daher verdient der Fall Meylan eine genauere Betrachtung.

Eine «Affaire Meylan»?

Dem Vernehmen nach bewies Edith Gloor bei ihrer Mission, der GO die Fusion mit dem SSV nahe zu legen, wenig rhetorisches und taktisches Geschick. Die diffusen Andeutungen, die sie zu «Monsieur Meylan» machte, schienen eher zu verwirren und die Skepsis zu mehren. Sie skandalisierten auf diffuse Weise, was im Grunde ein – allerdings höchst aufschlussreicher – verbandsinterner Zwist gewesen war. In ihren Gesprächsnotizen, die Gloor und Konrad Klotz an der GO-GV zuhanden ihres eigenen Vorstands verfassten, findet sich gleich eingangs das Manfred Züfle zugeschriebene Statement: «Es gab immer wieder gute Präsidenten, aber Meylan hat alles zunichte gemacht. Wenn Meylan nicht gewesen wäre, hätte eine Fusion in Betracht gezogen werden können.»[12] Wer ist es, der hier zum Buhmann avancierte, und weshalb?

Der Lausanner Bundesrichter, Sozialdemokrat und Lyriker Jacques Meylan wurde 1994 zum Präsidenten des SSV gewählt. Sein autoritärer Stil und seine mitunter harsche Art, Diskussionen abzuklemmen, hinterliessen nachhaltigen Eindruck. Meylans forscher Ton trübte das einvernehmliche Klima innerhalb des SSV-Vorstands, auf der von Lou Pflüger

---

10 GO MB 78, August 1996, S. 4.
11 Charles Linsmayer, «Die Gruppe Olten bleibt sich treu», in: *Bund*, 18.6.1996. Gemäss dem GV-Protokoll meinte Rolf Niederhauser, «die Art, wie mit dem Fall Meylan (klammheimliches Absetzen des Präsidenten [...]) umgegangen wurde, sei exemplarisch für den SSV», in: GO MB 78, August 1996, S. 4.
12 Information betreffend Fusions-Gespräche SSV-GO anlässlich der Generalversammlung der Gruppe Olten vom 16.6.1996.

geleiteten Geschäftsstelle provozierte er zusehends Ablehnung und Abwehr. Das Zerwürfnis ging so tief, dass der Vorstand am 10. Februar 1996 «einen Anschluss ans Internet» ablehnte, einhellig gegen die Stimme des Präsidenten. Der Vorschlag rief Ängste hervor, dass die engere Vernetzung dem Präsidenten grössere Einfluss- und sogar Kontrollmöglichkeiten gegenüber dem Sekretariat einräumen könnte.[13] Innerhalb des SSV erwuchs dem Präsidenten Widerstand von eigener Seite.

Dies ist die eine Seite der Medaille. So forsch Jacques Meylan sich als Präsident gebärdete, so sehr versuchte er auf der verbandspolitischen Ebene aktiv zu werden. Er war bestrebt, wie er später in einem Brief an den Vorstand schrieb, die «attitude [...] purement défaitiste» des SSV gegenüber der Gruppe Olten zu korrigieren.[14] Damit stiess er in ein zweites Wespennest.

Am 4. Mai 1995 machte er anlässlich der Mitgliederversammlung der «Arbeitsgemeinschaft Urheber/innen» (AGU), die sich fortan «Suisseculture» nennen sollte, den Vorschlag, dass die Äusserung des Präsidenten «anlässlich der letzten MV im September 94, wonach er nur noch ein Jahr als Präsident amtieren werde, nachträglich protokolliert wird».[15] Und drei Wochen später forderte er vor dem European Writers' Congress (EWC) im Namen der südeuropäischen Länder, dass diese angemessen im Vorstand vertreten sein müssten, um die gegenwärtige Vormacht der nordischen Länder auszugleichen.

Meylan unterbreitete damit zwei verbandstechnische Anträge, die eines gemeinsam hatten: Beide Male betrafen sie den GO-Sekretär Jochen Kelter, der sowohl die AGU/Suisseculture wie den EWC präsidierte. Wie verwickelt die Konstellation zu der Zeit war, bezeugt eine vertrackte Formulierung im GV-Protokoll der GO zur besagten EWC-Tagung: «Claude Darbellay und der Präsident [Manfred Züfle] vertraten die GO am diesjährigen Kongress des EWC in Wien, der vom Sekretär [Jochen Kelter] als Präsident des EWC geleitet wurde.»[16] Der Sekretär präsidierte also seinen Präsidenten.

13 Verena Röthlisberger, mündlich, 16.8.2002.
14 Jacques Meylan, Brief vom 8.1.1996 an den SSV-Vorstand.
15 Zit. nach dem Vorstandsprotokoll des SSV vom 9.6.1995.
16 GO MB 73, September 1995, S. 5.

Dass es Jochen Kelter gleich zwei Mal traf, war gewiss kein Zufall. Jacques Meylan hatte früh dessen Ämterkumulation erkannt und damit auch die Unterordnung des SSV unter das Geschick des GO-Sekretärs. Unter Kelters Präsidentschaft in der AGU/Suisseculture (1992–2000) hat kein SSV-Mitglied je Einsitz im Vorstand dieses Verbands innegehabt. In besagtem Brief vom 8. Januar 1996 an den eigenen Vorstand rechtfertigte sich Meylan: «Wir haben unsere eigenen Interessen ohne Schwäche zu verteidigen, selbst wenn sie mit jenen der Gruppe Olten in Konflikt treten oder treten könnten.» Selbstredend aber sei es wünschenswert, «dass wir die bestmöglichen Beziehungen mit ihr unterhalten». Selbst die wiederholte Versicherung, dass er nicht, wie sich Kelter mehrfach beklagte, gegen diesen «persönlich» argumentiere, sondern einzig um der Sache willen: nämlich der «problématique ‹Jochen Kelter›»[17], schützte ihn nicht vor heftigsten Vorwürfen – speziell aus dem eigenen Vorstand. Dieser nämlich hatte sich längst mit der bequemen Führerschaft des GO-Sekretärs in verbandstechnischen Angelegenheiten abgefunden. Niemand wollte diese Annehmlichkeit, diesen Burgfrieden gefährden oder gar aufkündigen, schon gar nicht zugunsten des ungeliebten eigenen Präsidenten. Kritik an Jochen Kelter wurde damals für völlig inopportun erachtet.[18] In diesem Sinn und Geist ist ein Brief von Lou Pflüger an Jacques Meylan zu verstehen, in welchem sie die Schädlichkeit von dessen Interventionen beklagte und ihn bat, zum Wohl des SSV «de ne rien entreprendre au sujet de la succession de Jochen Kelter à la présidence de Suisseculture pour l'instant».[19] Die Künstlerverbände in der Schweiz müssten Einheit beweisen angesichts der schwierigen Lage, in der sie steckten.

In einem späteren Brief von Ende November 1995 redete auch der Restvorstand Klartext, indem er dem Präsidenten nachdrücklich ans Herz legte, im nächsten Jahr auf eine neuerliche Kandidatur als Präsident zu verzichten. «Votre façon d'agir à l'encontre des bonnes relations qui peu à peu étaient établis avec le GO, le Club des Cinq, le Congrès des Ecrivains européens et Suisse Culture nous posent problème»,

17 Jacques Meylan, Brief vom 8.1.1996 an den SSV-Vorstand.
18 Verena Röthlisberger, mündlich, 16.8.2002.
19 Lou Pflüger, Brief vom 7.7.1995 an Jacques Meylan (französisch abgefasst).

hiess es darin[20]; es fehlte einzig der Hinweis, dass Jochen Kelter in allen diesen Verbänden eine entscheidende Rolle spielte.

Diese Positionskämpfe blieben schliesslich auch der GO nicht verborgen. 1995 fanden sie Niederschlag im Protokoll ihrer GV, als bekräftigt wurde, dass für die gemeinsamen Projekte (wie Suisseculture) eine «Grundsolidarität» unabdingbar sei, die jedoch durch «den Konfrontationskurs des neuen SSV-Präsidenten» gefährdet werde.[21] Näheres schienen die Mitglieder weder des SSV noch der GO zu erfahren. Wegen der erwähnten Gründe (Badewetter bzw. EM-Eröffnungsspiel England 1 : Schweiz 0) wurde der Konflikt an der Mitgliederversammlung des SSV nicht eigens thematisiert. Er entspann sich im Wesentlichen zwischen dem SSV-Vorstand und Jochen Kelter, wobei keine der Parteien das Geschehen allzu sehr in den Wind hängen wollte, wohl wissend, dass Meylans Kritik durchaus begründet war. Die antiautoritäre Linke innerhalb der GO jedenfalls hätte diese Bedenken nicht einfach übergehen dürfen.

Mit Meylans formellem Verzicht auf eine zweite Kandidatur, am 8. Januar brieflich mitgeteilt, endete die für alle Seiten peinliche Angelegenheit still und leise. Beinahe zumindest, denn Meylan blieb Mitglied im Vorstand, was von der GO weiterhin kritisiert werden konnte. Edith Gloor, die an seiner Stelle das Präsidentenamt übernahm, darf getrost als Verlegenheitskandidatin bezeichnet werden. Bernadette Richard stellte sie an der Mitgliederversammlung im Namen des Vorstands «als liebenswürdigen Menschen, mit Gespür für sprachliche Probleme» vor.[22] Störungsmanöver auf der Achse Kelter – Pflüger waren von ihr jedenfalls keine zu erwarten. Aber auch kaum neue Impulse.

Die «Affaire Meylan» besitzt das Format eines menschlichen wie verbandsstrukturellen Knatsches. Politische Attribute wie «skandalös» oder «reaktionär», die gerne verwendet wurden, scheinen im Rückblick indes völlig unangemessen. Nüchtern betrachtet geschah vielmehr Folgendes: Um den ungeliebten Präsidenten loszuwerden, war

20 Undatierter Brief (vom 24./25.11.1995, wie ein handschriftlicher Zusatz bezeugt) an Jacques Meylan.
21 GO MB 73, September 1995, S. 4.
22 Protokoll der MV vom 8.6.1996, S. 3.

der SSV-Restvorstand bereit, hinter dessen Rücken seine Absetzung zu betreiben und in voreiliger Versöhnlichkeit Partei zu nehmen für den Konkurrenten, den «künftigen» Geschäftsführer des womöglich fusionierten Einheitsverbandes.
Die Stimmung im SSV war offenkundig schlecht. «Die Luft war draussen»[23] und die Angst gross, «alleine nicht bestehen zu können».[24] Zu allem Überdruss hatte die Auflehnung gegen Meylan nicht mal Erfolg. Die Art und Weise, wie die SSV-Präsidentin im Juni 1996 den GO-Mitgliedern weismachen wollte, dass der Alt-Präsident schon vor Monaten durch interne Ränkespiele heimlich abgesetzt worden sei, weckte eher Argwohn denn Zustimmung. Ein solches Vorgehen wurde als exemplarisch für den SSV erachtet und stärkte bloss die Ablehnungsfront. Der SSV hatte sich selbst in eine Lose-lose-Situation hineinmanövriert.

Ein Zusammengehen konnte nur, wie ausgerechnet Jacques Meylan wusste, «Produkt einer Verhandlung von gleich zu gleich sein, in dem jede Partei Konzessionen einräumt».[25] Gerade daran aber mochten seine KollegInnen im SSV-Vorstand nicht mehr glauben.

Durch den Entscheid der GO im Sommer 1996 blieb dem SSV so vorerst die Angst erhalten. Die GO dagegen verdrängte diese (noch) durch die Vorspiegelung relativer Stärke und Fortschrittlichkeit. Die Selbstaufgabe auf Seiten des SSV schien eher das Vertrauen in die eigenen Qualitäten anzustacheln anstatt den Drang zur Eroberung von fremdem Gebiet.

Kooperation und Abhängigkeit

Aus heutiger Sicht macht die «Affaire Meylan» eines deutlich: die Abhängigkeit des SSV von der GO, namentlich von ihrem ebenso einflussreichen wie engagierten Sekretär Jochen Kelter. Gegenüber dem eigenen Vorstand schien er freie Hand zu haben, was er zu zahlreichen, berufspolitisch bedeutsamen Initiativen nutzte. Aufgrund deren waren ihm Vorstand und Sekretariat des SSV so sehr gewogen, dass sie ihm gewissermassen treuhänderisch die gesamte Interessenvertretung der

23 Klaus Merz, mündlich, 19.8.2002.
24 Verena Röthlisberger, mündlich 16.8.2002.
25 Jacques Meylan, Brief vom 8.1.1996.

Schweizer Literaturschaffenden übertragen. Jacques Meylan hätte in dieser Hinsicht wohl gerne selbst Zeichen gesetzt und den verschlafenen SSV aufgeweckt, doch weil Kelter seine Aufgabe zur Zufriedenheit aller erledigte, blieb Meylan lediglich die Rolle des Bösewichts, der die guten Bindungen zwischen SSV und GO mutwillig zu zerstören trachtete. Dass er sich im eigenen Vorstand als polternder Patriarch aufführte, trug das seine zu seinem Sturz bei.

Dies zeigt vor allem eines: Die jüngere Geschichte des SSV ist nicht von jener der GO zu trennen. Das gegenseitige Verhältnis, auf der internen Ebene kooperativ, gegen aussen hin eher säuerlich distanziert, prägte beide SchriftstellerInnenverbände. Die Abspaltung der GO 1971 wirkte sich auf den behäbigen und zuvor meist patriarchal geführten SSV heilsam, ja rettend aus. Ihre damalige Notwendigkeit ist nicht zu bezweifeln. Unter ihrem Eindruck wurden umgehend erste Versuche zur Reorganisation des SSV eingeleitet, indem zum einen alte Initiativen zu Ende geführt und zum anderen konstruktive Kontakte mit dem neuen Verband aufgenommen wurden. Der damalige GO-Sekretär Hans Mühlethaler hat darauf hingewiesen, dass «die beiden Organisationen, die in der Öffentlichkeit als ‹verfeindet› galten, von Anfang an geeint und wie ein einziger, alle Schriftsteller umfassender Verband aufgetreten» seien, was zentrale berufsständische Fragen anbetraf. Der ehemalige SSV-Sekretär Franz Beidler habe sein «elementares» Wissen in den Dienst der Urheberrechtsrevision gestellt und im Namen beider Verbände eine gemeinsame Stellungnahme formuliert, «deren Qualität ich erst heute richtig erfasse».[26] Daneben wurde der Ende der 60er-Jahre von Otto Steiger entworfene Plan zu einem «Sozial- und Altersfonds» (SAF) energisch angepackt und bis 1974 umgesetzt; von ihm sollten auch die AutorInnen der GO profitieren.

Mit der Gründung der ProLitteris im Herbst 1974, die mit Nachdruck von Beidler und dem SSV angestrebt wurde, verflog allerdings der Initiativgeist des SSV, während die GO sukzessive an Know-how und Kompetenz zulegte und dem SSV (unter dem Sekretär Otto Böni) bald schon den Rang ablief. Fortan sollten die Impulse mehrheitlich

26 Mühlethaler 1989, S. 62 f.

von der GO ausgehen. Hans Mühlethaler[27] und Ulrich Niederer[28] haben die gemeinsamen Projekte und Initiativen bis in die zweite Hälfte der 80er-Jahre ausführlich nachgezeichnet.

Indem der SSV als Juniorpartner sich klein machend im Wind der GO-Initiativen mitsegelte, verbesserte er bis 1982 immerhin seinen Leistungskatalog (Ergänzungsleistungen für Lesungen und Bücher)[29] und baute die Interessenvertretung für die Literaturschaffenden nachhaltig aus. 1979 zog er sich als Vertragspartner aus dem unvorteilhaften Tarifvertrag mit der SRG zurück, um 1988 einen besseren Vertrag zu unterzeichnen. Mitte der 80er-Jahre war er mitbeteiligt an der Gründung des «Fünferklubs», eines gemeinsamen Gremiums von fünf Künstlerverbänden aus den Bereichen Literatur (GO, SSV), bildende Kunst (GSMBA), Musik (STV) und Film (VSFG). 1989 sodann wurde die «Arbeitsgemeinschaft der Urheber/innen» (AGU) ins Leben gerufen, die seit Mai 1995 Suisseculture hiess. Schon 1987, unter der Präsidentschaft von Hugo Loetscher (1986–1990) und aus Anlass des 75-jährigen Bestehens des SSV, war erstmals auch die nicht nur ehrenvolle Vergangenheit neu besichtigt worden. Der Band *Literatur geht nach Brot* vereinigte drei längere Aufsätze, die sich der Geschichte des SSV, mit speziellem Nachdruck auf den Jahren 1933 bis 1942, sowie der Vereinskrise 1970/71 widmeten.

Das dynamische Ungleichgewicht blieb indes erhalten. Jochen Kelter, der Nachfolger Mühlethalers als Sekretär der GO, verstärkte ab 1988 die Bemühungen um eine Stärkung der berufspolitischen Kompetenz, sodass er die GO insgeheim sogar mit dem eigenen politischen Selbstbild in Widerstreit brachte.

Auch die von GO und WoZ lancierte Kampagne gegen den «Schnüffelstaat» 1990 trug der SSV kooperativ mit. Viele seiner Mitglieder, angefangen beim Präsidenten Ernst Nef, unterzeichneten den Aufruf[30],

---

27 A.a.O., S. 181–228.
28 SSV (Hrsg.) 1987, S. 98–119.
29 1976 wurde die alte Werkbeleihungskasse (WBK) umbenannt in den fortan umstrittenen «Fonds für Publikationsförderung»; 1977 wurden Garantiehonorare für Lesungen, 1982 solche für Bücher und Theaterstücke eingeführt.
30 «Den Schnüffelstaat abfeiern? Ohne uns!», in: Lerch/Simmen (Hrsg.) 1991, S. 26 ff.

auch wenn der daraus resultierende «Kulturboykott» beim SSV auf grössere Skepsis stiess. Dies fiel indes weniger ins Gewicht, weil er auch innerhalb der GO umstritten blieb und eine «hart geführte Auseinandersetzung» heraufbeschwor.[31]

Einen kulturpolitischen Dämpfer erhielten GO und SSV 1994 versetzt, als der gemeinsame Einsatz für den Kulturförderungsartikel knapp am Ständemehr scheiterte. Diese Niederlage bestärkte Forderungen nach grösstmöglicher Einigkeit unter den Kulturorganisationen, insbesondere zwischen GO und SSV, damit die relativ schwache Kulturlobby möglichst geeint auftrete und sich bemerkbar mache.

Bestätigung fand diese Forderung nach Einheit auf einem zweiten Betätigungsfeld: der Diskussion um einen Mustervertrag für AutorInnen und Verlage, um den GO und SSV gemeinsam mit dem «Verlegerverband der Deutschen Schweiz» (VVDS) schon seit 1989 rangen. Im Mai 1996 wurde im Mitteilungsblatt der GO erstmals der Verhandlungsabschluss bekannt gegeben. Nicht ohne Stolz vermerkte Jochen Kelter in seinem Jahresbericht: «Die Federführung der Verhandlungen lag auf Autorenseite über all die Jahre bei der GO, aber der SSV war, wie bei vielen der übrigen, in diesem Bericht erwähnten Aktivitäten, Partner und wenn auch nicht treibende Kraft, so doch nie Gegner.»[32] Diese Einschätzung war im Allgemeinen zutreffend, doch en détail sollte sie sich bald als nicht ganz korrekt erweisen. Zwei Jahre später hiess es abermals im Jahresbericht der GO, dass «neuerliche Einwände der Verlegerseite (VVDS), leider auch des SSV» dazu beigetragen hätten, dass der Vertrag noch immer nicht unterschrieben sei.[33] Die leicht genervt klingende Nachbemerkung bezog sich darauf, dass der SSV-Vorstand «sich offenbar 1996 erstmalig überhaupt mit der Angelegenheit befasst hat».[34]

Bis dahin waren die Verhandlungen seitens GO/SSV auf der Stufe Geschäftsführung, also von Jochen Kelter und Lou Pflüger, geführt worden, wobei Kelter nicht nur treibende Kraft war, sondern gegenüber

31 Fredi Lerch, «Vor einem Leben nach der Utopie», in: WoZ, 23.5.2002.
32 GO MB 77, Mai 1996, S. 6.
33 GO MB 85, Mai 1998, S. 7.
34 A. a. O.

seinem Vorstand auch die volle Verantwortung übernehmen konnte. Solcher Mut ging Lou Pflüger indes ab, weshalb sie eine Rückversicherung bei ihrem Vorstand suchte und so Heinrich Kuhn dazu brachte, sich der Materie anzunehmen. Mit dem Effekt, dass dieser neue «Mitspieler» neue, sachlich durchaus gut begründete Gesichtspunkte in die Diskussion brachte, damit aber die bislang bilateralen Verhandlungen komplizierte, weil die Autorenverbände auf einmal mit zwei Stimmen sprachen. Das Feilschen um die Paragrafen 3.1.2 (Verlagsrecht) und 3.2.1 (Nebenrechte) verlängerte die Diskussionen um gut zwei Jahre, sodass sie erst, dafür einvernehmlich, am 26. Juni 1998 zu Ende gebracht werden konnten.

Hätten die AutorInnenverbände konsequent mit einer Stimme gesprochen und ihre unterschiedlichen Auffassungen intern koordiniert, hätte sich der Mustervertrag effizienter aushandeln lassen.

Das Resultat konnte (und kann) sich dennoch sehen lassen. Es ist heute eine dienliche Richtschnur durch das juristische Gestrüpp, von dem AutorInnen meist nur rudimentäre Kenntnis haben.

Keine Macht für niemand?

Unter dem Druck der GO hatte der SSV inzwischen auch die aufgeblähte Verwaltung effizienter organisiert. Einzig einen permanent verfügbaren Rechtsdienst, wie ihn die GO seit 1973 anbot, konnte er noch nicht bieten, auch wenn in Härtefällen der Beizug eines juristischen Beraters möglich war. Zudem blieben die angeblich leichteren Aufnahmebedingungen in der Kritik.

Alles in allem aber schien sich die Zusammenarbeit ohne Glanz für den SSV zu bewähren: Jochen Kelter bewies Tatkraft, Lou Pflüger zeigte williges Einverständnis und unterstützte dessen Initiativen in den Verbänden, in denen sie beide Einsitz hatten. Bei kulturpolitischen Statements und Diskussionen hielt sich der SSV meist getreulich an der Seite der GO.

Diese Kooperation sollte auch anlässlich der Frankfurter Buchmesse 1998, als die Schweiz Gastland war, funktionieren, obgleich es lediglich darum ging, im Rahmen des «Trägervereins Frankfurt 98» dem Kampagnenleiter Christoph Vitali die eine oder andere Mitentscheidung abzutrotzen und gegebenenfalls einen gemeinsamen Stand zu betreiben, der Präsenz markieren sollte. Weitere Ideen blieben vorerst Mangelware. Bevor es dazu kommen sollte, stand beim SSV im Sommer 1998 noch die Wahl eines neuen Präsidenten und eines neuen Geschäftsführers an.

In den vergangenen zwei Jahren schien die gescheiterte Fusion 1996 das Arbeitsverhältnis zwischen SSV und GO also nicht sonderlich beeinträchtigt zu haben. Nach wie vor verdankte der SSV den Impulsen Kelters viel und zeigte sich entsprechend dankbar. In seinem Windschatten gestaltete sich die Bilanz wie von allein positiv. Dennoch (und gerade deshalb) rief Kelters dominierende Stellung auch einen zwiespältigen Eindruck hervor. Zum einen liess sie dem SSV nur wenig Spielraum für eigene Initiativen, wie die «Affaire Meylan» demonstrierte. Zum andern war die Ämterkumulation des GO-Sekretärs gewiss nicht unproblematisch.

In einem Aufsatz «Wo steht die Gruppe Olten heute?» gab Kelter 1996 als Losung aus: «Keine Macht für niemand».[35] Dieses basisdemokratische Postulat sei Folge davon, dass in der GO ein Präsident nur auf zwei Jahre gewählt werde. Doch hiess «Keine Macht für niemand» nicht sinngemäss auch: Alle Macht dem Sekretär, weil er allein über das notwendige Wissen verfügt, das den Betrieb am Laufen hält? Wohl in diesem Sinn ist der Dank des Präsidenten Manfred Züfle 1995 an den «Sekretär, Jochen Kelter» zu lesen, «der seinen Wissensvorsprung immer wieder dem Vorstand zur Verfügung gestellt hat».[36]

Das Problem ist keines der GO allein. Auch im SSV war dieses Informationsgefälle bekannt. Traditionellerweise schienen Präsidium und Sekretariat mit mal mehr, mal weniger Geheimniskrämerei geführt zu werden, was in den Jahren 1933 bis 1942, als Felix Moeschlin und Karl Naef die entsprechenden Positionen innehielten, schmerzliche Auswirkungen zeitigte. Noch Mitte der 90er-Jahre gelangten viele Informationen nicht über das Sekretariat hinaus. Lou Pflüger bündelte den Nachrichtenfluss bei sich und verteilte persönlich Posten und Aufgaben, mit

---

35 Kelter 1996, S. 196.
36 GO MB 73, September 1995, S. 4.

dem negativen Effekt, dass sie mit der Verarbeitung der Informations- und Aufgabenfülle überfordert war. Der SSV-Vorstand sah lange Zeit eher gutwillig und passiv darüber hinweg – mangels Informationen. Die «Affaire Meylan», die im Sekretariat von GO wie SSV offenkundig auch an Persönliches rührte, brachte das Problem zwar neu auf, doch stillschweigend wurde es gleich wieder begraben. Bei einigen Mitgliedern hatte dies immerhin ein leises Unbehagen geweckt.

«Konkurrenz belebt das Geschäft», notierte Jochen Kelter im Mitteilungsblatt der GO 1996[37] – allerdings nur, wo es dienlich und erwünscht war. Hätte dieser Grundsatz, mit dem schon Kelters Vorgänger Hans Mühlethaler die Doppelspurigkeit der Schriftstellerverbände begründet hatte, wirklich Gültigkeit gehabt, hätte (auf beiden Seiten) eine stimulierende Reaktion erfolgen müssen. Doch die effiziente Koalition Pflüger/Kelter spielte beinahe reibungslos und führte lediglich zu einer Angleichung des SSV an die GO.

Dies war selbst der GO nicht ganz geheuer. Die Null-Lösung, zu der ihre Generalversammlung vom Juni 1996 geraten hatte, sollte deshalb auch «zwingend den Abschied vom Stillhalte- und Schmusekurs, eine Profilschärfung der Gruppe Olten, die Herausstellung der Unterschiede zum SSV zur Folge» haben, wie es Jochen Kelter in Einklang mit zahlreichen Votanten schon vorab formuliert hatte.[38]

Dass es damit nicht ganz einfach werden würde, belegt ein anderes Kelter-Zitat aus dem Vorjahr: «Schon längst sind es nicht mehr die (offiziellen) politischen Aussagen, die uns in erster Linie vom SSV unterscheiden. Im kommenden Jahr werden wir (verstärkt) zeigen, was im Laufe eines Vierteljahrhunderts aus uns geworden ist: ein moderner professioneller Verband von literarischen Autorinnen und Autoren aller Gattungen mit berufs-, kultur- und allgemeinpolitischen Zielen.»[39] Die Differenz war klein geworden, wie nur sollte sie sinnfällig markiert werden?

---

37 GO MB 76, März 1996, S. 3.
38 Kelter 1996, S. 199.
39 GO MB 74, November 1995, S. 1.

Die Alternative kommt ins Alter
Im Jahre 27 ihres Bestehens konnte die Gruppe Olten stolz auf ihre Entwicklung sein. Das Gefühl der Stärke übertünchte allerdings auch einige Risse und Widersprüche, die sich zwischen Selbstbild und Realität immer stärker zeigten. Die Basisdemokratie beispielsweise musste gegen das fundierte Expertenwissen des Sekretärs unterliegen, sobald es um konkrete Anliegen ging. Die Skepsis gegenüber Strukturen verstand sich nur zögernd mit der Wahrung der berufspolitischen Rechte und Interessen. Das politische Engagement war für etliche AutorInnen mitunter eher ein Zwang als eine Befreiung.

In seiner Bilanz zum 25-jährigen Bestehen 1996 sprach Jochen Kelter das Dilemma der GO zwischen Gewerkschaft und Freundeskreis, Basisorganisation und Kadertruppe an, um die Effizienz des Berufsverbands der «Dissidentenmentalität» und der «linken Spielart des Konservativismus, die man eine Generation nach achtundsechzig auch andernorts beobachten kann», als Alternative gegenüberzustellen.[40] Die GO sei der Verband, «der die Normen setzt, die der andere Verband mehr oder weniger zur Anwendung bringt».[41] So korrekt diese Einschätzung war, so sehr kontrastierte sie mit dem Selbstbekenntnis zu einem Verein, der auch «Heimat» sein soll: ein Ort zur Auseinandersetzung, fernab von juristischen und administrativen Fragestellungen. In diesem Dilemma blieb die GO im Grunde ein Provisorium auf Zeit, ein «Ad-hoc-Verein», auch wenn aus dem appellativen Austritt von 1970 längst ein gewerkschaftlich erfolgreicher SchriftstellerInnenverband erwachsen war.

Doch darauf kam es im Herzensgrunde nicht an. «Wer in der GO ist, ist links. Und auch das Umgekehrte: Wer nicht in der GO ist, ist nicht links», lässt sich Manfred Züfle zitieren.[42] Der Anspruch, «nicht primär die besseren oder schlechteren, die berühmteren oder unbekannteren, sondern die professionelleren und linken SchriftstellerInnen des Landes»[43] zu repräsentieren, mochte anfänglich motivierend wirken, zuletzt aber war er eine Hypothek.

40 Kelter 1996, S. 195.
41 A.a.O., S. 196.
42 Fredi Lerch, «Vor einem Leben nach der Utopie», in: WoZ, 23.5.2002.
43 A.a.O.

Bereits 1996 hatte sich die feine Bruchlinie bemerkbar gemacht, als erste und sich fortan häufende Klagen über den gedrosselten Mitgliederzuwachs (vor allem junger AutorInnen) sowie über den unverständlichen Namen «Gruppe Olten» auftauchten, der in den Augen vieler dem verführerisch einfachen «Schweizerischer Schriftsteller-Verband» zusehends unterlegen schien. Schreckte nicht der Name «Gruppe Olten» potenzielle Jungmitglieder ab?

Wie brennend das Thema Neumitgliedschaften speziell von JungautorInnen war, bezeugt eine kleine Episode, die sich ohne weitere Auswirkungen im November 1997 zutrug. Anlässlich eines Netz-Treffens sprach Christoph Keller, Mitglied der GO, im Kreise von Gleichgesinnten zwei Autoren auf eine mögliche Mitgliedschaft in der GO an. Einer der beiden, Perikles Monioudis, war bereits SSV-Mitglied und lehnte ab. Etwas später jedoch erhielt er von der GO die Verbandsunterlagen zugeschickt, dazu einen Brief von Jochen Kelter, in dem Monioudis willkommen geheissen wird, vorbehältlich seines Austritts aus dem SSV, da eine Doppelmitgliedschaft nicht möglich sei. Monioudis zeigte sich irritiert darüber und leitete die Postsendung an «sein» Sekretariat weiter. Damit geriet die Geschichte ins Rollen. Briefe gingen von Sekretariat zu Sekretariat, von Präsident zu Präsident, eine Sitzung folgte, bis schliesslich konstatiert werden konnte, dass die ganze Episode auf einer Ungeschicklichkeit beruhte, wie Christoph Keller zu guter Letzt in einem Mail an Perikles Monioudis festhielt. «Ich kann Dir (und dem SSV) nur versichern, dass es keine GO-Abwerbungsstrategie gibt (dass wir uns – wie ihr wohl auch – um den Nachwuchs kümmern, ist eine andere Sache).»[44] Diese Marginalie demonstriert nichts weiteres als die angesprochene Nervosität bezüglich der Suche nach Neumitgliedern, die beide Sekretariate beschäftigte. Mit Argusaugen wurden gegenseitig die Neuzuzüge verfolgt.

Schon zuvor hatte sich die GO Gedanken über den Mitgliederbestand gemacht. Infolgedessen wurde das Aufnahmeverfahren neu geregelt, das heisst von der GV auf den Vorstand übertragen (mit Rekursmöglichkeit vor der GV), denn, wie es im Antrag für die Statuten-

---

44 Mail vom 25.11.1997 – wie der gesamte Briefwechsel im SSV-Archiv befindlich.

änderung hiess, «wir sind längst keine intime Gruppe mehr, in der jede/r jede/n und alle die zur Aufnahme vorgeschlagenen Kandidaten/innen kennen. Die Aufnahme durch die GV ist zum (mitunter peinlichen) Ritual erstarrt.» Es müsse schneller und flexibler entschieden werden, damit interessante AutorInnen «nicht zum (nur in diesem Punkt schnelleren) SSV abwandern».[45]

1989 hatte Hans Mühlethaler geschrieben: «Ja, es traten sogar junge Schriftsteller in den SSV ein, denen die GO zu wenig links stand. Zudem unterschieden sich die Verlautbarungen des SSV – auch wenn sie weniger zahlreich waren – nicht grundsätzlich von denjenigen der GO. Das Vorhandensein eines Konkurrenten machte den SSV progressiver, als er von seiner Mitglieder-Substanz her gewesen wäre.»[46]

Diese Zeichen schien Klaus Merz erkannt zu haben, weshalb er es als Aufgabe seiner Präsidentschaft (1996–1998) ansah, das «Heimattümelnde zu relativieren», die in der GO durchaus vorhandene Selbstgefälligkeit zu hinterfragen, die sich im Bewusstsein der «richtigen Gesinnung» ausdrückte, ohne dass dafür tatsächlich noch etwas getan werden musste. Merz versuchte die GO gewissermassen zu «ent-pathetisieren».[47]

SSV und GO gingen längst im Gleichschritt. Doch bald sollte sich die unmerklich gewordene Differenz wieder zur Kluft weiten. Bis dahin hatte der SSV aber noch eine gewichtige Hypothek abzutragen.

Die Hypothek der Geschichte

Von den 90 Jahren seines Bestehens wiegen die Jahre zwischen 1933 und 1942 besonders schwer. Die Rolle, die der SSV während dieser Periode spielte, ist nicht eben rühmlich zu nennen, sie hat den Verband noch Jahrzehnte später in seiner Bewegungsfreiheit gehindert, weil er einer wirklichen, harten Auseinandersetzung mit der Vergangenheit auswich. Doch unter dem Eindruck der Debatte um die Rolle der Schweiz im Zweiten Weltkrieg, Stichwort «Raubgold», liess sich eine selbstkritische Rückschau nicht länger vermeiden. Zur nicht geringen

---

45 GO MB 81, Mai 1997, S. 4.
46 Mühlethaler 1989, S. 162.
47 Klaus Merz, mündlich, 19.8.2002.

Überraschung vieler ergriff der SSV-Vorstand selbst die Initiative, als er am 14. Juni 1997 eine Resolution in eigener Sache verabschiedete und eine öffentliche Debatte über vergangenes Verhalten in Aussicht stellte. Ohne «Schuldige zu ermitteln oder zu diskutieren, ob es damals wirklich so war oder nicht», wollte er das Schweigen brechen, auf «dass unser Verband in diesen Fragen eine selbstbewusste und angstfreie Haltung einnimmt und diese auch formuliert».[48]

Die derart angekündigte Debatte «über die Haltung des SSV während der Nazi-Zeit» fand am 1. November 1997 in Zürich statt. In einem ersten Teil referierte Charles Linsmayer, ein ausgezeichneter Kenner der Materie, den historischen Sachverhalt, danach eröffnete die Präsidentin die Diskussion mit einer formellen Entschuldigung. Die Debatte, die auszugsweise im *Forum der Schriftstellerinnen und Schriftsteller* dokumentiert wurde,[49] legte historische Handlungsweisen offen und demonstrierte zugleich den etwas hilflosen Umgang damit. Edith Gloors Votum: «Obzwar ich kein schlechtes Gewissen habe, muss ich mit der Schuld umgehen. Ich kann sie nicht ganz entsorgen»[50], mag stellvertretend dafür stehen. Die Frage, wie mit «schuldhaftem» Verhalten in der Vergangenheit umzugehen sei, liess sich nicht im Handumdrehen klären. Der Einspruch des Historikers Hans-Ulrich Jost gab immerhin eine Perspektive vor: «Entschuldigungen oder neue Aktionen können nur einen fruchtbaren Erwartungshorizont eröffnen, wenn man zuerst die Geschichte wirklich begriffen hat.»[51]

Wie hat es der SSV bis dahin mit seiner Arbeit an der Geschichte gehalten?

Lange Zeit über blieb die Rolle, die er während jener Jahre spielte, mehr oder weniger unbeachtet und unbeobachtet. Den Stein ins Rollen brachte 1978 Werner Mittenzwei in seiner, notabene sehr wohlwollenden Untersuchung *Exil in der Schweiz*. Mittenzwei skizzierte und kritisierte darin auch das zwiespältige humanitäre wie politische Verhalten des SSV: also die äusserst zuvorkommenden Stellungnahmen gegen-

---

48 Resolution 1997.
49 SSV (Hrsg.) 1998, S. 73–87.
50 A. a. O., S. 80.
51 A. a. O., S. 82.

über Arbeitsämtern und vor allem gegenüber Heinrich Rothmunds Fremdenpolizei. Ab 1933 leiteten diese Behörden an den Schweizerischen Schriftsteller-Verein (wie er damals noch hiess) regelmässig Gesuche von «literarisch tätigen Ausländern» weiter, mit der Bitte, deren literarischen «Wert» und somit deren Asylwürdigkeit einzuschätzen. Im Namen des Verbands nahmen sich der Präsident Felix Moeschlin und sein Sekretär Karl Naef dieser heiklen Aufgabe an, indem sie eine Niederlassung befürworteten, Einschränkungen bezüglich der Publikationsfreiheit empfahlen oder zur Ablehnung von Gesuchen rieten. Dabei griffen sie oft und gerne zu Formulierungen, die nicht nur skandalös klangen, sondern für die Betroffenen mitunter lebensbedrohlich waren und obendrein antisemitische Reflexe verrieten. Wo Menschlichkeit und Solidarität unter Literaturschaffenden gefordert gewesen wären, wurde unbarmherzig abqualifiziert, nicht zuletzt, um allfällige Konkurrenz gleich an der Grenze auszuschalten. Der begnadete Kolumnist Alfred Polgar beispielsweise fand keine Gnade vor diesen beiden Richtern, und Robert Musil erhielt ein Verbot, in Schweizer Presseerzeugnissen zu publizieren, auferlegt.

Mit welch herrischer Geste Naef und Moeschlin argumentierten, zeigt der längere Briefwechsel im Frühjahr 1937 zum Fall Berthold Heymann, der seit Ende 1936 im Morgartenverlag als Lektor tätig war und bei der Fremdenpolizei um eine Arbeitserlaubnis nachfragte. In ihrer Einschätzung, die sie auf Anfrage hin am 13. April 1937 abgaben, bemängelten sie selbst die Haltung der Fremdenpolizei als allzu konziliant. «Sie wissen, dass wir nicht Antisemiten und Antisozialisten sind» – offenkundig muss dies betont werden – doch «wir wehren und [sic] dagegen (und werden uns immer dagegen wehren), dass ein Ausländer Lektor in einem schweizerischen Verlag werde». Der von Naef formulierte Brief wurde von Moeschlin handschriftlich noch zugespitzt und unterschrieben. Tief blicken lässt vor allem der Schlusssatz: «Wir haben nichts dagegen (im Gegenteil!), dass Herr Heymann sein [sic] Lebensunterhalt verdient, aber man gebe ihm eine Arbeit, die anderer Art ist, mag sie uns auch Konkurrenz machen. Kleinlich sind wir nicht.»[52]

52 Archiv SSV, Ordner «Asyl-Politik 1933–1945».

Schon früher hatte Moeschlin gegenüber Naef geklagt, dass sich dieser Fall – Heymanns Gesuch wurde unter anderem vom Zürcher Regierungsrat Nobs unterstützt – «dank der jüdischen Beharrlichkeit und der guten Freunde nach der Almosenseite» hin entwickle.[53] Die Fremdenpolizei folgte dieser harschen Einschätzung der SSV-Oberen und lehnte das Gesuch ab. Das Beispiel ist symptomatisch und leider nicht einzigartig. Dagegen hilft kein Beschönigen.

Moeschlin und Naef beantworteten die Gesuche ohne weitere Rücksprache. Ihr Tun war allerdings durch einen Grundsatzbeschluss legitimiert, den die Generalversammlung des SSV am 14. Mai 1933 gefällt hatte. Demzufolge galt: «Den prominenten Vertretern des deutschen Schrifttums sowie den literarisch tätigen politischen Flüchtlingen soll der Aufenthalt in der Schweiz erlaubt werden. Es soll ihnen auch gestattet werden, in unserem Lande Brot zu verdienen. Dagegen soll gegen die kleinen Schreiber Stellung genommen werden, die lediglich in die Schweiz gekommen sind, um hier eine Konjunktur auszunützen.»[54] Vielsagend ist der klärende Zusatz: «Die Frage, ob ein Gesuchsteller zu den hervorragenden Schriftstellern zu zählen sei, soll von einer aus Fachleuten bestehenden Kommission beurteilt werden […]. Allen übrigen ausländischen Schriftstellern und Journalisten, insbesondere also den kleinen Zeilenschreibern und den unbedeutenden Gelegenheitsautoren, ist das Aufenthaltsrecht in der Schweiz zu verweigern.»[55] Werner Mittenzwei kritisierte unumwunden: «Antihumanistisch mussten diese Grundsätze bei aller taktischen Ausgewogenheit in der Praxis dennoch bleiben, wenn über das Aufenthaltsgesuch eines an Leib und Leben bedrohten Schriftstellers letztlich das literarische Niveau, der internationale Ruf entschied.»[56]

Anlässlich jener GV wurde auch eine Resolution von Elisabeth Thommen mit fragwürdigen, formaljuristischen Begründungen verhindert; sie hätte verlangt, dass der SSV zu den Ereignissen in Deutsch-

---

53 A. a. O.
54 Zit. nach Niederer 1994, S. 140.
55 Zit. nach Charles Linsmayer, «Sie hatten den geistigen Verrat bereits vollzogen», in: *Bund*, 5.7.1997.
56 Mittenzwei 1978, S. 114.

land und speziell zu den Aktionen gegen Schriftsteller Stellung beziehen müsse.[57]

Getragen von stillschweigendem Einverständnis hatten der Präsident Moeschlin und sein Sekretär Naef daraufhin weitgehend freie Hand, um ihrer Aufgabe nachzukommen und die Schweizer Literatur gegen Konkurrenz von aussen zu schützen. Sie taten dies im Sinne einer knallharten Interessen- respektive Abwehrpolitik. Auch wenn oder gerade weil die Verbandsmitglieder diese unmenschliche Praxis vorab bestätigt hatten, blieben Proteste weitgehend aus. Selbst ein linker Opponent wie Jakob Bührer erhob keinen offiziellen Einspruch; 1967 erinnerte er sich eher an eine Wissenslücke als an eine Ungeheuerlichkeit: «Als einfaches Mitglied vernahm man nur gerüchteweise, was da geschah, von Gutachten, die Moeschlin und Naef im Bundeshaus abgaben.»[58] Zu seinem Schweigen trug wohl auch die finanzielle Abhängigkeit bei, in der Bührer gegenüber dem SSV stand.[59]

So wurde die Praxis resolut und mit zuweilen zynischer Häme fortgeführt; allzu gut fügte sie sich in die rhetorische Ideologie der «geistigen Landesverteidigung» ein, deren Miturheberschaft sich Moeschlin und Naef ebenfalls ans steife Revers hefteten.[60] Zum Jahresschluss 1942 fand sie ein Ende, als beide zurücktraten. Auch wenn in abgemilderter Form weiterhin Gesuche beantwortet wurden, fiel es angesichts der geopolitischen Lage (Stalingrad und die Wende im Krieg) immerhin etwas leichter, grosszügig zu sein.

Vielleicht lag es an dieser Erleichterung, vielleicht auch am generellen Hang zur Vergesslichkeit, dass die Gesuchspraxis nach Kriegsende umgehend zugedeckt wurde vom Willen, die Vergangenheit hinter sich zu lassen und tatkräftig an der Zukunft zu bauen. Schuldhaftes Verhalten stellte jedenfalls niemand in Rechnung. Einzig eine Untersuchung gegenüber Mitgliedern, die der faschistischen oder nationalsozialistischen Propaganda beschuldigt waren (von ihnen gab es einige), wurde durchgeführt und mit einer Reihe von Freisprüchen eiligst wieder be-

57 Niederer 1994, S. 142.
58 A. a. O., S. 141, Anm. 366.
59 A. a. O., S. 251 ff.
60 A. a. O., S. 135 f.

graben.[61] So schien der SSV die Vergangenheit 1946 bereits abgeschlossen zu haben, fürs Erste zumindest.

Was damals unterblieb, verwirklichte 1970 die Generation der «Söhne». Mit Verspätung vollzog sie symbolisch und praktisch die Abspaltung von den reaktionären Kräften, die schon in den 30er- und 40er-Jahren möglich, ja fällig gewesen wäre. Die Opponenten der «Gruppe Olten» erkannten im Antiintellektualismus des SSV-Präsidenten Maurice Zermatten jenen Bodensatz wieder, der sich nach 1945 unauffällig gesetzt hatte, doch virulent geblieben war. Sie gehörten zu jener literarischen Generation, die in Deutschland nach dem Verhalten der Väter fragte. Hartnäckig erinnerten sie sich an die Parole, die Jakob Bührer zum 25-Jahre-Jubiläum des SSV 1937 aufnotiert hatte: «Wer Opposition treibt, hat noch Hoffnung.»[62] Eine späte Gelegenheit auch für den hochbetagten Bührer, nochmals seine Kräfte zu mobilisieren. Zwar wehrte er sich nach Kräften gegen die Spaltung des Verbands, zugleich reichte er bereits 1970 einen Antrag ein, der eine Neuorientierung im SSV forderte.[63]

Die Aufarbeitung des dunklen Kapitels

Nachdem Werner Mittenzwei 1978 auf den Skandal hingewiesen und Charles Linsmayer ihn 1983 schärfer herausgearbeitet hatte, insbesondere was die Haltung Moeschlins anbetraf, war es 1987, unter dem Präsidium von Hugo Loetscher, der Band *Literatur geht nach Brot*, der den SSV mit der eigenen Geschichte konfrontieren sollte. Anlass dafür bot das 75-Jahr-Jubiläum. Unter der Überschrift «Schriftsteller-Exil Schweiz 1933–1945»[64] unternahm der damalige Sekretär des SSV, Otto Böni, einen Versuch, das historische Verhalten kritisch in Erinnerung zu rufen. Das verbandseigene Archiv barg viel brisantes Material zu diesem Thema.

Böni machte sich denn auch rechtschaffen und beherzt ans Werk, um vor allem die höchst umstrittene Gutachtertätigkeit stärker auszu-

---

61 A.a.O., S. 181 ff.
62 Bührer 1937, S. 182.
63 Niederer 1994, S. 222 f.
64 SSV (Hrsg.) 1987, S. 121–149.

leuchten. In seinem Aufsatz gibt er eine Auswahl von Beispielen und stellt dabei auch Fehler in Rechnung, die für die betroffenen Personen unangenehme oder gefährliche Folgen hatten. Etwa im Fall Max Hochdorf, der als «jüdischer Vielschreiber» tituliert wurde, dessen Anwesenheit in der Schweiz «für unser geistiges Leben keine Bereicherung» darstelle, wie Moeschlin und Naef urteilten. Böni stuft diese rhetorische Verbannung als «recht bösartig»[65] ein.

Seine Formulierung ist symptomatisch, denn so bereitwillig Böni Fehler einräumt, so sehr neigt er dazu, abzuwiegeln, indem er schonend resümiert und nie um positive Gegenbeispiele verlegen ist. Deshalb erstaunt es auch nicht, dass seine Auseinandersetzung sehr versöhnlich im Jahr 1944 mit der Verhinderung einer Lesereise des Nazi-Mitläufers Hans Carossa «unter dem Druck des SSV und anderer Organisationen» endet.[66] Bönis Einschätzung der SSV-Gutachtertätigkeit von 1933 bis 1942 kann mit Recht als recht glimpflich bewertet werden. Er vertuscht nichts, doch ist seiner Darstellung ein hohes Mass an abdämpfender Beschönigung anzukreiden, die indirekt den Makel abschwächen soll. Er streicht die Schwierigkeit von Moeschlins und Naefs Tun heraus und lässt im Endeffekt die positiven Fälle überwiegen. In der gerafften Wiedergabe klingt der GV-Grundsatzbeschluss vom 14. Mai 1933 weit gelinder, harmloser als im vollen, skandalösen Wortlaut.

Völlig ausser Acht lässt Böni zudem die literarische Haltung des damaligen Präsidenten Felix Moeschlin, die von Charles Linsmayer 1983 mit unumwundener Klarheit dargelegt wurde. Aufgrund seiner profunden Kenntnis erkannte Linsmayer in dessen Werk nicht nur «eine gewisse rückwärtsgewandte Zivilisations- bzw. Intellektuellenfeindlichkeit», sondern zeitgeistig eine ausgeprägte Faszination für Mussolinis Ideologie, in Erwartung von jenem «Teil der Wahrheit, für welche die Stunde noch nicht gekommen sei» (wie es 1931 im Roman *Barbar und Römer* hiess). Man könne diesen Roman, merkt Linsmayer an, «als Dokument für die Faszination, welche der Faschismus auf einen verunsi-

---

65 A.a.O., S. 134.
66 A.a.O., S. 148.

cherten Literaten damals auszuüben imstande war, beiseite legen, wenn die Politik des SSV, die Moeschlin als dessen Präsident entschieden mitbestimmte, in den 30er- und frühen 40er-Jahren nicht genau jene ‹Gerechtigkeit› praktiziert hätte, die ‹Blut und Tränen› nicht mehr ‹zählt›.»[67]

In der Quintessenz beurteilt Linsmayer die Gesuchspraxis in der fraglichen Periode als Zeugnis «von einem für geistig tätige Menschen einmaligen Zynismus», das «für die Deutschschweizer Literatur unseres Jahrhunderts eine schwere moralisch-sittliche Belastung» darstellt.[68] So deutlich hätte es Otto Böni wohl nicht schreiben wollen, aus Respekt vor «seinem» Verband, womöglich auch aus Respekt vor Felix Moeschlin, der wegen seiner Lesungen für die prokommunistische Organisation «Kultur und Volk» 1956 in den Augen Bönis den Makel des Reaktionären abgestreift haben mochte.

Mit seinem Aufsatz war immerhin ein Anfang gemacht. Von verbandspolitischen Interessen unbeeindruckt baute ihn Ulrich Niederer in seiner *Geschichte des Schweizerischen Schriftsteller-Verbandes* aus, wobei er sich allerdings eher auf vereinsinterne Ereignisse und Prozesse konzentrierte.[69] Ganz anders dagegen Charles Linsmayer. Nachdem der SSV-Vorstand im Juni 1997 die Absicht bekundet hatte, öffentlich über das Thema zu diskutieren, erhärtete er im *Bund* vom 5. Juli 1997 seine Kritik mit konkreten Fallbeispielen. Diese führten unmissverständlich vor Augen, mit welcher Kaltschnäuzigkeit und Arroganz Naef und Moeschlin damals Flüchtlinge abwiesen und auch künstlerisch abqualifizierten. Einzig bekannte Autoren wie Thomas Mann oder Georg Kaiser waren ihnen willkommen.

«Im ganzen ist zu sagen, dass die vorliegenden Arbeiten Reinkes keine Bereicherung der Literatur unseres Landes bedeuten»[70], so etwa urteilten die zwei noblen Herrenreiter des guten, doch äusserst biederen Geschmacks. Kann es da überraschen, dass sie sich auch darum

---

67 Linsmayer 1983, S. 481.
68 A.a.O., S. 484.
69 Niederer 1994, S. 131–183.
70 Brief vom 1.7.1938; Archiv SSV, Ordner «Asyl-Politik 1933–1945», Stichwort «Reinke».

sorgten, dass der SSV als «judenfrei» gelten konnte[71], damit seine Mitglieder sorglos und ungehindert in Nazideutschland publizieren konnten? Dagegen regte sich innerhalb des SSV ebenfalls kaum Widerspruch.

Mit der Wahl von Franz Beidler zum Sekretär des SSV veränderte sich ab 1943 die Situation insofern, als die Praxis gelockert wurde und die Gesuche auch der «kleinen Zeilenschreiber» in den überwiegenden Fällen positive Antwort erhielten. In einem Brief an Hermann Schneider vom 11. März 1965 gestand Beidler, «dass wir in dem entscheidenden Jahrzehnt 1933–1942 die von uns geforderte Bewährungsprobe nicht bestanden, sondern ziemlich kläglich versagt haben».[72]

Allerdings trügt der Schein dieses Eingeständnisses etwas. Zum einen verblieb die bis 1959 fortgesetzte Gesuchspraxis[73] weiterhin im Dunst des gerüchteweisen Vernehmens. Zum anderen liess sich auch der liberale und im Ton gemässigte Beidler in seinen Antworten hin und wieder zu harschen, peinlich anmutenden Wertungen hinreissen, in denen so etwas wie eine schwarze Lesepädagogik durchschimmerte. Etwa im Fall von Anna Lottes, über die er am 25. Februar 1948 auf ein Gesuch der Basler Fremdenpolizei hin erwiderte: «Wie Sie selbst mit Recht annehmen, besteht unsererseits keinerlei Bedürfnis nach einem Aufenthalt der Gesuchstellerin in unserem Lande, es erscheint uns vielmehr als dringend erwünscht, dass ein derartiger Zuzug unqualifizierter Dilettanten aus dem Ausland unterbleibt.»[74]

Vor diesem Hintergrund erschien Otto Bönis Darstellung der Jahre 1933 bis 1942 erst recht als ungenügend. Charles Linsmayer ermutigte

71 Charles Linsmayer, «Sie hatten den geistigen Verrat bereits vollzogen», in: *Bund*, 5.7.1997. Der zitierte Aufsatz hat nach Auskunft von Charles Linsmayer eine breite Diskussion in der Presse losgetreten. Ohne Rücksprache mit dem Autor erschien eine französische Übersetzung in gekürzter Form unter dem Titel «Quand la société suisse des écrivains dénigrait les auteurs juifs allemands» in: *Nouveau Quotidien*, 21. und 22.7.1997. Danach fand er Widerhall in *Die Welt* (8.8.1997) und in *Le Monde* (8.11.1997).
72 Zit. nach Linsmayer 2002.
73 Eine Liste führt rund 60 Namen auf, die bis 1959 beurteilt wurden; vgl. Ordner «Asyl-Politik 1933–1945», im SSV-Archiv.
74 Zit. nach Linsmayer 2002.

dies, dem SSV eine Anthologie vorzuschlagen, die «als Zeichen der Wiedergutmachung» Texte von begutachteten AutorInnen jenes Zeitraums umfasst hätte. Der Vorstand, von diesem Anerbieten (mitsamt Vertragsentwurf und Offerte) überrascht, lehnte «vorerst» ab, stellte Linsmayer aber im Gegenzug das Archiv zu Recherchezwecken zur Verfügung.[75]

Anlässlich seiner letzten Sitzung im Sommer 1998 wurde die Ablehnung bestätigt, um der neu zu wählenden Führungscrew diesbezüglich keine Fesseln anzulegen. Diese wiederum erachtete es «für dringlicher, einen sehr lebendigen, farbenprächtigen und dennoch oft vernachlässigten Bereich der aktuellen Schweizer Literatur in den Vordergrund zu stellen».[76] Der Band *Zweifache Eigenheit*, 2001 erschienen, versammelt Texte von insgesamt 18 jüdisch-schweizerischen AutorInnen, die, wie der Genfer Autor Serguei Hazanov listig spekuliert, auf eine mögliche Verwandtschaft von Jiddisch und Schwyzerdütsch hinweisen. «Stell dir vor, man käme plötzlich darauf, dass die Sprachen tatsächlich miteinander verwandt sind und dass die Deutschschweizer in Wahrheit einer der verloren geglaubten Stämme Israels sind!»[77]

Im Nachwort weist der Herausgeber Rafaël Newman speziell auf Margarete Susman hin, die trotz ihrer Abqualifizierung durch den SSV die Kriegsjahre in der Schweiz überstand, unter Pseudonym schrieb und ein bewundernswertes Werk hinterlassen hat. Ob damit die historische Schuld abgetragen ist, bleibt dahingestellt. Immerhin ist auf ein Detail im Vorwort hinzuweisen. Im Namen des Verbands schrieben Tim Krohn und Peter A. Schmid: «Insbesondere der Schweizerische Schriftstellerinnen- und Schriftsteller-Verband war darum besorgt, ausländische jüdische AutorInnen nicht über die Grenze zu lassen.»[78] Ein unmerkliches Eingeständnis der Schuld, nannte sich der SSV damals doch noch «Schweizer Schriftsteller-Verein», nicht Verband.

---

75 Protokoll der Vorstandssitzung vom 6.12.1997.
76 Newman 2001, S. 7.
77 A.a.O., S. 195f.
78 A.a.O., S. 7.

Loyalität gegenüber dem Staat?
Seine Brisanz sollte dieses Thema nochmals 1998 beweisen, in einer internen Angelegenheit. Anlässlich der öffentlichen Debatte vom 1. November 1997 hatte sich auch das ehemalige Vorstandsmitglied Clo Duri Bezzola zu Wort gemeldet. Sein Votum, das abseits der medialen Aufmerksamkeit geäussert wurde, ging einigen Teilnehmern, zum Beispiel Martin Dreyfus, nicht aus dem Kopf. In einem Fax an Edith Gloor zehn Tage nach der Veranstaltung resümierte er, was Bezzola gesagt habe: «Sinngemäss (nicht wörtlich) zitiert meinte er nämlich, dass ein Verband (wie der SSV) eo ipso dem Staat gegenüber sich loyal zu verhalten habe, etwas anderes sei die Haltung einzelner Mitglieder diesem Staat gegenüber.»[79] Diese Äusserung, die später gemeinhin auf den Begriffsstummel «Loyalität des Verbandes gegenüber dem Staat» verkürzt wurde, klang vor dem historischen Hintergrund geradezu provokativ und führte zu einer unbesehenen Verurteilung des Votanten.

So war es indes nicht gemeint. Vielmehr wollte Clo Duri Bezzola, wie er sich später an die November-Diskussion zurückerinnert hat, über das historische Beispiel hinaus die grundsätzliche Abhängigkeit eines Verbands wie des SSV von staatlichen Geldern ansprechen. Ein Tatbestand, der von keinem Verband ignoriert werden dürfe und diesem zwei Möglichkeiten offen lasse: Entweder akzeptiert er die Grundsätze des geldgebenden Staates und verhält sich ihnen gegenüber «loyal», oder er weist konsequenterweise die finanzielle Unterstützung zurück und organisiert sich völlig unabhängig. Davon ausdrücklich nicht betroffen sei die Haltung der einzelnen Verbandsmitglieder wie auch die Kritik in allen möglichen Formen.[80]

Rückbezogen auf die Geschichte könnte dies heissen, dass der SSV durchaus berechtigt gewesen war, in den 30er- und 40er-Jahren Gesuche der Fremdenpolizei zu beantworten. Ja eine solche Aufgabe könnte sogar im Pflichten- und Verantwortungskatalog eines Verbands wie des SSV stehen, kennt er die Interessen und Nöte derer, die er vertritt, doch weitaus besser als irgendeine anonyme Polizeistelle. Historisch völlig

---

79   Fax im SSV-Archiv.
80   Clo Duri Bezzola, mündlich, 17.9.2002.

schief gelaufen war indessen die Art und Weise, wie sich Moeschlin und Naef dieser Aufgabe annahmen. Die beiden hatten – ohne weder dem Verband noch der Öffentlichkeit transparent Rechenschaft darüber abzulegen – in einer menschlich wie interessenpolitisch unverantwortlichen Weise die Gesuche bereinigt. Als Leitfaden für ihre Beurteilung stand ihnen weder die Menschlichkeit noch das Gesamtinteresse der Literaturlandschaft Schweiz, sondern bloss das partikulare Jobinteresse der SSV-Mitglieder vor Augen. Individuelles Versagen jedoch vermag die Gesuchspraxis nicht grundsätzlich zu desavouieren.

Zurück ins Jahr 1997. Dass Clo Duri Bezzola, der als überlegter Diskussionspartner bekannt war, einer reaktionären Haltung verdächtigt wurde, entbehrte von Anfang an jeder Glaubwürdigkeit – «reaktionär» war ein Standardvorwurf, der in den politischen Debatten auch innerhalb des SSV wiederholt und leichtfertig geäussert wurde. Was er eigentlich meinte, rückte unverzüglich in den Hintergrund gegenüber dem, wofür sein Loyalitäts-Votum genommen wurde: als kritikloses Ja zum Staat. Damit aber war kein Staat zu machen und Bezzola in der historischen Debatte als vermeintlicher Rechtsausleger entlarvt.

Dies sollte Folgen zeitigen, als im Frühjahr 1998 der Wechsel im Präsidium des SSV zu besprechen war. Als potenzieller Nachfolger von Edith Gloor wurde im Vorstand Bezzola ins Spiel gebracht. Mit seinem Einverständnis empfahl ihn Gloor an der Sitzung vom 14. Februar, «im Wissen darum, dass sein Votum betreffend ‹Loyalität mit dem Staat› anlässlich der Debatte vom 1. November im ‹Weissen Wind› in Zürich hohe Wellen ausgelöst hat».[81] Das Dafür und Dawider abwägend, schloss sich der Vorstand zuerst dem Vorschlag an, doch die Stimmung innerhalb des Literaturbetriebs weckte umgehend Zweifel an dieser Wahl. Die Reaktion war «Befremden, sogar Kritik und – was uns unter die Haut gefahren ist – Belächelung!»[82] Insbesondere die Gruppe Olten schien doch nur danach zu trachten, die mutige Diskussions-Initiative als Rohrkrepierer zu entlarven.

Dies gewahr werdend, überdachte der SSV-Vorstand seine Situation

---

81 «Causa Bezzola», 1998, S. 1.
82 A. a. O., S. 2.

und kam im März zum Schluss, um «den eben leise sich regenden Goodwill seitens der Öffentlichkeit gegenüber dem SSV und die Zusammenarbeit mit berufsbedingten Organisationen und Verbänden»[83] nicht zu gefährden, einen zweiten Kandidaten aufzustellen. Der als neues Vorstandsmitglied vorgeschlagene Tim Krohn sollte gleich als Präsident kandidieren. Für ihn sprach insbesondere, «dass er Garant ist für Bewegung!»[84] Zudem hielt sich der Vorstand mit diesem Entscheid alle Optionen offen. Bezzola jedoch wurde davon erst im Nachhinein in Kenntnis gesetzt und lehnte daraufhin freundlich, aber dezidiert ab. In einem Brief begründete er seinen Verzicht vor allem mit politischen Überlegungen. Als Alternative zu Tim Krohn, für den der Vorstand in der Zwischenzeit geradezu leidenschaftlich Partei genommen hatte, wäre ihm bloss die Rolle als konservativer Gegenspieler, ja als Relikt aus einer überwunden geglaubten Geschichte geblieben. «Ob beabsichtigt oder nicht, aber damit erhält die Wahl den Charakter einer künstlich erzeugten Ideologiefrage zwischen zwei Kandidaten, deren kulturpolitische Haltungen in der Realität möglicherweise gar nicht so weit auseinander liegen.» Mit Nachdruck hält Bezzola fest, dass es ihn doppelt schmerze, «wenn ich in diesen empfindlichen Fragen falsch gedeutet werde». Indem er sich von der Wahl zurückzog, wollte er «verhindern, dass ich den Applaus von der falschen Seite bekomme».[85]

Die Wahl eines neuen Präsidenten und eines neuen Geschäftsführers – der Vorstand schlug Peter A. Schmid dafür vor – wurde im Juni 1998 trotzdem zu einer Richtungswahl.

Links und sexy

Im GO-Jahresbericht 1997 bemerkte Jochen Kelter, dass das Verhältnis zum SSV «nicht die herausragende Bedeutung wie im Vorjahr» gehabt habe, auch was die Gespräche über eine Kooperation betraf. «Wir sind indessen zu der Einschätzung gekommen, dass der SSV den Sekretariatswechsel im Jahr 1998 nutzen will, (zuerst) den eigenen Verband zu stärken. Einer solchen Entwicklung sähen wir mit Sympathie und Ge-

---

83 A.a.O.
84 A.a.O., S. 3.
85 Clo Duri Bezzola, Brief vom 5.4.1998.

lassenheit entgegen.»[86] Es sollte wilder kommen, als die Gelassenheit es erlaubte.

An die anvisierte Wahl von Tim Krohn zum Präsidenten und von Peter A. Schmid zum neuen Geschäftsführer (der sein Amt offiziell am 1. Januar 1999 antrat) waren SSV-intern grosse Erwartungen geknüpft. Das neue Leitungsteam, ergänzt mit Beat Sterchi als Vize-Präsidenten, sollte für Wind und Schwung sorgen, die überkommenen Statuten grundlegend überarbeiten, die Aufnahmekriterien prüfen und endlich den einen oder andern alten Zopf abschneiden.

Dass solche Hoffnung nicht ganz unbegründet war, zeigte sich schon anlässlich der Vorstandssitzung vom 12. Juni 1998 – einen Tag vor der entscheidenden Mitgliederversammlung. Tim Krohn war zu dieser letzten Sitzung des alten Vorstands eingeladen, weil er seit März interimistisch und ohne Stimmrecht den 1997 verstorbenen Konrad Klotz vertrat. Im Protokoll taucht sein Name denn auch allenthalben auf, im Zusammenhang mit Initiativen, Nachfragen und ganz besonders mit einem abenteuerlich anmutenden Wechsel in der Gesprächsführung. Wörtlich: «Tim Krohn übernimmt nun die Führung einer ‹vorgezogenen› a. o. Vorstandssitzung der neuen Periode»[87] – und los ging's. Als Erstes wurde gleich das gewerkschaftliche Element als «wichtige Aufgabe des SSV» bekräftigt und zugleich ergänzt durch die «Überzeugung, dass das kulturelle Engagement Teil der Verbandsarbeit ist».[88] Nebst weitern Ideen zeichnete sich damit in nuce der künftige Kurs ab. Mit der «vorgezogenen a. o. Vorstandssitzung» wollte Krohn versuchen, das gähnende Sommerloch vorneweg mit konkreten Aufgaben und Aktivitäten aufzufüllen.

Die Mitgliederversammlung tags darauf bestätigte die Wahlvorschläge des Vorstands, freilich erst nach einer harten und teils polemisch geführten Aussprache zum Thema «Welche Zukunft für den SSV?». Opposition kam vor allem von Seiten der französisch- und italie-

---

86 GO MB 85, Mai 1998, S. 6.
87 Vorstandsprotokoll vom 12.6.1998, S. 7; wie Tim Krohn geäussert hat, war dies der zeitlich aufwändigere Teil der Sitzung, von dem allerdings nur mehr die Beschlüsse protokolliert wurden.
88 A. a. O.

nischsprachigen Mitglieder, die um die Vergabe der Publikationsfördergelder und Honorarzuschüsse fürchteten. Dann war der Wechsel vollzogen. Die zwei Entscheide, einen Sitz im Vorstand unbesetzt zu belassen, da dafür «weder ein rätoromanisches noch ein italienischsprachiges Mitglied gefunden werden konnte»[89], sowie Präsidium wie Vizepräsidium durch Deutschschweizer zu besetzen, bargen formaljuristischen Zündstoff für die Zukunft. Daran sollte sich die verbandsinterne Opposition denn auch aufrichten.

Vorerst aber hatte der SSV nach jahrelangem Dornröschenschlaf eine neue, aufgeweckte Führung erhalten. Ein «merkwürdiger Präsident»[90], «zwei clevere Köpfe»[91] waren motiviert durch die Aussicht, wie Tim Krohn es ausdrückte, etwas bewegen zu können in einem Verein, der ihm selbst eine sehr wichtige Hilfe gewesen sei.[92] Ein Verband ist ein Instrument, mit dem die Literatur und ihre Vielfalt in der Schweiz nachhaltig unterstützt und womöglich verändert werden kann. Allerdings galt es mehr Elan und Initiative zu entwickeln, damit das Bild der Schweizer Literatur, die in den Medien gerne als kränkelnde, kriselnde gezeichnet wurde, sich wandelte, und damit die junge Generation aufmerksam wurde auf die Arbeit des SSV und im SSV.

Der Wechsel machte sich nach aussen wie nach innen sogleich bemerkbar, indem in beide Richtungen viel und in neuem Ton kommuniziert wurde. Zwei Wochen nach der Wahl ging der erste Zirkularbrief an die Mitglieder raus, in welchem Tim Krohn selbstbewusst betonte, dass die Wahl «mit dem deutlichen Auftrag verbunden (ist), den Verband wiederzubeleben und ihn neu zu strukturieren, Machtballungen abzubauen, ihn transparenter zu führen und ihn den Bedürfnissen und Wünschen der heute aktiv Schreibenden anzupassen».[93] In einem einzigen Satz hatte er so die Schwächen der vergangenen Jahre aufgelistet: Intransparenz, Passivität, Ineffizienz. Nach dem Wunsch des neuen Präsidenten sollte sich dies gründlich ändern: «Denn das Wich-

89 Protokoll der MV, 13.6.1998, S. 4.
90 Jochen Kelter, gemäss SSV MB 4, März 2000, S. 4.
91 Fredi Lerch, «Vor einem Leben nach der Utopie», in: WoZ, 23.5.2002.
92 Tim Krohn, mündlich, 1.10.2002.
93 Brief an die Mitglieder, 2.7.1998.

tigste ist es momentan, dass wir uns vom anonymen Verband hin zu einer lebendigen, streitlustigen und heterogenen Gemeinschaft aktiver Schreibender wandeln.»[94] Um diesen abschliessenden Wunsch zu bekräftigen, waren in dem zweiseitigen Brief gleich mehrere Projekte und Initiativen aufgeführt: darunter die Gründung einer «Übersetzergruppe», neue Ideen für den SSV-Auftritt an der Frankfurter Buchmesse, die Aussicht auf baldige Einrichtung einer eigenen juristischen Beratung oder die Ankündigung einer dringlichen Debatte über die «Aufhebung der Buchpreisbindung». Bereits einen Monat später erreichte ein weiterer zweiseitiger Brief die Mitglieder, dem ein «Fragebogen an alle Mitglieder» beigelegt war; dieser sollte noch einiges zu reden geben.

Gegenüber der Öffentlichkeit gaben Tim Krohn und Peter A. Schmid in zahlreichen Interviews Auskunft darüber, was sie in den nächsten Jahren mit dem SSV vorhatten. Ein Wort erzielte dabei besondere Wirkung «sexy» sollte der SSV werden, wie *Der Bund* in einem Titel heraushob – «‹Sexy› Verein will Jungautoren pushen»[95]. Sachlicher formuliert bedeutete dies, einen Generationswechsel zu vollziehen – die Mehrheit des neuen Vorstands war nunmehr unter vierzig – und die jahrelange Lethargie zu beenden, indem ein lebendiges Umfeld für lustvolle Auseinandersetzungen geschaffen wird. «Denn es geht uns auch darum, ein gewisses Selbstbewusstsein der Schreibenden zu demonstrieren und Einfluss zu nehmen auf den Literaturbetrieb. Es ist an der Zeit, dass die Literaturschaffenden aus ihrer Opferrolle herauskommen.»[96]

Doch damit nicht genug, «der neue SSV ist linksorientiert», liess sich Peter A. Schmid vernehmen.[97] Mit dem unmissverständlichen Bekenntnis zu einer ebenso lustvollen wie linken Verbandspolitik stellte sich die neue SSV-Führung gleich in direkte Konkurrenz mit der GO.

---

94 A.a.O.
95 Gespräch von Charles Linsmayer mit Tim Krohn und Peter A. Schmid, in: *Bund*, 25.6.1998. Besonders herausgehoben ist im Text ein Satz von Schmid: «Wir müssen sexy werden, dann kommen die Jungen zu uns.»
96 Tim Krohn, in: *Vorwärts*, 19.6.1998.
97 Peter A. Schmid, in: *Tages-Anzeiger*, 6.7.1998.

Darauf angesprochen, weshalb die beiden Neuen sich selbst für den SSV entschieden hätten, antwortete Krohn: «Wir haben hier nicht diese dominante, autoritäre mittelalterliche Generation, die die Geschäfte bestimmt.»[98] Dies mochte überspitzt klingen, richtig daran war aber, dass die GO immer häufiger auch als Projekt der 68er-Generation wahrgenommen wurde. So wie sich junge AutorInnen Ende der 60er-Jahre «gegen den verhockten Mief der unheimlichen Patrioten und Verse schmiedenden Honoratioren» aufgelehnt hatten[99], so wurde 30 Jahre später der Hang zum Bekenntnishaften, den die GO ausstrahlte, als hinderlich, mitunter gar bevormundend empfunden – was freilich nicht leichtfertig mit politischer Abstinenz einer jüngern Generation verwechselt werden darf.

In diesem Sinn bedeutete die Betonung einer transparenten, publikumswirksamen und kontroversen Verbandsarbeit weit mehr als reine Werbestrategie, nämlich der mit Engagement und vor allem mit ausserordentlichem Arbeitsaufwand geleistete Versuch, die internen Verbandszirkel aufzubrechen und die Debatten zurück in die Öffentlichkeit zu tragen. Damit vollzog der SSV nach, was die 22 Abtrünnigen, die sich 1971 zur GO formierten, mit ihrem Protest ähnlich bezweckten; mit dem Unterschied allerdings, dass der SSV 1998 die Öffnung innerhalb der Verbandsstrukturen und gekoppelt an eine starke gewerkschaftliche Interessenvertretung betrieb, wogegen sich die GO seit ihrer Gründung diesbezüglich ambivalent verhielt und die Kulturpolitik schamhaft von der Verbandspolitik trennte.

Mit dem Wechsel an der SSV-Spitze hatte sich das Kräftegleichgewicht zwischen SSV und GO schlagartig verändert. Indem Krohn und Schmid selbstbewusst und forsch die alten Usanzen für unerheblich erklärten und neuen Schwung in den Verband brachten, wurden auch die alten Ängste, ob der SSV von sich aus überlebensfähig sei, hinweggewischt. Der SSV erhob auf einmal den Anspruch, die gesamte Schweizer Literatur zu vertreten. War es jahrelang die GO gewesen, die davon sprach, dass die Konkurrenz zwischen zwei Verbänden belebend sei,

---

98 *Bund*, 25.6.1998.
99 Fredi Lerch, «Vor einem Leben nach der Utopie», in: WoZ, 23.5.2002.

tauchte dieses Argument nun unversehens auf Seiten des SSV auf. Damit war gleich auch die Frage nach einer Fusion, um die der SSV zwei Jahre zuvor noch gebeten hatte, vom Tisch: «Wenn es wieder Zusammenschluss-Diskussionen geben soll, dann werden die diesmal von der GO ausgehen müssen.»[100] Und mit vertauschter Rolle respektive neuem Bewusstsein: «Von daher gibt es keinen Grund, die Arme um die Gruppe Olten legen zu wollen.»[101]

Widerstand in den eigenen Reihen

Im Interview mit dem *Bund* hatte Tim Krohn geäussert, dass die Basis eines Verbands mit rund 600 Mitgliedern über eine Mitgliederversammlung nicht wirklich zu erreichen sei. Trotzdem machten sich nach der MV in Neuchâtel respektable Teile der SSV-Basis lautstark bemerkbar, um den präsidialen Höhenflug zu stoppen. Der schnelle Wandel rief in den eigenen Reihen Widerspruch hervor, was sich nach aussen hin in Leserbrief-Reaktionen der beiden Ex-Präsidentinnen Janine Massard und Mousse Boulanger niederschlug. In ihrer Kritik an der neuen Führung wiesen auch sie auf die Trägheit der vergangenen Jahrzehnte hin, doch dem neuen Präsidenten warfen sie vor, dass er den SSV als «Hort alter Reaktionäre»[102] bezeichnet habe und sich generell gegen «die Alten» wende. Obwohl Krohn sich ausdrücklich um eine Verjüngung des Verbandes bemühte, zielte dieser Vorwurf zu weit, wie das ihm zugrunde liegende Interview im *Tages-Anzeiger* belegt. Krohn äusserte darin nur, dass bisher «ein kleiner, konservativer Teil dieser Mitglieder den SSV repräsentiert» habe und dass er als Gegenkraft «einen anderen, progressiveren Teil» aktivieren wolle.[103]

Dennoch schien bei einer (mehrheitlich welschen) Fraktion innerhalb des SSV der Eindruck entstanden zu sein, dass hier nicht ein Rich-

---

100 Tim Krohn, in: *Bund*, 25.6.1998.
101 Peter A. Schmid, in: *Tages-Anzeiger*, 6.7.1998.
102 Janine Massard, in: *Tages-Anzeiger*, 15.7.1998.
103 Tim Krohn in: *Tages-Anzeiger*, 6.7.1998; im Interview mit dem *Bund* relativierte
   Peter A. Schmid auch das angeblich konservative Image: «Man findet im SSV
   Leute, die nie, aber auch gar nie einer konservativen Gruppe angehören würden –
   Jean Ziegler z. B.» (*Bund*, 25.6.1998).

tungswechsel, sondern ein Putsch im Gange war, dem sie anlässlich der MV in Neuchâtel sogar selbst ihre Zustimmung gegeben habe. Schon damals hatten sich etliche Mitglieder über den eigenen Mut gewundert und gegen die ihrer Meinung nach inkorrekte Zusammensetzung des Vorstands gemurrt.

Unausgesprochen zielte die Kritik jedoch tiefer. Widerstand erregten vor allem die Reform der Leistungsbeträge[104] sowie der «Fragebogen an MandatsträgerInnen in Kulturorganisationen», der dem Brief an die Mitglieder vom 3. August beigelegt war und «Aufschluss darüber geben (soll), wie der Verband mit dem nationalen und internationalen Kulturgeschehen verknüpft ist».[105] Es ist unschwer zu erraten, dass hinter dieser diplomatisch abgefederten Formulierung eine weit härtere Forderung steckte, die Krohn gegenüber Mousse Boulanger, die ihm eine «manière de comploter»[106] vorwarf, wie folgt präzisierte: «Der Verband ist durchsetzt von Intrigen, Heimlichtuereien, Filz und Klüngeln, und es ist uns nicht gelungen, alle geheimen Verabredungen und Fäden, die den SSV durchziehen, zu durchschauen.»[107]

Dass diese Absicht erkannt wurde, liess auch die überreizte Reaktion von Janine Massard erahnen. Unter den eingegangenen Antworten auf die Umfrage waren sechs, die ihren Namen trugen und die von Hand mit FILZstift abgeändert waren. Auf dem Briefkopf stand «Schweizerischer Schnüffler Verband/Société Suisse des Fouineurs», und am Rand liessen sich Hinzufügungen lesen wie: «Au secours le G.O., la SSE devient folle», «Je hais ceux qui fichent», oder unzimperlich und konfus: «La spécialité des fascistes: mettre les gens sur des fiches!» Schon früher hatte Massard in einem Leserbrief mit ähnlichen Worten gefragt: «N'est-ce pas du fascisme», wenn unter ideologischen

---

104 Der Mindestsatz für Lesehonorare, den Veranstalter an die AutorInnen entrichten mussten, damit diese zum Bezug der Garantiehonorare durch den Verband berechtigt waren, sollte von bescheidenen 50 Franken auf 150 Franken angehoben werden; vgl. dazu auch das Gespräch mit Krohn und Schmid im *Vorwärts*, 19.6.1998.
105 Brief an die Mitglieder vom 3.8.1998.
106 Mousse Boulanger an Tim Krohn, 22.6.1998.
107 Tim Krohn an Mousse Boulanger, 27.6.1998.

Prämissen alles neu aufgebaut werde, ohne dem Alten gebührend Rechnung zu tragen?[108]

Die umstrittene Mitglieder-Umfrage hatte eine interne Vorgeschichte. Beat Sterchi, seit 1996 Vorstandsmitglied, hatte sich einige grundsätzliche Fragen gestellt bezüglich der Transparenz innerhalb des SSV, was die Finanzen sowie die diversen Ämter und Posten anging, die der SSV besetzen konnte. Sein Misstrauen wurde zum einen durch die über Gebühr hohen Verwaltungskosten geweckt, zum anderen durch den Eindruck, dass er zwar Vorstandsmitglied sei, doch kaum Genaues über die laufenden Geschäfte wisse. Ein grundlegendes Problem in jedem Verband, wie wir schon gesehen haben.

Sterchi erstellte in Kleinarbeit und «gegen den Widerstand des Sekretariats»[109], also Lou Pflügers, ein Organigramm, dem zu entnehmen war, dass der SSV eine Vielzahl teils honorierter Posten zu vergeben hatte und diese nicht selten unter der Hand, ad personam etwa an altgediente Vorstandsmitglieder übertrug. Wenige Mitglieder teilten sich so in diese Ehrenpflichten, mit dem Effekt von Ämterkumulation und Freundschaftsdienst. Sterchis Papier blieb dem internen Gebrauch vorbehalten, wie ein Vorstandsprotokoll explizit festhielt: «Der Vorstand beschliesst, dieses nicht an der MV zu verteilen»[110], doch beim neuen Präsidenten fiel es auf fruchtbaren Boden. Es diente ihm als Grundlage für die besagte Umfrage, wodurch sich einzelne Mitglieder persönlich angegriffen fühlten. Deshalb erhielt die Auseinandersetzung eine zusehends giftigere Note.

Janine Massard und Mousse Boulanger orchestrierten ihren vehementen Protest mit Leserbriefen, internen Rundschreiben, Anträgen sowie einer Petition, mit der 130 Mitglieder den Wunsch nach einer ausserordentlichen Mitgliederversammlung bekräftigten, an der die statutarisch korrekte Zusammensetzung des Vorstands wieder hergestellt werden müsse. Um ihrer Forderung Nachdruck zu verleihen, gründeten die beiden Wortführerinnen zusätzlich ein «Comité provi-

---

108 *Gauchebdo*, 9.7.1998.
109 Tim Krohn an Mousse Boulanger, 27.6.1998.
110 Vorstandsprotokoll, 12.6.1998.

soire des écrivains en lutte (COPEL)» und drohten mit einer massiven Austrittswelle, falls ihren Wünschen nicht entsprochen werde. Da kein Interesse an einer Spaltung bestand, willigte der Vorstand schliesslich in eine ausserordentliche MV ein, die am 8. November in Fribourg, also auf der Sprachgrenze, stattfinden sollte. Die Wahl dieses Orts war kein Zufall, in der Tat prägten Interessenkonflikte zwischen Romandie und Deutschschweiz die harten und oft kleinlichen Diskussionen jener Wochen. Der SSV hatte seit längerem ein welsches Problem, wie auch die GO gerne betonte. Mit Hinweis auf den Fall Bezzola wurde nun mit Nachdruck die angemessene Vertretung der sprachlichen Minderheiten eingefordert.

In Fribourg ergänzten die anwesenden SSV-Mitglieder den Vorstand und verteidigten die umstrittene Publikationsförderung als «von erstrangiger Bedeutung» für die Romandie. Dass hierbei allerdings auch Ungleichheiten entstünden, wie Tim Krohn in einem Interview vorab festgehalten hatte: «Die Vergabekriterien sind hier schlicht veraltet»[111], blieb unerwähnt. Am Ende der über weite Strecken konfusen Diskussion[112] wurde der Kurs, den der Vorstand eingeschlagen hatte, mehrheitlich bestätigt; zugleich wurde die von der Romandie angestrebte sprachparitätische Zusammensetzung des Vorstands durchgesetzt. Eine einvernehmlich gewählte Statutenrevisions-Kommission sollte zudem Klärung für die Zukunft schaffen. Trotz der Austritte von insgesamt sieben Mitgliedern, darunter Massard und Boulanger, die im Frühjahr 1999 eine neue Heimat in der GO fanden, blieb dem SSV so weitere Aufregung erspart.

In der WoZ brachte Fredi Lerch die Verwirrung trefflich auf den Punkt: «Geht der Vorstand den eingeschlagenen Weg weiter, wirds im SSV weiter brodeln. Gut möglich, dass bei der ‹Gruppe Olten› in nächster Zukunft ab und zu Ex-SSV-AutorInnen anklopfen, die bei der Konkurrenz von der langjährigen fortschrittlichen Verbandspolitik profitieren wollen, weil sie diese im SSV nicht mehr verhindern können.»[113]

---

111 *Basler Zeitung*, 7.11.1998.
112 Vgl. das MV-Protokoll.
113 Fredi Lerch, «Streit im SSV», in: WoZ, 12.11.1998.

Ironie der Geschichte ist, dass die GO die von Massard und Boulanger so heftig verteidigte Publikationsförderung[114] nicht kannte, ja ausdrücklich ablehnte.

Das gestärkte Selbstbewusstsein

Ungeachtet all dieser Diskussionen nahm der neu formierte SSV-Vorstand ein paar zentrale Geschäfte umgehend in Angriff. Im Gespräch mit dem Bundesamt für Kultur (BAK) sollten die Subventionen gesichert und womöglich aufgebessert werden. Die Vergabe von Honorarzuschüssen respektive Werkbeiträgen war neu zu regeln, wie überhaupt die Statuten einer Gesamtrevision unterzogen werden mussten. Schliesslich wurde auch der Internetauftritt fällig und für die anstehende Frankfurter Buchmesse waren gute Ideen gefragt.

Die ausserordentliche MV verzögerte diese Vorhaben nur unwesentlich, sodass die engagierte, harte Vorstandsarbeit bald erste Resultate ergab. In Frankfurt präsentierte sich der SSV, gemeinsam mit dem Verlag der Autoren, mit einer «Autoren Late Night», «anlässlich derer der Schauspieler Hanspeter Müller mit einer Uraufführung aufwartete, die in ihrem hochpolitischen Witz und der charmanten Darstellung schweizerischer Selbstbezichtigung zu den kulturellen Highlights der Messe gehörte», wie es nicht unbescheiden im Jahresbericht 1998 hiess.[115] Ein Signal dafür, dass der SSV fortan aktiver und innovativer Diskussionen anregen respektive in sie eingreifen wollte.

Im Vordergrund aber standen Strukturfragen. Es galt Veränderungen vorzunehmen zugunsten einer neuen, tragfähigen und effizienten Verbandsführung. Allem voran musste das Sekretariat ohne Leistungseinbussen verschlankt werden. Der neue Geschäftsführer war bloss noch zu 60 Prozent (später 65 Prozent) angestellt, weshalb das im Unterhalt teure und aufwändige *Forum*-Jahrbuch durch ein flexibles, schlankes Mitgliederbulletin ersetzt wurde, das drei Mal jährlich erscheinen und auch den Versand von Fotokopien ersetzen sollte. Ab Ok-

---

114 Protokoll der a. o. MV vom 8.11.1998, S. 7: «M. Boulanger betont, dass der Publikationsförderungsfonds für die Schreibenden und Verleger der Romandie von erstrangiger Bedeutung sei und unbedingt verteidigt werden müsse.»
115 Jahresbericht 1998, S. 3.

tober 1998 wurde es informativ ergänzt durch die Website des SSV unter der Internetadresse: www.ch-s.ch. Schnell und aktuell konnten so Informationen in Umlauf gesetzt und Diskussionen angeregt werden. Damit verbunden war das Angebot an die AutorInnen, sich mit eigenen Websites und Textauszügen gewissermassen global zu präsentieren. Die dadurch frei gewordenen Mittel wurden für höhere Ergänzungsleistungen an die Mitglieder sowie für vielfältige Hilfestellungen an Ratsuchende eingesetzt. Honorarzuschüsse und Publikationsförderung wurden nach den kontroversen Diskussionen in Fribourg sanft angepasst. Die Garantiehonorare für Lesungen unterstanden neuen Höchstansätzen und wurden mit der Einschränkung versehen: «Die AutorInnen sind verpflichtet, sich um ein Honorar des Veranstalters zu bemühen.»[116] Die bestehenden Leistungen wurden ergänzt durch das neue Fördermittel der Werkbeiträge, die an in Arbeit befindliche Werke ausbezahlt werden, «wenn die Gefahr besteht, dass die Fortführung der Arbeit aus finanziellen Gründen gefährdet ist».[117] Grundsätzlich sollten alle Förderungsformen vorrangig den schlechter verdienenden Mitgliedern zukommen.

Qualitativ noch stärker ausgebaut wurde in den ersten Jahren nach dem Wechsel die Beratung in Bereichen, die für das Literaturschaffen relevant waren. Der Musterverlagsvertrag für Belletristik erschien Ende 1999 als handliche Broschüre und provozierte Ärger mit der GO. Im Frühjahr 2000 lag er auch in französischer Version vor. Begleitet war er von einem «internationalen Stipendienführer». Weitere Ratgeber für TheaterautorInnen (im Frühjahr 2001) und für ÜbersetzerInnen wurden in Aussicht gestellt. Letzterer wurde, nachdem er im Jahr 2000 ausgearbeitet worden war, auf Wunsch und in Koproduktion mit der ProLitteris zu einem Mustervertrag weiterentwickelt, der bis Oktober 2002 fertig ausgehandelt und unterschriftsreif vorlag. Schliesslich funktionierte seit Sommerende 1999 in der Romandie die ausgebaute und personell durch Simone Collet besetzte «Antenne Romande» als direkte Anlauf- und Ansprechstelle.

116 Leistungen des SSV, Merkblatt.
117 A. a. O.

Mit all diesen Anstrengungen bekräftigte der SSV seinen Anspruch, das gewerkschaftliche Engagement nachhaltig zu stärken und es mit der GO auch bezüglich der ihr nachgesagten Fortschrittlichkeit aufzunehmen. Umbauen, konsolidieren, optimieren lautete der Dreischritt, der bis 2000 weitgehend abgeschlossen war. Der Forderung nach Kostenkontrolle und Transparenz versuchte der Vorstand in allen Belangen Rechnung zu tragen, zum Beispiel dadurch, dass im Jahresbericht neu der Einsitz von SSV-Mitgliedern in Kommissionen und Delegationen vermerkt wurde.

Der SSV wollte eine professionelle Struktur für professionelle Literaturschaffende anbieten. Auch die Statutenrevision ging in der Zwischenzeit weiter, allerdings wurde der ausformulierte Entwurf zu einem Zeitpunkt vorgelegt, als er durch die erneute Annäherung von SSV und GO bereits Makulatur zu werden drohte. Im September 2001 empfahl der Vorstand daher, «den Revisionsvorschlag als Arbeitsinstrument in die Diskussion» um die angebahnte Annäherung einzubringen.[118]

Seit dem Wechsel hatten Tim Krohn und Peter A. Schmid immer wieder signalisiert, dass sie auch kulturpolitisch aktiver werden möchten, um «vermehrt Literatur an die Öffentlichkeit zu bringen».[119] Die zusehends länger werdende Liste von Veranstaltungen und Projekten im Jahresbericht zeugte vom Gelingen dieses Vorhabens. Darunter befanden sich nebst Lesungen auch Diskussionen etwa zum brennenden Thema der Buchpreisbindung, die 1999 von der Wettbewerbskommission (WEKO) zur Abschaffung empfohlen wurde. Zusammen mit der GO sowie dem Verband der Buchhändler und Verleger (SBVV) hat der SSV seither etliche Vorstösse zu ihrer Beibehaltung unternommen.

Im Frühjahr 2000 veranstaltete der SSV auch eine Reihe von Informationsveranstaltungen zum Thema «Book on demand», das sich als neues Konkurrenzmedium zum verlegten Buch anpries. Nicht allein das Thema war neu, sondern auch die Form der Zusammenarbeit mit einem Sponsor, der Firma Xerox. Eine ähnliche Koproduktion ging der SSV wenig später mit dem Migros-Kulturprozent beim «dramenProzes-

---

118 SSV-Jahresbericht 2001, S. 6.
119 SSV MB 1, März 1999, S. 1.

sor» ein, einem partnerschaftlichen Projekt für junge DramatikerInnen zusammen mit mehreren Schweizer Theatern und der Pro Helvetia. Mittlerweile hat sich diese Initiative als wichtiges Förderinstrument bestätigt.

Überhaupt regte der SSV energischer und vor allem selbstbewusster als vor 1998 Projekte an, um dem Auftrag der Förderung und Verbreitung von Literatur gerecht zu werden. Dass er sich diesbezüglich längst von der GO emanzipiert hatte (ja diese ihrerseits zu mehr Initiative anspornte), bewies das «Fest der Künste», eine Koproduktion verschiedener Verbände aus den Sparten Literatur, Film, Theater und Musik, das ohne Mitbeteiligung der GO im Sommer 2000 im Engadin stattfand.

Der neue SSV wurde aktiv und nutzte die daraus entstandene Publizität auf wirksame Weise dazu, sich als vitaler, innovativer Vertreter der Schweizer Literaturschaffenden zu etablieren. Das neue diskrete Mitteilungsbulletin markierte den Wandel nach innen. Tim Krohn nutzte das Vorwort, um kurz und prägnant auf die Neuerungen hinzuweisen und um pointiert zu aktuellen kulturpolitischen Fragen Stellung zu beziehen.

Hinzu kam im Sommer 1999 der Umzug in neue Büroräumlichkeiten an der Nordstrasse in Zürich, der nebst der Plackerei und dem Signal für den Aufbruch auch eine gute Gelegenheit bot, das umfangreiche und wertvolle Verbandsarchiv als Dauerleihgabe in öffentliche Hände zu übergeben. Ende 1999, Anfang 2000 wurde es in zwei Tranchen ins Schweizerische Literaturarchiv (SLA) transferiert, wo es, fachgerecht inventarisiert, seither aufbewahrt liegt. Vertraglich wurde die periodische Ergänzung der Materialien, die momentan rund 450 Archivschachteln umfassen, vereinbart.

Stil und Moral

Der SSV forderte die GO, einst die engagierte Alternative, zusehends auf deren eigenem Feld heraus. Der neue Ton verhiess Selbstbewusstsein, auch wenn sich die eine oder andere Initiative dann doch nicht realisieren liess. Insbesondere vom etwas lauthals angekündigten «Kritikerpreis» blieb lediglich ein kurzes mediales Wortgefecht stehen, in dem sich Literaturkritiker, die von den AutorInnen hätten bewertet werden sollen, voreilig und unironisch zur Wehr setzten. Andreas Isenschmid fühlte sich gar an alte Zeiten erinnert, als unliebsame Kritik noch «zersetzend» genannt worden sei.[120] Viel Lärm um nichts im Endeffekt.

Anders verhielt es sich im Falle des Readers *Der Stil ist eine Frage der Moral. Essays zur literarischen Gesellschaftskritik der Jahrtausendwende*, den Tim Krohn und Peter A. Schmid im Namen des SSV 1999 herausgaben. Der Reader war eine Antwort auf ein Wort von Bundespräsident Flavio Cotti, der anlässlich seiner Rede an der Frankfurter Buchmesse den verhängnisvollen «Rückzug der Kulturschaffenden aus ihrer traditionellen gesellschaftskritischen Präsenz ins Private» beklagt hatte. Wörtlich sagte er: «Heute, will mir scheinen, hat sich das Verhältnis zwischen Intellektuellen und dem Staat geändert. Der querdenkerische Anstoss, der Widerspruch des ‹homme de culture› ist weniger deutlich sichtbar. Und die so wesentliche Grundsatzkritik scheint im Lärm des Tagesgeschäfts etwas unterzugehen.»[121] Seiner Ansicht nach war also kein Verlass mehr auf die linke Kultur.

Diese Provokation durch die offizielle Politik, wohl mehr aussenpolitisch als pro domo gesprochen, regte Krohn und Schmid dazu an, den kritischen Gehalt von literarischen Werken zu reklamieren, die sich nicht explizit aufs Politische bezogen. Die «postmoderne» Literatur ist politisch, gerade weil sie «die Zerrissenheit und Widersprüchlichkeit unserer Gesellschaft und des einzelnen» in Rechnung stellt.[122]

Frecher und direkter hätten sie die Gruppe Olten nicht herausfordern können. Wie nebenbei stellten sie deren Primat in Sachen politischer Literatur in Frage. Obendrein fächerten sie die ästhetischen Anschauungen auf, indem sie einen «nicht an sich politischen Gegenentwurf» ins Spiel brachten, «der aber wohl insofern als gesellschaftskritisch bezeichnet werden kann, als er durch das Postulat der Gleichzeitigkeit und Gleichwertigkeit der Kulturen jedem Autoritätsmodell

---

120 Aperçu, in: *Tages-Anzeiger*, 7.9.1999.
121 SSV (Hrsg.) 1999b, S. 56f.
122 A.a.O., S. 11.

und jeder Hierarchie abschwört».[123] Ihre Disposition ging freilich weiter als die Reaktionen auf Cottis Rede, zu denen Krohn und Schmid eine Reihe von AutorInnen aufriefen: «Unsere idealsozialistische Ästhetik-Anschauung wird von den wenigsten AutorInnen geteilt. Die Hälfte der Angefragten mochte sich zur gesellschaftlichen Funktion nicht äussern.»[124] Wobei anzumerken ist, dass diese Anfragen ohne Rücksicht auf die Verbandsmitgliedschaft vorgenommen wurden.

Die produktive Kraft dieser «idealsozialistischen Ästhetik-Anschauung» bestand im Versuch einer Rettung des Politischen in der Literatur. Die Kritik sollte in die Pflicht genommen werden, einen Text als Ausdruck von gesellschaftlichen Verhältnissen zu lesen, ihn «auf seine Funktion in der Gesellschaft hin zu untersuchen».[125] Umgekehrt sollten die AutorInnen ihre Scheu davor ablegen, «sich in eine moralische Pflicht nehmen zu lassen», was «mehr fehlendem Glauben in ihre gesellschaftliche Relevanz und Versagensängsten als einer fundierten Absage an die gesellschaftliche Funktion von Literatur» entspringen würde. «Viele SchriftstellerInnen betrachten als Adressaten den privaten Menschen, kaum jemand den gesellschaftlichen.»[126]

Dieses engagierte Plädoyer für eine gesellschaftskritische Lesart auf der einen, für eine behaftbare Literatur auf der anderen Seite zielte auf eine neue Generation von Literaturschaffenden, die sich auf veränderte Weise «politisch» verhielt, indem sie andere politische Felder (wieder) öffnete: ästhetische, mediale, urheberrechtliche. Literatur konnte sich auf diesen Feldern bewähren, indem sie sich für «frei» erklärte, multimedial vernetzte und ungewohnte Wahrnehmungsweisen demonstrierte. Diese neue Generation hatte womöglich keine Lust mehr, «sich als demokratisch-sozialistische Gutmenschen verkleiden zu müssen, nur weil sie Dienstleistungen eines Verbandes in Anspruch nehmen wollten».[127]

Gewissermassen als Selbstbild haben die Wertedesigner Johannes Goebel und Christoph Clermont 1997 dieser 89er-Generation ein Kon-

---

123 A.a.O.
124 A.a.O., S. 13.
125 A.a.O., S. 12.
126 A.a.O., S. 14.
127 Fredi Lerch, «Vor einem Leben nach der Utopie», in: WoZ, 23.5.2002.

zept, das sie als «lebensästhetischen Utilitarismus» bezeichnen, auf den Leib geschrieben. In ihrem Buch *Die Tugend der Orientierungslosigkeit* wenden sie gegen die Vorurteile der Elterngeneration ein, dass deren Ideale bloss moralische Konstruktionen mit hypothetischem Charakter gewesen seien. Bürgerliche Rechtschaffenheit sei eine Umschreibung für Bequemlichkeit und der gesellschaftliche Zusammenhalt resultiere dabei aus reiner Gewohnheit. Demgegenüber, meinen die beiden mit herausfordendem Optimismus, würden «die gern beklagten vermeintlichen Verfallserscheinungen wie Orientierungslosigkeit, Bindungslosigkeit und Ego-Gesellschaft einen gangbaren Weg ins dritte Jahrtausend» eröffnen.[128]

Von Pessimismus und Zukunftsängsten wollen sie ebenso wenig hören wie von Politikabstinenz und Kulturverfallsszenarien. «Die Menge an gegenseitiger Solidarität nimmt im Gegenteil nach der Ablösung eines allgemeinverpflichtenden Wertesystems durch eine Vielzahl ethischer Präferenzen nicht ab, sondern zu.»[129] Damit bestätigen sie Vorurteile, um sie zu entkräften. Nach dem Motto «Global denken, lokal handeln»[130] ist dieser Individualismus weder unpolitisch noch unverbindlich, bloss lässt er sich nicht mehr durch Vereine oder Parteien stereotyp instrumentalisieren, in die «Pflicht» nehmen. Politisches und soziales Engagement wird vielmehr aufgrund persönlicher «Betroffenheit» aktiviert. Dergestalt wird die Formel der 68er, dass das Private politisch sei, durch ihre Kinder überraschend gewendet und reflektiert.

Davon hat sich in den letzten Jahren auch die Literatur nicht unbeeindruckt gezeigt, wenngleich der etablierte Literaturbetrieb die neuen Formen, die gemeinhin mit «Pop» apostrophiert werden, lieber ignoriert und dazu von einer Krise der Literatur redet. Wie immer im Einzelnen die Werke der so genannten Popliteraten bewertet werden wollen, die von Krohn und Schmid erhobene Forderung, Texte als Ausdruck von gesellschaftlichen Realitäten und Wünschen zu lesen, weist darauf hin, dass in «popliterarischen» Büchern elementare Gene-

---

[128] Goebel/Clermont 1997, S. 27.
[129] A. a. O., S. 88.
[130] A. a. O., S. 45.

rationserfahrungen reflektiert sind. Nicht jede notwendige Lockerung ist unbesehen der Spasskultur zuzurechnen. Wer die neuen Formen von Literatur gering schätzt und sich in der Tradition verbunkert, verkennt, dass in jenen die Zukunft der Literatur liegt und dass es viele junge AutorInnen gibt, die sich sehr ernsthaft der Literatur verschreiben.

Die junge Generation verlangt zweierlei: eine gewerkschaftliche Vertretung und eine kulturpolitische Dynamik, die bedeutet, dass die Jungen nicht geduldet, sondern erwünscht sein wollen. Diesen Ansprüchen versuchte der SSV mit besonderer Sorgfalt Rechnung zu tragen. Mit einem Werbebrief «An alle unter 40», den Tim Krohn bereits im Mai 1998, also vor seiner Wahl, persönlich versandte, schrieb er, dass Neuerungen im SSV davon abhängen würden, «wie viele der jüngeren Mitglieder und aktiv Schreibenden an den Wahlen und Diskussionen teilnehmen und die – an sich verschwindend kleine – konservative Fraktion ausbremsen».[131] Damit stiess er bei Letzterer allerdings auf heftigen Widerspruch. Anlässlich der a. o. MV in Fribourg musste Krohn mehrfach beteuern, dass dieser persönliche Brief nicht besagen wolle, dass der Vorstand nicht «bestrebt sei, mit allen zusammenzuarbeiten», also auch mit den älteren Mitgliedern.[132]

Der zuweilen geäusserte Vorwurf, dies alles bezwecke lediglich, Wirbel und Aufsehen zu erregen und dadurch eben die jungen AutorInnen anzusprechen, kann getrost als falsch taxiert werden, wenngleich Aufsehen und Aufmerksamkeit durchaus im Kalkül der neuen Bemühungen gestanden haben. War nicht auch die Gründung der Gruppe Olten 1971 eine Bewegung von jungen Autoren, die sich gegen das unzumutbare Verhalten der SSV-Altherren um Maurice Zermatten zur Wehr setzten?[133] Die Differenz ergibt sich daraus, dass Krohn und Schmid die Chance sahen, die Erneuerung und Öffnung innerhalb des SSV zu bewerkstelligen.

Tim Krohn forderte ausdrücklich alle Literaturschaffenden zur Mit-

---

131 Brief an verschiedene Adressaten, von Tim Krohn persönlich angeschrieben.
132 Protokoll der a.o. MV vom 8.11.1998, S. 3.
133 Vgl. Mühlethaler 1989, S. 9–39.

arbeit auf, mit besonderem Nachdruck die unterschiedlichen «Minderheiten» innerhalb des Literaturbetriebs, die dafür sorgen würden, dass «Literatur» ein Plural sei.[134] Dass sich darunter auch AutorInnen befanden, die weniger Resonanz in der Öffentlichkeit genossen, wurde in Kauf genommen. «Allerdings wollten wir nicht, dass alle bei uns notgedrungen Mitglied sein müssen», ergänzte Peter A. Schmid.[135]

Der SSV verstand sich als Gewerkschaft für alle AutorInnen. Er sollte Rat und Hilfe bieten denen, die solche suchten, grundsätzlich aber wollte er Rahmenbedingungen gewährleisten, die ein ernsthaftes, professionelles Literaturschaffen möglich machen. Eine solche Interessenvertretung schien deshalb wichtig, weil die gesellschaftliche Resonanz der Literatur seit Jahren sichtlich ab- und dafür der Druck auf das kreative Schaffen (Publikationsmöglichkeiten, Urheberrecht) zunahm. Eine Klärung von rechtlichen Fragen bezüglich der Publikation im Internet etwa oder die Beibehaltung der Buchpreisbindung wurden zu zentralen Anliegen im Gesamtinteresse erhoben.

Die Literatur muss sich öffentlich behaupten, indem sie vehement darauf hinweist, dass sie – in Anlehnung an Cottis Klage – zusammen mit andern Kunstformen nicht nur nostalgische, sondern auch gesellschaftskritische Funktionen erfüllt; und dass sie insbesondere auch ökonomisch ein Faktor ist. Was würde geschehen, wenn sich alle freien Kunstschaffenden eines Tages als Arbeitslose auf den Ämtern melden würden? Es braucht wenig Fantasie (selbst aus neoliberaler Perspektive), um einzusehen, dass der Kulturbetrieb ein weit besseres Verhältnis Subvention – Leistung erzielt als die Landwirtschaft oder Armee. Lediglich seine Lobby ist schwächer und parlamentarisch untervertreten.

Auf diesen Missstand versuchte der «neue» SSV zu reagieren – durchaus in Einklang mit der GO, die Anfang 2002 in ihrem 100. Mitteilungsblatt die «allgemeine Schwächung der Rolle der Literatur» als Beweggrund für die Gründung eines neuen Gesamtverbandes anführte.

Die neue Führung des SSV eilte in vielen Fragen gewissermassen als Avantgarde voraus, in der Hoffnung, die Fusstruppen möchten

---

134 Tim Krohn, mündlich, 1.10.2002.
135 Peter A. Schmid, mündlich, 2.10.2002.

nachfolgen. Was allerdings nicht vorbehaltlos geschah. Ende 1999 schrieb Krohn, dass es gelungen sei, «den SSV innerhalb eines Jahres als ernstzunehmende Grösse in Kulturpolitik und Literaturbetrieb zu verankern». Allerdings mochte er auch nicht verhehlen, dass eine «Diskrepanz zwischen dem Erfolg des Verbands in der Öffentlichkeit und dem Interesse von Seiten unserer Mitglieder» besteht.[136]

Veränderte Balance

Mit dem Wechsel an der SSV-Spitze veränderten sich auch die Beziehungen zwischen SSV und GO. Jahrelang und sozusagen gewohnheitsmässig hatte Jochen Kelter die aktuellen Traktanden beider Verbände bestimmt. Seit dem Sommer 1998 erwuchs ihm jedoch eine Konkurrenz, die auf einmal Paroli bot. In die institutionalisierte Zusammenarbeit kam eine Dynamik, die nun eher von Seiten des SSV in Gang gesetzt wurde. Eine neue Situation besonders für Jochen Kelter, der sich durch den forschen Elan, den Tim Krohn und Peter A. Schmid an den Tag legten, auf einmal in die Defensive gedrängt sah.

Unter der neuen Situation verspannte sich das Verhältnis zwischen SSV und GO. Konkreten Anlass dafür bot beispielsweise der «Ratgeber für AutorInnen anhand des Muster-Verlagsvertrags», den der SSV 1999 herausgab. Nachdem im Juni 1998 der seit langem diskutierte Mustervertrag endlich von allen Parteien unterschrieben war, verfasste der Rechtsberater der GO, Paul Brügger, einen kurz gefassten, dreiseitigen Kommentar dazu. Tim Krohn und Peter A. Schmid jedoch erachteten dieses nüchterne Papier als wenig hilfreich, weshalb sie beschlossen, den Mustervertrag mit detaillierten Kommentaren in einer synoptischen Ausgabe herauszugeben. Auf Seiten der GO stiess dieses Ansinnen auf wenig Gegenliebe. Obwohl im Vorwort korrekt auf die Miturheberschaft der Gruppe Olten hingewiesen wird, fasste diese die Broschüre gewissermassen als «casus belli» auf. Umgekehrt demonstrierten die beiden Herausgeber die neu gewonnene Stärke: «Berufen Sie sich jederzeit auf die Empfehlungen des SSV!», und: «Im Zweifelsfall wenden Sie sich an den Schweizerischen Schriftstellerinnen- und Schriftsteller-Ver-

---

136 SSV MB 3, November 1999, S. 3f.

band».[137] Um dafür vorbereitet zu sein, wurde ab 1999 ein eigener Rechtsbeistand (im Mandatsverhältnis) eingerichtet.

Wie gross die Spannungen zwischen SSV und GO, im Besonderen zwischen Tim Krohn und Jochen Kelter, waren, macht ein Editorial vom März 2000 klar, in dem Krohn schrieb: «Während die in der GO organisierten Schreibenden uns durchwegs offen entgegentreten, unsere Publikationen rege nutzen und sich immer öfter auch in berufspolitischen Fragen an uns wenden, verstärkt Jochen Kelter, Geschäftsführer der GO, seine langjährige Praxis, den SSV mit gezielten Falschmeldungen öffentlich desavouieren zu wollen.»[138] Nachfolgend wies Krohn auf die Ämterkumulation Kelters hin sowie die ungenügende Kooperation, die an «der Uninspiriertheit und der Machtbesessenheit» Kelters scheitern würden.[139] In dem Statement mochte auch profilierende Rhetorik mitschwingen, der harsche Ton liess aber doch auf eine grimmige Verstimmung schliessen.

Trotzdem wurde die Zusammenarbeit grundsätzlich weitergeführt. Allerdings musste auch die GO allmählich daran denken, sich gegenüber dem SSV wieder stärker und aktiver zu profilieren, zumal die Leistungen lediglich noch in Details differierten. Im Unterschied zum SSV aber vermittelte die GO gegen aussen hin weniger das Bild einer effizienten Gewerkschaft als einer Vereinigung kulturpolitisch Gleichgesinnter. Sie schien so das Opfer ihrer Strategie zu werden, wonach die konkreten Sachleistungen den ideellen Erwartungen hintangestellt wurden. Demgegenüber strahlte der SSV Sachlichkeit aus. Das politische Engagement wurde zwar gepflegt, das Kerngeschäft blieb aber erklärtermassen die Interessenvertretung für die Literaturschaffenden in der Schweiz.

Wie sehr sich SSV und GO leistungsmässig inzwischen angenähert hatten, zeigen ein paar Eckwerte aus dem Budget 2001, im Vergleich mit jenem von 1991[140]:

137 SSV (Hrsg.) 1999a, unpag. [S. 4].
138 SSV MB 4, März 2000, S. 3.
139 A. a. O., S. 4.
140 SSV-Jahresrechnung 1991 bzw. 2001; GO MB 57 (extra), Mai 1992, bzw. GO MB 97, Mai 2001 + GO MB 101, April 2002. Eine Nachbemerkung zu den Leistungs-

	SSV 2001	1991	GO 2001	1991
Bundessubventionen	264 600.–	261 700.–[1]	239 600.–	214 300.–
Mitgliederbeiträge	91 976.–	38 790.–	70 198.–	44 600.–
Einnahmen gesamthaft[2]	458 516.–	356 061.–	363 214.–	258 900.–
Löhne Sekretariat	130 423.–	114 435.–	106 504.–	53 913.–
Mitteilungsblatt (inkl. Website)	8 836.–	31 342.–	26 625.–	9 146.–
Leistungen (inkl. Rechtshilfe)[3]	124 040.–	110 184.–	87 685.–	120 467.–

1 Ohne den Betrag, den der SSV an den SAF entrichtete.
2 Inklusive spezieller Projektgelder, Erträge aus Eigenleistungen und privaten Zuwendungen.
3 Summe aus Garantiehonoraren, Werkbeiträgen und Rechtshilfe; darin nicht enthalten sind spezielle Projekte, Geschäftskosten und kulturpolitische Aufgaben.

Bezüglich der Beiträge, die als «Ergänzungsleistungen» ausbezahlt wurden, setzten GO und SSV je leicht andere Schwerpunkte. Zu den Honorarzuschüssen an Bücher und Stücke sowie für Lesungen, welche die GO stärker gewichtete, kamen beim SSV Druckkostenzuschüsse (an Verlage) hinzu sowie nach 1998 die Werkbeiträge für in Arbeit befindliche Manuskripte. Die Honorargarantie für Zeitschriften bezog sich bei der GO auf «Beiträge in nicht-kommerziellen Literaturzeitschriften», beim SSV dagegen allgemeiner auf «Feuilleton- und Zeitungsbeiträge».

Die tendenziell wachsende Kluft zwischen diesen traditionellen Leistungen an die Verbandsmitglieder und den allgemeinen Ausgaben ist dadurch begründet, dass zum Ersten die beiden Verbände zunehmend eigene Projekte in Angriff nahmen beziehungsweise Projekte förderten und dass zum Zweiten der Aufgabenkatalog stetig um dringende kulturpolitische Tätigkeiten (Lobbying, Sachdiskurse, Musterverträge, neue Medien usw.) gewachsen war.

Unter dem Strich kann aber festgehalten werden, dass der SSV zwischen 1991 und 2001 die anteilsmässig zu hohen Aufwendungen für die Geschäftsführung abgebaut hatte zugunsten besserer Leistungsbeiträge und verstärkter Präsenz in der öffentlichen Diskussion.

beiträgen: Wegen spezieller Umstände bemisst sich der SSV-Wert für 1991 aus dem Mittel der Jahre 1991/92 und der GO-Wert für 2002 aus dem Mittel der Jahre 2000/2001.

Wege zur Professionalisierung

All diese Zahlen sind natürlich in Verbindung zu setzen mit der Höhe des Mitgliederbestands, woran sich wiederholt Polemiken zwischen der GO und dem SSV entspannten. Hartnäckig hielten sich bei der GO diesbezüglich einige Vorurteile, die in sich selbst nicht völlig widerspruchsfrei waren. So schrieb Hans Mühlethaler 1989, dass der GO-Vorstand in der Auseinandersetzung um eine restriktive Aufnahme von neuen Mitgliedern gegenüber der Generalversammlung unterlegen sei, was «zu einer extensiven Aufnahmepraxis führt. Die Diskussionen der letzten Jahre haben gezeigt, dass die GV keine qualitative Selektion wünscht.» Zum Guten, wie er betont, denn wer «die Selektionslimite zu hoch ansetzt, läuft Gefahr, talentierte Jungautoren zurückzuweisen [...]. Zudem führt die restriktive Praxis zu einer Überalterung, wofür der SSV der Sechzigerjahre ein abschreckendes Beispiel gibt.»[141] Handkehrum wurde am SSV gerade die angeblich zu laxe, also extensive Aufnahmepraxis kritisiert, ohne zu erwähnen, dass der SSV auf einer qualitativen Beurteilung bestand. Obendrein wurde ihm vorgehalten, dass die Mitglieder der Regionalverbände automatisch auch Aufnahme im nationalen Verband finden würden. Dieser Vorwurf erweist sich bei genauem Besehen als voreilig. Grundsätzlich waren der Schweizerische Schriftstellerinnen- und Schriftsteller-Verband und die ähnlich sich nennenden regionalen SchriftstellerInnenverbände (Zürcher SV usw.) stets voneinander unabhängige Gebilde mit eigenen Statuten und unterschiedlichen Aufnahmepraktiken bzw. Tätigkeitsbereichen, auch wenn sich naturgemäss personelle Überschneidungen ergaben.

Stets jedoch war ein individuelles Aufnahmegesuch erforderlich, das vom Vorstand begutachtet wurde. Seit den Satzungen von 1914 galt die Regel, dass Aufnahme findet, «wer Schriftsteller ist [...], gestützt auf einen zu erbringenden Qualifikationsausweis, bestehend in gedruckten Werken, welcher bei den Bewerbern in Wegfall kommen kann, die schon durch ihre Veröffentlichungen vorteilhaft bekannt sind».[142] In den Statutenrevisionen von 1956 und vor allem von 1971

---

141 Mühlethaler 1989, S. 140.
142 Satzungen des Schweizerischen Schriftstellervereins, 1914, Art. 5.

wurde diese Bestimmung präzisiert durch den Wortlaut: «Aktivmitglieder des SSV können Schriftsteller werden, die sich über eine Buchveröffentlichung, die Sendung eines Hör- oder Fernsehspiels [...] oder die Tätigkeit als Übersetzer ausweisen.»[143] Diese relativ offene Formulierung scheint jener der GO gleichwertig, wonach Aufnahme findet, wer über «urheberrechtliche Interessen» gegenüber Werknutzern verfügt.[144] Die Tücke jedoch lag in der Praxis der erwähnten Beurteilung durch den Vorstand, dem nur allzu oft Zeit und Musse für differenzierte Urteile fehlten und dem die Quantität im Verbandsinteresse gerne vor der Qualität ging. Obwohl in der Regel nebst Druckwerken auch ein Verlagsvertrag gewünscht war, blieb die Prüfung, was ein echter, berufsständisch relevanter Verlag sei, im Einzelfall dem Gutdünken der Urteilsinstanz überlassen.[145] Das diesbezügliche Vorurteil aus Kreisen der GO war, zumindest für gewisse Perioden, durchaus berechtigt.

Die Lücke wurde erst 1998 resolut geschlossen, als die neue Führung zuhanden des Vorstands Richtlinien erliess, die den Erwerb der SSV-Mitgliedschaft hieb- und stichfest regelten. Demnach galten folgende Bedingungen: ein «dem Vertragsrecht entsprechender Vertrag» mit einem «ordentlichen Verlag», der das ökonomische Risiko zu tragen bereit ist. Drei Kriterien waren dabei zu erfüllen: 1. durfte der Autor/die Autorin selber keine Kosten übernehmen; 2. musste er oder sie Tantiemen ab dem ersten verkauften Buch erhalten und 3. musste der Verlag einem Vertrieb angeschlossen sein. Im Fall von dramatischen Texten trat an Stelle des Verlags- ein Werkvertrag mit einer Bühne sowie «mindestens 8 Aufführungen» mit Eintrittsgeld. Neu wurde auch die Aufnahme von ÜbersetzerInnen geregelt. Erhalten blieb schliesslich der Status des «assoziierten Mitglieds» für jemanden, der «die Bedingungen für eine ordentliche Mitgliedschaft im SSV nicht vollumfänglich erfüllt».[146]

Diese klaren und streng gefassten Kriterien förderten konsequent die Professionalisierung, waren gerade deswegen aber auch umstritten. Mit der Externalisierung bzw. Formalisierung der Aufnahme-

---

143 Statuten des SSV, 1971, Art. 3.2.
144 Faltprospekt der Gruppe Olten, Kapitel «Wie wird man Mitglied?».
145 Vgl. SSV (Hrsg.) 1987, S. 97 f.
146 Richtlinien zum Erwerb der Mitgliedschaft im SSV.

bedingungen entfielen die oft langwierigen Qualitätsdiskussionen, stattdessen erhielt der Vorstand mehr Zeit für kulturpolitische Initiativen.

Der Zahlenvergleich demonstriert die Entwicklung, die SSV und GO innerhalb von 15 Jahren bezüglich der Mitgliederzahlen und bezüglich der Anteile von deutsch- bzw. französischsprachigen Mitgliedern vollzogen haben[147]:

	1987	1997	1998	2001
SSV	592 (301/230)	644 (340/248)	615 (341/221)	589 (372/167)
GO	220 (--- / ---)	331 (--- / ---)	346 (272/58)	349 (268/63)

In Klammern die Anteile der Deutschschweiz bzw. der Romandie

Der nüchterne Zahlenvergleich verdeckt allerdings eine wesentliche strukturelle Differenz. Unter den Mitgliedern des SSV befanden sich schon immer und neuerdings verstärkt AutorInnen aus vielen sozialen und literarischen Subszenen, deren Bekanntheit oft nur wenig über diese Szenen hinausreicht. Mit besonderem Nachdruck strebte der SSV vor allem die Vertretung der «5. Schweiz», also der Literaturschaffenden aus andern Sprach- und Kulturkreisen, an, die hierzulande leben. Mit Dragica Rajčić war seit 2000 auch ein Mitglied dieser «5. Schweiz» im Vorstand vertreten. Die GO, in gewissem Sinn ein «Generationsprojekt», zeichnete sich demgegenüber durch ausgeprägtere Homogenität und vor allem durch mehr freundschaftliche Verbundenheit unter den Mitgliedern aus.

Auffallend an dieser Entwicklung der Mitgliederzahlen ist erstens, dass die Zahl bei der GO bis 1997 ansteigt und dann stagniert, wogegen sie beim SSV zuerst ebenfalls ansteigt, nach 1998 aber wieder absinkt auf den Stand von 1987. Und zweitens, dass sich beim SSV das Verhältnis zwischen den Anteilen der Sprachgruppen kontinuierlich verschob. Während die Zahl der italienisch- und der romanischsprachigen Mitglieder mehr oder weniger stabil blieb (SSV rund 40 bzw. 20; GO rund 15 bzw. 2), änderten sich die Anteile der deutsch- bzw. französischsprachigen Mitglieder in signifikanter Weise. Überschlagsmässig wan-

---

147 Jahresberichte der Jahre 1987/1997–2001 von SSV und GO.

delte sich das Verhältnis von 55:45 (1987) zu 70:30 (2001). Der traditionell überhöhte Anteil der französischsprachigen Mitglieder war 1996 mitverantwortlich dafür, dass Welsche und Tessiner in der GO vehement gegen ein Zusammengehen mit dem SSV Widerstand leisteten. Nach und nach aber glich sich das Verhältnis im SSV jenem der schweizerischen Realität (rund 75:25) und jenem der GO (80:20) an. Zahlenmässiger Rückgang wie sprachanteilsmässige Verschiebung verdankten sich zum einen der verstärkten Kontrolle der Zahlungsmoral, zum anderen der internen Opposition, die der Wechsel von 1998 ausgelöst hatte. In den Jahren 1998/99 gingen dem SSV (die Todesfälle mit eingerechnet) nicht weniger als 131 Mitglieder verloren, darunter einige «Karteileichen», die seit Jahren keine Mitgliedsbeiträge mehr entrichtet hatten. Den Abgängen standen insgesamt 60 Neueintritte gegenüber. Dieser negative Trend kehrte mit dem Jahr 2000 – sehr zum Ärger der GO, die 2000/2001 lediglich noch 17 neue Mitglieder aufnahm (bei 23 Abgängen).[148]

Insbesondere junge Literaturschaffende traten seit 1998 auffallend zahlreich dem SSV bei und verschärften so das zunehmende Ungleichgewicht zwischen den beiden Verbänden. In einem Interview hatte Tim Krohn auf die Frage, warum er dem SSV beigetreten sei, geantwortet: «Weil ich als junger Autor aus dem Glarnerland schlicht nicht wusste, dass es auch eine Gruppe Olten gibt.»[149] Der SSV dagegen fand sich im Zürcher Telefonbuch.

So stieg in den Reihen der GO die Nervosität, im Jahresbericht 2000 wurde «eine gewisse Verbandsferne gerade jüngerer Autorinnen und Autoren» beklagt.[150] Auf Seiten des SSV aber warben Tim Krohn und Peter A. Schmid gerade um diese jüngeren AutorInnen, indem sie ein lebhaftes Umfeld zu schaffen versuchten und zugleich gewerkschaftliche Leistungen anboten ohne Nestwärme und 68er-Stallgeruch. Schon vor seiner Wahl hatte Krohn festgehalten, «dass viele AutorInnen der jungen Generation zur GO gehen und [er] daher Junge aktivieren und

148 A. a. O.
149 *SonntagsZeitung*, 21.6.1998.
150 GO MB 97, Mai 2001, S. 11.

zur Mitarbeit im SSV bewegen» möchte.[151] Mit Erfolg, wie sich schnell zeigte, traten doch gerade ab 1999 einige namhafte VertreterInnen dieser jungen Generation dem SSV bei. Angesichts dessen erzeugte der starke Mitgliederrückgang weder beim SSV selbst noch bei der Konkurrenz Aufsehen. Auch die GO begann sich auf den Kampf um die Jungen zu konzentrieren. Dies führte zu vereinzelten komischen, zuweilen gehässigen Scharmützeln wie ähnlich schon 1997 (vgl. Seite 172). So in umgekehrter Richtung beispielsweise im Frühjahr 2000, als der Übersetzer Rafaël Newman aus der GO aus- und in den SSV eintrat. Grund dafür war die geplante Anthologie über die jüdische Literatur in der Schweiz, ein Auftrag, den der SSV aus verständlichen Gründen nicht an ein GO-Mitglied vergeben konnte. Weil Newman diesen Reader aber machen wollte, tauschte er seine Mitgliedschaft ein, was nicht nur als Abwerbung «mit massiven materiellen Versprechungen» taxiert wurde[152], sondern auch einen Briefwechsel bis hinauf ins Bundesamt für Kultur nach sich zog.[153]

Neuer Anlauf unter veränderten Vorzeichen
Es wurde um junge Mitglieder gebuhlt. Auch wenn sie vom Machtkampf zwischen der Fraktion um Janine Massard und dem SSV-Vorstand profitierte, schien sich in der GO seit 1998 zusehends Verunsicherung bemerkbar zu machen: ein Hinweis auf das veränderte Kräftegleichgewicht zwischen den beiden Verbänden.

Die «Affaire Meylan» und der darauf folgende, verunglückte Fusionsversuch 1996 hatten beim SSV Ängste bestätigt, diejenigen bei der GO dagegen gebannt. Mit dem resoluten Wechsel im Präsidium und in der Geschäftsführung des SSV, welcher neues Selbstbewusstsein und ungewohnten Initiativgeist mit sich brachte, schienen dessen Ängste jedoch auf einmal verflogen. Die neue Führung ignorierte diese respekt- und kompromisslos und setzte alten Gewohnheiten ein Ende. Umge-

---

151 Protokoll der Vorstandssitzung, 12.6.1998, S. 3.
152 GO MB 92, Februar 2000, S. 1.
153 Briefwechsel im SSV-Archiv.

kehrt verstärkten sich in der GO die Befürchtungen, dass die einstige Alternative zum trägen SSV selbst stagnieren und überaltern könnte. In dieser Verfassung willigten beide Verbände abermals in Gespräche über eine mögliche Fusion bzw. Neugründung eines gemeinsamen Verbandes ein.

Seit 1996 war in beiden SchriftstellerInnenverbänden vieles in Bewegung geraten. Zwar liessen sich die Empfindlichkeiten noch eine Zeit lang pflegen, um wenigstens atmosphärisch eine Differenz aufrechtzuerhalten, doch gebot das kulturpolitische Umfeld ein kräftigendes Zusammengehen. Bereits das (traditionellerweise) vom SSV herausgegebene Lexikon der Schweizer Schriftstellerinnen und Schriftsteller der Gegenwart, das Ende 1999 in Angriff genommen wurde, probte vorab im Kleinen die gemeinsame Zusammenarbeit, indem mit Daniel Maggetti ein Mitglied der GO mitverantwortlich zeichnete.

1998 hatte Tim Krohn selbstbewusst betont, dass ein abermaliger Versuch zur Fusion von der GO ausgehen müsse. Tatsächlich richteten im Sommer 2000 die Mitglieder der GO anlässlich ihrer GV «an die Vorstände der GO und des SSV die Bitte [...], im direkten Gespräch Wege zu einer intensiveren Zusammenarbeit zu suchen».[154]

Dieser Bitte verlieh der neu gewählte GO-Präsident Daniel de Roulet mit seinem Eintreten für einen «nationalen Autorenverband»[155] zusätzliche Dynamik, der sich wiederum auch der SSV nicht verschliessen wollte. Am 31. Oktober 2000 fällte sein Vorstand den Beschluss: «Bei allfälligen Verhandlungen mit der GO wird der SSV das Ziel verfolgen, einen neuen Verband zu gründen, der die Rechtsnachfolge von SSV und GO übernimmt.»[156] Noch am selben Tag diskutierten die beiden Vorstände in Absenz ihrer Sekretäre über das weitere Vorgehen. Jochen Kelter und Peter A. Schmid erhielten das Mandat übertragen, gemeinsam Chancen und Risiken abzuwägen und Szenarien für ein engeres Zusammengehen zu entwerfen.

Damit war das Eis gebrochen, auch wenn dem Vorhaben in der GO

---

154 SSV MB 6, Oktober 2000, S. 12.
155 «Mein Programm als Präsident», GO MB 94, September 2000, S. 10.
156 Brief an die Vorstandsmitglieder vom 1.11.2000.

viel Skepsis entgegengebracht wurde. Namentlich Jochen Kelter bekundete Mühe mit dem Tempo, das Daniel de Roulet und Tim Krohn beziehungsweise dessen Nachfolger Eugène anschlugen. Während er die Fusion als «Resultat eines längeren Prozesses» ansah[157], formulierten Krohn und Peter A. Schmid bereits im März 2001 einen Vorschlag, der detailliert den Weg zur «Schaffung eines neuen Verbands» skizzierte. Konkret wurde darin vorgeschlagen, dass sich SSV und GO gleichzeitig auflösen, um «noch am selben Tag» gemeinsam das neue Gebilde aus der Taufe zu heben.[158] Diese «Gründungs-MV» würde dann ein provisorisches Statut sowie einen Übergangsvorstand bestellen, der einen Statutenvorschlag ausarbeiten, die erste reguläre MV vorbereiten und bis dahin die Geschäfte führen würde. Der GO fiele dabei das Präsidium, dem SSV die Geschäftsführung zu.[159]

Damit schien der Prozess unumstösslich aufgegleist, je länger, je weniger verfingen die Argumente für eine Trennung. Wo einzig persönliche Animositäten und historisch begründete Rankünen für die Differenz sorgten, gab es gar keine wirklichen Differenzen mehr.

Die GO war kein «Freundschaftsverein» mehr, und der «reaktionäre» SSV hatte sich ein progressives Image zugelegt. Beide Verbände waren längst moderne berufsständische, gewerkschaftliche Organisationen, die sich als Vertreter aller Schweizer Literaturschaffenden verstanden. Wer diese Aufgabe ein bisschen mehr erfüllte, hatte lediglich im gegenseitigen Konkurrenzkampf noch argumentatives Gewicht. Die Neugründung war eine logische Entwicklung eingedenk dessen, dass «die symbolische Kraft der Literatur abnimmt und die Literaturförderung rückläufig ist»[160], dass «die Literatur nicht mehr im Zentrum des kulturellen Lebens und des politischen Diskurses steht».[161] Zuerst aber musste es darum gehen, die Herzen aller zu gewinnen, nostalgische Gefühle und alte Ressentiments zu bezwingen.

Zwischen Frühjahr 2001 und Herbst 2002 lief der Prozess der An-

---

157 Zit. nach *Basler Zeitung*, 11.4.2001.
158 Vorschlag des SSV, 21.3.2001, Punkt 3.
159 A.a.O., Punkte 6+7.
160 Entwurf für ein Grundlagenpapier (für das Szenario «Neugründung»).
161 Daniel de Roulet, «Gruppe Olten wird aufgelöst», in: WoZ, 23.5.2002.

näherung trotz Vorbehalten im Detail speditiv und in freundschaftlichem Rahmen ab. Im Sommer 2001 diskutierten die Mitglieder der beiden Verbände darüber und begrüssten grossmehrheitlich ein enges Zusammengehen. Offen blieb freilich noch, ob das SSV-Szenario ungeschmälert in Funktion treten oder eine neue Form der Kooperation gesucht würde. Die Mitglieder des SSV jedenfalls «unterstützten in ihren Voten die Politik des Vorstandes», die seit dem Beschluss vom 31. Oktober 2000 auf eine Neugründung abzielte.[162]

Die Vorentscheidung bei der GO fiel, als Jochen Kelter im Herbst 2001 seinen Rücktritt vom Amt des Sekretärs bekannt gab. Sollte der Posten neu besetzt werden, der im Rahmen des Szenarios «Neugründung» hinfällig würde? Die GO setzte auf eine Interimslösung[163] und tat somit indirekt kund, dass sie für einen Neuanfang zu haben war. Dies bekräftigte der Vorstand im Frühjahr 2002 auch mit Worten.

Für einen Neuanfang sprach der Wille, «einen, uno, starken, ethisch und politisch wachen Berufsverband zu gründen», der ohne pathetischen Ismus die Literatur ebenso wie Gerechtigkeit, Solidarität und Demokratie verteidigt.[164] Aber auch die Tatsache, dass, «wenn wir uns weigern, uns zu ändern, die Veränderungen sich ohne uns vollziehen und sich uns als Tatsachen aufzwingen» werden.[165] Kritik erfolgte vor allem aus dem Tessin, wo die atmosphärische Kluft zwischen GO und SSV noch unüberbrückbar schien.

Im Sommer 2002 billigten die Mitglieder des SSV auf der einen, diejenigen der GO auf der anderen Seite das Szenario «Neugründung eines gemeinsamen Verbands». Am 12. Oktober wurde dieser Entscheid in Bern nach lebhaften und intensiven Diskussionen formell ohne Gegenstimme bestätigt, indem sich die beiden Verbände zuerst getrennt auflösten, um danach bei geöffneter Schiebewand gemeinsam den neuen Verband «Autorinnen und Autoren der Schweiz, Autrices et Auteurs

---

162 SSV MB 8, Juli 2001, S. 15.
163 GO MB 99, November 2001, S. 2; Theres Roth-Hunkeler und Urs Richle teilten sich vorübergehend in die Stelle. Im Falle einer Neugründung würde der Sekretär aus den Reihen des SSV kommen.
164 Klaus Merz, GO MB 101, April 2002, S. 8f.
165 Sylviane Dupuis, GO MB 101, April 2002, S. 7.

de la Suisse, Autrici e Autori della Svizzera» (AdS) zu begründen. Am 1. Januar 2003 sollte er operativ tätig werden.

Bevor es so weit war, gab aber nochmals die Aufnahmepraxis zu reden. Es musste bestimmt werden, wer überhaupt der statutarischen Bestimmung «urheberrechtliche Ansprüche gegenüber Dritten» sowie den präziser formulierten Richtlinien gerecht wird. Und was mit jenen Härtefällen geschieht, welche die geforderten Kriterien nicht mehr erfüllen. Die «assoziierte» Mitgliedschaft, wurde anerkannt, könnte hierfür eine gute Lösung anbieten. Des Weiteren war der neue Zweckartikel zu bestimmen, der ausdrücklich besagt, dass der gemeinsame AutorInnenverband zum Ziel hat, «einen Beitrag zu einer solidarischen Gesellschaft zu leisten» und «sich für die Meinungsfreiheit und die Einhaltung der Menschenrechte auf internationaler Ebene» zu engagieren.[166]

«Die Gründungsversammlung hat selbst Skeptiker beruhigt», schrieb Franziska Schläpfer im *Tages-Anzeiger*.[167] «Mit Anstand» sei die Neugründung vollzogen worden. Diesen Eindruck bestätigte Charles Linsmayer, der es «für ein gutes Zeichen für den bald einmal tätig werdenden neuen Verband» hielt, «dass diese erste Zusammenkunft aller Schweizer Schriftstellerinnen und Schriftsteller nach mehr als dreissig Jahren nicht in Wehmut und Nostalgie, sondern in einer zuversichtlichen, ja fast übermütigen Stimmung ausklang».[168] Einvernehmlichkeit, gute Stimmung sowie die Tatsache, dass am Ende kaum mehr auszumachen war, wer woher kam, stimmten zuversichtlich für die Zukunft eines geeinten AdS. «An dieser Gründungsversammlung haben weder die Mitglieder des ehemaligen SSV noch jene der ehemaligen GO das Gesicht verloren», betonte Fredi Lerch.[169] Vielmehr wurde von beiden Seiten das Beste zu einer Synthese zusammengefügt. So kann der neue Verband mit 750 Autorinnen und Autoren, geringeren Sekretariatskosten und mit einem Budget von rund 740 000 Franken der Zukunft entgegengehen.

166 Protokoll der MV am 12.10.2002 in Bern.
167 *Tages-Anzeiger*, 14.10.2002.
168 *Bund*, 14.10.2002.
169 *Berner Zeitung*, 14.10.2002.

Ein glückliches Ende – ein glücklicher Anfang
Der Katalog dessen, was zu tun ist, ist lang: Beibehaltung der Buchpreisbindung, soziale Absicherung der AutorInnen, Klärung urheberrechtlicher Fragen, verbesserter Austausch zwischen den Literaturen innerhalb der Schweiz, Hebung des kulturpolitischen Gewichts der Literatur sowie die Verbesserung der Publikationsmöglichkeiten besonders angesichts der aktuellen Krise im Verlagswesen. Schliesslich, nicht zu vergessen, steht ein neues Kulturgesetz in der Vernehmlassung, was das volle Engagement gerade auch der Literaturlobby einfordert.

Es bleibt keine Zeit, um abzuwarten und das Erreichte auszukosten. Der Zusammenschluss am 12. Oktober muss der erste Schritt sein, um eine ganze Reihe von wichtigen Aufgaben anzupacken.

Die soziale Situation der Literaturschaffenden stimmt (auch) in der Schweiz nicht euphorisch. Nur gegen 20 Prozent von ihnen können ganz oder mehrheitlich vom Schreiben leben, bei den weitaus meisten trägt es bloss einen Bruchteil zum Lebensunterhalt bei.[170] Aufgrund dessen hat Peter A. Schmid ein paar zentrale Punkte formuliert, die zumindest zur Verbesserung dieser Lage beitragen könnten: «Als erstes gilt es, professionelles Kunstschaffen als Beruf anzuerkennen»[171], was die Gewährleistung der üblichen Sozialleistungen mit beinhaltet. Nicht minder wichtig ist es, Widerstand zu leisten gegen die Einführung des «Produzentenartikels», «der zu einer eindeutigen Verschlechterung der ökonomischen Stellung der KünstlerInnen führen würde».[172] Diese zwei Elemente seien als bedeutungsvollste und dringlichste herausgegriffen. Die Sorge darum zählt zum traditionellen Geschäft eines AutorInnenverbands. Das Fundament, das mit der Neugründung und somit Stärkung gelegt ist, bietet eine gute Ausgangslage, dass Lösungen in diesem Sinn gefunden werden können.

Gefordert wird der neue Verband aber ebenso durch die Neuen Medien und damit durch neue ästhetische Ausdrucksformen und neue

170 Schmid 2001, S. 21.
171 A.a.O., S. 22.
172 A.a.O., S. 23.

Distributionskanäle. Seit einiger Zeit ist beispielsweise vom «Book on demand» die Rede, einem Vervielfältigungsservice (ohne Lektorat), den AutorInnen für relativ geringes Geld in Anspruch nehmen können. Damit werden sie gleichsam zu Selbstverlegern – ähnlich den Selbstunternehmern, die Goebel/Clermont als Kennzeichen der 89er-Generation beschrieben haben.[173] So praktisch diese Lösung auf den ersten Blick anmutet, insbesondere angesichts mangelnder Verlagsmöglichkeiten, so nachhaltig wird dadurch der Status des Autors in Frage gestellt.

Ähnliche Wirkung erzeugen auch künstlerisch-literarische Ausdrucksformen wie Slam, Hyperfiction, Lautperformance oder Multimedia-Projekte, um nur einige zu nennen. Gemeinsam ist ihnen die urheberrechtliche Unbestimmtheit im Sinne der Verbandsrichtlinien. Können Hyperfiction-AutorInnen Mitglied im AutorInnenverband werden, oder braucht es dazu eine Ausnahmegenehmigung? Wenn ja, wie viele solcher Ausnahmen sind zweckmässig – und ab wann muss für sich häufende Ausnahmen eine Regelung gesucht werden? Wie aber lässt sich deren «Professionalität», das heisst deren professionelle, ernsthafte Einstellung zum künstlerischen Tun bewerten oder besser noch nach formalen Kriterien festlegen?

Alle Umbruchszeiten und künstlerischen Schnittstellen bringen ein hohes Mass an Verunsicherung mit sich. Der Schriftsteller Walter Grond hat es provokativ auf den Punkt gebracht: «Entgrenzung bedeutet immer auch ein Ziehen neuer Grenzen. Zum Ärgerlichen heute zählt auch die vergrämte 68er-Generation, die viel zur neoliberalen Entwicklung beigetragen hat und nun den florierenden Propagandamarkt der kulturpessimistischen Ohnmacht bedient.»[174]

Im Grunde nichts Neues auf dem Feld der Literatur. Jede erprobte und etablierte Ausdrucksform ruft nach ihrer Negation oder nach ihrer Erweiterung. Die 60er-Jahre, in denen Dichter wie Jandl, Rühm und andere im Literaturbetrieb für Aufregung sorgten, bieten diesbezüglich Anschauungsunterricht. Heute sind aus ihnen moderne Klassiker geworden, die ihrerseits wieder Protest erregen. Diese Negation ist vorab

---

173 Goebel/Clermont 1997, S. 137 ff.
174 Walter Grond, «Wille zur Zukunft», in: *Freitag*, Berlin, 9.8.2002.

das Recht der «Jungen», die in den 90er-Jahren auch medial in eine neue Welt hineingewachsen sind: «Surf, Sample, Manipulate» hat der amerikanische Autor Mark Amerika sein «anti-ästhetisches» Programm überschrieben, wobei er sich auf Raymond Federman stützt, einen 1928 geborenen Literaturprofessor und Autor, der seit Jahren mit seinen Thesen zum literarischen Schaffen herausfordert: «Schreiben heisst zuallererst Zitieren.»[175]

Unschwer zu erraten, dass aus solchen Gedanken neue literarische Impulse entstehen, die den traditionellen Formen zuwiderlaufen, sie negieren und provozieren. Unschwer zu erraten auch, dass dadurch das traditionelle Bild des Autors als Urheber, als genialischer Schöpfer grundlegend in Frage gestellt wird. Schriftsteller sind Plagiatoren, schreibt Federman, oder besser: «Pla(y)giatoren»[176], und der Text gehört allen. Mit solchen Verunsicherungen muss sich ein zeitgemässer AutorInnenverband notgedrungen befassen:

- indem er den traditionellen Status verteidigt und reglementarisch stützt, wobei Copyright-Fragen in differenzierter Weise neu bedacht werden müssen;
- indem er aber auch die Provokation ernst nimmt und sich damit auseinander setzt.

Aus den neuen medialen Entwicklungen erwächst unweigerlich eine neue Antithese, die entweder passiv abgewartet oder aktiv diskutiert werden kann. Der erste Weg führt zu einer neuen Abspaltung, zu einem alternativen Zusammenschluss der medialen Avantgarde, mit der Aussicht auf langwierige Gespräche in dreissig Jahren, um einen neuen, gemeinsamen Künstlerverband zu gründen.

Damit die ästhetische Weiterentwicklung nicht verschlafen und das heute Erreichte nicht in Frage gestellt wird, lohnt es sich daher, den zweiten Weg zu beschreiten. Indem die Herausforderungen lustvoll angenommen werden, ergeben sich fruchtbare Diskussionen und werden kreative Fantasien freigesetzt, stellen sich viele Fragen und einige Antworten ein.

175 Federman 1992, S. 96.
176 A. a. O.

Literatur ist ein Plural und Kunst ist ein interdisziplinärer Prozess. Deshalb wird in Zukunft auch ein intensiver Dialog unter den verschiedenen KünsterInnenverbänden notwendig sein. Peter A. Schmid bemerkte dazu: «Ein Zusammengehen der Schriftsteller ist ja nur ein erster Schritt, um nachher mit anderen Kulturschaffenden in der Schweiz für eine kulturpolitische Sensibilität zu kämpfen, die eigentlich nicht da ist. Es ist sehr schwierig, mit Parlamentariern über Kultur zu sprechen. Noch schwieriger ist es, wenn man etwa den Leuten im Bundesamt für Sozialversicherung begreiflich zu machen versucht, wie Künstlerinnen und Künstler arbeiten.»[177]

Glücklicherweise ist bereits ein Projekt angestossen: «PAcK – Präsenz Aktion Kultur», das in dieser Richtung wirksam werden will. Entstanden ist es aus dem Bewusstsein, dass die Kunstschaffenden sich gegenüber dem Subventionsgeber BAK auf breiter Front zusammentun müssen, Eliten- wie Populärkultur eingeschlossen, um erstens geeint aufzutreten, zweitens das Gewicht der Kultur zu demonstrieren und drittens die kulturelle Sensibilität der Öffentlichkeit zu bewahren. Im Mai 2002 wurde PAcK als Netzwerk begründet, mittlerweile gehören ihm nebst den nunmehr vereinigten SSV und GO gesamthaft neun Verbände an. «Die Mitglieder sind die Geschäftsführungen der jeweiligen Verbände, die im Rahmen ihrer Arbeit und ihres Auftrages genau für solche Aktivitäten Arbeitsressourcen zu opfern bereit sind.»[178]

Wünschbar wäre es, so Peter A. Schmid, wenn daraus so etwas wie eine «starke gemeinsame Lobbyorganisation aller Kulturschaffenden»[179] entstehen könnte. Doch aller Einsatz der repräsentativen InteressenvertreterInnen ist zu gar nichts nutz, wenn sich nicht die Kunstschaffenden selbst anstecken und zu eigenem Engagement anregen lassen. Denn auf Dauer steht schliesslich auch die Frage zur Diskussion, für wen mit welchen Leistungen, welchen Strukturen und mit welchem Auftrag ein Künstlerverband tätig sein soll. Zu Pessimismus besteht in diesem Moment jedoch überhaupt kein Anlass.

---

177 Peter A. Schmid, in: Roman Bucheli, «Für mehr kulturpolitische Sensibilität» (Gespräch mit Peter A. Schmid und Daniel de Roulet), NZZ, 11.10.2002.
178 Arbeitsblatt PAcK, September 2002.
179 Peter A. Schmid, mündlich, 25.10.2002.

Die Nahtstelle sei «die Zone der Ungewissheit, diejenige von Blockierungen und die von neuen Möglichkeiten», schrieb Alexander Kluge.[180] Erstere gilt es bloss zu überwinden und Letztere zu PAcKen.
Allons autrices et auteurs de la Suisse!

---

180 Kluge 1986, S. 32.

Bibliografie

Das Archiv in den Geschäftsräumlichkeiten des SSV umfasst im Wesentlichen die Bestände der Jahre 1989 bis 2002. Ältere Dokumente liegen heute inventarisiert im Schweizerischen Literaturarchiv. Eine Ausnahme macht der Ordner «Asyl-Politik 1933–1945», der die Korrespondenz umfasst, die Präsident und Sekretär des SSV in jenen Jahren mit der Fremdenpolizei und den Arbeitsämtern führten. Briefe, Protokolle und andere Dokumente sind, wo nichts anderes verzeichnet ist, im SSV-Archiv aufbewahrt. Ebenso die nachfolgend aufgeführten vom SSV herausgegebenen Publikationen und Texte.

Bührer 1937	Jakob Bührer: «25 Jahre Opposition», in: *Der Geistesarbeiter*, 16. Jg., Nr. 11 (Nov. 1937), S. 180–183.
«Causa Bezzola» 1998	Protokoll «Causa Bezzola» – Präsidium: Wahl Sommer 1998, verfasst von Edith Gloor, Dezember 1998.
Federman 1992	Raymond Federman: *Surfiction. Der Weg der Literatur*. Edition Suhrkamp, Frankfurt am Main 1992.
GO MB	Mitteilungsblatt Schweizer Autorinnen und Autoren Gruppe Olten, Nr. 7/1977–Nr. 102/2002.
Goebel/Clermont 1997	Johannes Goebel/Christoph Clermont: *Die Tugend der Orientierungslosigkeit*. Volk und Welt, Berlin 1997.
Kelter 1996	Jochen Kelter: «Wo steht die Gruppe Olten heute? Einige Anmerkungen aus Anlass ihres fünfundzwanzigjährigen Bestehens», in: *Allmende* Nr. 50/51, 1996, S. 194–200.
Kluge 1986	Alexander Kluge: «Im Prinzip bin ich Autor» (Preisrede zur Verleihung des Heinrich-Kleist-Preises an Kluge), in: *Freibeuter* 27, Berlin 1986, S. 29–41.
Lerch/Simmen (Hrsg.) 1991	Fredi Lerch/Andreas Simmen (Hrsg.): *Der leergeglaubte Staat. Kulturboykott: Gegen die 700-Jahr-Feier der Schweiz*. WoZ im Rotpunktverlag, Zürich 1991.
Linsmayer 1983	Charles Linsmayer: «Felix Moeschlin und die Politik des SSV zwischen 1933 und 1942», in: Charles Linsmayer/Andrea Pfeifer (Hrsg.): *Frühling der Gegenwart: Erzählungen III*. Buchclub Ex Libris, Zürich 1983, S. 479–489.
Linsmayer 2002	Charles Linsmayer: «…die von uns geforderte Bewährungsprobe nicht bestanden…» Die Situation emigrierter Schriftsteller in der Schweiz der Jahre 1933 bis 1950. Ms. eines Vortrags in Frankfurt am Main, 11.3.2002.

	Auch in: *Exil. Forschung. Erkenntnisse. Ergebnisse.* 22. Jg. Heft 1. Frankfurt am Main 2002 S. 11–22.
Merz, 1996	Klaus Merz: «SchriftstellerIn im Aus?» Beitrag zum gleichnamigen Podiumsgespräch am 8.6.1996 in Zürich.
Mittenzwei 1978	Werner Mittenzwei: *Exil in der Schweiz.* Verlag Philipp Reclam jun., Leipzig 1978.
Mühlethaler 1989	Hans Mühlethaler: *Die Gruppe Olten. Das Erbe einer rebellierenden Schriftstellergeneration.* Verlag Sauerländer, Aarau 1989.
Newman/SSV (Hrsg.) 2001	Rafaël Newman/SSV (Hrsg.): *Zweifache Eigenheit. Neuere jüdische Literatur in der Schweiz.* Limmat Verlag, Zürich 2001.
Niederer 1994	Ulrich Niederer: *Geschichte des Schweizerischen Schriftsteller-Verbandes. Kulturpolitik und individuelle Förderung: Jakob Bührer als Beispiel.* Francke Verlag, Tübingen/Basel 1994 (Diss. Univ. Basel 1989).
Resolution 1997	Resolution des Vorstandes (über die Haltung des SSV während der Nazi-Zeit), 14.6.1997; abgedruckt in: *Forum* 1998, S. 49.
Schmid 2001	Peter A. Schmid: «Zur sozialen Lage der Kunstschaffenden in der Schweiz», in: *Rote Revue* 2/2001, S. 7–11; auch in: SSV MB 9, Nov. 2001, S. 17–24 (daraus wird zitiert).
SSV (Hrsg.) 1987	SSV (Hrsg.): *Literatur geht nach Brot. Die Geschichte des Schweizerischen Schriftsteller-Verbandes.* Verlag Sauerländer, Aarau 1987.
SSV (Hrsg.) 1998	SSV (Hrsg.): *Forum: Forum der Schriftstellerinnen und Schriftsteller/des écrivaines et écrivains.* Jahrbuch. No. I–XI, Zürich 1987–1998.
SSV (Hrsg.) 1999a	SSV (Hrsg.): *Vertragsverhandlungen Belletristik. Ratgeber für AutorInnen anhand des Muster-Verlagsvertrags.* SSV, Zürich 1999.
SSV (Hrsg.) 1999b	SSV (Hrsg.): *Der Stil ist eine Frage der Moral. Essays zur literarischen Gesellschaft der Jahrtausendwende.* Anthologie. Nagel & Kimche, Zürich 1999.
SSV (Hrsg.) 2002	SSV (Hrsg.): *Schriftstellerinnen und Schriftsteller der Gegenwart, Schweiz.* Verlag Sauerländer, Aarau 2002.
SSV MB	Mitteilungsbulletin des Schweizerischen Schriftstellerinnen- und Schriftsteller-Verbands, Nr. 1/1999–Nr. 11/2002.

Beat Mazenauer

Se délivrer d'une double histoire

L'histoire récente de la Société Suisse
des Ecrivaines et Ecrivains (SSE)

«Le sens du possible se définit simplement comme la capacité de concevoir
tout ce qui pourrait être aussi bien et de ne pas considérer ce qui est comme plus
important que ce qui n'est pas.» (Robert Musil)

Deux votations en 1996

On n'aurait pas pu souhaiter un résultat plus net. Le 16 juin 1996, lors de sa 25e Assemblée générale, à Birsfelden, c'est à l'unanimité moins une abstention que le Groupe d'Olten adopta la motion de son ancien secrétaire général Hans Mühlethaler : «Poursuivre les discussions avec la SSE en vue d'établir un partenariat fondé sur l'autonomie du GO». Ce qui à première vue sonnait bien équivalait pourtant clairement à un affront. En adoptant cette formulation constructive, l'AG déniait ce qu'elle avait approuvé quelques mois auparavant, à savoir la fusion des deux sociétés d'écrivains sous une forme qui restait encore à définir, un projet qui répondait à une demande de la SSE et qui résultait également de considérations d'ordre pratique. Le GO se détermina finalement autrement. Au lieu de réaliser la fusion avec la SSE, il s'agissait désormais de poursuivre le développement de ses propres structures et de sa propre identité. Le procès-verbal de l'AG invoque les raisons suivantes pour justifier cette décision, prise à la quasi-unanimité : «Le comité du GO est chargé de poursuivre le dialogue avec la SSE en vue d'un partenariat basé sur l'autonomie du GO. Parmi les motifs invoqués à l'appui de cette proposition : l'identité propre qui s'est créée, la différence de composition et de politique associative, l'incompatibilité d'intérêts entre une association professionnelle et une société d'auteurs non professionnels, les prestations nettement meilleures du GO, l'avantage qu'il y a à pouvoir choisir entre deux associations ; enfin, non des moindres, l'aversion pour l'anonymat d'une société trop nombreuse.»[1] On ne trouve aucune mention dans ce procès-verbal de la résistance véhémente des membres romands et tessinois qui ne voulaient à aucun prix s'atteler à la même charrue que les latins «réactionnaires» de la SSE. Ce sont donc de vieilles querelles, ainsi que le sentiment nostalgique que la fusion signifierait la perte d'une «patrie» qui décidèrent de l'issue de la votation.

Klaus Merz, qui avait alors été élu à la présidence du GO, se souvient aujourd'hui qu'il avait l'intention de réunir les deux associations d'écrivains aux conditions du GO et que son ambition avait également été enterrée à ce moment-là, sans animosité et sans «signes d'irritation».[2] La possibilité d'une telle fusion n'avait pourtant jamais été aussi propice depuis 1971. Il n'y avait pas que la crainte de voir l'Office fédéral de la culture (OFC) réduire à moyen terme les subventions à deux sociétés d'écrivain(e)s distinctes qui parla en faveur d'une fusion. En mars 1996 déjà, le secrétaire général du GO, Jochen Kelter, avait posé la question «Quant à savoir s'il en ira de même à l'avenir, si pour les dix ou vingt prochaines années nous devons, voulons ou pouvons nous payer le luxe de deux associations, c'est une autre question.»[3] Bien qu'il ne fut pas lui-même favorable à une fusion, en accord avec le président Klaus Merz, il avait provoqué la discussion sur le sujet à l'AG. Une seconde raison, peut-être bien plus importante, parlait tout autant en faveur d'une fusion: l'empressement que la SSE manifestait à réaliser une alliance où elle avait en quelque sorte envie de se soumettre au GO. L'exposé, par lequel la présidente de la SSE, Edith Gloor, fit valoir cette idée devant les membres du GO, est resté dans la mémoire de Klaus Merz comme un appel au secours: «Accueillez-nous au GO!».[4]

Une semaine auparavant, le 8 juin, au Casino de Zurichhorn, le comité de la SSE avait informé ses membres du projet – sous le point de l'ordre du jour «Communications et brèves informations». D'après le rapport d'Heinrich Kuhn, une première rencontre informelle avait déjà eu lieu le 26 avril; y avaient participé, outre les deux secrétaires géné-

1 GO Circ. 78, août 1996, p. 4.
2 Klaus Merz, entretien du 19.8.2002.
3 GO Circ. 76, mars 1996, p. 3.
4 Klaus Merz, entretien du 19.8.2002.

raux Jochen Kelter et Lou Pflüger, Donata Berra et Klaus Merz, Edith Gloor et Heinrich Kuhn, respectivement membres des comités du GO et de la SSE. Les quatre scénarios possibles avaient alors été discutés : le statu quo, le renforcement de la collaboration, la fusion et la fondation d'une nouvelle société. Dans le rapport qu'il a présenté à l'Assemblée générale, Kuhn fit la recommandation suivante : « La fusion pourrait être la meilleure solution », d'autant plus « en Suisse allemande, où l'on constate que les écrivain(e)s qui adhèrent maintenant à une société ne savent pas pour quelles raisons profondes ils deviennent membres de l'une ou de l'autre ».[5]

Aucune décision n'a été prise à l'AG zurichoise, toutefois l'idée d'une fusion n'était pas passée inaperçue. Au cours de la soirée qui suivit, l'ancien président de la SSE, Hugo Loetscher, et le futur président du GO, Klaus Merz, se sont concertés. Dans leur « définition des positions », ils plaidèrent l'un et l'autre pour la recherche d'une coopération plus intensive entre les sociétés ; ils s'entendirent également à vouloir défendre plus fermement les préoccupations centrales des acteurs littéraires, surtout que, comme devait l'ajouter Merz, « l'image respective [du GO et de la SSE] n'est plus clairement reconnue par les non-membres » – en Suisse alémanique tout au moins.[6] Ce faisant, Merz reprenait le même clairon que Roman Bucheli, qui s'était demandé, quelques semaines plus tôt dans la NZZ : « Pourquoi faut-il deux sociétés ? – On aimerait à ce sujet que le Groupe d'Olten profite de son anniversaire pour fournir une réponse convaincante, au-delà des sensibleries et des fausses susceptibilités. »[7]

L'Assemblée générale du GO prit une autre décision, peut-être aussi parce que personne ne voulait se laisser contraindre à une fusion par la presse. Au demeurant, pour de nombreux membres, le GO était devenu « quelque chose comme une patrie ».[8] Mais surtout, un nom revenait, qui brouillait singulièrement les cartes : Jacques Meylan. Mentionné brièvement, il apparaît mystérieusement dans le procès-verbal de l'As-

---

5   Procès-verbal de l'AG, 8.6.1996, p. 5.
6   Merz 1996, p. 4.
7   *Neue Zürcher Zeitung*, 25.4.1996.
8   Hans Peter Gansner, citation tirée de : *Der Bund*, 18.6.1996.

semblée générale du GO aussi bien que dans le compte rendu qu'en a fait Charles Linsmayer.

Linsmayer cite comme suit la présidente de la SSE, Edith Gloor: «A posteriori, nous avons honte pour Monsieur Meylan. Et si, samedi dernier, nos jeunes membres étaient venus à l'AG au lieu d'aller se baigner ou d'aller voir un match de football, nous aurions aussi pu discuter ouvertement du scandale qui entoure Meylan.»[9] Et on trouve dans le procès-verbal du GO ce complément: «Elle [Edith Gloor] consacre une bonne part de son intervention à justifier la politique suivie par la SSE à l'égard de son ex-président Jacques Meylan et à déplorer la passivité des jeunes et la présence d'indécrottables conservateurs au sein de sa propre association.»[10]

S'agissait-il vraiment d'un scandale, comme Gloor l'avait indiqué? Quelles pouvaient être ces «expressions réactionnaires» de Meylan, selon Charles Linsmayer[11], qui provoquèrent des sentiments d'irritation au sein du GO? Ces questions restaient décidément dans les ombres du non-dit. Il convient donc de se pencher attentivement sur le cas Meylan.

Une «Affaire Meylan»?

D'après ce qui se dit, Edith Gloor se montra fort peu habile, tant du point de vue rhétorique que tactique, lorsqu'elle est allée soumettre au GO l'idée d'une fusion avec la SSE. Les allusions diffuses à «Monsieur Meylan», qui émaillaient son exposé, semblèrent plutôt embrouiller les choses et accroître le scepticisme. Confusément, elles rendaient scandaleux ce qui n'avait finalement été qu'un épisode hautement instructif de la vie de la société, une dissension interne. Dans le rapport que Gloor et Konrad Klotz avaient rédigé à l'attention de leur propre société, où ils rendent compte des résultats de leur rencontre à l'Assemblée générale du GO, on trouve tout au début l'affirmation de Manfred Züfle:

9 *Bund*, 18.6.1996.
10 GO Circ. 78, août 1996, p. 4.
11 Charles Linsmayer, «Die Gruppe Olten bleibt sich treu» in: *Bund*, 18.6.1996. Selon le procès-verbal de l'AG du GO, Rolf Niederhauser était d'avis que «la manière utilisée dans l'affaire Meylan (discrète et froide déposition du président [...]) est symptomatique de la SSE», in: GO Circ. 78, août 1996, p. 4.

« Il y a toujours eu de bons présidents, mais Meylan a tout flanqué par terre. S'il n'y avait pas eu Meylan, il aurait été possible d'envisager une fusion. »[12] Qui est donc celui qu'on avance comme un bouc émissaire et pourquoi le présente-t-on ainsi ?

Poète lausannois, juge fédéral socialiste, Jacques Meylan a été élu à la présidence de la SSE en 1994. Son style autoritaire et sa manière parfois abrupte de stigmatiser la discussion laissèrent une empreinte durable. Le ton cinglant de Meylan vint troubler la bonne atmosphère qui régnait au sein du comité de la SSE. Le secrétariat, qui était alors dirigé par Lou Pflüger, réagit lui aussi, adoptant visiblement une attitude défensive. La brouille alla si loin que, s'opposant clairement à l'avis de son président, le comité refusa « une connexion à l'Internet » le 10 février 1996. La proposition éveillait également la crainte qu'un réseau plus serré puisse permettre au président d'augmenter son influence, voire même d'exercer un contrôle sur le secrétariat.[13] La résistance envers le président allait augmenter dans les rangs même de la SSE.

C'est un coté de la médaille. Autre aspect des choses : Si Jacques Meylan se comportait comme un président plein de verdeur, il essayait tout autant de dynamiser la politique de la société. Il était animé par l'envie de corriger « l'attitude ... purement défaitiste » que la SSE adoptait face au groupe d'Olten, comme il l'écrira plus tard dans une lettre au comité[14]. Il mettait là le pied dans un second guêpier.

Le 4 mai 1995, lors de l'Assemblée générale de la « Communauté de travail des auteurs et autrices » (CTA), organe qui devait s'appeler plus tard « Suisseculture », il proposa que « la déclaration du président, selon laquelle il ne conserverait la présidence plus qu'une année, soit ajoutée au procès-verbal de la dernière AG de septembre 94 ».[15] Et trois semaines plus tard, prenant la parole au nom des pays méridionaux devant le Congrès des écrivains européens (EWC), il réclama que les pays du sud de l'Europe soient convenablement représentés au comité, de

---

12 Information concernant les discussions sur la fusion SSE-GO communiquée à l'Assemblée générale du Groupe d'Olten, 16.6.1996.
13 Verena Röthlisberger, entretien du 16.8.2002.
14 Jacques Meylan, lettre au comité de la SSE, 8.1.1996.
15 Citation tirée du procès-verbal de la séance du comité de la SSE, 9.6.1995.

façon à contrebalancer la position dominante réservée alors aux pays nordiques.

Ces deux interventions techniques de Meylan, qui portent toutes deux sur la cuisine interne des sociétés, avaient un point commun : l'une et l'autre concernaient le secrétaire général du GO, Jochen Kelter, lequel présidait à la fois la CTA/Suisseculture et l'EWC. Une formulation emberlificotée dans le procès-verbal du GO atteste de l'embrouillamini qui marquait la constellation des pouvoirs à cette époque : à propos du Congrès de l'EWC, il est rapporté que « Claude Darbellay et le président représentaient le GO au Congrès des Ecrivains européens (EWC), qui se tenait cette année à Vienne. Le secrétaire du GO [Jochen Kelter], en sa qualité de président de l'EWC, conduisait les débats. »[16] Le secrétaire présidait donc son président.

Ce n'était certainement pas par hasard que Jochen Kelter fut visé par deux fois. Les multiples mandats qu'il détenait, Jacques Meylan les avait très vite repérés et, relevant cette accumulation, il reconnaissait implicitement la soumission de la SSE au savoir-faire du secrétaire général du GO. De 1992 à 2000, donc sous la présidence de Kelter, jamais un membre de la SSE n'a siégé au comité de la CTA/Suisseculture. Dans la lettre mentionnée plus haut (du 8 janvier 1996), que Meylan adressait à son propre comité, il se justifiait ainsi : « Nous nous devons de défendre sans faiblesse nos propres intérêts propres lorsque ceux-ci entrent ou peuvent entrer en conflit avec ceux du Groupe d'Olten. » « Etant bien entendu que, dans toute la mesure compatible avec nos intérêts, il est évidemment souhaitable que nous entretenions avec lui les meilleures relations possible. » Même s'il assura une nouvelle fois que « la personne de Jochen Kelter n'est pas en cause », comme ce dernier s'en est plaint maintes fois, il s'avéra que la « problématique Jochen Kelter »[17] ne le mettait pas à l'abri de reproches virulents – tout particulièrement de ceux formulés par son propre comité. Ce dernier s'était accommodé depuis longtemps de la confortable direction qu'imprimait le secrétaire du GO dans la conduite des affaires de la société. Personne

---

16 GO Circ. 73, sept. 1995, p. 5.
17 Jacques Meylan, lettre au comité de la SSE, 8.1.1996.

ne voulait renoncer à cet avantage, ni mettre en péril cette paix des braves, encore moins la dénoncer et surtout pas pour favoriser les positions d'un président mal aimé. Les critiques envers Jochen Kelter étaient alors jugées totalement inopportunes.[18] C'est dans ce sens qu'il faut comprendre une lettre de Lou Pflüger à Jacques Meylan, où elle déplore le caractère préjudiciable de ses interventions et lui conseille, pour le bien de la SSE «de ne rien entreprendre au sujet de la succession de Jochen Kelter à la présidence de Suisseculture pour l'instant».[19] Dans la situation difficile où elles se trouvaient embourbées, les sociétés culturelles suisses devaient d'abord faire preuve d'unité.

Dans une lettre postérieure, datée de la fin novembre 1995, le reste du comité s'est exprimé on ne peut plus clairement, en priant instamment le président de renoncer à présenter une nouvelle candidature à la présidence de la SSE l'année prochaine: «Votre façon d'agir à l'encontre des bonnes relations qui peu à peu étaient établies avec le GO, le Club des Cinq, le Congrès des Ecrivains européens et Suisse Culture nous posent problème.»[20] On omettait simplement de mentionner que Jochen Kelter jouait un rôle prépondérant dans toutes ces organisations.

Ces luttes d'influence ne restèrent finalement pas ignorées du GO. On en trouve l'écho dans le procès-verbal de son Assemblée générale de 1995. Il est alors question d'affirmer qu'une «solidarité de base» est indispensable pour les projets communs (comme Suisseculture), solidarité qui lui paraît «toutefois compromise par la ligne dure adoptée par le nouveau président de la SSE».[21]

Ni les membres de la SSE, ni ceux du GO ne semblent en avoir su davantage. Le conflit ne fut pas particulièrement traité lors de l'Assemblée générale de la SSE, en raisons des circonstances mentionnées (temps propice à la baignade et match d'ouverture de la coupe du monde de football, Angleterre 1–Suisse 0). Pour l'essentiel, il est resté

18 Verena Röthlisberger, entretien du 16.8.2002.
19 Lou Pflüger, lettre à Jacques Meylan, 7.7.1995 (rédigée en français).
20 Lettre non datée à Jacques Meylan (du 24./25.11.1995, comme l'atteste une note complémentaire manuscrite).
21 GO Circ. 73, sept. 1995, p. 4.

confiné aux relations entre le comité de la SSE et Jochen Kelter et il est allé s'atténuant parce qu'aucune des parties en confrontation ne voulait trop s'exposer, sachant pertinemment que les critiques de Meylan étaient absolument fondées. Quoi qu'il en soit, la gauche anti-autoritaire du GO n'aurait pas dû laisser passer sans autre ces considérations.

Par lettre du 8 janvier, Meylan fit savoir qu'il renonçait formellement à briguer un second mandat de président. Son désistement mit fin tranquillement et sans bruit à cette pénible affaire pour les deux parties. Du moins presque, car Meylan restait membre du comité, ce que le GO pouvait continuer à critiquer. Edith Gloor, qui lui succéda à la présidence, peut certainement être qualifiée de candidate de barrage. Au nom du comité, Bernadette Richard la présenta à l'Assemblée générale en ces termes: « Une personnalité attachante, sensible aux problèmes linguistiques, qui sait voler par-dessus les frontières et a de grandes capacités à dépasser les problèmes des quatre cultures. »[22] Il ne fallait pas attendre de la nouvelle présidente qu'elle intervienne ou qu'elle manœuvre sur l'axe Kelter – Pflüger. Mais il ne fallait pas non plus attendre d'elle de nouvelles impulsions.

L'affaire Meylan a certes la dimension d'une querelle personnelle, mais elle a aussi le format d'une crise structurelle de la société. Les qualificatifs d'ordre politique, que l'on employait volontiers à l'époque, tels que « scandaleux » ou « réactionnaire », apparaissent rétrospectivement comme tout à fait inappropriées. A considérer l'affaire froidement, il s'est bien davantage passé ceci : pour se débarrasser de son président, jugé encombrant, le comité de la SSE était prêt à le déposer dans son dos et, comme se conciliant par avance, à prendre parti pour le « futur » président de la société unifiée qui résulterait peut-être d'une fusion.

Il était notoire que l'atmosphère au sein de la SSE était mauvaise. « Le ressort était cassé »[23] et on craignait même que la société « ne puisse poursuivre une existence autonome ».[24] Suprême désenchantement, la

---

22 Procès-verbal de l'AG, 8.6.1996, p. 3.
23 Klaus Merz, entretien du 19.8.2002.
24 Verena Röthlisberger, entretien du 16.8.2002.

rébellion contre Meylan ne rencontra pas du tout le succès escompté. La manière employée par la présidente de la SSE pour faire croire aux membres du GO, en juin 1996, que l'ancien président avait été secrètement déposé par des cabales internes depuis des mois déjà, suscita davantage de méfiance que d'approbation. Cette manière de procéder fut même jugée représentative de ce qu'était la SSE et le front du refus au sein du GO s'en trouva renforcé. La SSE s'était mise elle-même dans une situation inextricable.

Une fusion ne pouvait être que le fruit d'une véritable négociation, Jacques Meylan le savait parfaitement qui écrivit : « Peut-être le temps viendra-t-il d'une fusion entre nos deux associations, mais celle-ci ne saurait être que le produit d'une négociation d'égal à égal, où chaque partie consentirait des concessions. »[25] Mais c'était là précisément ce que ses collègues du comité de la SSE ne pouvaient plus croire.

La décision du GO de l'été 1996 allait, dans un premier temps, maintenir la SSE dans un état d'angoisse. Par contre, le GO put (encore) contenir ses craintes, en faisant étalage de sa force relative et de son caractère progressiste. La SSE pour sa part, au lieu de s'engager dans des domaines étrangers, devait plutôt, semblait-il, s'atteler à une tâche essentielle : retrouver la confiance en ses propres qualités.

La coopération et l'indépendance

Vue d'aujourd'hui, l'affaire Meylan a permis de montrer dans quel état de dépendance la SSE se trouvait à l'égard du GO, plus précisément vis-à-vis de son secrétaire général, Jochen Kelter. Ce dernier, aussi influent qu'engagé, semblait avoir les mains libres par rapport à son propre comité, ce qu'il mit a profit pour lancer de nombreuses initiatives significatives dans le domaine de la politique professionnelle. C'est en raison de ses initiatives que le comité et le secrétariat de la SSE lui étaient dévoués, tellement qu'ils lui avaient en quelque sorte cédé de confiance la représentation de l'ensemble des intérêts de la littérature suisse. Dans cette optique, Meylan avait bel et bien pointé la chose du doigt. Il avait lui-même tenté de secouer la SSE endormie, mais comme Kelter rem-

25 Jacques Meylan, lettre du 8.1.1996.

plissait sa tâche à la satisfaction générale, il ne restait plus à Meylan qu'à endosser le rôle du méchant, celui d'un second qui cherchait délibérément à détruire les bonnes relations entre la SSE et le GO. Adoptant par ailleurs un comportement de patriarche bougon à la tête de son propre comité, il devait ainsi précipiter sa chute.

Une évidence s'impose avant tout: l'histoire récente de la SSE n'est pas à séparer de celle du GO. Des liens réciproques imprégnaient les deux sociétés d'écrivain(e)s. De nature coopérative au plan interne, ils se jouaient plutôt amers et distants face à l'extérieur. La scission voulue par le GO en 1971 eut un effet salvateur sur la SSE, dont la direction était restée jusqu'alors plutôt pépère et patriarcale. Le caractère nécessaire que cette séparation avait revêtu à l'époque n'est pas à mettre en doute. Stimulé par la scission, on essaya immédiatement de réorganiser la SSE, en ce sens, d'une part, de mener à chef des initiatives anciennes et, d'autre part, de nouer des contacts constructifs avec la nouvelle société. Hans Mühlethaler, alors secrétaire général du GO, a attiré l'attention sur le fait que «dès le début, les deux organisations, qui passaient pour ‹ennemies› aux yeux du grand public, étaient en fait alliées et se présentaient comme une seule et unique association, rassemblant l'ensemble des écrivains» pour tout ce qui concernait les questions essentielles de la profession. L'ancien secrétaire général de la SSE, Franz Beidler, avait mis ses connaissances «élémentaires» au service de la révision de la loi sur le droit d'auteur et, au nom des deux sociétés, avait formulé une prise de position, dont «je ne mesure pleinement la qualité qu'aujourd'hui».[26] En outre, le projet de créer un «fonds social et vieillesse» (FSV), qui avait été lancé par Otto Steiger à la fin des années 60, fut empoigné énergiquement. Il allait se concrétiser d'ici 1974; les auteurs et les autrices du GO allaient également pouvoir en profiter.

A vrai dire, tandis que l'esprit d'initiative de la SSE s'était envolé avec la fondation de ProLitteris à l'automne 1974, une fondation que Beidler et la SSE avaient appelée avec insistance; le GO accumulait pas à pas savoir-faire et compétences, de sorte qu'il prit bientôt le pas sur la SSE (alors sous le secrétaire Otto Böni). Par la suite, la majorité des ini-

26 Mühlethaler 1989, p. 62 s.

tiatives devaient émaner du GO. Hans Mühlethaler[27] et Ulrich Niederer[28] ont peaufiné les initiatives et les projets communs jusque dans la seconde moitié des années 80.

Alors que la SSE se faisait petite, naviguant comme un partenaire junior dans le sillage des initiatives du GO, jusqu'en 1982, elle n'en améliora pas moins constamment le catalogue de ses prestations (honoraires complémentaires pour les lectures et les livres).[29] Elle développa également une représentation solide et durable des intérêts des créateurs littéraires. En 1979, elle se dégagea d'un contrat tarifaire peu avantageux qu'elle avait passé avec la SSR, pour en signer un meilleur en 1988. Au milieu des années 80, elle participa à la fondation du «Club des cinq», une émanation commune des cinq sociétés d'auteurs, de compositeurs et d'artistes, représentant les domaines de la littérature (GO, SSE), des arts plastiques (SPSAS), de la musique (ASM) et du cinéma (ARF). 1989 marque la naissance de la «Communauté de travail des auteurs et autrices» (CTA), qui allait s'appeler Suisseculture à partir de mai 1995. En 1987 déjà, sous la présidence d'Hugo Loetscher (1986–1990) et à l'occasion du 75e anniversaire de la société, on allait également, pour la première fois, jeter un regard neuf sur l'histoire pas toujours reluisante de la SSE. L'ouvrage *Ecrire pour vivre* réunissait trois longs essais, tous trois consacrés à l'histoire de la SSE, avec des accents particuliers sur les années 1933–1942 et sur la crise interne de 1970/71.

Toutefois, le déséquilibre constaté dans la dynamique des deux sociétés persistait. Jochen Kelter, successeur de Mühlethaler au poste de secrétaire général du GO, s'appliqua encore à renforcer les compétences de son association en matière de politique professionnelle, de sorte qu'il allait même, à son insu, placer le GO en opposition par rapport à sa propre personnalité politique.

27 Op. cit., p. 181–228.
28 SSE (éd.) 1987, p. 98–119.
29 L'ancienne caisse d'avance et de prêts (CAP) a été rebaptisée en 1976 en «Fonds d'aide à la publication», qui allait par la suite être contesté ; les garanties d'honoraires pour les lectures ont été introduites en 1977 et celles pour les livres et les pièces de théâtre en 1982.

La campagne lancée en 1990 par le GO et la *WochenZeitung* contre «l'Etat fouineur» fut aussi soutenue activement par la SSE. Nombre de ses membres, à commencer par le président Ernst Nef, signèrent la pétition[30], quand bien même le «boycott culturel» qui en résulta devait se heurter à un profond scepticisme dans les rangs de la SSE. Mais cet aspect-là n'a guère d'importance, car ce boycott fut aussi un objet de contestation au sein du GO où il souleva une «opposition ferme et résolue».[31]

En 1994, la SSE et le GO allaient être refroidis dans leurs ambitions de politique culturelle, lorsque l'engagement qu'ils avaient pris en commun en faveur de l'article constitutionnel sur la culture se trouva échouer de peu devant le Conseil des Etats. Cette défaite renforça le besoin de créer l'unité la plus large possible entre les organisations culturelles, en particulier entre le GO et la SSE, afin que le lobby de la culture, qui restait relativement faible, puisse malgré tout se faire entendre et se présenter le plus uni possible.

Ce besoin d'unité trouva confirmation dans un second domaine d'activités: le contrat-modèle d'édition d'œuvres littéraires pour les auteurs et les autrices, sur duquel le GO et la SSE, d'une part, l'Association des éditeurs suisses alémaniques (VVDS), d'autre part, s'escrimaient depuis 1989 déjà. En mai 1996 pour la première fois, il est annoncé dans le bulletin du GO que les négociations ont abouti. Non sans fierté, Jochen Kelter faisait remarquer dans son rapport annuel: «Durant toutes ces années, la responsabilité des négociations, côté auteurs, a été assumée par le GO, mais la SSE a joué, comme pour beaucoup des autres activités mentionnées dans le présent rapport, un rôle de partenaire, et si elle n'a pas été un moteur, du moins n'a-t-elle jamais été un adversaire.»[32] Dans l'ensemble, cette appréciation était pertinente. Elle devait pourtant bientôt se révéler relativement inexacte. Deux ans plus tard, on pouvait lire dans le rapport annuel du GO que «de nouvelles objections de la part des éditeurs (VVDS), mais

---

30 «Den Schnüffelstaat abfeiern? Ohne uns!», in: Lerch/Simmen (éd.) 1991, p. 26 ss.
31 Fredi Lerch, «Vor einem Leben nach der Utopie», in: *WochenZeitung*, 23.5.2002.
32 GO Circ. 77, mai 1996, p. 6.

aussi, malheureusement, de la SSE» ont contribué à ce que le contrat ne soit toujours pas signé.[33] L'allusion complémentaire laisse poindre un brin d'irritation. Elle se rapportait au fait que le comité de la SSE «ne s'était manifestement jamais occupé de l'affaire avant 1996».[34] Jusque là, tant pour le GO que pour la SSE, les négociations engagées avec les éditeurs l'étaient au niveau des secrétaires généraux. Elles étaient donc dans les mains du tandem Jochen Kelter/Lou Pflüger, où Jochen Kelter n'était pas seulement l'élément moteur, mais où il pouvait également endosser la totale responsabilité face à son comité. Ce courage, Lou Pflüger ne l'avait pas; aussi chercha-t-elle à assurer ses arrières auprès de son comité et c'est ainsi qu'elle amena Heinrich Kuhn à accepter de prendre en charge cette matière. Avec pour conséquence que ce nouveau «coéquipier» apporta de nouveaux points de vue dans la discussion, au demeurant parfaitement fondés, de sorte qu'il compliqua les négociations qui avaient eu lieu comme en bilatéral jusqu'ici. Tout à coup, les sociétés d'écrivain(e)s parlaient à deux voix. Les dissensions sur les articles 3.1.2 (droit d'édition) et 3.2.1 (droits annexes) rallongèrent les discussions de bien deux ans, de sorte qu'elles ne furent conclues que le 26 juin 1998, mais cette fois-ci dans un accord à trois.

Si les sociétés d'auteurs avaient été conséquentes, si elles avaient parlé d'une même voix, corrigeant leurs différentes versions en interne, le contrat-modèle aurait sans doute pu être négocié de manière plus efficace. Toutefois, le résultat n'a pas mauvaise figure. C'est aujourd'hui un fil d'Ariane qui rend de précieux services dans les méandres juridiques, dont la plupart des auteurs et des autrices n'ont que des connaissances rudimentaires.

Le pouvoir à personne?

Dans l'intervalle, sous la pression du GO, la SSE avait aussi réorganisé son administration et l'avait rendue plus efficiente. Il n'y avait que la permanence juridique qu'elle n'était pas encore en mesure d'offrir à

33 GO Circ. 85, mai 1998, p. 7.
34 Op. cit.

ses membres – le GO disposait d'un tel service depuis 1973 déjà – même si pour des affaires délicates, il était possible de requérir l'avis d'un conseiller juridique. Au demeurant, les conditions d'admission, soit-disant plus faciles, restaient l'objet de critiques. L'un dans l'autre, il semble que la collaboration s'avérait sans éclat pour la SSE. Jochen Kelter faisait la preuve de ses capacités, Lou Pflüger répondait par une attitude docile et compréhensive et soutenait les initiatives de Kelter dans les sociétés où ils siégeaient côte à côte. Quant aux questions relevant de la politique culturelle – débats et prises de positions – le plus souvent la SSE se tenait loyalement au côté du GO.

Cette coopération devait aussi fonctionner à l'occasion de la Foire du livre de Francfort de 1998, où la Suisse était l'hôte d'honneur. Quand bien même le poids des sociétés fut modeste, puisqu'il s'est agi uniquement de faire accepter ici ou là, dans le cadre du «Trägerverein Frankfurt 98», quelques décisions communes SSE – GO au directeur du projet Christoph Vitali et, le moment venu, de tenir ensemble un stand destiné à marquer la présence. Pour le reste, les idées nouvelles demeurèrent une denrée rare. Avant d'atteindre un pouvoir d'initiative, la SSE devait encore élire un nouveau président et un nouveau secrétaire général à l'été 1998.

Au cours de ces deux dernières années, il ne semble pas que la fusion ratée de 1996 ait spécialement porté préjudice aux relations de travail qui unissaient la SSE et le GO. Après comme avant, la SSE se réjouissait vivement des impulsions de Kelter et s'en montrait chaque fois reconnaissante. Dans son sillage, le bilan se présentait de lui-même comme positif. Cependant, la position dominante de Kelter, précisément parce qu'elle était dominante, fit naître une impression ambigüe. D'une part, elle ne laissait que peu de champ d'action à la SSE pour ses propres initiatives, comme l'avait bien montré l'affaire Meylan. D'autre part, le cumul des mandats en main du secrétaire du GO n'était certes pas sans poser des problèmes.

Dans une publication de 1996, «Où se situe le groupe d'Olten aujourd'hui?», Kelter avança cette solution: «Le pouvoir à personne».[35]

---

35 Kelter 1996, p. 196.

Ce postulat basique de la démocratie était sans doute aussi la conséquence de la brièveté du mandat de président, qui n'était élu au GO que pour deux ans. Ce «pouvoir à personne» ne voulait-il pas dire par déduction: tout le pouvoir au secrétaire? Parce qu'en fait, lui seul disposait des connaissances nécessaires pour faire avancer les choses. C'est bien dans ce sens qu'il faut entendre les propos du président Manfred Züfle, qui, en 1995 «adresse un remerciement tout particulier au secrétaire, Jochen Kelter, qui a toujours fait profiter le Comité de son surcroît d'information».[36]

Ce problème n'était pas l'apanage du GO. La SSE connaissait aussi ce penchant en matière de compétences et d'informations. Traditionnellement, la présidence et le secrétariat semblent avoir dirigé la SSE plus ou moins en secret, ce qui devait conduire à des conséquences fâcheuses dans les années 1933–1942, lorsque Felix Moeschlin et Karl Naef occupaient ces positions. Au milieu des années 90 encore, nombre d'informations ne sortaient pas du secrétariat. Lou Pflüger retenait le flot de renseignements par-devers elle et répartissait personnellement les postes et les tâches. D'où un inévitable effet d'embrouille: elle était dépassée par la masse d'informations et de tâches qu'elle devait traiter.

Pendant longtemps, le comité de la SSE ferma complaisamment les yeux et resta passif – faute d'informations. L'affaire Meylan qui, c'était notoire aussi bien pour le secrétariat du GO que pour celui de la SSE, touchait également à des aspects personnels, ramena certes la question au premier plan, mais ce problème du partage de l'information fut bien vite réenterré. Néanmoins, il suscitait un léger malaise chez certains membres.

«La concurrence stimule», relevait Jochen Kelter dans un bulletin d'information du GO de 1996[37] – mais voilà, seulement là où elle était utile et souhaitée. Si ce principe, sur lequel Hans Mühlethaler, le prédécesseur de Kelter, avait fondé la double voie des sociétés d'écrivains, s'était révélé vraiment valable, il aurait dû provoquer, dans l'une et l'autre société, des réactions stimulantes. Or, la coalition effective entre

36   GO Circ. 73, sept. 1995, p. 4.
37   GO Circ. 76, mars 1996, p. 3.

Pflüger et Kelter se vivait presque sans anicroche ; elle conduisait carrément à une assimilation de la SSE dans le GO.

Ce qui n'était pas tout à fait propre à rassurer le GO lui-même. C'est pourquoi la solution zéro, que l'Assemblée générale de juin 1996 avait préconisée, devait marquer aussi « impérativement, la fin du processus de tergiversations et de flatteries et conduire le GO à mieux se profiler, à mettre en évidence les différences qui le séparent de la SSE », comme l'avait formulé avant l'assemblée déjà Jochen Kelter, en accord avec de nombreux membres.[38]

Une autre citation de Kelter, datant elle de l'année précédente déjà, atteste que cela ne se passait pas tout à fait simplement : « Depuis longtemps déjà, ce ne sont plus les déclarations politiques (publiques) qui nous distinguent de la SSE. L'année prochaine, nous montrerons (davantage encore) ce que nous sommes devenus au cours de ce quart de siècle : une association professionnelle moderne, qui regroupe des auteurs pratiquant touts les genres littéraires, avec des objectifs de politique professionnelle, culturelle et générale. »[39] La différence s'était réduite. Comment pouvait-on désormais la rendre évidente ?

L'âge de l'alternative

Après 27 ans d'existence, le Groupe d'Olten pouvait être fier de son développement. Le sentiment de puissance masquait toutefois certaines fissures et certaines contradictions entre l'image et la réalité, dont l'évidence allait apparaître avec toujours plus d'insistance. Dès qu'il s'agissait d'affaires concrètes par exemple, la démocratie de base devait se soumettre aux connaissances expertes du secrétaire. Les doutes émis quant aux structures ne se mariaient guère avec la défense des intérêts et des droits de la profession. Pour de nombreux auteurs et autrices, l'engagement politique était bien souvent davantage une obligation qu'une libération.

Dans le bilan qu'il tira à l'occasion du 25e anniversaire en 1996, Jochen Kelter abordait le dilemme du GO, qui se trouvait tiraillé entre un

---

38 Kelter 1996, p. 199.
39 GO Circ. 74, nov. 1995, p. 1.

syndicat et un cercle d'amis, entre une organisation de base et une troupe de cadres, pour y opposer comme alternative l'efficacité d'une organisation professionnelle empreinte de la «mentalité dissidente» et de «l'aile gauche du conservatisme, forces que l'on peut aussi voir à l'œuvre ailleurs, une génération après soixante-huit».[40] Le GO est la société d'écrivain(e)s «qui fixe les normes que l'autre association met plus ou moins en application».[41] Si cette évaluation est correcte, elle n'en contraste pas moins avec l'aveu d'une société qui se veut également être un «foyer»: un lieu d'échanges et de confrontations, loin des grandes interrogations juridiques et administratives. Dans cette dualité, le GO est demeuré essentiellement une construction provisoire, limitée dans le temps, une «société ad-hoc», même si, partant de l'élan de sa dissidence en 1970, elle était devenue depuis longtemps une société d'écrivain(e)s syndicalement couronnée de succès.

Mais elle est restée loin de ses aspirations fondamentales. «Quand on est partie du GO, on est de gauche. Et inversment: Quand on n'est pas du GO, on n'est pas de gauche», citation attribuée à Manfred Züfle dans un article de Fredi Lerch.[42] Représenter «non pas en premier lieu les écrivain(e)s les meilleurs ou les pires, les plus célèbres ou les plus inconnus, mais les écrivains professionnels et de gauche de ce pays»[43] telle était la revendication initiale. Cette profession de foi devait être un moteur, elle devint finalement une hypothèque.

Une petite ligne de fracture était apparue en 1996, lorsque les premières plaintes ont commencé à poindre – elles allaient s'accumuler par la suite – au sujet de la maigre croissance du sociétariat (désintérêt des jeunes surtout) et de l'énigmatique nom «Groupe d'Olten». Aux yeux d'un grand nombre, cette désignation était nettement inférieure à celle de «Société suisse des écrivains», simple et séduisante. Le nom «Groupe d'Olten» n'effrayait-il pas les jeunes membres potentiels?

Un petit épisode, qui s'est déroulé en novembre 1997 et qui n'a pas porté à conséquence, montre à quel point les nouvelles adhésions, spé-

40 Kelter 1996, p. 195.
41 Op. cit., p. 196.
42 Fredi Lerch, «Vor einem Leben nach der Utopie», in: *WochenZeitung*, 23.5.2002.
43 Op. cit.

cialement celles de jeunes auteurs et autrices, était un sujet brûlant. A l'occasion d'une rencontre du Netz, Christoph Keller, membre du GO, avait suggéré à deux auteurs sympathisants d'adhérer au GO. L'un d'entre eux, Perikles Monioudis, qui était déjà affilié à la SSE, avait refusé l'invitation. Quelque temps plus tard cependant, il reçut les documents du GO. L'envoi s'accompagnait d'une lettre de Jochen Kelter, où il lui souhaitait la bienvenue au sein du GO, sous réserve qu'il démissionne de la SSE, car une double affiliation n'était pas possible. Monioudis fut irrité de cette démarche et fit suivre le pli à «son» secrétariat. C'est ainsi que toute une histoire se mit en branle. Des lettres s'échangèrent d'un secrétariat à l'autre, d'un président à un autre président, une séance commune même s'ensuivit, jusqu'à pouvoir constater que toutes ces péripéties reposaient sur un malentendu, comme devait le confirmer en fin de compte Christoph Keller dans un mail à Perikles Monioudis. «Je peux simplement te donner l'assurance (à toi ainsi qu'à la SSE) qu'il n'y a pas de stratégie de débauchage au GO (que nous nous préoccupions de la relève – tout comme vous d'ailleurs – est une autre question).»[44] Cet épisode marginal ne démontre rien d'autre que la fébrilité avec laquelle les deux secrétariats se souciaient de recruter de nouveaux membres. On recensait les nouvelles adhésions de part et d'autre avec des yeux de lynx.

En 1997 déjà, le GO s'était inquiété de l'état de son sociétariat. Par la suite, il avait remanié la procédure d'adhésion, c'est-à-dire qu'il avait fait passer la compétence d'accepter ou de refuser les nouveaux membres de l'Assemblée générale au comité (avec droit de recours devant l'AG). Car, et la motion visant à la modification des statuts le relevait expressément : «Il y a longtemps que nous ne sommes plus un groupe d'intimes, au sein duquel chacune et chacun connaît tous les candidats proposés. L'admission de nouveaux membres par l'Assemblée générale s'est transformée à la longue en un rituel rigide et parfois pénible.» Il faut pouvoir décider plus rapidement et de manière plus souple. Ainsi «les auteurs intéressants n'auront plus besoin d'attendre leur admis-

---

44 Courriel, 25.11.1997 ; conservé aux archives de la SSE tout comme l'ensemble de la correspondance.

sion des mois et des mois et ils seront donc moins tentés de passer à la SSE (plus rapide sur ce point, mais sur ce point seulement). »[45]

En 1989, Hans Mühlethaler avait écrit : « Oui, il y a même de jeunes écrivains qui sont entrés à la SSE, pour qui le GO n'était pas assez à gauche. Par ailleurs, si les prises de positions publiques de la SSE étaient moins fréquentes, elles ne se différenciaient pas fondamentalement de celles du GO. L'existence d'une société concurrente a permis à la SSE de devenir plus progressiste qu'elle ne l'aurait été, si elle avait dû compter sur la seule étoffe de ses membres. »[46]

Klaus Merz semblait connaître ces données ; aussi s'était-il donné pour tâche, pendant son mandat présidentiel (1996–1998), de « relativiser l'agitation interne », de voir ce qu'il y avait derrière la constante suffisance du GO, manifeste dans l'expression de la « bonne pensée », sans pour autant devoir effectuer quoi que ce soit de particulier en ce sens. Merz essayait d'une certaine manière de « dépathétiser » le GO.[47]

La SSE et le GO ont longtemps marché de conserve. Toutefois, ce qui les distinguait et qui était devenue quasiment imperceptible allait bientôt redevenir un abîme. Mais d'ici là, la SSE allait devoir lever une lourde hypothèque.

L'hypothèque de l'histoire

Les années 1933–1942 pèsent particulièrement lourd dans l'histoire de la SSE. Le rôle que la société a joué au cours de cette période ne saurait précisément être qualifié de glorieux. Par la suite d'ailleurs, elle en a été handicapé pendant des décennies, tout simplement parce qu'elle a voulu éviter de se confronter sérieusement avec son passé. Cependant, les débats sur le rôle de la Suisse pendant la Seconde Guerre mondiale – mot-clé : « l'or spolié » – exercèrent une pression d'une telle ampleur qu'il n'était plus possible de différer longtemps un examen autocritique du passé de la SSE. La surprise fut grande pour d'aucuns : c'est le comité lui-même qui prit l'initiative de cette relecture. Le

---

45 GO Circ. 81, mai 1997, p. 4.
46 Mühlethaler 1989, p. 162.
47 Klaus Merz, entretien du 19.8.2002.

14 juin 1997 en effet, il approuva une résolution interne et laissa entrevoir la possibilité d'organiser un débat public sur les actes controversés de son histoire. «Sans rechercher des coupables et sans remettre en question les faits, savoir si c'est bien ainsi que cela s'est passé ou non», il voulait briser le silence, «afin que notre société adopte sans crainte une attitude responsable sur ces questions et qu'elle la formule franchement».[48]

Le débat, annoncé comme portant «sur l'attitude de la SSE pendant l'époque nazie» eut lieu le 1er novembre 1997, à Zurich. En introduction, Charles Linsmayer, excellent connaisseur de la matière, rapporta sur les faits historiques, puis la présidente ouvrit la discussion en présentant formellement les excuses de la société. Les débats, partiellement documentés dans le *Forum des écrivaines et écrivains*[49], firent étalage des pratiques de l'époque et apportèrent en même temps les preuves des traitements quelque peu péremptoires qui y étaient liés. L'opinion d'Edith Gloor peut être retenue comme représentative de l'état d'esprit de la réunion: «Même si, en vérité, je n'ai pas personnellement mauvaise conscience, je dois malgré tout m'arranger avec la faute. Je ne peux pas vraiment l'éliminer.»[50] Reste à savoir comment s'arranger avec des comportements «punissables» survenus dans le passé. La question ne se résout pas en un tournemain. Quoi qu'il en soit, l'intervention de l'historien Hans-Ulrich Jost fournit une perspective: «Des excuses ou des actions réparatrices ne peuvent dégager l'horizon que si l'on a d'abord vraiment tiré les leçons de l'histoire.»[51]

Comment la SSE avait-elle géré son travail sur l'histoire jusque-là? Pendant longtemps, elle n'a guère porté son attention sur le rôle qu'elle avait joué au cours de ces années et son implication a été plus ou moins passée sous silence.

L'affaire devait être mise en branle en 1978, par Werner Mittenzwei, dans sa très bienveillante enquête *Exil en Suisse*. Mittenzwei y esquissait l'attitude de la SSE, politiquement et humanitairement ambi-

48 Résolution 1997.
49 SSE (éd.) 1998, p. 73–87.
50 Op. cit., p. 80.
51 Op. cit., p. 82.

guë, et critiquait donc les positions extrêmement complaisantes qu'elle avait adoptées vis-à-vis des offices du travail et surtout de la Police des étrangers d'Heinrich Rothmund. A partir de 1933, ces autorités transmettaient régulièrement à la Société des écrivains suisses (comme elle s'appelait alors) des demandes émanant de «ressortissants étrangers œuvrant dans le domaine de la littérature». Elles l'invitaient alors à apprécier la «valeur» littéraire de ces requérants, ce qui revenait à juger s'ils méritaient ou non l'asile en Suisse. Au nom de l'association, le président Felix Moeschlin et son secrétaire Karl Naef acceptèrent ce travail épineux, recommandant ici d'octroyer un permis d'établissement, se prononçant là pour limiter la liberté de publication ou préconisant encore le refus de la demande d'asile. Ce faisant, ils employaient souvent et volontiers des formulations qui étaient non seulement scandaleuses, mais qui représentaient également une menace pour la vie des personnes concernées et qui se révélaient en outre empreintes d'un réflexe antisémite. Là où l'humanité et la solidarité auraient dû se manifester entre gens de plume, on a procédé impitoyablement à des disqualifications, pour contenir à la frontière déjà, ce qui n'était pas le moindre des objectifs, toute concurrence éventuelle. Relevons par exemple que le talentueux échotier Alfred Polgar ne trouva pas grâce devant ces deux juges et que Robert Musil se vit imposer une interdiction de publier dans la presse suisse.

La longue correspondance échangée au printemps 1937 au sujet du cas Berthold Heymann montre avec quelle arrogance Naef et Moeschlin avançaient leurs arguments. Employé comme lecteur aux Editions Morgarten depuis la fin 1936, Berthold Heymann demandait une autorisation de travail à la Police des étrangers. Dans l'évaluation qu'ils rendirent le 13 avril 1937, Naef et Moeschlin critiquèrent même l'attitude de la Police des étrangers, qu'ils considéraient comme par trop conciliante. «Vous savez que nous ne sommes ni antisémites, ni antisocialistes» – visiblement cela doit être souligné – cependant «nous nous opposons (et nous nous opposerons toujours) à ce qu'un étranger occupe une place de lecteur dans une maison d'édition suisse». La lettre, que Naef avait rédigée, fut encore aggravée de la main même de Moeschlin qui la signa. La conclusion est particulièrement révélatrice: «Nous n'avons rien contre le fait que Monsieur Heymann gagne de quoi subvenir à son entretien (au contraire!), mais qu'on lui donne un travail d'une autre nature, un travail qui, pourquoi pas, pourrait aussi nous faire concurrence. Nous ne sommes pas mesquins.»[52] Voilà qui donne à réfléchir.

Auparavant déjà, Moeschlin s'était plaint à Naef du développement de ce cas – la demande de Heymann était soutenue, entre autres, par le Conseiller d'Etat zurichois Nobs – et de la tournure que prenait cette affaire, qui s'orientait «vers une solution charitable, grâce à l'insistance juive et à l'intervention de bons amis».[53] La Police des étrangers suivit cette grossière évaluation du grand chef de la SSE et refusa la demande. Cet exemple est symptomatique et, malheureusement, il n'est pas unique. L'enjoliver ne servirait à rien.

Moeschlin et Naef répondaient aux requêtes sans en référer à personne. Il est vrai que leur manière d'agir se trouvait légitimée par une décision fondamentale, adoptée par l'Assemblée générale de la SSE du 14 mai 1933, selon laquelle: «Il faut autoriser le séjour en Suisse aux représentants éminents de la littérature allemande, ainsi qu'aux fuyards politiques qui exercent une activité littéraire. Il faut aussi leur permettre de gagner leur pain dans notre pays. Par contre, il faudra prendre position contre les petits écrivains qui sont simplement venus en Suisse pour profiter de la conjoncture.»[54] L'adjonction complémentaire est éclairante et en dit long: «La question de savoir si un demandeur d'asile peut être considéré comme un excellent écrivain doit être examinée par une commission composée de spécialistes [...]. Le droit de séjour en Suisse doit être refusé à tous les autres écrivains et journalistes étrangers, en particulier aux écrivaillons et aux auteurs occasionnels d'œuvres insignifiantes.»[55] Werner Mittenzwei émit une critique catégorique: «Quelle que soit, en pratique, la bienveillance des attitudes adoptées, ces principes restent cependant des atteintes à l'humanité, dès lors que c'est le niveau littéraire et la réputation internationale

52 Archives de la SSE, classeur «Politique d'asile 1933–1945».
53 Op. cit.
54 Citation selon Niederer 1994, p. 140.
55 Citation selon Charles Linsmayer, «Sie hatten den geistigen Verrat bereits vollzogen», in: *Bund*, 5. 7. 1997.

qui décident finalement de l'octroi ou non d'une autorisation de séjour à un écrivain menacé dans sa vie.»[56]

Lors de cette même AG de 1933, une motion d'Elisabeth Thommen fut rejetée sur la base de douteuses considérations formelles et juridiques. Aux termes de cette proposition, la SSE aurait dû prendre position sur les événements qui avaient lieu en Allemagne et se prononcer tout particulièrement sur les actions menées contre les écrivains.[57]

Soutenus par une approbation silencieuse, le président Moeschlin et son secrétaire Naef avaient largement les mains libres pour effectuer leur tâche et pour protéger la littérature suisse de la concurrence extérieure. Ils le firent dans le sens d'une fracassante politique d'intérêts et d'une stricte politique de défense. Quoi qu'il en soit, les membres de la Société des écrivains suisses ayant déjà entériné cette pratique inhumaine, ou plutôt parce qu'ils l'avaient approuvée préalablement, les protestations furent largement inexistantes. Même un opposant de gauche, comme Jakob Bührer, n'éleva pas de protestation officielle; en 1967, il avait davantage en mémoire la méconnaissance des faits que leur monstruosité: «En tant que simple membre, on n'avait que des rumeurs sur ce qui se passait là, sur les rapports que Moeschlin et Naef livraient au Palais fédéral.»[58] La dépendance financière dans laquelle Bührer se trouvait vis-à-vis de la SSE contribuait sans doute un peu aussi à son silence.[59]

La pratique des rapports se poursuivit donc résolument, parfois même avec une sournoiserie cynique, emboîtant par trop bien le pas à l'idéologie rhétorique de la «défense nationale spirituelle», dont Moeschlin et Naef étaient les coauteurs et dont ils s'attachaient à défendre la composante rigide.[60] Ces pratiques cessèrent à la fin de l'année 1942, lorsque tous deux démissionnèrent de leur poste. Même si on continua à répondre à des demandes de renseignements, compte tenu de la situation géopolitique (Stalingrad et le tournant de la guerre), cela

---

56 Mittenzwei 1978, p. 114.
57 Niederer 1994, p. 142.
58 Op. cit., p. 141, note 366.
59 Op. cit., p. 251 ss.
60 Op. cit., p. 135 s.

se fit sous une forme plus douce ; l'application alla s'allégeant, pour devenir toujours plus généreuse.

Peut-être faut-il y voir un lien avec cet allègement, peut-être aussi faut-il invoquer la propension générale à l'oubli, toujours est-il qu'à la fin de la guerre, la pratique des rapports répondant aux demandes d'asile fut très rapidement couverte par la volonté de laisser le passé derrière et de construire véritablement l'avenir. En tout cas, personne n'exprima de remords.

Seules quelques investigations ont été menées contre certains membres qui étaient accusés d'avoir diffusé une propagande fascisiste ou national-socialiste à l'extrême (il y en avait quelques uns), mais ces enquêtes, qui se sont conclues par une série d'acquittements, ont été bien vite enterrées.[61] Ainsi donc, en 1946 déjà, la SSE paraissait avoir tiré un trait sur son passé, un premier trait tout au moins.

Ce qui n'avait pas été fait autrefois, la génération des «enfants» allait l'accomplir en 1970. A retardement, elle se sépara des forces réactionnaires, non seulement symboliquement, mais également réellement ; une scission qui aurait déjà pu se faire dans les années 30 et 40 et qui aurait dû effectivement se produire à cette époque-là. Les opposants du «Groupe d'Olten» avaient reconnu dans l'anti-intellectualisme du président de la SSE, Maurice Zermatten, les reliquats d'un esprit rétrograde qui s'était installé discrètement après 1945 et qui restait malgré tout virulent. Ces contestataires appartenaient à cette génération littéraire allemande qui s'interrogeait sur le comportement des pères. Avec ténacité, ils se souvenaient du mot d'ordre que Jakob Bührer avait mis par écrit en 1937, à l'occasion du 25e anniversaire de la SSE : «Qui fait fleurir l'opposition, entretient toujours l'espoir.»[62] Une opportunité, certes tardive pour le très vieillissant Bührer, de remobiliser ses forces. Mais à dire vrai, il s'opposa de son mieux à l'éclatement de la société, déposant en même temps une motion, en 1970 déjà, par laquelle il demandait que la SSE se définisse une nouvelle orientation.[63]

---

61 Op. cit., p. 181 ss.
62 Bührer 1937, p. 182.
63 Niederer 1994, p. 222 s.

En finir avec le sombre chapitre
Alors qu'en 1978 Werner Mittenzwei avait attiré l'attention sur le scandale, alors que Charles Linsmayer l'avait porté au grand jour de manière plus sévère en 1983, mettant particulièrement l'accent sur le comportement de Moeschlin, ce fut, en 1987, l'ouvrage Ecrire pour vivre qui allait obliger la SSE à se confronter à sa propre histoire. Le prétexte en était tout trouvé : placée alors sous la présidence d'Hugo Loetscher, la société fêtait son 75e anniversaire. Intitulant son essai «Ecrivains en exil suisse 1933–1945»[64], l'ancien secrétaire de la SSE, Otto Böni, entreprit de rappeler les comportements historiques de la SSE et de les soumettre à la critique. Les propres archives de la société recelaient beaucoup de matériel édifiant à ce sujet.

Böni s'était mis résolument et loyalement à l'ouvrage, avant tout pour tirer au clair la pratique très controversée des certificats. Dans son exposé, il sélectionne une série d'exemples, sans omettre toutefois un certain nombre de fautes qui ont eu des conséquences désagréables ou dangereuses pour les personnes concernées. Comme par exemple dans le cas de Max Hochdorf qui a été qualifié de «polygraphe juif», et dont la présence en Suisse a été jugée par Moeschlin et Naef comme ne marquant pas «un enrichissement de notre vie spirituelle». Böni classe ce bannissement rhétorique comme étant «vraiment pernicieux».[65]

La manière de formuler les choses est symptomatique de la lecture de Böni : plus il est empressé à admettre des erreurs, plus il est enclin à pondérer les faits, les résumant avec ménagement et n'étant jamais embarrassé de fournir des contre-exemples positifs. Il n'est donc pas étonnant que son analyse se termine de manière très conciliante en 1944, avec l'interdiction d'effectuer un voyage de lectures prononcée à l'encontre d'un partisan nazi, Hans Carossa, «sous la pression de la SSE et d'autres organisations».[66] Le jugement que Böni porte sur le comportement de la SSE entre 1933 et 1942 et sur sa politique des attestations peut certainement être qualifiée de tout à fait convenable. Il

---

64 SSE (éd.) 1987, p. 121–149.
65 Op. cit., p. 134.
66 Op. cit., p. 148.

ne dissimule rien, mais il faut toutefois mettre en évidence ceci : sa présentation des faits est une accumulation d'enjolivures et d'atténuations qui servent indirectement à contrebalancer la souillure. Il fait valoir la difficulté des actes de Moeschlin et Naef et donne, en fin de compte, l'impression que les cas positifs sont prépondérants. Son interprétation est trop polie, comme raffinée. La décision fondamentale de l'AG du 14 mai 1933 en ressort bien plus modérée, bien plus inoffensive qu'elle ne l'est dans sa pleine teneur scandaleuse.

D'autre part, Böni passe complètement sous silence l'activité littéraire de l'ancien président Felix Moeschlin. Charles Linsmayer par contre l'avait présentée dans une lumière crue en 1983. Se fondant sur ses profondes connaissances, Linsmayer avait reconnu dans son œuvre, non seulement « une certaine hostilité envers les civilisations et les intellectuels d'autrefois », mais encore une fascination toute contemporaine et très prononcée pour l'idéologie de Mussolini, qui se place dans l'attente de cette « parcelle de la vérité, pour laquelle les temps ne sont pas encore venus » (pour citer le roman de 1931 *Barbar und Römer* [Les Barbares et les Romains]). Linsmayer fait observer que ce roman, « qu'on pourrait considérer comme un simple document illustrant la fascination que le fascisme était alors en position d'exercer sur un écrivain peu sûr de lui, pourrait ne pas être invoqué, si la politique de la SSE dans les années 30 et le début des années 40, politique que Moeschlin en sa qualité de président co-déterminait largement, n'avait pas précisément mis en pratique cette forme de justice qui ne ‹ compte › plus le ‹ sang et les larmes ›. »[67]

Pour l'essentiel, Linsmayer estime que délivrer de telles attestations à des requérants d'asile en ces temps-là relève « d'un cynisme incroyable pour des hommes qui travaillent avec leur esprit » et que cette pratique représente « une lourde hypothèque morale pour la littérature suisse alémanique de notre siècle ».[68] Otto Böni n'aurait certes pas voulu s'exprimer aussi clairement, par respect pour « sa » société sans doute, peut-être aussi par respect pour Felix Moeschlin qui, en raison

---

67   Linsmayer 1983, p. 481.
68   Op. cit., p. 484.

des lectures qu'il avait données en 1956 pour l'organisation pro-communiste «Peuple et culture», devait avoir perdu aux yeux de Böni sa souillure de réactionnaire.

Toujours est-il que l'essai de Böni marque le début de quelque chose. Ulrich Niederer allait y apporter un certain développement dans son «Histoire de la société suisse des écrivains». Sans être influencé par les intérêts politiques de la société, il devait toutefois se concentrer assez nettement sur les événements et les processus internes de l'association.[69] Toute autre, l'approche de Charles Linsmayer. Après l'annonce faite en juin 1997 par le comité de la SSE de son intention de discuter publiquement du sujet, Linsmayer réitéra plus durement ses critiques dans le *Bund* du 5 juillet 1997, faisant alors valoir des cas concrets. Les exemples qu'il citait sautaient aux yeux et ne laissaient pas planer le moindre doute sur la muflerie et l'arrogance dont Naef et Moeschlin avaient fait preuve autrefois, non seulement pour repousser, mais aussi pour disqualifier artistiquement des fuyards. Seuls des auteurs célèbres comme Thomas Mann ou Georg Kaiser étaient à leur avis les bienvenus.

«Globalement, il faut dire que les travaux de Reinke ne représentent pas un enrichissement pour la littérature de notre pays»[70], voilà en gros la manière du juger de ces deux nobles gentlemen-riders du bon goût, un goût extraordinairement commun au demeurant. Est-il dès lors étonnant qu'ils se soient également souciés que la SSE puisse se prévaloir d'être «sans juifs»[71], afin que ses membres ne soient pas empêchés de publier en Allemagne nazie et qu'ils puissent le faire sans souci? Aucune opposition ne s'est jamais manifestée à la SSE contre ce fait.

69 Niederer 1994, p. 131–183.
70 Lettre du 1.7.1938; Archives de la SSE, classeur «Politique d'asile 1933–1945», onglet «Reinke».
71 Charles Linsmayer, «Sie hatten den geistigen Verrat bereits vollzogen», in: *Bund*, 5.7.1997. Selon les renseignements fournis par Charles Linsmayer, cet article s'est largement répandu dans la presse. Sans que l'auteur en soit averti, une traduction française raccourcie a paru dans *Le Nouveau Quotidien* des 21. et 22.7.1997 sous le titre «Quand la société suisse des écrivains dénigrait les auteurs juifs allemands». Par la suite, cet article devait encore trouver un écho dans *Die Welt* (8.8.1997) et dans *Le Monde* (8.11.1997).

Avec l'élection de Franz Beidler au poste de secrétaire général de la SSE, la situation allait se modifier à partir de 1943. La pratique s'est faite plus souple et, dans la majorité des cas, les demandes des «petits écrivaillons» ont elles aussi reçu une réponse positive. Dans une lettre du 11 mars 1965, adressée à Hermann Schneider, Beidler avoue que «dans les années 1933–1942, nous n'avons pas réussi l'examen de réputation qui nous était demandée et nous avons été d'une certaine manière lamentablement défaillants».[72]

Toutefois, il ne faut pas se fier pleinement aux apparences de cet aveu. D'une part, la pratique des attestations s'est poursuivie jusqu'en 1959[73] et elle est restée dans les vapeurs des fumeux ouï-dire. D'autre part, bien qu'en général mesuré dans ses propos, le libéral Beidler s'est aussi laissé aller de temps à autre à durcir le ton de ses réponses, à s'emporter dans des appréciations péniblement aimables, où transparaissait quelque chose comme une pédagogie de lecture noire. Ainsi par exemple, le 25. février 1948. Répondant à la demande de la police bâloise des étrangers sur le cas d'Anna Lottes, il se prononça en ces termes : «Comme vous le supposez vous-mêmes à bon droit, à notre avis, il n'y a aucune nécessité d'octroyer une autorisation de séjour dans notre pays à la requérante, il nous apparaît bien plus impérieux qu'une immigration de ce genre de dilettantes inqualifiables ne se reproduise pas.»[74]

Avec ce qu'on sait en toile de fond, la représentation que fait Otto Böni des années 1933–1942 apparaît comme véritablement insuffisante. Charles Linsmayer pour sa part s'enhardit et proposa à la SSE de réaliser une anthologie. «En tant que signe de la réparation», elle aurait rassemblé des textes d'auteurs et d'autrices dont la requête avait été traitée à cette époque. Surpris par cette proposition (qui s'accompagnait d'un projet de contrat et d'une offre), le comité refusa «en attendant» et offrit en contrepartie de mettre les archives de la société à la disposition de Linsmayer afin qu'il puisse effectuer des recherches.[75]

72 Citation selon Linsmayer 2002.
73 Une liste comporte quelque 60 noms dont les cas ont été examinés jusqu'en 1959 ; voir le classeur «Politique d'asile 1933–1945» aux archives de la SSE.
74 Citation selon Linsmayer 2002.
75 Procès-verbal de la séance du comité, 6.12.1997.

Lors de sa dernière séance de l'été 1998, le comité alors en place confirma son refus provisoire, de façon à ne pas entraver la nouvelle équipe dirigeante qui était à élire. La nouvelle équipe estima en revanche qu'il était «urgent de mettre en évidence un domaine de la littérature suisse actuelle très vivant, superbement coloré et pourtant bien souvent délaissé».[76]

L'ouvrage *Zweifache Eigenheit* [une double singularité], publié en 2001, rassemble des textes de 18 auteurs et autrices juifs suisses qui, comme le genevois Serguei Hazanov le spécule astucieusement, font remarquer qu'il y a peut-être des affinités entre le yiddish et le suisse allemand. «Imagine qu'on en arrive tout à coup à dire que les langues sont effectivement apparentées et que les Suisses allemands sont en vérité l'une des tribus d'Israël qu'on croyait perdues!»[77]

Dans sa postface, le responsable de la publication, Rafaël Newman, attire tout spécialement l'attention sur Margarete Susman, laquelle, malgré la disqualification dont elle a été victime de la part de la SSE, a vécu en Suisse pendant les années de guerre, a écrit sous un pseudonyme et a laissé derrière elle une œuvre admirable. La dette historique est-elle ainsi payée? La question reste en suspens. Toujours est-il qu'il convient de relever un détail dans la préface. Au nom de la société, Tim Krohn et Peter A. Schmid écrivent: «La Société suisse des écrivaines et écrivains était particulièrement soucieuse de ne pas laisser des auteurs et autrices juifs étrangers franchir la frontière.»[78] Un imperceptible aveu de culpabilité, la SSE de l'époque s'appelait encore «Société des écrivains suisses» et non pas Société suisse des écrivains.

Une loyauté envers l'Etat?

La question de loyauté envers l'Etat devait une nouvelle fois faire la preuve de sa force explosive lors d'une péripétie interne. A l'occasion des débats publics du 1er novembre 1997, l'ancien membre du comité Clo Duri Bezzola avait lui aussi demandé la parole. Son opinion, expri-

---

76 Newman 2001, p. 7.
77 Op. cit., p. 195 s.
78 Op. cit., p. 7

mée en dehors de l'attention des médias, n'allait plus quitter l'esprit de certains participants, de Martin Dreyfus en particulier. Dix jours après la manifestation, il adressa un fax à Edith Gloor, où il résumait les propos de Bezzola : « Au fond (la citation n'est pas littérale), il a exprimé l'avis qu'une société (comme la SSE) est tenue ipso facto de se montrer loyale envers l'Etat, mais que les membres ne sont par contre pas tenu à respecter individuellement cette même loyauté. »[79] Dans le contexte historique évoqué à cette occasion, cette déclaration fut carrément ressentie comme une provocation. Abrégée plus tard en un concept élémentaire « Loyauté de la société envers l'Etat », elle valut à son auteur une condamnation spontanée.

Cependant, ce n'est pas ainsi qu'il fallait l'entendre. Comme il s'en est expliqué plus tard en se remémorant les débats de novembre, Clo Duri Bezzola voulait bien plutôt, au-delà de l'exemple historique, parler de l'assujettissement dans lequel se trouve une société comme la SSE qui dépend fondamentalement des deniers de l'Etat. Un fait en soi, qui ne devrait pas échapper à la réflexion des sociétés, et qui ne leur laisse qu'une alternative : ou bien elles acceptent les principes de l'Etat et adoptent une attitude « loyale » envers celui qui les finance ou bien elles refusent son soutien financier et, par voie de conséquence, s'organisent en toute indépendance. L'attitude personnelle des membres de la société, ainsi que les critiques qu'ils peuvent émettre, quelles que soient leur forme ou leur portée, sont expressément exclues de ces considérations.[80]

Rapporté à l'histoire, cela reviendrait à dire que la SSE était parfaitement en droit de répondre aux demandes de la Police des étrangers dans les années 30 et 40. Cette tâche aurait même pu figurer dans le catalogue des devoirs et des responsabilités d'une société comme la SSE. En effet, elle connaît bien mieux les intérêts et les besoins de celles et ceux qu'elle représente que n'importe quel office de police anonyme. Historiquement, c'est la manière dont Moeschlin et Naef se sont chargés d'effectuer ce travail qui a tout fait déraper. Ensemble, ils ont réglé les demandes d'une manière irresponsable, tant sur le plan humain

---

79 Fax conservé aux archives de la SSE.
80 Clo Duri Bezzola, entretien du 17.9.2002.

qu'au niveau politique – sans en rendre compte de manière transparente, ni à la société, ni au public.

Ce ne sont pas la dignité humaine, ni l'intérêt général du paysage littéraire suisse qui constituaient le fil rouge de leurs appréciations ; ils avaient en vue simplement l'intérêt particulier des membres de la SSE à disposer de possibilités de travail. Néanmoins, les défaillances individuelles ne peuvent pas servir fondamentalement à désavouer l'ensemble du système des recommandations.

Revenons à l'année 1997. Clo Duri Bezzola était connu pour être un partenaire de discussion réfléchi. Qu'il ait été soupçonné d'une attitude réactionnaire, cela manquait dès le départ de toute crédibilité – « être réactionnaire » était un reproche standard, qui s'exprimait facilement et qui se répétait souvent lors des débats politiques, à la SSE comme ailleurs.

Ce qu'il voulait vraiment dire se référait sans détour au contexte historique, alors que son intervention sur la loyauté fut comprise comme un oui inconditionnel à l'Etat. Il n'y avait toutefois pas de quoi mener grand train, ni matière à démasquer en Bezzola un présumé commentateur juridique intervenant dans un débat historique.

Cette péripétie devait cependant bien vite porter à conséquences. Au printemps 1998, il fallait discuter du changement à la présidence de la SSE. Pour succéder à Edith Gloor, la candidature potentielle de Bezzola a été évoquée au sein du comité. D'accord avec l'intéressé, Gloor invita Bezzola à la séance du 14 février, « sachant pertinemment que l'opinion qu'il avait émise lors des débats du 1er novembre au Weisser Wind, à propos de la loyauté envers l'Etat, avait soulevé de grandes vagues ».[81] Pesant le pour et le contre, le comité s'est d'abord rallié à la proposition d'une candidature Bezzola ; cependant l'atmosphère qui régnait au sein du monde littéraire helvétique suscita immédiatement des doutes quant au résultat possible de cette élection. Les réactions – « surprise déconcertante, sourire moqueur et même réprobation critique – nous ont fait sourciller ».[82] Réagissant à une courageuse initiative d'information, le Groupe d'Olten fut tenté de n'y voir qu'un tuyau percé.

81 « L'affaire Bezzola », 1998, p. 1.
82 Op. cit., p. 2.

S'apercevant de son erreur, le comité réexamina sa situation et, en mars, conclut qu'il fallait présenter une seconde candidature, afin de «ne pas compromettre le léger goodwill qui se manifestait justement dans l'opinion public à l'égard de la SSE, ni la collaboration engagée avec des organisations professionnelles et des associations.»[83] Celui dont on allait présenter la candidature comme membre du comité, Tim Krohn, devait également briguer la présidence. Atout principal du double candidat: «Il est le garant du dynamisme!»[84] Au demeurant, cette décision laissait au comité toutes les options ouvertes. Toutefois, Bezzola ne fut mis au courant de la manœuvre qu'après coup et il refusa poliment et résolument d'entrer dans le jeu. Il justifia son refus dans une lettre, avançant surtout des réflexions politiques. Face à Tim Krohn, pour lequel entre-temps le comité avait carrément pris parti avec passion, il ne lui serait resté que le rôle de l'adversaire conservateur et il se serait présenté en somme comme le reliquat d'une histoire qu'on croyait surmontée. «Que cela soit intentionnel ou pas, l'élection acquiert ainsi le caractère d'une question idéologique, créée artificiellement entre deux candidats dont les positions en matière de politique culturelle ne sont vraisemblablement pas si éloignées les unes des autres dans la réalité.» Et Bezzola précise avec insistance qu'il se sentirait doublement blessé, «si je devais être mal compris dans ces problèmes si sensibles». En retirant sa candidature, il voulait aussi s'éviter «de recueillir les applaudissements du mauvais bord.»[85]

En juin 1998, l'élection du nouveau président et du nouveau secrétaire général – pour le poste de secrétaire, le comité proposait la candidature de Peter A. Schmid – marqua un nouvelle orientation de la société.

Etre à gauche et sexy

Dans le rapport annuel 1997 du GO, Jochen Kelter fit remarquer que les relations avec la SSE n'ont pas eu «la signification primordiale de l'année dernière», pas davantage en ce qui concerne les pourparlers sur

---

83   Op. cit.
84   Op. cit., p. 3.
85   Clo Duri Bezzola, lettre du 5.4.1998.

une coopération. On en est venu à évaluer la situation de la manière suivante : « Il nous semble que la SSE entend profiter de son changement de secrétariat en 1998 pour (en premier lieu) se fortifier elle-même. C'est là une évolution que nous envisageons avec sympathie et sérénité. »[86] Ce qui allait advenir serait plus débridé que ce que la tranquillité affichée ne le laissait pas supposer.

L'élection annoncée de Tim Krohn à la présidence et de Peter A. Schmid au poste de secrétaire général (il est entré officiellement en fonction le 1er janvier 1999) avait suscité de grands espoirs au sein de la SSE. La nouvelle équipe dirigeante, à laquelle il convient d'adjoindre le vice-président Beat Sterchi, devait s'occuper de tout, remanier de fond en comble l'héritage statutaire, examiner les critères d'admission et enfin se détacher de l'un ou l'autre vieux boulet.

Cet espoir n'était pas tout à fait infondé, car les prémisses d'une nouvelle dynamique avaient nettement été perceptibles lors de la séance du comité du 12 juin 1998 – la veille de l'assemblée générale décisive. Tim Krohn était invité à cette dernière séance de l'ancien comité en qualité de remplaçant de Konrad Klotz, membre du comité décédé en 1997 ; il occupait ce siège vacant depuis mars, à titre intérimaire et sans droit de vote. Son nom apparaît à tout moment dans le procès-verbal, qu'il s'agisse d'initiatives, de demandes de renseignements et tout particulièrement d'une extravagante impression de changement dans la conduite des discussions. En toutes lettres on peut lire : « Tim Krohn prend la responsabilité de diriger une séance extraordinaire avancée du comité qui sera en place pour la nouvelle période statutaire »[87] – et ça démarre. En premier lieu, il confirme que la composante syndicale est « une tâche importante de la SSE » et qu'elle s'accompagne de « la conviction que l'engagement culturel est une activité fondamentale de la société ».[88] Les autres idées mises à part, c'est le cours futur qui se dessinait là en pointillé. Avec sa « séance extraordinaire avancée »,

---

86 GO Circ. 85, mai 1998, p. 6.
87 Procès-verbal de la séance du comité, 12.6.1998, p. 7 ; selon Tim Krohn, ce point a occupé une grande partie de la séance, mais à vrai dire seules les décisions ont été protocolées.
88 Op. cit.

Krohn voulait essayer d'éviter le trou de l'été et de meubler cette période de vacances en prévoyant immédiatement des tâches et des activités concrètes.

L'Assemblée générale qui eut lieu le jour suivant confirma la proposition de candidature du comité, à la vérité seulement après une discussion âpre et en partie polémique sur le thème « Quel avenir pour la SSE ? » L'opposition venait avant tout des membres francophones et italophones, lesquels s'inquiétaient de l'avenir du fonds d'aide à la publication et des honoraires complémentaires. Mais ainsi le changement était accompli. Deux des décisions qui ont été prises lors de cette AG, l'une laissait un siège vacant au comité, « car il n'a pas été possible de trouver un membre rhéto-romanche, ni un tessinois »[89], l'autre attribuait les sièges de président et de vice-président à des Suisses alémaniques, allaient offrir la matière d'une future discussion sur les formes juridiques. L'opposition interne devait se contenter de cette perspective.

Mais ce qui comptait en premier lieu, c'est que la SSE, qui avait passé des années comme la Belle au bois dormant, se fût dotée d'une nouvelle direction à l'esprit vif et éveillé. Un « drôle de président » (selon Jochen Kelter)[90], « deux têtes habiles »[91] étaient motivés par la perspective, comme Tim Krohn l'exprimait, de pouvoir bouger quelque chose dans une société qui lui avait été d'un très grand secours pour lui-même.[92] Une société est un instrument qui doit permettre de soutenir durablement la littérature en Suisse, dans toute sa diversité, et qui peut même parfois en modifier certains aspects. Il s'agissait cependant de donner des impulsions dynamiques, de développer davantage d'initiatives pour que l'image de la littérature suisse, que les médias décrivait volontiers comme étant en mauvaise santé, sinon en crise, se transforme et que cette évolution attire l'attention de la jeune génération sur les activités de la SSE et sur le travail qui se fait en son sein.

Le changement fut immédiatement perceptible, tant à l'extérieur de la société qu'en interne. La communication s'intensifia dans les deux

---

89   Procès-verbal de l'AG, 13.6.1998, p. 4.
90   Jochen Kelter, d'après le SSE Bull. 4, mars 2000, p. 4.
91   Fredi Lerch, « Vor einem Leben nach der Utopie », in: *WochenZeitung*, 23.5.2002.
92   Tim Krohn, entretien du 1.10.2002.

directions et elle adopta un ton nouveau. Deux semaines après l'élection, la première lettre circulaire fut adressée aux membres; Tim Krohn y soulignait avec suffisance que « cette élection implique clairement le mandat de revivifier et de restructurer notre association, de procéder à une déconcentration des pouvoirs, d'adopter une gestion plus transparente et de nous adapter mieux aux vœux et aux besoins de ceux qui font de l'écriture leur activité ».[93] En une seule phrase, il avait dressé la liste des points faibles de ces dernières années : non-transparence, passivité, inefficacité. Selon le vœu du nouveau président, tout cela devait changer de fond en comble : « Car, pour l'instant, le plus important est que d'une association où règne l'anonymat, nous nous transformions en une communauté vivante, combative et hétérogène d'écrivaines et d'écrivains actifs. »[94] Dans cette lettre de deux pages, il formait aussi certains projets et présentait quelques initiatives qui devaient conduire à la réalisation de ce souhait bien arrêté : entre autres, la création d'un « groupe de traducteurs », des concepts nouveaux pour présenter la SSE à la Foire du livre de Francfort, l'espoir de pouvoir mettre en place prochainement un conseil juridique propre à la société, ainsi que l'annonce d'un débat urgent sur la « suppression du prix fixe du livre ». A peine un mois plus tard, une deuxième lettre de deux pages fut envoyée aux membres, accompagnée cette fois d'un « questionnaire à tous les membres », un formulaire qui allait donner du fil à retordre.

En matière de relations publiques, Tim Krohn et Peter A. Schmid donnèrent de nombreuses interviews sur ce qu'ils envisageaient de faire avec la SSE ces prochaines années. Dans cet exercice, une expression fit particulièrement mouche : la SSE devait devenir « sexy », ce que le *Bund* mit en relief dans son titre : « Une société ‹sexy› stimulera les jeunes auteurs ».[95] Formulée de manière plus neutre, cette expression signifiait en somme : accomplir le « changement de génération » – la majorité des membres du nouveau comité étaient alors âgés de moins

---

93 Lettre aux membres, 2.7.1998.
94 Op. cit.
95 Entretien de Charles Linsmayer avec Tim Krohn et Peter A. Schmid, in : *Bund*, 25.6.1998. Une phrase de Schmid est particulièrement mise en évidence dans le texte : « Nous devons devenir plus sexy, alors les jeunes nous rejoindront. »

de quarante ans – et mettre fin aux longues années de léthargie, en créant un environnement vivant, propice à l'éclosion de réjouissantes discussions. «Car, à nos yeux, il s'agit aussi de faire la preuve que les écrivains ont une certaine conscience de ce qu'ils sont et d'exercer parallèlement une influence sur le monde littéraire. Il est temps que les créateurs littéraires quittent leur rôle de victime.»[96]
Et comme si cela ne suffisait pas, Peter A. Schmid laissa entendre que: «la nouvelle SSE est à gauche».[97] En revendiquant sans équivoque une société enjouée et politiquement orientée à gauche, la nouvelle direction de la SSE se positionnait en concurrence directe avec le GO. Pourquoi alors les deux nouveaux dirigeants avaient-ils choisi d'œuvrer à la SSE? Questionné à ce sujet, Krohn répondit: «Ici, nous n'avons pas à subir la domination de nos aînés, une génération autoritaire qui détermine la marche des affaires.»[98] Cette affirmation est sans doute exagérée, mais elle recouvre quelque chose de juste, à savoir que le GO était de plus en plus souvent perçu comme un projet de la génération 68. De la même manière que les jeunes auteurs et autrices de la fin des années 60 s'étaient soulevés «contre l'obstination têtue des patriotes et des notables rimailleurs»[99], trente ans plus tard, la propension du GO à vouloir professer était ressentie comme un obstacle, de temps en temps même comme une tutelle, un sentiment qu'il ne faudrait assurément pas associer sans réserve à l'abstention politique de la jeune génération.

Dans cette optique, l'accent mis sur le travail de la société, sur sa transparence, sa résonance dans le public et son caractère contestataire, se comprend moins comme une pure stratégie de communication, mais bien davantage comme la tentative de briser les rouages internes de la société et de porter le débat sur la place publique, une démarche liée à un engagement prodigieux et à des efforts considérables. Ainsi, la SSE accomplissait ce que les 22 dissidents de 1971 avaient rêvé d'atteindre de manière analogue, en marquant leur opposition par la créa-

---

96   Tim Krohn, in: *Vorwärts*, 19.6.1998.
97   *Tages-Anzeiger*, 6.7.1998.
98   *Bund*, 25.6.1998.
99   Fredi Lerch, «Vor einem Leben nach der Utopie», in: *WochenZeitung*, 23.5.2002.

tion du Groupe d'Olten. A cette différence près toutefois que l'ouverture de 1998 s'est effectuée au sein même des structures de la société et qu'elle a été couplée à une forte représentation des intérêts syndicaux, ce que le GO, par contre, a toujours tenu dans une ambivalence, dès sa création d'ailleurs, en séparant pudiquement sa politique culturelle de la politique de la société. Le changement intervenu à la tête de la SSE avait modifié brutalement le rapport de forces entre la SSE et le GO. Tandis que Krohn et Schmid, en toute conscience et avec un air de bravade, expliquaient que les anciennes pratiques étaient dépassées, tandis qu'ils insufflaient un nouvel élan à la société, la SSE pouvait dépasser ses vieilles angoisses quant à sa capacité de survie. Tout à coup, la SSE osa revendiquer la représentation de l'ensemble de la littérature suisse. Pendant des années, le GO avait prétendu que la concurrence entre les deux sociétés était stimulante. Cet argument avait changé de camp, il valait désormais pour la SSE. La fusion, à laquelle la SSE aspirait encore il y a deux ans, n'était subitement plus une question à l'ordre du jour : « S'il doit y avoir de nouvelles discussions en vue d'une fusion, cette fois-ci c'est à l'initiative du GO qu'elles doivent s'engager.»[100] La SSE inversait les rôles et affirmait clairement ses intentions : « Dès à présent, il n'y a plus de raison de donner le bras au Groupe d'Olten.»[101]

Des résistances internes

Dans une interview au *Bund*, Tim Krohn avait déclaré qu'il n'était pas vraiment possible d'atteindre la base d'une association forte de près de 600 membres au moyen d'une assemblée générale. Quoi qu'il en soit, des fractions respectables de la base de la SSE se sont manifestées fermement après l'AG de Neuchâtel pour mettre fin aux rêves de grandeur du président. Le changement survenu rapidement avait fait naître une opposition au sein même de la société, ce qui allait déboucher sur une réaction publique : une lettre aux lecteurs signée par les deux ex-présidentes Janine Massard et Mousse Boulanger. Dans les critiques qu'elles

---

100 Tim Krohn, in : *Bund*, 25.6.1998.
101 Peter A. Schmid, in : *Tages-Anzeiger*, 6.7.1998.

adressaient à la nouvelle direction, elles faisaient elles aussi allusion à l'inertie de la dernière décennie, mais elles reprochaient toutefois au nouveau président, de manière générale, de tourner le dos aux « anciens » et d'avoir qualifié la SSE de « repaire de vieux réactionnaires ».[102] Bien que Krohn s'efforça de rajeunir la société, ce reproche était manifestement exagéré, comme l'atteste dans le fond l'interview parue dans le *Tages-Anzeiger*. Krohn y exprimait, d'une part, le fait que seule jusqu'ici « la petite fraction des membres conservateurs avait représenté la SSE » et, d'autre part, sa volonté de contrecarrer ce courant en « permettant à une autre fraction, plus progressiste, de se rendre active ».[103]

Cependant, il semble bien que l'impression avait germé au sein d'une fraction de la SSE (en majorité romande) qu'on n'était pas en présence d'un changement d'orientation, mais que c'était un putsch qui était en cours, un putsch auquel elle avait elle-même consenti lors de l'AG de Neuchâtel. A cette époque-là déjà, certains membres s'étaient étonnés de se montrer si courageux et avaient rouspété contre la composition du comité, laquelle, à leur avis, n'était pas statutairement correcte.

Implicitement, la critique visait toutefois beaucoup plus loin. La résistance avait surtout pour origine la réforme des montants des prestations[104], ainsi que le « questionnaire à celles et ceux qui ont une fonction dans des organisations culturelles », formulaire qui accompagnait la lettre du 3 août aux membres et qui devait permettre à la SSE de clarifier sa situation dans le concert politico-culturel : « Nous aimerions savoir à quel point notre société est liée à la vie culturelle nationale et internationale ».[105] Il n'est pas difficile de deviner que derrière cette for-

---

102 Janine Massard, in : *Tages-Anzeiger*, 15.7.1998.
103 Tim Krohn in: *Tages-Anzeiger*, 6.7.1998 ; dans l'interview qu'il a donné au *Bund*, Peter A. Schmid relativise également l'image conservatrice qui colle à la société : « On trouve à la SSE des gens qui n'appartiendraient jamais, mais absolument jamais, à un groupe conservateur – Jean Ziegler, p. ex. » (*Bund*, 25.6.1998).
104 Pour les honoraires de lecture, le montant minimal que les organisateurs devaient verser aux auteurs et autrices pour que ces derniers puissent avoir droit à la garantie d'honoraires de la société devrait être augmenté et passer du modeste Fr. 50.– à Fr. 150.– ; à ce sujet, voir également la discussion avec Krohn et Schmid dans *Vorwärts*, 19.6.1998.
105 Lettre aux membres, 3.8.1998.

mulation, fort diplomatiquement allégée, se cachait une exigence nettement plus dure, revendication que Krohn présenta ainsi à Mousse Boulanger, laquelle lui reprochait pour sa part une «manière de comploter»[106]: «La société est traversée d'intrigues, de cachotteries, de dissimulations, de coteries et nous ne sommes pas parvenus à tirer au clair toutes les conventions et tous les fils qui tissent la trame secrète de la SSE.»[107] Cette intention avait sans doute été mise à jour. C'est en tout cas aussi ce que donne à penser la réaction exacerbée de Janine Massard. Parmi les réponses fournies au questionnaire, il s'en trouvait six qui portaient son nom et qui avaient été modifiées à la main avec un stylo feutre. En en-tête, on pouvait lire «Schweizerischer Schnüffler Verband/Société Suisse des Fouineurs» et dans la marge, des adjonctions comme: «Au secours le G.O., la SSE devient folle», «Je hais ceux qui fichent», ou, sans vergogne et avec un brin de confusion: «La spécialité des fascistes: mettre les gens sur des fiches!» Quelque temps plus tôt, Massard avait déjà utilisé des mots semblables en demandant dans une lettre ouverte: «N'est-ce pas du fascisme» que de tout reconstruire à neuf sur des prémisses idéologiques, sans tenir compte comme il convient de l'héritage des aînés?[108]

Un antécédent interne avait donné naissance à ce questionnaire controversé. Beat Sterchi, membre du comité depuis 1996, s'était posé quelques questions essentielles à propos de la transparence des finances et des diverses postes et fonctions que la SSE pouvait occuper. Sa méfiance avait été aiguisée non seulement par le montant élevé des frais d'administration, supérieur à ce qu'il convient d'admettre, mais aussi par l'impression qu'il ne savait rien de précis sur la marche des affaires courantes, quand bien même il appartint au groupe dirigeant. Un problème fondamental, qui se rencontre dans toute société, comme déjà vu.

S'attelant à un travail méticuleux, «malgré la résistance du secrétariat»[109], donc contre l'avis de Lou Pflüger, Sterchi établit un organigramme dont il devait ressortir que la SSE avait un grand nombre de

---

[106] Mousse Boulanger à Tim Krohn, 22.6.1998.
[107] Tim Krohn à Mousse Boulanger, 27.6.1998.
[108] *Gauchebdo*, 9.7.1998.
[109] Tim Krohn à Mousse Boulanger, 27.6.1998.

postes à attribuer, certains honorifiques, et qu'il n'était pas rare que cela se fit en sous-main, ad personam, à des membres du comité méritants par exemple. L'accumulation des mandats et des services amicaux avait pour effet que peu de membres se partageaient ces charges honorifiques. Le document de Sterchi fut réservé à l'usage interne, comme le précise explicitement un procès-verbal du comité : « Le comité décide de ne pas le distribuer à l'AG »[110] ; mais, avec l'arrivée du nouveau président, il tombait à point nommé. Ce papier allait lui servir de base pour établir le questionnaire mentionné plus haut, une enquête que certains membres ont mal pris parce qu'ils se sentaient attaqués. Voilà pourquoi la confrontation prit visiblement un tour venimeux.

Janine Massard et Mousse Boulanger orchestrèrent une campagne de protestation véhémente avec des lettres de lecteurs, des circulaires internes, des motions, ainsi qu'une pétition par laquelle 130 membres demandaient la convocation d'une Assemblée générale extraordinaire et réclamaient la restauration d'un comité, dont la composition soit conforme aux statuts. Pour conférer plus de poids à leur revendication, les deux initiatrices fondèrent même un « Comité provisoire des écrivains en lutte (COPEL) » et menacèrent de provoquer une vague de démissions si leurs vœux n'étaient pas exaucés.

Dès lors qu'il n'y avait aucun intérêt à une scission, le comité accepta finalement de convoquer une AG extraordinaire, laquelle allait se tenir le 8 novembre à Fribourg, donc à la frontière des langues. Le choix du lieu n'était pas le fruit du hasard, car des conflits d'intérêts entre la Suisse romande et la Suisse alémanique se manifestaient chaque semaine et les discussions par dessus la Sarine étaient dures et souvent tatillonnes. Depuis longtemps, la SSE avait un problème romand, comme aimait aussi à le souligner le GO.

Si on se réfère par ailleurs au cas Bezzola, il apparaît que c'est une représentation appropriée des minorités linguistiques qu'on réclamait alors avec insistance. A Fribourg, les membres de la SSE complétèrent le comité et défendirent le fonds d'aide à la publication comme étant « de la première importance » pour la Suisse romande. Il n'a pas été

---

110 Procès-verbal de la séance du comité, 12.6.1998.

mentionné qu'en maintenant le fonds d'aide à la publication, on allait perpétuer des inégalités, comme l'avait souligné Tim Krohn dans une interview préalable: «Les critères d'attribution dans ce domaine sont tout simplement surannés.»[111] A la fin de la discussion, dont bien des pans restèrent confus[112], la ligne d'action que le comité avait proposée a été majoritairement confirmée; parallèlement, on a approuvé l'exigence des romands quant au respect de la parité linguistique dans la composition du comité. Enfin, résultat d'une large entente, on a institué une commission de révision des statuts, qui allait devoir apporter des éclaircissements quant à l'avenir de la société. Malgré la démission de sept membres, dont celle de Massard et Boulanger, qui trouvèrent une nouvelle patrie au printemps 1999 au GO, la SSE devait s'épargner d'autres formes d'agitation.

Dans la *WochenZeitung*, Fredi Lerch a parfaitement mis le doigt sur le risque de confusion suivant: «Si le comité poursuit dans la ligne qu'il s'est fixée, le bouillonnement continuera au sein de la SSE. Il est bien possible que, dans un proche avenir, des ex-auteurs et autrices de la SSE frappent à la porte du GO, pour, passant à la concurrence, profiter de la politique progressiste qui y est menée depuis de longues années, parce qu'ils ne pourraient tout simplement plus l'empêcher de se développer à la SSE.»[113] Ironie de l'histoire: le GO ne connaissait pas le soutien à la publication que Massard et Boulanger avaient si fermement défendu[114], il l'avait même expressément refusé.

Une affirmation renforcée

Indépendamment de toutes ces discussions, le nouveau comité de la SSE prit immédiatement en main un certain nombre d'affaires capitales. Il fallait s'assurer du montant des subventions fédérales et si possi-

---

111 *Basler Zeitung*, 7.11.1998.
112 Voir le procès-verbal de l'AG.
113 Fredi Lerch, «Streit im SSV», in: *WochenZeitung*, 12.11.1998.
114 Procès-verbal de l'AG extraordinaire, 8.11.1998, p. 7: «Mousse Boulanger soutient fermement que le fonds d'aide à la publication est d'une importance primordiale pour les écrivain(e)s et les éditeurs/trices de la Suisse romande et qu'il faut absolument le défendre.»

ble les améliorer (entretiens avec l'Office fédéral de la culture – OFC). Il fallait revoir complètement l'attribution des honoraires complémentaires et des bourses de travail et, surtout, soumettre les statuts à une complète révision. Enfin, il était temps de créer le site Internet et de fournir quelques bonnes idées pour la toute prochaine Foire du livre de Francfort.

L'Assemblée générale extraordinaire n'avait guère freiné ces projets, de sorte que le comité put mener son travail tambour battant et qu'il parvint bien vite à de premiers résultats. A Francfort, la SSE se présenta avec une «Longue nuit des auteurs», réalisée en compagnie de la «Verlag der Autoren» [Maison d'éditions des auteurs]. «A cette occasion, le comédien Hanspeter Müller a présenté, en création, un spectacle qui, par son haut niveau d'humour politique et sa plaisante mise en évidence de l'auto-dénigrement helvétique, fit partie des grands événements culturel de la foire», comme cela est décrit sans modestie dans le rapport annuel 1998.[115] Un signe qui montre que la SSE voulait désormais prendre part aux débats et les stimuler de manière plus active et plus innovante.

Toutefois, les problèmes de structures occupaient le premier plan. Il fallait entreprendre des modifications propres à favoriser le renouvellement solide et efficace de la conduite de la société, en premier lieu, dégraisser le secrétariat, sans pour autant réduire ses prestations. Le nouveau secrétaire général n'était plus engagé qu'à 60% (65% par la suite), c'est pourquoi le *Forum*, annuaire qu'il était coûteux d'entretenir et qui nécessitait beaucoup d'efforts, fut remplacé par un modeste bulletin, plus flexible, paraissant trois fois par année. Ce nouveau bulletin devait également remplacer les communications envoyées sous forme de photocopies. A partir du mois d'octobre 1998, la politique d'information de la SSE fut complétée par l'installation d'un site web sur le réseau Internet, à l'adresse: www.ch-s.ch. De la sorte, il devint possible d'actualiser en permanence et de faire circuler rapidement les informations et les débats. Lié à ce portail numérique, les auteurs et autrices se voyaient offrir des pages personnelles, au moyen desquelles ils pou-

---

115 Rapport annuel 1998, p. 3.

vaient se présenter globalement et donner à lire des extraits de leurs textes.

Les moyens ainsi libérés furent consacrés à améliorer les prestations complémentaires et à diversifier les formes d'aide apportées aux membres. Après les tumultueuses discussions de Fribourg, les compléments d'honoraires et les aides à la publication furent adaptés en douceur. Les garanties d'honoraires pour les lectures furent subordonnées à de nouvelles limites et à la restriction suivante : « Les auteurs et autrices sont tenus de s'efforcer d'obtenir des honoraires des organisateurs. »[116] Aux prestations existantes vinrent s'ajouter de nouvelles bourses de travail, lesquelles étaient versées aux auteurs pour des oeuvres en chantier « quand la poursuite du travail risque d'être compromise pour des raisons financières ».[117] En principe, toutes ces formes de soutien devaient revenir en priorité à des membres de condition modeste.

La qualité du conseil fourni dans les domaines essentiels de la création littéraire se développa encore dans les premières années qui suivirent le changement. Le contrat-type d'édition pour les œuvres littéraires parut à la fin 1999, sous la forme d'une brochure de poche, et provoqua l'irritation du GO. Une version française fut également disponible au printemps 2000. Cet ensemble de recommandations contractuelles s'accompagnait d'un « Guide international des bourses ». D'autres guides étaient en préparation, pour les auteurs et autrices dramatiques (prévu pour le printemps 2001) aussi bien que pour les traducteurs et traductrices. Ce dernier, qui avait été élaboré en l'an 2000, fut développé sous la forme d'un contrat modèle à la demande de ProLitteris qui en devint le coproducteur ; les négociations s'étendirent jusqu'en octobre 2002, date à laquelle il était prêt à être signé. Enfin, l' « Antenne Romande », bureau de contact et de renseignements au service direct des écrivains francophones, est entré en fonction à partir de la fin de l'été 1999, sous la houlette de Simone Collet.

Tous ces efforts avaient permis à la SSE d'affirmer ses prétentions

---

116 Prestations de la SSE, aide-mémoire.
117 Op. cit.

quant au renforcement durable de son engagement syndical et de soutenir la comparaison avec le GO, même en ce qui concerne les valeurs progressistes qui étaient traditionnellement attribuées à son concurrent. Transformer, consolider, optimiser, tels étaient les trois piliers qui ont été largement réalisés jusqu'à la fin 2000. Dans tous les domaines, le comité s'est efforcé de prendre en considération l'exigence du contrôle des frais et de la transparence, par exemple en mentionnant, pour la première fois dans le rapport annuel, le nom des membres qui représentent la SSE dans les commissions et les délégations.

La SSE voulait offrir une structure professionnelle à des écrivain(e)s professionnels. Entre-temps, la commission de révision des statuts avait poursuivi son travail; cependant le projet définitif fut présenté à un moment où il courait déjà le risque de devenir maculature, à cause d'un nouveau rapprochement entre la SSE et le GO. En septembre 2001, le comité recommanda que «les délégués de la SSE au groupe de coordination GO-SSE intègrent cette proposition de statuts dans les discussions et qu'elle serve d'instrument de travail».[118]

Dès le changement d'orientation, Tim Krohn et Peter A. Schmid avaient régulièrement signalé qu'ils voulaient également être plus actifs en matière culturelle, pour «apporter davantage de littérature au public».[119] La liste des manifestations et des projets, qui s'allonge visiblement d'un rapport annuel à l'autre, témoigne de la réussite de cette intention. Outre des lectures, on y trouve des débats, par exemple sur le prix unique du livre, un sujet brûlant depuis que la commission de la concurrence (COMCO) a recommandé son abolition en 1999. Depuis lors, conjointement avec le GO et la Société suisse des libraires et éditeurs (SBVV), la SSE a lancé quelques offensives pour son maintien.

Au printemps 2000, la SSE organisa aussi une série de manifestations informatives au sujet du «Livre à la carte» (Book on demand), qui se vante d'être un nouveau média concurrent de l'édition traditionnelle du livre. En l'occurrence, il n'y avait pas là que le sujet qui fût nouveau, la forme de collaboration l'était tout autant, puisqu'elle faisait appel à

---

118 Rapport annuel 2001 de la SSE, p. 6.
119 SSE Bull. 1, mars 1999, p. 1.

un sponsor, la maison Xerox. Peu de temps après, la SSE s'engagea dans une autre coproduction semblable, au côté du Pour-cent culturel de la Migros: les «processeurs dramatiques», un projet de formation pour les jeunes auteurs et autrices dramatiques, qui met en partenariat plusieurs théâtres suisses et Pro Helvetia. Il allait s'avérer par la suite que cette initiative est un instrument d'encouragement culturel important.

De manière générale, répondant au mandat de promotion et de diffusion de la littérature qu'elle s'était donnée, la SSE lançait ses projets plus énergiquement qu'avant 1998 et, surtout, avec une conscience plus aiguë de son rôle. La «Fête des arts», une coproduction de diverses associations littéraire, cinématographique, théâtrale et musicale, qui eut lieu en Engadine à l'été 2000, sans la participation du GO (qui avançait de son côté d'autres initiatives), montre à l'envi que la SSE s'était en la matière émancipée du GO depuis belle lurette.

La nouvelle SSE était devenue active et elle utilisa de manière efficace les retombées médiatiques de ses initiatives pour se forger la stature d'une représentante vitale et innovatrice des créateurs et créatrices littéraires suisses. A l'interne, c'est la forme discrète du nouveau bulletin qui devait marquer le changement. Tim Krohn se réservait la préface pour, usant d'une forme vive et brève, attirer l'attention sur les nouveautés et prendre position sur l'actualité politique et culturelle.

A cela il convient d'ajouter le déménagement de l'été 1999 et l'installation du secrétariat dans de nouveaux bureaux, à la Nordstrasse, à Zurich. Au-delà du lourd travail occasionné et du signe de rupture ainsi marqué, on en profita pour remettre en mains publiques, comme un prêt durable, les volumineuses et précieuses archives de la société. C'est ainsi que, fin 1999, début 2000, deux lots de documents ont été transférés aux Archives littéraires suisses (ALS) où, inventoriés par matière, ils sont désormais conservés. Il a été convenu par contrat de compléter périodiquement ces archives, qui rassemblent pour le moment quelque 450 boîtes.

Le style et la morale

Alors qu'il avait représenté jusque-là l'alternative engagée, le GO se voyait de plus en plus acculé sur son propre terrain. Manifestement, la SSE le provoquait. Par le ton nouveau qu'elle avait adopté, la SSE promettait de s'affirmer, même si elle ne parvint pas à réaliser tous ses projets. Le «Prix de la critique» notamment, annoncé à tue-tête, allait rester comme un petit coup d'épée dans l'eau médiatique, en ce sens que les critiques littéraires, qui auraient dû être honorés par les auteurs et autrices, se mirent par avance et sans ironie sur la défensive. Andreas Isenschmid se sentit même renvoyé en des temps reculés, où la critique déplaisante était encore qualifiée de «corrompue».[120] Beaucoup de bruit pour rien finalement.

Il en alla tout autrement lorsque Tim Krohn et Peter A. Schmid publièrent en 1999, au nom de la SSE, l'ouvrage *Le style est une question de morale. Essais sur les littératures critiques de la société au tournant du millénaire*. L'anthologie se proposait de répondre à une réflexion du président de la Confédération Flavio Cotti qui, à l'occasion de son discours à la Foire du livre de Francfort, avait déploré l'attitude lourde de conséquences «des créateurs culturels qui se détournent de leur traditionnelle présence critique dans la société et se replient sur eux-mêmes». Littéralement, il avait dit: «Il me semble qu'aujourd'hui le rapport entre les intellectuels et l'Etat a changé. L'impulsion que provoque une pensée oblique, la contestation des ‹hommes de culture› sont nettement moins manifestes. Et la critique fondamentale, si essentielle, semble quelque peu se noyer dans le bruit des affaires du jour.»[121] A son avis, on ne pouvait donc plus faire confiance à la littérature de gauche.

Venant de la politique officielle, cette provocation, lancée tous azimuts bien davantage que pro domo, eut le don d'aiguillonner Krohn et Schmid, qui cherchèrent alors à faire valoir le contenu critique des œuvres littéraires qui ne se réfèrent pas explicitement aux aspects politiques. La littérature «postmoderne» est politique, précisément parce

---

120 Aperçu in: *Tages-Anzeiger*, 7.9.1999.
121 SSE (éd.) 1999b, p. 56 s.

qu'elle prend en compte « le déchirement et l'opposition qui se manifestent entre la société et l'individu ».[122]

Ils n'auraient pas pu défier le Groupe d'Olten de manière plus directe et plus insolente. Sans avoir l'air d'y toucher, ils remettaient en question sa primauté en matière de littérature politique. Par dessus le marché, ils élargissaient l'éventail des conceptions esthétiques, en incluant un « contre-projet qui n'est pas en soi politique, mais qui peut néanmoins parfaitement être qualifié de critique sociale, dans la mesure où il renie tous les modèles autoritaires et toutes les hiérarchies en posant la simultanéité et l'équivalence des cultures ».[123] Leur position allait assurément plus loin que les réactions au discours de Cotti, demandées à quelques auteurs par Krohn et Schmid : « Notre conception d'une esthétique socialiste idéale n'est partagée que par un petit nombre d'auteurs et d'autrices. La moitié des écrivain(e)s interrogés n'a pas voulu s'exprimer sur la fonction sociale de l'écriture ».[124] A relever toutefois que cette recherche a été menée sans égard au sociétariat, faisant participer des auteurs et autrices des deux sociétés.

La force productive de cette « conception d'une esthétique socialiste idéale » tient en ce qu'elle essaye de restaurer la place du politique dans la littérature. La critique devrait s'obliger à lire les textes comme l'expression des rapports sociaux, à les examiner sous l'angle de « la fonction qu'ils remplissent dans la société ».[125] Inversement, les auteurs et autrices devraient se défaire de leur réserve, « se laisser entraîner dans un devoir moral », ce qui donnerait source à « davantage de scepticisme, dans le sens d'une foi perdue en la société, et à davantage d'angoisses de panne que ne le permet un solide refus de la fonction sociale de la littérature ». « Beaucoup d'écrivaines et d'écrivains considèrent qu'ils s'adressent à l'homme privé, très peu à l'homme social ».[126]

Cette position très engagée, qui plaide, d'une part, pour une forme de lecture intégrant une critique sociale, et, d'autre part, pour une litté-

---

122 Op. cit., p. 11
123 Op. cit.
124 Op. cit., p. 13
125 Op. cit., p. 12
126 Op. cit., p. 14

rature responsable, visait une nouvelle génération d'écrivain(e)s ; cette génération se comportait « politiquement » d'une manière différente, ouvrant (ou réouvrant) d'autres espaces politiques : les champs de l'esthétique, du médiatique ou du droit d'auteur. La littérature pouvait faire ses preuves sur ces nouveaux territoires, en se déclarant comme « libre » et en faisant étalage d'une forme de perception inhabituelle, multimédiale et connectée. Les auteurs et les autrices de cette nouvelle génération n'avaient plus envie de « devoir se déguiser en socialistes bien-pensants, seulement parce qu'ils voulaient avoir droit aux prestations d'une société ».[127]

Les théoriciens des valeurs Johannes Goebel et Christoph Clermont avaient défini en 1997, en guise d'autoportrait pourrait-on dire, la philosophie de cette génération des années 89, un concept de vie qu'ils décrivaient comme « un utilitarisme esthétique ». Dans leur livre *Die Tugend der Orientierungslosigkeit* [Les vertus de la désorientation] ils s'opposaient aux préjugés de la génération des parents, dont les idéaux n'avaient été que des constructions morales au caractère hypothétique. La loyauté bourgeoise était une circonlocution du confort et de la commodité et la cohésion sociale résultait purement et simplement de l'habitude. A cela, les deux théoriciens opposaient avec un optimisme provocant « les manifestations qu'on suppose volontiers dégradantes, comme la perte des repères (la désorientation), la perte des liens (le déracinement) et la société égoïstique » qui, pensaient-ils, pourraient « ouvrir une voie praticable dans le troisième millénaire ».[128]

Ils ne voulaient pas davantage entendre parler de pessimisme et d'angoisse du futur que d'abstention politique et de scénarios d'écroulement culturel. « La multitude des solidarités réciproques ne diminue pas avec le remplacement d'un système de valeurs fondé sur l'obligation collective par un grand nombre de préférences esthétiques, au contraire, il augmente. »[129] Ce disant, ils affirmaient les préjugés pour mieux les infirmer. Cet individualisme qui répond à la devise « penser

---

127 Fredi Lerch, « Vor einem Leben nach der Utopie », in: *WochenZeitung*, 23.5.2002.
128 Goebel/Clermont 1997, p. 27.
129 Op. cit., p. 88.

globalement, agir localement »[130] n'est ni apolitique, ni dépourvu d'engagement, mais il ne se laisse tout simplement pas instrumentaliser par les stéréotypes des associations ou des partis, ne se laisse pas enrôler dans le « devoir ». L'engagement politique et social est d'autant plus dynamique qu'il trouve sa source dans les sphères du vécu personnel. Si bien que, la formule des années 68, selon laquelle le privé est politique, se trouve répercutée par la jeune génération, qui la retourne de manière surprenante.

La littérature de ces dernières années ne s'est pas montrée insensible à ce courant, bien que le système littéraire établi incline à ignorer ces nouvelles formes d'expression, à les déprécier en usant ordinairement d'un « pop » apostrophique et qu'il préfère parler à ce sujet d'une crise de la littérature. Comment chercher à évaluer séparément les œuvres des écrivain(e)s pop, comment lire ces textes en tant qu'expression des réalités et des désirs sociaux, une exigence élevée par Krohn et Schmid ? Poser la question, c'est mettre en lumière le fait que ce sont des expériences générationnelles élémentaires qui se reflètent dans les ouvrages de la « pop-littérature ». Toutes les licences ne doivent pas pour autant être mises au compte de la culture du jeu et de la facétie. Qui s'enferme dans la tradition et veut considérer les nouvelles formes d'écriture comme insignifiantes ignore que c'est là que se prépare l'avenir de la littérature et qu'il y a de nombreux jeunes auteurs et autrices qui se vouent ainsi, sérieusement, à la cause du verbe.

La jeune génération réclame deux choses : une représentation syndicale et une dynamique politico-culturelle, ce qui revient à dire qu'elle ne veut pas seulement être tolérée, mais qu'elle entend bien qu'on lui fasse de la place. Y mettant un soin tout particulier, la SSE a essayé de prendre en compte ces prétentions. Dans une lettre adressée « à tous les écrivain(e)s de moins de 40 ans », que Tim Krohn avait envoyée personnellement en mai 1998 déjà, donc avant son élection, il écrivit que les changements au sein de la SSE dépendraient « du nombre des jeunes membres et des écrivains actifs qui prendront part aux débats et aux élections et qui seront en mesure de faire échec à la fraction

---

[130] Op. cit., p. 45.

conservatrice – dont l'importance se réduit».[131] Ce faisant, il allait évidemment se heurter à une vive opposition de cette fraction. Lors de l'Assemblée générale extraordinaire de Fribourg, Krohn dut réaffirmer plusieurs fois que cette lettre personnelle ne voulait pas dire que le comité ne soit pas «tenu de collaborer avec tout le monde», donc aussi avec les membres plus âgés.[132]

Le reproche qu'on a entendu parfois, selon lequel tout ceci ne visait qu'à faire du bruit et à susciter des remous, précisément pour accrocher les jeunes auteurs et autrices, peut assurément être taxé de faux, même si la volonté d'attirer l'attention et de provoquer une certaine agitation entrait dans les calculs de la nouvelle démarche. La fondation du Groupe d'Olten en 1971 n'avait-elle pas été elle aussi un mouvement de jeunes auteurs et autrices qui s'opposaient à l'attitude inadmissible des vieux seigneurs de la SSE rassemblés autour de Maurice Zermatten?[133] A cette différence que Krohn et Schmid entrevoyaient maintenant la possibilité de réaliser le renouvellement et l'ouverture au sein même de la SSE.

Tim Krohn réclama expressément la collaboration de tous les créateurs et créatrices littéraires, en insistant tout particulièrement pour que les diverses «minorités» qui tissent la toile de l'écriture veillent à ce que «la littérature soit plurielle».[134] On avait pris en compte le fait qu'il puisse se trouver parmi eux des auteurs et autrices qui ne jouissent que de peu de notoriété. «A vrai dire, nous ne voulions pas que nos membres soient contraints et forcés», ajouta Peter A. Schmid.[135]

La SSE se comprenait comme un syndicat réunissant tous les auteurs et toutes les autrices. Elle se devait de conseiller et d'assister ceux qui en avaient besoin, mais, fondamentalement, elle se voulait garante de conditions-cadre qui permettent d'accomplir une activité littéraire de manière professionnelle et sérieuse. Cette représentation des intérêts semblait d'autant plus nécessaire que, depuis des années, le retentissement de la littérature dans la société allait manifestement en diminuant, tandis que

---

131 Lettre à divers destinataires, adressée personnellement par Tim Krohn.
132 Procès-verbal de l'AG extraordinaire, 8.11.1998, p. 3.
133 Voir Hans Mühlethaler, 1989, p. 9–39.
134 Tim Krohn, entretien du 1.10.2002.
135 Peter A. Schmid, entretien du 2.10.2002.

les contraintes exercées sur l'activité créatrice (possibilité de publier, droit d'auteur) augmentaient. Dans l'intérêt commun, clarifier les questions de droit d'auteur relatifs à la publication sur l'Internet, par exemple, ou maintenir le prix unique du livre ont été élevés au rang des affaires prioritaires. La littérature doit s'affirmer publiquement – en relevant le défi lancé par Cotti – et mettre fermement en lumière le fait que, comme d'autres formes d'expression artistique, elle n'a pas qu'un rôle nostalgique, mais qu'elle remplit également des fonctions de critique sociale et qu'elle est par ailleurs un facteur économique non négligeable. Qu'est-ce qui se passerait si tous les créateurs artistiques indépendants s'annonçaient un jour comme chômeurs aux offices du travail? Il n'y a pas besoin de beaucoup de jugeote (même dans une perspective néo-libérale) pour s'apercevoir que la culture atteint un bien meilleur rapport subventions-prestations que l'agriculture ou l'armée. Son lobby est simplement plus faible et sous-représenté au parlement.

La «nouvelle» SSE essayait de répondre à ces désavantages – avec le complet accord du GO, qui, début 2002, dans sa circulaire n° 100, avança que «l'affaiblissement général du rôle de la littérature» est une des raisons pour fonder une nouvelle société unifiée.

Sur de nombreux points, la nouvelle direction de la SSE avançait d'une certaine manière comme un éclaireur, en espérant que les membres de la base accepteraient de suivre. Ce qui allait se produire non sans quelques réticences. Fin 1999, Krohn écrivit: «En une année, notre secrétaire général est parvenu à donner une nouvelle assise à la SSE et à lui donner le relief d'une institution à prendre au sérieux dans la politique culturelle et dans l'animation littéraire.» Cependant, il ne chercha pas à dissimuler ce constat: «Il s'avère qu'il y a un grand hiatus entre le succès que rencontre notre société auprès du public et l'intérêt manifesté par ses membres.»[136]

L'équilibre s'inverse

Conséquence du changement intervenu à la tête de la SSE, les relations entre la SSE et le GO se modifièrent. Pendant des années, c'était pour

---

136 SSE Bull. 3, novembre 1999, p. 3 s.

ainsi dire devenu une habitude, Jochen Kelter définissait les pôles d'intérêt des deux sociétés. A partir de l'été 1998 toutefois, une forme de rivalité se fit jour, qui tout à coup lui offrait de la résistance. Dans les axes de collaboration institutionnalisée, la concurrence déboucha sur une nouvelle dynamique, dont l'initiative revenait désormais davantage à la SSE. La conjoncture avait changé, surtout pour Jochen Kelter qui, poussé par l'élan et l'entrain de Tim Krohn et de Peter A. Schmid, se vit bien vite acculé à la défensive.

A situation nouvelle, rapports nouveaux : des tensions se manifestèrent entre la SSE et le GO, notamment lorsque la SSE publia, en 1999, le « Guide pour les auteurs et autrices, fondé sur le contrat-type d'édition pour les œuvres littéraires ». Le contrat-type, en discussion depuis de longues années, avait enfin pu être signé par toutes les parties, en juin 1998 A sa suite, le conseiller juridique du GO, Paul Brügger rédigea un bref commentaire de trois pages. Tim Krohn et Peter A. Schmid considérèrent toutefois que ce papier était trop modeste et peu utile. Aussi, décidèrent-ils d'éditer le contrat-type sous une forme synoptique et de l'accompagner d'un commentaire détaillé. Cette impudence fur plutôt mal accueillie par le GO. Bien que la préface mentionna correctement la collaboration du Groupe d'Olten, cet opuscule fut quasiment interprété comme un « casus belli ». De leur côté, les deux éditeurs faisaient la démonstration de la force qu'ils venaient d'acquérir : « Si des questions vous tracassent, adressez-vous à la SSE ! » et « En cas de doute, prenez contact avec la Société suisse des écrivaines et écrivains ».[137] Pour être en mesure de répondre aux requêtes, la SSE avait d'ailleurs mis en place son propre service juridique à partir de 1999 (mandat confié à un juriste externe).

Un éditorial de Krohn, publié en mars 2000 dans le bulletin de la SSE, donne la mesure des tensions qui régnaient alors entre la SSE et le GO, plus particulièrement entre Tim Krohn et Jochen Kelter : « Tandis que, de manière générale, les auteurs et les autrices affiliés au GO se montrent généralement ouverts à notre égard, tandis qu'ils se servent

---

137 SSV (éd.) 1999a, non paginé [p. 4].

régulièrement de nos publications et qu'ils s'adressent de plus en plus souvent à nous, pour des questions professionnelles également, le secrétaire du GO, Jochen Kelter, continue, comme il le fait depuis longtemps, à vouloir dénigrer publiquement la SSE par des informations erronées.»[138] Plus loin, Krohn attirait l'attention sur l'accumulation des mandats de Kelter, ainsi que sur le manque de collaboration du GO, laquelle collaboration butait sur «la non-inspiration et l'obsession de puissance» de Kelter.[139] Dans ces propos critiques encore, des considérations rhétoriques bien ciblées qui devaient en amplifier la hardiesse, mais le ton âpre employé ne rencontra qu'une féroce bouderie.

Malgré tout, fondamentalement, la collaboration s'est poursuivie. Cependant, il fallait que le GO songe aussi à se profiler plus fortement vis-à-vis de la SSE, qu'il se montre progressivement plus actif, d'autant que les prestations des deux sociétés ne se distinguaient plus que par des détails. Contrairement à la SSE, le GO donnait moins l'image d'un syndicat efficient que d'une association de sympathisants politiques. Il sembla donc devenir victime de sa propre stratégie: les prestations effectives passaient après les attentes idéologiques. A l'inverse, les réalisations concrètes de la SSE étaient resplendissantes. A vrai dire, on y cultivait sans doute l'engagement politique, mais on proclamait surtout que le cœur de l'affaire demeurait la représentation des intérêts des créateurs et créatrices littéraires en Suisse.

Quant aux montants des prestations effectivement attribuées, la comparaison de quelques données significatives, tirées des budgets 2001 et 1991, permet de mesurer à quel point la SSE et le GO se sont rapprochés dans l'intervalle:[140]

---

138 SSE Bull., 4, mars 2000, p. 3.
139 Op. cit., p. 4.
140 Sources: Comptes annuels 1991 et 2001 de la SSE; GO Circ. 57 (numéro spécial), mai 1992 et GO Circ. 97, mai 2001 + GO Circ. 101, avril 2002.
   Remarque complémentaire concernant le montant des prestations: En raison de circonstances spécifiques à chaque société, la comparaison n'est pas directe: la somme de la SSE pour 1991 prend en compte la moyenne des années 1991/1992 tandis que la somme du GO pour 2002 se définit par la moyenne des années 2000/2001.

	SSE 2001	1991	GO 2001	1991
Subventions fédérales	264 600.–[1]	261 700.–[1]	239 600.–	214 300.–
Cotisations des membres	91 976.–	38 790.–	70 198.–	44 600.–
Recettes globales[2]	458 516.–	356 061.–	363 214.–	258 900.–
Salaires du secrétariat	130 423.–	114 435.–	106 504.–	53 913.–
Bulletins/Circulaires, Information (y compris le site Web)	8 836.–	31 342.–	26 625.–	9 146.–
Prestations (y compris les conseils juridiques)[3]	124 040.–	110 184.–	87 685.–	120 467.–

1 Sans la contribution que la SSE verse au FSV.
2 Y compris les recettes spéciales provenant de projets, les revenus provenant de prestations de la société et les dons privés.
3 Somme totale des garanties d'honoraires, des bourses et des aides juridiques ; les frais liés à des projets particuliers, à l'administration et aux actions culturelles en sont exclus.

En ce qui concerne les sommes versées au titre de «prestations complémentaires», le GO et la SSE mettaient des accents sensiblement différents. Aux compléments d'honoraires pour les livres, les pièces de théâtre et les lectures qui faisaient du GO le poids lourd de la catégorie, répondaient les contributions de la SSE aux frais d'impression (versées aux éditeurs), ainsi que, dès 1998, les bourses de travail pour les œuvres en cours d'élaboration. Les garanties d'honoraires pour les revues concernaient au GO les «contributions aux revues littéraires non commerciales», tandis qu'elles se rapportaient de manière générale aux «contributions aux services de presse et aux journaux» à la SSE.

Dans les deux sociétés, la tendance a été la même : l'écart entre les prestations traditionnelles servies aux membres et le coût des tâches d'ordre général est allé croissant. A cela deux raisons : la première, le fait que les deux sociétés se sont régulièrement engagées dans davantage de projets propres et qu'elles en ont soutenu toujours davantage d'autres ; la seconde, le fait que le catalogue des activités impérieuses, à mener en matière de politique culturelle, s'est constamment élargi (lobbying, discours, contrats modèles, nouveaux médias, etc.).

Au bout du compte, il apparaît clairement qu'entre 1991 et 2001 la SSE a réduit ses frais d'administration, proportionnellement trop élevés, pour augmenter le montant de ses prestations et renforcer sa présence dans l'espace public.

Des voies vers la professionnalisation
Ces chiffres doivent naturellement être mis en relation avec l'importance du sociétariat, un point sur lequel une nouvelle fois des polémiques ont surgi entre le GO et la SSE. Le GO entretenait quelques préjugés tenaces à ce sujet, préjugés qui en eux-mêmes n'étaient pas complètement exempts de contradictions. En 1989, Hans Mühlethaler écrivit que l'Assemblée générale dominait le comité du GO dans les discussions sur une procédure d'admission restrictive des nouveaux membres, ce qui «conduit à une pratique d'adhésion extensive. Les débats de ces dernières années ont en effet montré que l'AG ne souhaitait pas de sélection qualitative». A bon escient, comme il le souligne, car, «en mettant une limite de sélection trop haute, on court le danger de repousser de jeunes auteurs talentueux [...]. Au demeurant, une pratique restrictive conduit à un vieillissement du sociétariat, la SSE des années soixante en a fourni l'illustration et son exemple n'est pas à suivre.»[141] Inversement, on critiquait la politique d'adhésion soit-disant trop lâche de la SSE, donc extensive, sans relever toutefois que la SSE maintenait un examen qualitatif des candidat(e)s. On lui reprochait par dessus le marché d'accepter automatiquement les membres des associations régionales dans les rangs de la société nationale. A y regarder de plus près, ce reproche se révèle inconsidéré. Fondamentalement, la Société Suisse des Ecrivaines et Ecrivains et les sociétés régionales (sociétés qui portaient souvent des noms analogues – société zurichoise des écrivain(e)s, etc.) ont toujours été des structures institutionnelles indépendantes. Elles avaient leurs propres statuts, appliquaient leurs propres conditions d'admission, exerçaient leurs activités dans des domaines différents, même s'il en résultait souvent des recoupements personnels.

Cependant, il a toujours été nécessaire de présenter personnellement une demande d'admission à la SSE, demande sur laquelle le co-

---

141 Mühlethaler 1989, p. 140.

mité devait se prononcer. Depuis les statuts de 1914 (qui n'existent qu'en allemand!), la règle suivante était en vigueur : « Peuvent devenir membre de la société les écrivains qui sont en mesure de présenter des œuvres imprimées attestant de leur qualification. Les requérants dont les publications sont déjà avantageusement connues sont dispensés de fournir cette preuve. »[142] Cette disposition fut précisée lors de la révision statutaire de 1956 et surtout lors de celle de 1971 par le libellé suivant : « Peuvent devenir membres actifs de la société, les écrivains qui ont publié un livre, qui ont fait diffuser une pièce de radio ou de télévision, qui participent régulièrement à l'activité littéraire de la presse, de la radio et de la télévision, qui ont réalisé un scénario de film, qui ont fait représenter une pièce de théâtre ou qui font preuve d'une activité de traducteur. »[143] Cette formulation relativement ouverte apparaît de la même valeur que celle du GO, selon laquelle peut adhérer qui « a des droits d'auteur » à faire valoir envers des utilisateurs d'œuvres.[144] En pratique toutefois, les appréciations du comité étaient une source d'embrouilles, parce que ses membres n'avaient que rarement le temps et le loisir d'affiner leur jugement et que l'intérêt de la société à compter un grand nombre d'adhérents passait avant les qualités d'écrivain.

Bien qu'en règle générale les œuvres imprimées dussent être accompagnées d'un contrat d'édition, le contrôle de ce qu'était une vraie maison d'édition, reconnue dans la branche, restait dans chaque cas au bon plaisir de l'instance d'examen.[145] Le préjugé que certains cercles du GO entretenaient en la matière se justifiait pleinement, en tout cas pendant certaines périodes.

La lacune ne fut comblée qu'en 1998. La nouvelle direction soumit alors au comité des lignes directrices propres à régler de manière efficace l'acquisition du statut de membre de la SSE. En conséquence, les conditions suivantes sont devenues applicables : un « contrat d'édition conforme au droit des contrats », conclu avec une « maison d'édition régulière », qui est prête à assumer les risques économiques. Trois critè-

142 Statuts de la Société des écrivains suisses, 1914, art. 5.
143 Statuts de la SSE, 1971, art. 3.2.
144 Prospectus du Groupe d'Olten, chapitre : « Comment devenir membre ? ».
145 Voir SSE (éd.) 1987, p. 97 s.

res devaient être satisfaits: 1. l'auteur ou l'autrice ne devait supporter aucuns frais; 2. il ou elle devait obtenir des droits d'auteur dès le premier livre vendu et 3. l'éditeur devait être lié à un diffuseur. Pour les œuvres dramatiques, un contrat conclu avec un théâtre ou une compagnie dramatique remplaçait le contrat d'édition et il fallait que soient données «au moins 8 représentations», dont l'entrée devait être payante. L'admission des traducteurs et traductrices devait également répondre à de nouvelles conditions. Finalement, le statut de «membre associé» était réservé à «celui ou celle qui ne satisfait pas entièrement aux conditions requises pour devenir membre ordinaire de la SSE».[146]

Clairs et sévères, ces critères marquaient un pas significatif vers la professionnalisation, ce qui précisément les a rendus contestables. En liant les conditions d'admission à des références externes et formelles, le comité s'épargnait de longues discussions sur la qualité, ce qui lui laissait davantage de temps pour des projets politico-culturels.

Le développement respectif de la SSE et du GO au cours de ces 15 dernières années se lit dans la comparaison chiffrée de leur sociétariat et dans la proportion des membres francophones et alémaniques:[147]

	1987	1997	1998	2001
SSE	592 (301/230)	644 (340/248)	615 (341/221)	589 (372/167)
GO	220 (--- / ---)	331 (--- / ---)	346 (272/58)	349 (268/63)

(Entre parenthèses, respectivement le nombre des membres suisses alémaniques et romands)

La comparaison froide des chiffres cache pourtant une différence structurelle essentielle. Parmi les membres de la SSE, il y a toujours eu, et ces dernières années plus encore, des auteurs et autrices issus des nombreuses scènes littéraires et sociales marginales et dont la notoriété ne dépassait bien souvent guère leur milieu. Mais surtout, la SSE aspirait vivement à représenter la «5ᵉ Suisse», c'est-à-dire les écrivain(e)s qui vivaient ici, mais qui provenaient d'autres sphères linguistiques et culturelles. Depuis l'an 2000, cette «5ᵉ Suisse» était représentée au comité en

---

[146] Directives pour devenir membre de la SSE.
[147] Sources: Rapports annuels des années 1987/1997–2001 de la SSE et du GO.

la personne de Dragica Rajčić. Par comparaison, le GO, qui se comprenait dans un certain sens comme le « projet d'une génération », se signalait par une homogénéité plus prononcée et surtout par davantage de liens amicaux noués entre ses membres.

A observer l'évolution du sociétariat, il est tout d'abord frappant de constater que le nombre des membres du GO croît jusqu'en 1997 avant de stagner, tandis qu'à la SSE, il croît jusqu'en 1998, puis recule pour atteindre son niveau de 1987. Il apparaît ensuite que la proportion des groupes linguistiques varie continuellement à la SSE. Tandis que le nombre des membres italophones et romanches est resté plus ou moins stable (respectivement 40 et 20 à la SSE, 15 et 2 au GO, en moyenne), l'importance relative des membres germanophones et francophones s'est modifiée de manière significative. La proportion a passé approximativement de 55 : 45 (1987) à 70 : 30 (2001). Au GO, il est traditionnel d'enregistrer une proportion de membres francophones supérieure, ce qui a fortement contribué à ce que, en 1996, romands et tessinois s'opposent de manière véhémente à la fusion avec la SSE. En moyenne, la représentativité quantitative de la SSE s'est équilibrée à une proportion d'environ 75 : 25 par rapport à la réalité helvétique et à une proportion de 80 : 20 par rapport au GO.

La baisse du nombre des membres et la variation des proportions dans la représentativité relative des différents groupes linguistiques s'expliquent, d'une part, par un renforcement des contrôles de paiement des cotisations et, d'autre part, par l'opposition interne et les démissions provoquées par le virage de 1998. Au cours des années 1998/99, la SSE a perdu pas moins de 131 membres (y compris les décès), dont quelques « cadavres de fichiers » qui n'avaient plus payé leur cotisation depuis des années. Compensant partiellement ces sorties, on enregistra au total 60 nouvelles adhésions. Cette tendance négative se retourna en l'an 2000 – ce qui irrita fortement le GO qui, pour les années 2000/2001 n'enregistra plus que 17 nouvelles adhésions (contre 23 sorties).[148]

A partir de 1998 notamment, un nombre frappant de jeunes écri-

---

[148] Op. cit.

vaines et écrivains entrèrent à la SSE, ce qui augmenta encore le déséquilibre entre les deux sociétés. Interrogé lors d'une interview sur les raisons qui l'avaient conduit à adhérer à la SSE, Tim Krohn avait répondu : « Parce que, jeune auteur glaronais, je ne savais tout simplement pas qu'il existait aussi un Groupe d'Olten. »[149] Les coordonnées de la SSE se trouvaient par contre dans l'annuaire téléphonique de Zurich.

Ainsi donc la nervosité monta dans les rangs du GO. Dans le rapport annuel 2000, on déplore « un certain désintérêt de la jeune génération pour la chose associative ».[150] Mais du côté de la SSE, ce sont précisément ces jeunes écrivain(e)s que Tim Krohn et Peter A. Schmid cherchaient à attirer, en essayant de ménager un encadrement vivant et en offrant parallèlement des prestations syndicales sans cocon maternel et sans mobilisation soixante-huitarde. Avant son élection déjà, Krohn avait soutenu « que de nombreux auteurs et autrices de la jeune génération vont au GO » et qu'il entendait par conséquent « motiver les jeunes à collaborer à la SSE ».[151] Le succès de l'opération ne se fit pas attendre. A partir de 1999, quelques notables représentant(e)s de cette jeune génération entrèrent précisément à la SSE. Eu égard à ce fait, le fort recul du sociétariat ne fit pas beaucoup de bruit, ni au sein de la SSE, ni chez la concurrence. Le GO se mit lui aussi à se focaliser sur le combat pour les jeunes.

Cela déboucha sur de petites escarmouches isolées, certaines comiques, d'autres parfois haineuses, comparables à celles de 1997 (cf. page 240). Ainsi par exemple, en sens inverse, au printemps 2000, lorsque le traducteur Rafaël Newman quitta le GO pour entrer à la SSE. En cause, l'anthologie de la littérature juive en Suisse, que la SSE prévoyait de publier et qu'elle ne pouvait décemment pas confier à un membre du GO. Mais parce que Newman tenait à faire ce livre, il troqua son sociétariat. La manœuvre fut taxée de débauchage accompagné « de promesses matérielles importantes » ;[152] elle engendra également

---

149 *SonntagsZeitung*, 21.6.1998.
150 GO Circ. 97, mai 2001, p. 11.
151 Procès-verbal de la séance du comité, 12.6.1998, p. 3.
152 GO Circ. 92, fév. 2000, p. 1.

un échange de correspondance allant jusqu'au département fédéral de la culture.[153]

Nouvel élan sous de nouveaux auspices

On courtisait les jeunes membres. Au sein du GO, l'insécurité apparut visiblement à partir de 1998. Même si le groupe tira profit de la lutte de pouvoir entre la fraction autour de Janine Massard et le comité de la SSE, les signes étaient clairs, l'équilibre des forces entre les deux sociétés avait changé.

L'affaire Meylan et la tentative de fusion avortée qui devait s'ensuivre en 1996 avaient exacerbé les angoisses de la SSE, par contre elles avaient permis au GO d'exorciser les siennes. Mais, le changement résolu apporté à la présidence et au secrétariat de la SSE devait entraîner une nouvelle prise de conscience et un esprit d'initiative inhabituel, qui semblèrent dissiper d'un coup les angoisses de la société. Sans déférence et sans compromis, la nouvelle direction ne se soucia pas de cela et rendit caduques les vieilles habitudes. Au GO en revanche, on se mit à craindre que l'ancienne alternative à l'indolente SSE devint elle-même une société en stagnation, en voie d'être bientôt reléguée. Dans cette disposition d'esprit, les deux sociétés consentirent toutefois à discuter d'une éventuelle fusion, respectivement de la fondation d'une nouvelle société commune.

Depuis 1996, bien des choses avaient changé dans les deux sociétés d'écrivain(e)s. En vérité, il a fallu encore un peu de temps pour que les susceptibilités s'apaisent, pour que la différenciation se marque, tout au moins au niveau du climat, mais le contexte politico-culturel imposait une fusion revigorante. Le répertoire des écrivaines et écrivains suisses d'aujourd'hui, (traditionnellement) édité par la SSE, ouvrage dont la rédaction a commencé à la fin 1999, fut déjà une première mise à l'épreuve, à l'échelle réduite, du travail qu'il fallait mener en commun, en ce sens qu'un membre du GO, Daniel Maggett,i allait le co-signer.

En 1998, Tim Krohn avait sciemment souligné qu'il fallait s'éviter de répéter la tentative de fusion avec le GO. Dans les faits, lors de l'AG

---

153 Echange de correspondance déposé aux archives de la SSE.

de l'été 2000, les membres du GO «ont demandé que leur comité et celui de la SSE recherchent ensemble, par des discussions directes, des voies qui conduisent à une collaboration plus intensive.»[154] Le président nouvellement élu à la tête du GO, Daniel de Roulet, accéda à cette demande et, avec son plaidoyer pour une «Société nationale d'auteurs»[155], y ajouta une dynamique dont la SSE ne voulut pas non plus se priver. Le 31 octobre 2000, son comité prit la décision suivante: «En cas de négociations avec le GO, la SSE visera la fondation d'une nouvelle société qui prendra la succession de la SSE et du GO.»[156] Et le même jour, en l'absence de leur secrétaire respectif, les deux comités ont encore discuté de la suite de la procédure. Mandat fut donné à Jochen Kelter et Peter A. Schmid d'évaluer les chances et les risques d'une fusion et d'esquisser des scénarios propres à y conduire.

Ainsi la glace était brisée, même si, au GO, on se montra fort sceptique à l'encontre du projet. Jochen Kelter notamment avait de la peine à suivre le tempo imprimé par Daniel de Roulet et Tim Krohn, puis par son successeur Eugène. Alors qu'ils considéraient la fusion comme «le résultat d'un processus de longue haleine»[157], Krohn et Peter A. Schmid formulèrent, en mars 2001 déjà, une proposition où ils esquissaient en détail la voie vers «la constitution d'une nouvelle société». Concrètement, ce scénario prévoyait que les membres de la SSE et du GO décident simultanément de dissoudre leur société respective et qu'ils portent ensemble sur les fonds baptismaux, «le même jour» la nouvelle institution.[158] Cette «AG constituante» adopterait ensuite des statuts provisoires et élirait un comité de transition, lequel serait chargé de mettre au point une proposition de statuts, de préparer la première Assemblée générale régulière et devrait s'occuper, dans l'intervalle, des affaires courantes. Il était prévu que la présidence revienne au GO et le secrétariat à la SSE.[159]

---

154 SSE Bull., 6, octobre 2000, p. 12.
155 «Mon programme en tant que Président», GO Circ. 94, sept. 2000, p. 10.
156 Lettre aux membres du comité, datée du 1.11.2000.
157 Citation tirée du *Basler Zeitung*, 11.4.2001.
158 Proposition de la SSE, 21.3.2001, point 3.
159 Op. cit., points 6 + 7.

Le projet apparaissait ainsi irrévocablement mis sur les rails et les arguments en faveur d'une séparation s'estompèrent peu à peu. Là où seules l'animosité et des rancunes historiques permettaient de différencier une société de l'autre, les distinctions réelles ne se marquaient plus. Le GO n'était plus une «amicale» et la SSE «réactionnaire» s'était progressivement forgée une image progressiste. Les deux sociétés étaient devenues depuis longtemps des organisations syndicales modernes et professionnelles, qui passaient pour représenter tous les créateurs littéraires suisses. Dans le combat concurrentiel auquel elles se livraient, celle qui remplissait un peu mieux telle ou telle tâche avait simplement des arguments supplémentaires. En ayant à l'esprit que «la force symbolique de la littérature va diminuant, que la promotion littéraire est en recul»[160], et que «la littérature n'est plus le cœur de la vie culturelle, ni la préoccupation majeure du discours politique»[161], la fondation d'une nouvelle société était un développement des plus logiques. Mais il fallait d'abord gagner le cœur de tous, maîtriser les sentiments nostalgiques et faire taire les vieux ressentiments.

Malgré des réserves de détail, le processus de rapprochement se déroula dans un contexte amical et de manière expéditive, entre le printemps 2001 et l'automne 2002. A l'été 2001, les membres des deux sociétés discutèrent du projet et, dans leur grande majorité, se réjouirent de la prochaine fusion. Ne restait plus en suspens que la question de savoir si le scénario de la SSE serait mis en action intégralement ou si on allait rechercher une nouvelle forme de coopération étroite. Toutefois, «par leur vote, les membres de la SSE appuient la politique du comité», qui, depuis sa décision du 31 octobre 2000, vise la création d'une nouvelle et unique société.[162]

La décision préliminaire du GO tomba à l'automne 2001, lorsque Jochen Kelter annonça qu'il renonçait à sa charge de secrétaire. Fallait-il le remplacer, alors que le poste serait annulé dans le scénario «fondation d'une nouvelle société»? Le GO se décida pour une solution intéri-

160 Esquisse pour un document de base (pour le scénario «fondation d'une nouvelle société»).
161 Daniel de Roulet, «Die Gruppe Olten wird aufgelöst», in: WoZ, 23.5.2002.
162 SSE Bull. 8, juillet 2001, p. 15.

maire[163], signifiant ainsi indirectement qu'il était favorable à un nouveau départ. Ce que le comité confirma formellement au printemps 2002.

Dans l'optique d'un nouveau départ, la volonté «de fonder une association professionnelle unique, forte, éthiquement et politiquement en éveil», qui défende avec un peu moins de pathos la littérature aussi bien que la justice, la solidarité et la démocratie[164] était déterminante. Mais aussi le constat que «même si nous refusons de nous transformer, les changements s'accompliront sans nous et s'imposeront à nous comme des faits».[165] Les critiques émanaient surtout du Tessin, où le climat de tiraillements entre le GO et la SSE paraissaient encore un fossé infranchissable.

A l'été 2002, les membres de la SSE, d'une part, et ceux du GO, d'autre part, approuvèrent le scénario «fondation d'une société commune». Après des discussions intensives et animées, cette décision fut formellement confirmée le 12 octobre, à Berne, sans soulever d'opposition, en ce sens que les deux sociétés se sont d'abord dissoutes, chacune de son côté, avant que la paroi mobile qui séparait les deux demi-salles ne s'ouvre et que, ensemble, les écrivain(e)s présents fondent la nouvelle société sous le nom de «Autorinnen und Autoren der Schweiz, Autrices et Auteurs de la Suisse» (AdS). La nouvelle société sera opérationnelle à partir du 1er janvier 2003.

Mais avant d'en arriver là, il convenait une fois de plus de discuter des conditions d'admission. Il fallait déterminer qui remplit les dispositions statutaires définies par le fait d'avoir «des droits d'auteur à faire valoir envers des tiers» et satisfait également aux lignes directrices, lesquelles avaient été formulées avec précision. Et fixer ce qui allait se passer dans les cas délicats, lorsque les intéressés ne répondent plus aux critères requis. Le statut de «membre associé» fut reconnu, il allait en l'occurrence offrir une bonne solution. Au surplus, il fallait s'entendre

---

163 GO Circ. 99, nov. 2001, p. 2; Theres Roth-Hunkeler et Urs Richle se partageaient le poste. Si une nouvelle société devait être fondée, le secrétaire devrait provenir de la SSE.
164 Klaus Merz, GO Circ. 101, avril 2002, p. 8 s.
165 Sylviane Dupuis, GO Circ. 101, avril 2002, p. 7.

sur les buts. L'article adopté définit que la société commune des auteurs et autrices aura notamment pour fins de «contribuer à une société solidaire» et de s'engager «en faveur de la liberté d'expression et de la défense des droits de l'homme au plan international».[166]

«L'Assemblée constituante a même rassuré des sceptiques», écrivit Franziska Schläpfer dans le *Tages-Anzeiger*.[167] C'est «en toute courtoisie» que la nouvelle société a été fondée. Cette impression fut confirmée par Charles Linsmayer, qui tint «pour un bon signe pour la nouvelle société qui entrera sous peu en activité» le fait que «cette première rencontre de toutes les écrivaines et de tous les écrivains suisses, après plus de trente ans de séparation, s'est terminée, non pas dans la mélancolie et la nostalgie, mais dans une atmosphère si empreinte de confiance que c'en était presque insolent».[168]

L'entente, la bonne ambiance, le fait aussi qu'il n'était quasiment plus possible à la fin de savoir qui venait de quelle société, tout concordait à croire en l'avenir de l'AdS unifiée. «Lors de cette Assemblée constituante, ni les membres de l'ancienne SSE, ni ceux de l'ancien GO n'ont perdu la face», souligna Fredi Lerch.[169] On avait bien davantage réalisé la synthèse de ce qu'il y avait de mieux des deux côtés. Ainsi donc, forte de quelque 750 auteurs et autrices, la nouvelle société, qui dispose d'un budget d'environ 740 000 francs et dont les frais de secrétariat sont réduits, peut aller de l'avant.

Finir en beauté – Démarrer en fanfare

La liste de ce qui doit être accompli n'est pas mince: maintenir le prix unique du livre, réaliser une assurance sociale pour les auteurs et les autrices, clarifier certaines questions de droit d'auteur, améliorer les échanges entre les différentes littératures helvétiques, augmenter le poids politico-culturel de la littérature et améliorer les possibilités de publication, vu notamment la crise en cours dans le monde de l'édition. Au bout du compte, il ne faut pas perdre de vue non plus qu'une nou-

166 Procès-verbal de l'AG, 12.10.2002, à Berne.
167 *Tages-Anzeiger*, 14.10.2002.
168 *Bund*, 14.10.2002.
169 *Berner Zeitung*, 14.10.2002.

velle loi culturelle est en consultation, qui requiert l'engagement total des acteurs de la culture et le lobby littéraire ne saurait s'y dérober. L'heure n'est pas à l'attentisme, ni même à l'autosatisfaction. La réussite du 12 octobre doit être un premier pas. Désormais, il s'agit d'empoigner toute une série de tâches importantes. La situation sociale des créateurs littéraires n'est de loin pas euphorique en Suisse (non plus). En gros, seuls 20 % des écrivaines et des écrivains obtiennent la totalité ou l'essentiel de leurs revenus de l'écriture, tandis que la très grande majorité d'entre eux n'en retirent qu'une modeste fraction de leurs moyens d'existence.[170] Se basant sur ce constat, Peter A. Schmid a formulé quelques propositions fondamentales, qui pour le moins devraient contribuer à améliorer la situation : « En premier lieu, il s'agit de faire reconnaître la création artistique professionnelle comme un métier »[171], ce qui reviendrait à garantir l'accession aux autres prestations sociales. Il s'agit aussi, et ce n'est pas le moindre des objectifs, de s'opposer à « l'article sur les producteurs », dont l'introduction « conduirait manifestement à une dégradation de la position économique des créateurs et créatrices ».[172] Ces deux éléments revêtent la plus haute signification et doivent être considérés comme des axes de travail prioritaires. S'y consacrer relève des préoccupations ordinaires d'une société d'auteurs et d'autrices. L'assise procurée par l'institution d'une société unifiée, qui se trouve par là même renforcée, offre sans doute un bon point de départ vers la recherche de solutions dans ce sens.

Mais la nouvelle société sera par ailleurs confrontée aux nouveaux médias et partant aux nouvelles formes d'expression esthétiques et aux nouveaux canaux de diffusion qui y sont liés. Depuis quelques années, par exemple, on parle beaucoup de « Book on demand » [le livre à la carte], un service d'édition sans lectorat, auquel les auteurs et les autrices peuvent prétendre moyennant un investissement relativement modeste. Ce qui leur permet de devenir simultanément leur propre éditeur

---

170 Schmid 2001, p. 21.
171 Op. cit., p. 22.
172 Op. cit., p. 23.

– comparable aux auto-producteurs que Goebel/Clermont ont décrit comme étant la caractéristique de la génération des années 89.[173] A première vue, cette forme de publication apparaît comme une solution fort pratique, notamment en regard du manque de possibilités d'édition, mais si utile qu'elle soit, elle n'en interroge pas moins, en profondeur et durablement, le statut d'auteur.

D'autres formes d'expression artistico-littéraires produisent des effets semblables. Il n'est qu'à penser au slam, à l'hypertexte, aux performances vocales ou aux produits multimédias, pour n'en citer que quelques unes. Ces nouvelles écritures ont en commun d'ouvrir un champ d'incertitude quant au droit d'auteur, ce qui ne répond guère aux lignes directrices de la société. Les créateurs et créatrices d'hyperfiction peuvent-ils sans autre s'affilier à une société d'auteurs et d'autrices ou faut-il leur ménager un régime d'exception ? Et si un tel régime est mis en place, combien d'exceptions sont-elles alors admissibles pour rester conforme aux buts de la société ? Et à partir de quand faudrait-il chercher à régulariser la situation, si les exceptions se multiplient ? Et plus loin, comment évaluer le « professionnalisme » de ces nouveaux créateurs, autrement dit comment mesurer le sérieux de leur engagement professionnel dans la création artistique et selon quels critères formels les repérer ?

Toutes les époques de bouleversement et toutes les positions artistiques de rupture entraînent dans leur sillage une masse d'incertitudes. C'est ce que l'écrivain Walter Grond a mis en évidence de manière provocante : « Supprimer des frontières revient toujours à en tracer de nouvelles. Désabusée, la génération 68 fait partie aujourd'hui des aigris, elle qui a tant contribué au développement du néo-libéralisme et qui est désormais au service d'un florissant marché qui cultive l'impuissance et le pessimisme culturel. »[174]

Dans le fond, rien de bien nouveau dans le monde de la littérature. Toute forme d'expression éprouvée et établie appelle son contraire ou son renforcement. Les années 60, au cours desquelles des poètes

---

173 Goebel/Clermont, 1997, p. 137 ss.
174 Walter Grond : « Wille zur Zukunft », in : *Freitag*, Berlin, 9.8.2002.

comme Jandl, Rühm ou d'autres entreprises culturelles s'occupaient de secouer le Landerneau, offrent à cet égard une édifiante leçon de choses. Des auteurs qu'on appelle aujourd'hui des classiques modernes sont sortis de ces mouvements ; ils soulèvent à leur tour des contestations. Cette forme de négation du passé, c'est d'abord le privilège de la jeunesse. Les jeunes littérateurs des années 90 ont grandi dans un monde foncièrement nouveau, notamment par ses aspects médiatiques. L'écrivain américain Mark Amerika résumait son programme « anti-esthétique » ainsi : « surf, sample, manipulate » [surfer, échantillonner, manipuler], se référant par là à Raymond Federman, auteur et professeur de littérature, né en 1928, qui, dans ses thèses sur la création littéraire, avance depuis des années cette idée provocante : « Ecrire c'est avant tout citer ».[175]

Il n'est pas difficile d'imaginer que de nouvelles impulsions littéraires s'engendrent à partir d'une telle conception, qu'elles s'opposent aux formes traditionnelles, qu'elles les provoquent et les nient. Il n'est pas difficile non plus de comprendre que l'image traditionnelle de l'auteur, en tant que source originelle, en tant que créateur génial, est foncièrement remise en question. Les écrivains sont des plagiaires, écrit Federman, ou mieux : « des pla(y)giaires » [des joueurs de plagiat][176] et le texte appartient à tout le monde. Une société d'auteurs et d'autrices est aujourd'hui contrainte de gérer cette mouvance :
- en défendant le statut traditionnel et en le protégeant par des règlements, ce qui impliquera d'aborder les questions de droit d'auteur d'une manière différenciée ;
- en prenant au sérieux la provocation et en s'y confrontant.

Les nouveaux développements médiatiques débouchent inévitablement sur une nouvelle antithèse. On peut soit l'attendre passivement, soit en débattre activement. La première voie conduirait vers une nouvelle scission, vers la création d'une association alternative des avant-gardes médiatiques, avec la perspective, dans 30 ans, après une longue période de négociations, de fonder une nouvelle société de créateurs commune à tous.

175 Federman 1992, p. 96.
176 Op. cit.

Pour que l'évolution esthétique se poursuive et ne s'endorme pas et pour que les buts atteints aujourd'hui ne soient pas déjà remis en question, il vaut la peine de s'engager sur la deuxième voie. Celle où l'on aborde les défis de face, avec conviction, en provoquant des discussions fructueuses, où la fantaisie créatrice a libre cours, en posant beaucoup de questions et en apportant quelques réponses.

La littérature est un monde pluriel et la création est un processus interdisciplinaire. Il faudra donc à l'avenir que s'instaure un dialogue plus intensif entre les différentes sociétés de créateurs et de créatrices. A ce sujet, Peter A. Schmid faisait remarquer ceci : «Une fusion des sociétés d'écrivain(e)s n'est que le premier pas d'une démarche, laquelle devrait permettre par la suite, avec d'autres créateurs et créatrices en Suisse, d'affirmer une sensibilité politico-culturelle, qui à vrai dire n'existe pas dans notre pays. Il est très difficile de parler de culture avec des parlementaires. Il est encore plus difficile d'essayer de faire comprendre aux fonctionnaires de l'Office fédéral des assurances sociales, par exemple, comment travaillent les créateurs et les créatrices.»[177]

Il est réjouissant qu'un premier projet ait déjà été mis en route : la «PAcK – Présence Action Culture», qui s'est donné pour tâche d'agir dans cette direction. Cette initiative est née de la prise de conscience que les acteurs de la culture, culture élitaire aussi bien que culture populaire, doivent intervenir de concert auprès de l'autorité subventionnante, l'Office fédéral de la culture, pour : premièrement, se présenter comme une force unie ; deuxièmement, faire la preuve de l'importance de la culture ; troisièmement, préserver la sensibilité culturelle du public. La PAcK a été fondée en mai 2002, sous la forme d'un réseau qui réunit pour le moment, outre la SSE et le GO désormais unifiés, neuf associations. «Les membres sont les secrétaires généraux de ces organisations qui, dans le cadre de leur travail et de leur mandat, sont prêts à offrir des ressources de travail pour de telles activités.»[178]

---

[177] Peter A. Schmid, in: Roman Bucheli, «Für mehr kulturpolitische Sensibilität» (Entretien avec Peter A. Schmid et Daniel de Roulet), *Neue Zürcher Zeitung*, 11.10.2002.
[178] Feuille de travail de la PAcK, septembre 2002.

Selon Peter A. Schmid, il serait souhaitable que la PAcK puisse donner naissance à quelque chose comme «une forte organisation commune, un lobby rassemblant tous les acteurs de la culture».[179] Toutefois, quel qu'il soit, l'engagement de celles et ceux qui représentent les intérêts de la culture serait vain, si les acteurs culturels eux-mêmes ne se motivaient pas et ne s'investissaient pas personnellement. Car, au bout du compte, il convient aussi de savoir pour qui et pour quoi une société de créateurs et de créatrices doit être active, avec quelles prestations à la clé, dans quelles structures et avec quel mandat? Pour l'heure, malheureusement, il n'y a encore aucune perspective concrète.

C'est maintenant le temps de la soudure, «la zone des incertitudes», écrit Alexander Kluge, «celle des blocages et celle des nouvelles possibilités».[180] Il s'agit simplement de dépasser les premiers et d'emPAcKeter les dernières. Autrices et auteurs de la Suisse, allons!

Traduit de l'allemand par Gilbert Jolliet

---

179 Peter A. Schmid, entretien du 25.10.2002.
180 Kluge 1986, p. 32.

Bibliographie

Les archives que la SSE conserve dans ses bureaux rassemblent essentiellement les documents des années 1989–2002. Les documents plus anciens ont été inventoriés et sont déposés aux Archives littéraires suisses. Le classeur «Politique d'asile 1933–1945» fait exception. Il renferme la correspondance que le président et le secrétaire de la SSE ont entretenu avec la Police des étrangers et les offices du travail au cours de ces années. Sauf indication contraire, les lettres, procès-verbaux et autres documents sont conservés dans les archives de la SSE. Il en va de même pour les publications et les textes mentionnés ci-dessous qui ont été édités par la SSE.

Bührer 1937	Jakob Bührer: «25 Jahre Opposition». In: *Der Geistesarbeiter*, 16. Jg., N° 11 (Nov. 1937), p. 180–183.
Federman 1997	Raymond Federman: *Surfiction. Der Weg der Literatur*. Suhrkamp Verlag, Francfort 1997.
GO Circ.	Circulaires du GO: Bulletins de communication des écrivaines et écrivains du Groupe d'Olten, N° 7/1977–N° 102/2002
Goebel/Clermont 1997	Johannes Goebel/Christoph Clermont: *Die Tugend der Orientierungslosigkeit*. Volk und Welt, Berlin 1997.
Kelter 1996	Jochen Kelter: «Wo steht die Gruppe Olten heute? Einige Anmerkungen aus Anlass ihres fünfundzwanzigjährigen Bestehens». In: *Allmende* N° 50/51, p. 194–200.
Kluge 1986	Alexander Kluge: «Im Prinzip bin ich Autor» (Discours prononcé à l'occasion de la remise du Prix Heinrich Kleist à Kluge), in: *Freibeuter* 27, Berlin 1986, p. 29–41.
«L'affaire Bezzola» 1998	Procès-verbal «L'affaire Bezzola – présidence»: Election de l'été 1998, rédigé par Edith Gloor, décembre 1998.
Lerch/Simmen (Hrsg.) 1991	Fredi Lerch/Andreas Simmen (Hrsg.): *Der leergeglaubte Staat. Kulturboykott: Gegen die 700-Jahr-Feier der Schweiz*. WoZ im Rotpunktverlag, Zurich 1991.
Linsmayer 1983	Charles Linsmayer: Felix Moeschlin und die Politik des SSV zwischen 1933 und 1942, in: Charles Linsmayer/Andrea Pfeifer (éd.): *Frühling der Gegenwart: Erzählungen III*. Buchclub Ex Libris, Zurich 1983, p. 479–489.
Linsmayer 2002	Charles Linsmayer: «...die von uns geforderte Bewährungsprobe nicht bestanden...» Die Situation emigrierter Schriftsteller in der Schweiz der Jahre 1933 bis 1950. Exposé à Francfort, le 11.3.2002.

Merz 1996	Klaus Merz: «Les écrivain(e)s sont-ils hors-jeu?» Contribution au débat sur le même thème du 8 juin 1996, à Zurich.
Mittenzwei 1978	Werner Mittenzwei: *Exil in der Schweiz*. Verlag Philipp Reclam jun., Leipzig 1978.
Mühlethaler 1989	Hans Mühlethaler: *Die Gruppe Olten. Das Erbe einer rebellierenden Schriftstellergeneration*. Verlag Sauerländer, Aarau 1989.
Newman/SSE (éd.) 2001	Newman/SSE (éd.): *Zweifache Eigenheit: Littérature juive contemporaine en Suisse*. Limmat Verlag, Zurich 2001.
Niederer 1994	Ulrich Niederer: *Geschichte des Schweizerischen Schriftsteller-Verbandes. Kulturpolitik und individuelle Förderung: Jakob Bührer als Beispiel*. Editions Francke, Tübingen/Bâle 1994 (Thèse, Université de Bâle, 1989).
Résolution 1997	Résolution du comité [à propos de l'attitude de la SSE pendant l'époque nazie], 14 juin 1997; imprimée dans *Forum* 1998, p. 49.
Schmid 2001	Peter A. Schmid: «Zur sozialen Lage der Kunstschaffenden in der Schweiz», in: *Rote Revue* 2/2001, p. 7–11; également en français sous le titre «A propos de la situation sociale des créateurs et créatrices en Suisse», SSE Bull. 9, novembre 2001: p. 17–24.
SSE (éd.) 1987	SSE (éd.): *Ecrire pour vivre. 75 ans d'existence de la SSE: Histoire de la Société suisse des écrivains*. Verlag Sauerländer, Aarau 1987.
SSE (éd.) 1998	SSE (éd.): *Forum: Forum der Schriftstellerinnen und Schriftsteller / des écrivaines et écrivains*. Annales. Edité par la SSE. N° I–XI, Zurich 1987–1998.
SSE (éd.) 1999a	«Guide pour les auteurs et autrices, fondé sur le contrat-type d'édition pour les œuvres littéraires». SSV, Zurich 1999.
SSE (éd.) 1999b	SSE (éd.): *Le style est une question de morale. Essais sur les littéraires critiques de la société au tournant du millénaire*. Verlag Nagel & Kimche, Zurich 1999.
SSE (éd.) 2002	*Ecrivaines et écrivains d'aujourd'hui*. Verlag Sauerländer, Aarau 2002.
SSE Bull.	Bulletins de communication de la Société suisse des Ecrivaines et Ecrivains, N° 1/1999–N° 11/2002.

Daniel de Roulet, dernier président du Groupe d'Olten

Comme si Davos était en Suisse !

Depuis quelques temps, tout ce qui arrive à la Suisse a été prévu par ses écrivains. L'automne dernier, notre tunnel du Gothard a été bouché pendant plusieurs semaines. Une situation d'urgence nationale. Et pourtant Hermann Burger dans *La Mère Artificielle* avait déjà imaginé la scène, dans cette mystérieuse clinique souterraine de nos mythes, enfouie sous la montagne.

L'année dernière encore, le rapport final de la commission Bergier a été publié. Il raconte le sort que la Suisse a réservé aux juifs pendant la Seconde Guerre mondiale. On trouve déjà tout cela dans Max Frisch raconté en détail dès 1961 sur la scène du Schauspielhaus de Zurich. La seule différence est que Max Frisch n'aurait jamais accepté que dans la distribution d'*Andorra* le personnage de l'aubergiste soit tenu par un acteur aussi cynique que Christoph Blocher.

Quant à la vie de nos banques nationales, les écrivains de Suisse en avaient depuis longtemps raconté le détail. Mais là non plus Friedrich Dürrenmatt, qui aimait pourtant le grotesque, n'aurait pas donné son accord pour que des banquiers aussi caricaturaux qu'Ospel de l'UBS ou Mühlemann du Crédit Suisse viennent jouer dans *Frank V*.

Et puis nous avons eu la triste fin de notre compagnie d'aviation, confondue trop volontiers avec un chapitre qu'aurait écrit Niklaus Meienberg dans ses *Reportages en Suisse*. La réalité en était vraiment romanesque. Pourtant si Meienberg avait mis en scène un personnage aussi ridicule que le Conseiller fédéral Couchepin, on aurait accusé l'auteur rebelle de dépasser les bornes.

Enfin nous avons notre Expo.02. Si l'on observe bien ce qui se passe entre les personnages clés de cette manifestation ne dirait-on pas une saga de famille ? Ce serait comme une suite au *Temps du*

Faisan, qu'aurait écrite Otto F. Walter et traduite, un peu vite, Gilbert Musy.

On en rit maintenant, mais les auteurs qui ont raconté par avance les derniers événements de notre histoire suisse l'ont souvent payé cher. Sans parler des suicides de Burger et de Meienberg, il y a la triste fin de Frisch et de Dürrenmatt. Le premier a renvoyé son passeport suisse avant de mourir, le deuxième après son discours à Vaclav Havel n'a pas eu droit à une poignée de main des conseillers fédéraux présents à la cérémonie. A la fin de la guerre froide, la Suisse officielle a détesté ses auteurs qui rafraîchissaient sa mémoire. Ils avaient pourtant accompli ce qu'au Groupe d'Olten nous appelions une tâche historique.

Celle-ci est désormais terminée, car la réalité helvétique s'est enfin mise au diapason de sa fiction. Nous nous retrouvons dans la situation qu'ont connue les écrivains des Etats-Unis d'Amérique. Ils ont écrit des dizaines de romans pour laisser entendre que le président de la Maison Blanche n'était qu'un personnage prisonnier de son rôle théâtral. Et le jour où un vrai mauvais acteur comme Ronald Reagan est venu s'installer à Washington, toutes leurs hypothèses romanesques se sont trouvées dépassées.

Nous en Suisse avons désormais un rapport Bergier plus sérieux que les pièces de Frisch. Nous avons un pays qui vote son adhésion à l'ONU, comme si Dürrenmatt avait remis en circulation les clés de notre prison dorée et nous avons une exposition nationale, même si ce n'est pas tout à fait celle qu'imaginait Yves Velan dans son fameux pamphlet au Groupe d'Olten, *Contre-pouvoir*, en 1978, quand il proposait que les écrivains prennent directement en main la prochaine exposition nationale, prévue alors pour 1989.

Une partie des objectifs des fondateurs du Groupe d'Olten au moment de sa création en 1972 est donc aujourd'hui réalisée. Contrairement au programme politique alors fixé, la propriété des moyens de production n'a pas été redistribuée, le socialisme démocratique n'a pas été instauré en Suisse. Mais le programme littéraire, celui pour lequel les pères fondateurs ont lutté, de Nicolas Bouvier à Peter Bichsel en passant par Jörg Steiner et Giovanni Orelli, celui-là est advenu. Désormais la Suisse, avec sa fiction, est en passe de devenir un pays comme un autre. Conséquence de cette nouvelle situation, les auteurs de ce pays n'ont plus le même besoin d'un groupe politico-littéraire pour défendre la ligne de leurs écrits. Désormais ils deviennent, comme tous les auteurs européens, des gens qui ont besoin d'un syndicat pour défendre leurs droits, et de quelques éditeurs courageux pour les publier.

Non pas que notre littérature n'ait plus à susciter de points de rencontre politiques pour s'imposer. Mais les tâches historiques sont désormais réalisées. Il s'agit d'envisager celles qui incombent encore aux auteurs de Suisse.

Quand nous laissons entendre que la Suisse n'est plus une exception historique, nous n'oublions pas que nous aurons encore à liquider quelques squelettes dans nos placards. Par exemple, ce parti hégémonique unique au monde, qui nous gouverne depuis 155 ans, qui déteste les artistes et qui ne s'en ira pas de lui-même. Par exemple, ces populistes xénophobes qui veulent ramener notre culture à un folklore. Par exemple, ces banquiers vaniteux qui entendent soumettre la littérature au règne de la marchandise. Mais ce sont finalement des ennemis de classe comme on en rencontre partout. Désormais les auteurs de Suisse (après le rapport Bergier, le vote sur l'ONU et quelques signes d'ouverture) ont voix aux chapitres de l'histoire mondiale.

Nous nous réjouissons de mettre en cause tout ce qui semble aller de soi. Nous essaierons même d'éviter tout ce qui semble inévitable. Par exemple la mondialisation. N'a-t-on pas entendu pendant la guerre froide cette petite phrase assassine: «Comme si Auschwitz était en Suisse!» Cette phrase, comme l'a montré Adolf Muschg, voulait paralyser par avance toute intervention littéraire sur les fonds en déshérence. L'air de dire: ce sujet-là n'est pas pour les auteurs de Suisse.

Avec quelques années de retard, nous sortons de la guerre froide. Même si nous imaginions autrement cette issue, nous ne la bouderons pas. Plus personne ne nous empêche de nous comporter et d'écrire comme si Davos était en Suisse.

Daniel de Roulet, letzter Präsident der Gruppe Olten

Als läge Davos in der Schweiz!

Seit längerem schon wurde alles, was der Schweiz zustösst, von ihren Schriftstellern vorausgesagt. Letzten Herbst war unser Gotthardtunnel mehrere Monate lang blockiert. Eine nationale Notsituation. Dabei hatte Hermann Burger in *Die künstliche Mutter* sich das Ganze bereits vorgestellt, in jenem mysteriösen Therapiezentrum für unsere Mythen, das unter dem Berg begraben liegt.

Ebenfalls letztes Jahr wurde der Schlussbericht der Bergier-Kommission veröffentlicht. Darin wird erzählt, wie sich die Schweiz während des Zweiten Weltkriegs gegenüber den Juden verhielt. Das alles findet man bereits bei Max Frisch, 1961 in allen Einzelheiten auf der Bühne des Zürcher Schauspielhauses vorgeführt. Mit dem einzigen Unterschied, dass Max Frisch nie akzeptiert hätte, die Rolle des Wirts in *Andorra* einem so zynischen Schauspieler wie Christoph Blocher zuzuhalten.

Und was das Leben unserer nationalen Banken betrifft, haben die Schweizer Schriftsteller es längst bis in jede Einzelheit erzählt. Aber auch hier hätte Friedrich Dürrenmatt, der doch das Groteske liebte, sich dagegen verwahrt, in *Frank V.* solche Karikaturen von Bankern wie Ospel von der UBS oder Mühlemann von der Credit Suisse mitspielen zu lassen.

Dann hatten wir das triste Ende unserer Fluggesellschaft, das man nur zu gern mit einem Kapitel verwechselt, das Niklaus Meienberg in seinen *Reportagen aus der Schweiz* hätte schreiben können. Die Realität war wirklich wie ein Roman. Und doch: Hätte Meienberg eine so lächerliche Figur in Szene gesetzt wie Bundesrat Couchepin, hätte man dem rebellischen Autor vorgeworfen, er übertreibe wieder einmal.

Und dann haben wir unsere Expo 02. Wenn man genau beobachtet, was sich zwischen den Schlüsselfiguren dieser Veranstaltung abspielt, möchte man sagen, eine Familiensaga. Es ist, als hätte Otto F. Walter eine Fortsetzung von *Zeit des Fasans* geschrieben und Gilbert Musy sie ziemlich schnell übersetzt.

Heute lacht man darüber, aber die Autoren, die diese jüngsten Ereignisse unserer Schweizer Geschichte vorwegnehmend erzählten, haben dies oft teuer bezahlt. Ohne von den Selbstmorden Burgers und Meienbergs zu reden, ist da das traurige Ende Frischs und Dürrenmatts. Der Erste hat seinen Schweizer Pass zurückgeschickt, bevor er starb. Der Zweite hatte sich mit seiner Rede an Vaclav Havel das Recht auf einen Händedruck der anwesenden Bundsräte verscherzt. Am Ende des Kalten Krieges hasste die offizielle Schweiz ihre Autoren, die ihr das Gedächtnis auffrischten. Dabei hatten sie nur das erfüllt, was wir in der Gruppe Olten eine historische Aufgabe nannten.

Die ist jetzt abgeschlossen, denn die helvetische Realität steht nun endlich im Einklang mit ihrer Fiktion. Wir befinden uns in der gleichen Situation, die schon die Schriftsteller der Vereinigten Staaten erlebten. Sie haben Dutzende von Romanen geschrieben, in denen sie zu verstehen gaben, dass der Herr des Weissen Hauses nichts anderes sei als eine in ihrer Theaterrolle gefangene Figur. Und an dem Tag, als mit Ronald Reagan ein wirklicher Schmierenkomödiant in Washington einzog, übertraf die Wirklichkeit sogleich sämtliche ihrer Roman-Hypothesen.

Wir in der Schweiz haben heute einen Bergier-Bericht, der seriöser ist als die Stücke Frischs. Wir haben ein Land, das einem UNO-Beitritt zugestimmt hat, als hätte Dürrenmatt die Schlüssel unseres Goldenen Käfigs neu in Umlauf gebracht, und wir haben eine Landesausstellung, selbst wenn sie nicht ganz der entspricht, die sich Yves Velan 1978 in seinem berühmten Pamphlet *Contre-pouvoir* in der Gruppe Olten vorstellte, als er vorschlug, die Schriftsteller sollten die nächste, damals für 1989 vorgesehene Landesausstellung gleich selber in die Hand nehmen.

Ein Teil der von den Gründern der Gruppe Olten 1972 ins Auge gefassten Ziele ist also heute erreicht. Im Gegensatz zum damals festgelegten politischen Programm hat die Umverteilung des Eigentums an Produktionsmitteln nicht stattgefunden, der demokratische Sozialismus wurde in der Schweiz nicht eingeführt. Dagegen ist das literarische Programm, für das die Gründerväter, von Nicolas Bouvier über Jörg Steiner und Giovanni Orelli bis zu Peter Bichsel, kämpften, Wirklichkeit geworden. Von nun an ist die Schweiz mit ihrer Fiktion auf dem besten Weg, ein Land wie ein anderes zu werden. Als Folge dieser neuen Situation haben die Autoren dieses Landes nicht mehr das gleiche Bedürfnis nach einer politisch-literarischen Gruppe, um ihre schriftstellerische Linie zu verteidigen. Sie werden jetzt, wie alle europäischen Autoren, ganz einfach zu Leuten, die einen Verband brauchen, der ihre Rechte und Interessen wahrnimmt, und ein paar Verleger, die mutig genug sind, ihre Bücher zu publizieren.

Nicht dass unsere Literatur keine politischen Treffpunkte mehr schaffen sollte, um sich zu behaupten. Aber die historischen Aufgaben sind heute erfüllt. Es geht darum, jene ins Auge zu fassen, mit denen sich die Autoren der Schweiz heute noch auseinander zu setzen haben.

Wenn wir zu verstehen geben, dass die Schweiz keine historische Ausnahme mehr ist, vergessen wir nicht, dass wir noch ein paar alte Zöpfe abzuschneiden haben. Zum Beispiel diese weltweit einzigartige Hegemonialpartei, die uns seit 155 Jahren regiert, die die Künstler hasst und die nicht von selbst verschwinden wird. Zum Beispiel diese fremdenfeindlichen Populisten, die unsere Kultur auf eine Folklore reduzieren wollen. Zum Beispiel diese selbstgefälligen Banker, die im Schilde führen, die Literatur dem Reich der Ware zu unterwerfen. Aber das sind letztlich Klassenfeinde, wie sie überall anzutreffen sind. Heute (nach dem Bergier-Bericht, nach der UNO-Abstimmung und einigen Zeichen der Öffnung) haben die Autoren der Schweiz ein Wörtchen in der Weltgeschichte mitzureden.

Wir freuen uns, alles in Frage zu stellen, was selbstverständlich scheint. Wir werden sogar versuchen, das zu vermeiden, was unvermeidlich scheint. Zum Beispiel die Globalisierung. War während des Kalten Krieges nicht der kleine mörderische Satz zu hören: Als läge Auschwitz in der Schweiz! Dieser Satz wollte, wie Adolf Muschg aufzeigte, zum Vornherein jede literarische Einmischung in Sachen nachrichtenlose Vermögen mundtot machen. Etwa im Sinne: Dieses Thema geht die Autoren der Schweiz nichts an.

Mit ein paar Jahren Verspätung ist der Kalte Krieg auch bei uns zu Ende gegangen. Und selbst wenn wir uns diesen Ausgang anders vorstellten, werden wir uns nicht in den Schmollwinkel verziehen. Niemand hindert uns daran, uns zu verhalten und zu schreiben, als läge Davos in der Schweiz.

Eugène, dernier président de la SSE

La vieille dame et le bébé

Un des plus jeunes présidents de la SSE a contribué à mettre fin à la SSE. Ceci ressemble fort à un acte de lèse majesté envers une vieille dame. Mais les apparences sont trompeuses.

D'abord, la vieille dame n'est pas irréprochable. Elle fut parfois odieuse (l'attitude de la SSE envers les écrivains étrangers durant la période nazie en Europe), parfois irritante (lorsque le président Zermatten provoqua la sécession d'une partie de ses membres, débouchant sur la création du Groupe d'Olten). Paradoxalement, durant les dernières années de sa vie, elle trouva une énergie débordante (sous l'impulsion de Tim Krohn). La vieille dame fit le ménage dans sa maison, se redéfinit et parvint à intéresser de nouveau les jeunes écrivains. Surtout, elle sut trouver l'art et la manière d'entrer en dialogue avec sa voisine de palier.

Les apparences sont également trompeuses en ce qui concerne sa mémoire. Ce livre prouve qu'on la respecte au plus haut point. Au moment de s'éteindre, la vieille dame voit défiler devant ses yeux le film de sa vie. Et si d'autres essais historiques suivront sans aucun doute, celui-ci a le mérite d'être réalisé dans le feu de l'action.

Nos deux sociétés d'autrices et d'auteurs ont décidé de se refonder. Le bébé né à Berne en octobre 2002 a de l'ambition et de la vigueur. Il devra affronter les nouveaux enjeux posés par la société.

Tout d'abord, en devenant un produit de consommation comme un autre, le livre a perdu de sa force symbolique. «La littérature? Aujourd'hui, tout lui est permis, mais plus rien ne dépend d'elle», constatait Hans Magnus Enzensberger. Il faut donc tenter de redonner au livre sa place centrale dans la culture, qu'elle a cédé au profit d'autres arts. Et qui sait? Peut-être un jour, un jour pour l'instant lointain et hypothétique, non pas seulement les conseils fédéraux deviendront écrivains, mais les écrivains deviendront conseils fédéraux.

Ensuite, sur le plan politique, seul un lobbying puissant peut défendre nos intérêts au niveau fédéral. D'ailleurs, un sondage réalisé en 2001, auprès d'une dizaine de personnalités suisses (politiciens, chefs d'entreprises, directeur des programmes TV), dans lequel on demandait « qui sont les nouveaux maîtres du monde ? », a apporté une réponse qui en a surpris plus d'un. Le « pouvoir » ne semble plus être aux mains des multinationales. Il s'est déplacé du côté des lobbies. Aujourd'hui, avoir le pouvoir, c'est savoir faire pression, au bon endroit et au bon moment.

Enfin, du point de vue syndical, il faut encore et toujours se battre pour obtenir des garanties d'honoraires dignes de ce nom, pour que les droits d'auteurs soient respectés ou enfin pour être en mesure d'aider un auteur ou une autrice tombée dans le besoin.

Désormais, l'AdS a les moyens de ses ambitions. Elle parlera d'une seule voix, une voix forte, en Suisse, en Europe et au-delà. En somme, le livre que vous tenez entre les mains n'est pas un faire part de décès, mais un avis de naissance. Car en littérature, grâce aux métaphores, les vieilles dames peuvent devenir des bébés.

Longue vie à l'AdS !

Eugène, letzter Präsident des SSV

Die alte Dame und das Baby

Einer der jüngsten Präsidenten in der Geschichte des Verbandes hat dazu beigetragen, einen Schlussstrich unter den SSV zu ziehen. Das mag wie ein Fall von Majestätsbeleidigung auf Kosten einer alten Dame wirken. Doch der Schein trügt.
Zunächst einmal ist die alte Dame nicht ganz über alle Zweifel erhaben. Bisweilen hat sie sich recht hässlich aufgeführt (vgl. die Haltung des SSV gegenüber ausländischen Schriftstellern während der Nazi-Zeit), bisweilen zumindest befremdlich (vgl. SSV-Präsident Zermatten, der die Abspaltung eines Teils der Verbandsmitglieder provozierte, was dann zur Gründung der Gruppe Olten führte). Paradoxerweise entwickelte sie just in ihren letzten Lebensjahren eine überschäumende Energie (dank der Initiative von Tim Krohn). Die alte Dame machte Ordnung in ihrem Haushalt, definierte sich neu, und es gelang ihr, das Interesse der jungen Schriftsteller zu wecken. Vor allem aber fand sie Mittel und Wege, mit ihrer Tischnachbarin ins Gespräch zu kommen.

Der Schein trügt auch, wenn man glaubt, man lasse sie allzu schnell der Vergessenheit anheimfallen. Dieses Buch beweist, dass ihr höchster Respekt entgegengebracht wird. Im Augenblick ihres Hinschieds spult sich vor den Augen der alten Dame der Film ihres Lebens ab. Und auch wenn zweifellos weitere historische Annäherungen folgen werden, so gebührt der vorliegenden doch das Verdienst, mitten aus dem Geschehen heraus entstanden zu sein.

Unsere beiden AutorInnenverbände haben sich zu einer Neugründung entschlossen: Das Baby, das im Oktober 2002 in Bern das Licht der Welt erblickt hat, strotzt vor Kraft und Ehrgeiz. Es wird sich mit der Verwirklichung jener Ziele befassen müssen, die der neue Verband sich gesetzt hat.

Zum einen hat das Buch, indem es zu einem Konsumgut wie jedes andere geworden ist, seine Symbolkraft eingebüsst. «Die Literatur [...] darf alles, aber es kommt nicht mehr auf sie an», hat Hans Magnus Enzensberger festgestellt. Man sollte demzufolge versuchen, dem Buch die zentrale Stellung in der Kultur, die es anderen Künsten abtreten musste, wieder zurückzugeben. Und wer weiss? Eines Tages, eines heute noch fern und hypothetisch erscheinenden Tages werden vielleicht nicht nur aus Bundesräten Schriftsteller, sondern auch aus Schriftstellern Bundesräte.

Zum anderen können unsere Interessen auf Bundesebene nur durch entschlossenen Lobbyismus wahrgenommen werden. Eine im Jahr 2001 bei zehn Schweizer Persönlichkeiten (Politikern, Unternehmensleitern, Fernsehdirektoren) durchgeführte Umfrage, in der es darum ging, wer heute auf der Welt das Sagen habe, ergab eine für die meisten ziemlich überraschende Antwort: Die «Macht» liegt offenbar nicht mehr in der Hand der multinationalen Unternehmen, sondern hat sich auf die Lobbys verlagert. Heute bedeutet Macht, am richtigen Ort und zur richtigen Zeit Druck zu machen.

Vom gewerkschaftlichen Standpunkt aus geht es nach wie vor und weiterhin darum, für ein gesichertes Honorar zu kämpfen, das diesen Namen verdient. Nur so können die Autorenrechte gewahrt werden, nur so sind wir in der Lage, Autoren oder Autorinnen beizustehen, die in eine Notlage geraten sind.

Von jetzt an ist es der AdS, der diese ehrgeizigen Ziele verwirklichen wird. Er wird mit einer einzigen, starken Stimme sprechen – in der Schweiz, in Europa und darüber hinaus. Kurz und gut, das Buch, das Sie in den Händen haben, ist kein Trauerzirkular, sondern eine Geburtsanzeige. Denn dank der Kraft der Metaphern können sich in der Literatur alte Damen ohne weiteres in Babys verwandeln.

Lang lebe der AdS!

Clo Duri Bezzola

Schon wegen der Geselligkeit

«Komm doch zu uns in unseren Verband», beschwor mich mein literarischer Ziehvater Andri Peer, «da lernst du eine Menge Leute kennen, die auch nicht viel mehr geschrieben haben als du ... schon wegen der Geselligkeit.» In der Tat, er sollte Recht behalten, denn mit meinen damals gut dreissig Jahren, ein paar Übersetzungen und nach der Veröffentlichung meines ersten Gedichtbandes erhöhte ich durch die Akklamation der Mitglieder den Bestand des Schweizerischen Schriftstellerverbands, ohne überzeugt zu sein, von nun an als Schriftsteller zu gelten.

Und wenn ich im Anschluss an die Mitgliederversammlung in meinem Hotelzimmer keinen Schlaf fand, war es nicht vor Aufregung, sondern weil sich ein paar zusätzliche Ziehväter nebenan zu einem geselligen Schlaftrunk eingefunden hatten, die Wand mit zunehmendem Zuprosten immer dünner wurde und die Gesänge von Dantes *Divina Commedia*, vom virilen Quartett grölend vorgetragen, nachhaltig mein Gemüt erregten. Im nachbarlichen Jenseits vollzogen die Altmitglieder zwischen Kommode und Federkernmatratze ein wiederholtes Ritual aus Hölle, Fegefeuer und Rückführung ins Himmelreich, dass die Welt des Neumitglieds trotz anbrechendem Tageslicht sich mehr und mehr verdüsterte. War mit SSV vielleicht der Schweizerische Spassverband gemeint?

Bisher verband ich das Kürzel SSV einzig mit dem Schweizerischen Skiverband, dessen Mitgliedschaft ich mir dank einigen verwegenen Fahrten auf den lokalen Rennpisten sozusagen ohne Vorleistung erworben hatte. Also kein Vergleich mit meinem Gedichtband und mit den paar Übersetzungen, aber die andern sollen ja auch nicht viel mehr geschrieben haben.

Immerhin hatte ich den Beweis erbracht, die Schreibfeder ebenso wie den Skistock in der Hand halten zu können, deshalb fühlte ich mich zum Schriftsteller eher berufen als auserwählt.

Aber warum nicht gleich zur Gruppe Olten? Der Entscheid für den SSV war für mich weniger ideologisch als vielmehr semantisch begründet. Hier Gruppe, dort Verband, was für einen unsicheren Schreiber wie mich, der zuerst lernen musste die Steigbügel zu halten, bevor er den Pegasus bestieg, so etwas wie eine Beförderung bedeutete, etwas von ernsterer Tragweite.

Hier der Sekretär, dort der Präsident. Ich kannte die Vorgeschichte, die zur Trennung zwischen der oppositionellen Spreu vom opportunistischen Weizen führte. Und ich wäre gerne im ideologischen Dunstkreis von Muschg und Hohler und natürlich Frisch an meiner eigenen Textarbeit gewachsen, aber gerade solche dialektische Spielereien machten die Zugehörigkeit zu einer Frage des Seins.

«Es hängt alles daran, ob wir eine Kultur *sind*», sagte Adolf Muschg im gleichen Jahr, als ich, zwar frisch geweiht, aber welk vor Ermattung, das Hotel verliess und in die Welt der Rätoromanen zurückkehrte, wo nicht die politische, sondern die idiomatische Ideologie zählte und wo ich den Eignungstest zur Bekämpfung des altersbedingten Wortausfalls dank meiner Jugendlichkeit längst bestanden hatte.

Die Frage, ob wir eine Kultur seien, das heisst die Notwendigkeit, uns diese Frage überhaupt zu stellen, war für die Rätoromanen so lange eine Provokation, als sie einzig damit beschäftigt waren, das Gleichgewicht der Täler nicht zu gefährden. Deshalb lieber keine Fragen stellen und dafür in einem Schwupp in den SSV, nach wie vor mit linker Zunge reden, Hauptsache, das Herz ist auf dem rechten Fleck.

Dafür nimmt das Neumitglied zuerst in Kauf, dass der eigene Präsident sich wie Saturn aufführt und Blitze nach dem Sekretär der Gruppe schleudert und dabei riskiert, dass die ehemals ideologische Spaltung einen idiopathischen Anstrich bekommt, worauf der eichene Vorstandstisch ins Beben gerät und den Thron des Präsidenten zum Wanken bringt. Die beiden Ausrufezeichen nach seinem anfänglich noch einschüchternden «S'il vous plaît!!», um den Rest der Vereinsleitung daran zu hindern, von seinem Kurs abzuweichen, verwandeln sich allmählich in zwei Fragezeichen.

Nachdem auch die Ideologie ausgepoltert hatte und es nicht mehr darauf ankam, ob der Präsident des einen oder der Sekretär des anderen Verbands Recht behielt, weder Bart noch Schnauz drüben, weder Scheitel noch Krawatte hüben zur Differenzierung taugten, da die Männer zum verbindenden Kurzhaar übergegangen waren und die Frauen die Gleichen geblieben sind, musste auch niemand mehr beschwört werden, «zu uns in unseren Verband zu kommen», weil die meisten schon dahin wollten, wo sie waren, und sei es wegen der Geselligkeit.

Übrigens haben heute die japanischen Fotoapparate-Hersteller Konica und Minolta fusioniert. Wahrscheinlich wegen der grösseren Präsenz oder wegen der schärferen Bilder.

Anne Cuneo

Groupe d'Olten : le métier d'écrire

Le livret « Défense civile », que j'avais reçu comme tout Suisse, avait provoqué, chez moi, l'hilarité. J'y avais lu des absurdités qui m'avaient fait hausser les épaules. Dans mon ésprit, il est resté associé à la naissance du Groupe d'Olten. Dans la *Gazette littéraire*, Franck Jotterand s'était indigné d'autant plus, expliquait-il, que l'adaptateur français de cette publication qui prônait la persécution des intellectuels était le président de la Société Suisse des Ecrivains. Jotterand annonçait sa démission de cette association. Bientôt suivi par Frisch, Dürrenmatt, Bouvier, Hohl, Muschg, Orelli, Nizon et j'en passe; le premier noyau comptait quelques écrivains parmi les plus prestigieux de Suisse.

J'avais, pour ma part, déjà tenté d'approcher la Société Suisse des Ecrivains telle qu'elle était à l'époque, et m'en étais aussitôt éloignée, épouvantée.

J'avais de l'écriture une trop haute idée pour avoir considéré y rester. L'écrivain, avais-je appris dans mon éducation latine, est la conscience d'une nation. Sa morale doit être impeccable. Dans son écriture, et dans tout ce qui entoure son écriture, il ne doit consentir à aucun compromis.

En tant qu'écrivain, je n'avais donc rien à faire dans une association dont le niveau me paraissait, par les deux réunions auxquelles j'avais participé (et par l'attitude de son président), raser le sol.

Au moment de l'affaire de « Défense civile », je m'étais résignée à une vie d'écrivain solitaire, ne sachant où rencontrer des collègues hors d'une association à laquelle il me semblait impossible d'adhérer.

Lorsque les dissidents ont annoncé leur démission, cela a été pour moi une libération (j'étais ce qu'on appelle un « jeune écrivain », j'avais publié un seul livre, et je me trouvais culottée d'avoir ainsi repoussé ce qui aurait dû être MON association professionnelle). Je n'étais donc pas seule. De joie, j'ai envoyé un télégramme à Franck Jotterand, dont le texte était à peu près : « Bravo. Les raisons pour lesquelles vous avez démissionné sont celles pour lesquelles je ne suis pas entrée. »

Le soir-même Jotterand me téléphonait : « Nous pensons créer un nouveau groupe, pour ne pas nous priver de la possibilité de nous rencontrer et de discuter. Et nous voudrions que de jeunes écrivains nous rejoignent. Nous feriez-vous l'honneur ? »

Je me souviens particulièrement de ce « Nous feriez-vous l'honneur », parce que je trouvais que c'étaient eux, qui me faisaient l'honneur.

Je me suis précipitée, bien sûr. Je ne l'ai jamais regretté. Pendant un an ou deux, par sens du devoir, j'ai même accepté d'être présidente du Groupe d'Olten nouvellement créé, alors que ce genre de fonctions n'est pas ma tasse de thé.

Au Groupe d'Olten j'ai trouvé ce qui m'avait jusque-là cruellement manqué : solidarité entre écrivains, débats, stimulation intellectuelle. Et amitiés. Michel Viala, Nicolas Bouvier – les deux plus proches, et jusqu'au bout les plus chers. J'ai envers eux une dette de celles qui ne s'éteignent pas. Ils m'ont aidée, chacun à sa manière, à pousser ma créativité dans ses derniers retranchements. Franck Jotterand, dont la rigueur intellectuelle m'incitait à être toujours plus exigeante envers moi-même. Ludwig Hohl – le plus surprenant. Au début des années 70 je souffrais d'une dépression récurrente. Ludwig Hohl, pour une raison que je ne comprends toujours pas, avait le don de savoir quand j'étais mal, et immancablement me téléphonait pour me donner mille raisons pour lesquelles la vie valait d'être vécue.

Les Alémaniques quant à eux, de Nizon à Muschg, de Imhasly à Mettler ou à Züfle, et il est impossible de tous les nommer, m'ont ouvert un monde : une autre manière de raconter, un sens de l'humour, une vision moins rêveuse de la société dans laquelle nous vivons.

Ce que j'ai le plus regretté au fil des ans, ç'a été de voir disparaître peu à peu cette fonction de laboratoire qu'a eue le Groupe pendant une dizaine d'années. Sans lui, la Société suisse des écrivains ne se serait jamais aussi radicalement transformée qu'elle l'a fait. Mais en voulant devenir « sérieux », le Groupe a peu à peu perdu ce qui faisait son sel, sa spécificité. Nous sommes sans doute tous responsables de l'avoir laissé devenir une entité qui n'allait plus que rarement au-delà de l'administration de nos intérêts, et qui a fini par perdre son sens.

Moi, j'ai eu de la chance : j'ai vécu les débuts de ma vie d'écrivain à une époque où le Groupe d'Olten était une agora où les idées et les expériences s'échangeaient avec l'intensité de la passion, du grand amour. Et un grand amour, tous les romantiques (dont je suis) le savent, peut cesser. Mais il ne meurt jamais.

Ketty Fusco

Fraternità intellettuale: progetto o utopia?

Dato per scontato che, come in tutte le categorie umane, anche in quella degli scrittori siano presenti, moralmente e caratterialmente parlando, personalità gradevoli e personalità sgradevoli, rivolgo, in questo breve testo, la mia attenzione allo scrittore umanamente situato in una posizione di equità verso il prossimo, ad una persona cioè che non pretendo perfetta, per carità, ma almeno capace di serenità di giudizio, di una ragionevole autocritica, in grado di accettare il successo dell'altro senza subire una crisi epatica, ma soprattutto lontana dal sentirsi l'ombelico della cultura ufficiale dominante.

Ebbene, questo scrittore-tipo potrà, senza dubbio, rispondere positivamente alla domanda da me posta nel titolo: «Sì, la fraternità intellettuale può essere un progetto.»

E, in questo momento magico del confluire degli scrittori svizzeri in un'unica società, sono proprio quelle dello scrittore da me descritto le peculiarità necessarie alla fondazione di un progetto di crescita, indispensabile soprattutto nella realtà multietnica di noi svizzeri, stretti in un perimetro esiguo, nel cuore della grande Europa letteraria, ma portatori di culture diverse e tutte ugualmente importanti.

Non è certo non amandoci e magari litigando come i polli di Renzo, (protagonisti di un succoso capitolo dei *Promessi sposi* di Alessandro Manzoni) che noi scrittori svizzeri faremo brillare e crescere la letteratura svizzera.

Io penso perciò che oggi, ogni essere sensibile, creativo, in grado di vedere, come diceva St-Exupéry, con gli occhi del cuore, immerso in un mondo conteso da perfezione e distruzione, debba assolutamente anelare per la società di cui fa parte a quella condizione psicologica e morale da me chiamata «fraternità intellettuale», che solo superficialmente può essere considerata una espressione astratta.

Hugo Loetscher, Präsident des SSV von 1986 bis 1988

Das Terrain war schon vorbereitet

Dass sich die Gruppe Olten (GO) und der Schweizerische Schriftstellerinnen- und Schriftsteller-Verband (SSV) zu einem neuen Verband fanden, kam nicht aus heiterem Himmel. Nicht nur, dass unmittelbar lange und nicht immer leichte Verhandlungen vorangingen, um eine für beide Seiten akzeptable Basis zu finden. Das Terrain dafür wurde vorgängig vorbereitet.

Es war kein schlechtes Timing, dass im Sommer der Verbandsvereinigung die dritte Ausgabe des Lexikons *Schriftstellerinnen und Schriftsteller der Gegenwart* erschien. Dieses Nachschlagewerk, 1962 anlässlich des fünfzigjährigen Bestehens des Schweizerischen Schriftstellervereins erstmals herausgekommen, erfasste ausschliesslich Mitglieder. Bei der Neuauflage, an die sich der SSV 1978 machte, hatten sich die Voraussetzungen geändert. Aus einem Verein war ein Verband geworden, und neben dem Verband hatte sich die Gruppe Olten formiert. Nach wie vor bestand aber die Dringlichkeit eines aktualisierten Nachschlagewerks. Erfasst wurden sämtliche Autorinnen und Autoren, unabhängig irgendwelcher Verbands- oder Gruppenzugehörigkeit, aufgenommen wurden nicht nur Schriftstellerinnen und Schriftsteller, die von Geburt Schweizer sind, ob im eigenen Land tätig oder ausserhalb, sondern auch «all die ausländischen Autorinnen und Autoren, die in unserem Land leben und arbeiten».

Dieses Lexikon konnte als ein erster Hinweis darauf verstanden werden, dass die schweizerische Autorschaft als ein Ganzes zu betrachten ist. Möglich und wünschenswert war dies geworden, nachdem die Klischee-Polemik sich überholt hatte, wonach der SSV ein Verband von Hobby-Schriftstellern sei, so dass dieser sich genötigt sah, als Referenz die Mitgliedschaft eines Friedrich Dürrenmatt ins Feld zu führen und Namen aufzuzählen wie Jürg Federspiel oder Maurice Chappaz. Es nahm sich manchmal aus, als ob das SSV-Sekretariat Ausschau halte nach den zehn Gerechten, dank denen die literarische Sintflut nicht stattfindet. Und auch die ideologische Abgrenzung in progressiv und konservativ war kaum zu halten, nur schon nicht, da mit Otto Böni ein bewährter Gewerkschafter während zwei Jahrzehnten als Sekretär die Geschäfte führte. Auf die politische Positionierung des Verbandes angesprochen, hatte man als Präsident für die ideologische Spannweite die Antwort bereit: Von der Genfer Szene sind ebenso Jean Ziegler wie Jeanne Hersch Mitglieder. Zudem entwickelte sich der Verband mit zunehmender Konsequenz Richtung Gewerkschaft.

So sehr das Lexikon als Ausweis einer wenn auch nicht organisatorischen, so doch kulturellen Zusammengehörigkeit verstanden werden konnte, der SSV hatte eine Geschichte, die nach Klärung und Aufklärung verlangte. Daher betraute der SSV 1987 den jungen Historiker Ulrich Niederer mit der Aufgabe, eine Verbandsgeschichte zu verfassen. Da diese sich als eine Darstellung verstand, die nichts beschönigen mochte, wurde den 30er-Jahren ein eigenes Kapitel gewidmet, jener Zeit, als der Verband sich alles andere als solidarisch mit den jüdischen Emigranten-Kollegen aus Nazi-Deutschland erwies, ein Beispiel dafür, wie wirtschaftliche Interessen sich vor Gesinnung stellten. Und ebenso sollte ausführlich und dokumentiert die schwerste Krise dieses Verbandes behandelt werden, die zur Spaltung und zur Gründung der Gruppe Olten geführt hatte.

Die Verbandsgeschichte *Literatur geht nach Brot* war ein erster Schritt der Terrainbereinigung für die mögliche und zukünftige Zusammenarbeit des SSV und der GO. Diese ergab sich umso mehr, als zusehends Sachfragen die Standpunkte einander näher brachten bis zur Erfahrung und Erkenntnis, dass ein Zusammengehen im beiderseitigen Interesse liegt.

Alberto Nessi

Cambiare binario

Una volta un letterato italiano mi ha chiesto se faccio parte del Gruppo di Holden. Ho risposto di sì: ho sempre ammirato Holden Caulfield, l'eroe di Salinger, il ragazzo coi capelli a spazzola che se ne va via dai palloni gonfiati del collegio e che si domanda dove diavolo andranno d'inverno le anitre del parco quando lo stagno gela. Olten, invece, pur suonando bene come parola, sapevo appena dov'era. Era un posto dove si scende dal treno per cambiare binario e io lo conoscevo solo perché là, nel Buffet della Stazione di quel luogo sconosciuto, un giorno avevo mangiato salmone affumicato con un cuoco incontrato sul treno che poi era andato a finire in una mia poesia, cucinato in versi liberi.

Il Gruppo di Holden mi piaceva perché era fuori dagli schemi. Che noia, le associazioni! Io non riesco a intervenire durante le discussioni, sono bloccato, non ho la loquela facile dei giovani leoni che in quattro e quattr'otto stendono gli avversari. Preferisco ascoltare. E lì potevo ascoltare gli altri. Parlavano tedesco e francese, io mi sentivo straniero e potevo stare a guardare come sono fatti gli scrittori. Ecco: guardare com'è fatto uno scrittore, a questo mi è servito il Gruppo. Non uno scrittore qualunque, ma uno che al momento buono sa gridare «Dormite sodo stronzi!», come il giovane Holden quando sta lasciando il dormitorio dell'istituto: quell'epiteto andava bene per quelli dell'altra sponda, i cani da guardia dell'ideologia borghese: gli scrittori che avevano strizzato l'occhio alla Polizia degli stranieri e alcuni dei quali, nel mio cantone, tra le due guerre avevano addirittura simpatizzato per Mussolini.

Gli scrittori, fino a quando decisi di entrare nel Gruppo, li conoscevo solo sulla pagina. Che è quel che conta. Ma uno che vuol scrivere non può starsene tutto il giorno con la penna in mano a pensare o sprofondarsi nei romanzi preferiti o andare in giro in cerca d'ispirazione. Uno è anche curioso di sapere come se la cavano gli altri, quelli affetti dal suo stesso morbo. Allora va a una riunione e guarda e capisce che uno scrittore come si deve veste di nero, fuma tante sigarette e deve avere l'aria un po' maledetta del bevitore d'assenzio.

Ricordo una delle prime assemblee, a Bienne. Nel viaggio di andata, dal finestrino del treno guardavo con meraviglia tutti quei prati gialli di colza, mentre Plinio Martini, che era stato tra i primi a entrare nel Gruppo, aveva tirato fuori dalla cartella di maestro di scuola un plico di fogli e si era messo a leggermi il suo ultimo racconto. Martini, che nella vita pubblica aveva dato del filo da torcere ai suoi convalligiani conservatori, nel privato era un esempio di come si fa ad essere scrittori-fratelli: si prende l'ultimo cosa scritta e la si legge a un amico sul treno, mentre fuori scorrono i colori dell'estate.

Poi, noi ticinesi cominciammo a trovarci e a far progetti, a discutere, a organizzare. Qualcuno forse un giorno farà la microstoria di quegli incontri. Io mi limito a ricordare i morti: Plinio Martini, che ha rivelato al mondo un Ticino sconosciuto, Virgilio Gilardoni, protagonista della cultura d'opposizione nella Svizzera italiana, Angelo Gregorio, sceneggiatore e intenditore di cibi e vini, che tra un bicchiere e l'altro ci raccontava le sue scorribande ticinesi nientemeno che con Jean-Paul Sartre.

Olten è un posto dove si cambia binario e mi è servito a essere un po' più svizzero di quel che non lo sia per natura. Svizzero nel senso buono, nel senso di variegato. Ho visto gli altri scrittori, ho imparato a difendermi, ho capito che la letteratura ha tanti volti: dipende dal paesaggio che si vede dal finestrino del treno.

Lo scrittore è uno che cambia binario per prendere un treno che non si sa dove porti. Ha in tasca solo il biglietto di andata e per lui è importante non tanto la meta che vuol raggiungere – città, lago, collina, bosco sacro – quanto l'itinerario che compie per raggiungere la sua meta. Per lui è importante l'itinerario. È importante lo sguardo sul paesaggio che vede dal finestrino. È importante lo sguardo sui suoi compagni di viaggio. È importante lo sguardo.

Bernadette Richard

Le syndrome de Caïn et Abel

J'ai pensé à vous, ce jour-là.

A toi Caïn, qui tenais le couteau fratricide, à toi Abel, victime innocente. Dans un songe diffus, vos personnages mythiques me parlaient, ou c'est peut-être moi qui vous dessinais dans mon imaginaire. Certes, en cette journée du 12 octobre, où l'inconciliable se conciliait, vous évoquer comme métaphore d'une situation somme toute banale peut sembler très excessif. Mais après tout, ne peut-on pas voir, dans la réconciliation de deux modestes sociétés d'écrivains, un acte qui dépasse une fois le syndrome de Caïn et Abel?

Ces retrouvailles ont exigé dans l'ombre des années de discussions, tâtonnements, prise de pouls et de positions autour de deux cœurs battant chacun pour soi. Si proches pourtant, les uns réunis en Société suisse des écrivains, les autres nommés Groupe d'Olten.

Sous la vilaine appellation d'Autrices et Auteurs de Suisse – l'AdS sera plus anonyme – un nouveau mariage de raison vient d'être célébré. Pour d'aucuns, il n'est pas encore question d'amour. Pour d'autres, c'est pure logique, évidence, voire intérêt. Certains enfin y retrouvent leurs amis séparés par de vieilles dissensions qui ne leur appartenaient pas. Qu'importent les motifs? Derrière cette guéguerre de plusieurs décennies, au-delà de l'individualisme forcené des gens de plume, une image philosophique – ou psychologique – me semblait se profiler, l'éternelle question du bien et du mal, incarnée jadis par les deux frères ennemis, Caïn et Abel, qui, l'acte accompli, le meurtre de l'un par l'autre, devaient engendrer des générations de frères ennemis. Car ils sont partout, ces frères ennemis : dans les familles, les corps de métier – les artistes ne faisant pas exception –, les rangs politiques, religieux, économiques. Partout, comme une obsession, le rituel du syndrome s'installe, avec ses corollaires, goût du pouvoir, jalousie, incompréhension, intolérance.

J'exagère à dessein. Néanmoins, cette journée se déroulait, les grandes gueules y allant de leurs commentaires, les autres, muets, subissant les flots de paroles, chacun levant la main pour les votes, ajoutant ainsi sa petite voix au changement.

Je ne me rappelle pas avec précision les interminables discussions à l'origine de ces retrouvailles. C'est après mon entrée à la SSE que j'ai appris l'ancien divorce des écrivains. Moi qui croyais alors naïvement que les mots rassemblaient ceux qui s'y adonnaient, je découvrais sinon avec tristesse, du moins perplexité, que dans le verbe couvait l'animosité de ces frères ennemis que peuvent devenir les écrivains. Etant nostalgique mais non tournée vers le passé, je présumais qu'un jour nous nous rassemblerions. Peu à peu, l'idée germait. Nous en parlions de-ci de-là. Rien d'officiel. Puis le sujet fut soumis en séance de comité, élargie bientôt au président du Groupe adverse. J'insiste sur «adverse», ainsi que m'avaient toujours été présentés *les autres*. Ces autres dont certains m'étaient proches.

Au début de ces rencontres avec *les autres*, je me disais qu'enfin les frères ennemis se parlaient. C'était seulement la tête. Dans les rangs des troupes, la méfiance était de rigueur. Dès lors, attentive à ces hostilités qui couvent entre frères de la même espèce, j'observai, avec une réelle consternation cette fois et un sentiment d'impuissance, le phénomène qui se répète depuis que l'homo sapiens se déchire dans les bras de sa mère Gaïa. Frères ennemis au nom de Dieu le plus souvent, parce que l'individu qui revendique son autonomie est incapable d'embrasser vraiment la liberté. Celle-ci est une prison personnelle, austère, exigeante, difficile à endosser. Le plus souvent, l'être humain a besoin de béquilles pour supporter son existence; les inatteignables déités qu'il s'est créées au cours de l'histoire lui apportant une morale occulte en guise de structure intérieure. Du même coup, il va exécrer son frère, le combattre, l'annihiler à l'ombre de ces dieux versatiles. En ce 12 octobre, se profilaient dans mon imaginaire les guerres de religion, l'Inquisition, le massacre des Indiens, ces cousins qui vivaient autrement. Parmi les plus douloureux et vains combats auxquels je fus confrontée, celui de la terre sacrée, Palestine éclaboussée du sang de ses enfants. Arpentant les territoires occupés, la Jordanie, Israël, je ne sentais pourtant qu'une seule et même énergie. Et la haine, incompréhensible pour moi. C'est en Israël que je songeai encore à mes frangins de plume : que ne s'unissent-ils pas, tous, afin d'instaurer la paix ? J'avais compris le poids des mots.

Pourtant non. Chacun pour soi, pour sa colère, son narcissisme, ses possessions, pour affirmer qu'il a raison, que les autres sont des abrutis, des iconoclastes, des inférieurs, des méprisables. Au sein du microcosme de la SSE, je ne pouvais m'empêcher de voir l'exacte réplique des drames qui ensanglantaient la planète, une sombre dynamique éternellement répétée. Aujourd'hui : Inde–Pakistan, guerres claniques en Afrique, ex-Yougoslavie, ex-URSS, tous les autres pays déchirés où je n'ai pas mis les pieds.

Il fallut du temps, de la patience, l'acharnement de quelques-uns, déterminés à rassembler le troupeau éparpillé dans les limbes d'une ancienne désunion pour en arriver à ce jour du 12 octobre. Moment historique. Pour moi, plus observatrice qu'actrice depuis plusieurs années, l'instant était chargé d'émotion : si un groupe d'écrivains égocentriques parvient à dépasser le syndrome de Caïn et Abel, alors il est certain qu'ailleurs, là où trop de frères ennemis permettent à leurs vies d'être englouties par les rancœurs et les acrimonies, il est certain qu'un jour ils se réveilleront dans la lumière. Euphémisme pour éviter le terme «paix» qui n'a plus de sens.

Vœu pieux ? Sans doute, je n'ai guère d'illusions concernant l'intelligence de l'homme. Néanmoins, assistant à l'incroyable réconciliation du 12 octobre, je me répète qu'ailleurs aussi, c'est possible.

Il faut bien croire, n'est-ce pas, à quelque chose ?

Jean-Bernard Vuillème

Plus qu'une étiquette

Il serait exagéré de dire que le Groupe d'Olten a joué un grand rôle dans ma vie intellectuelle. Je l'ai plutôt vécu comme un signe identitaire dans mon activité d'écrivain, un camp choisi qui me semblait correspondre à la nécessité de me situer au-delà de ma démarche littéraire individuelle. En principe, je suis donc un homme de gauche. Suis-je vraiment un homme de gauche ? Cette interrogation, nullement obsessionnelle, existait dès mon adhésion en 1983. J'en trouve une trace dans mon *Journal*, et c'est, je dois le dire, une des rares mentions que j'y ai fait du GO. Je n'ai jamais disposé de structures idéologiques assez bien ancrées dans le cerveau pour devenir un militant. Adhérer au GO ne consistait pas seulement à me situer face à une idéologie bourgeoise (camp bien plus vaste à mes yeux que les limites définies par des noms de partis politiques), c'était encore postuler que la littérature elle-même, selon mon expérience de lecteur aussi bien que d'auteur, offre des champs d'exploration que ne parcourent jamais les conservateurs dans le monde des lettres, qu'ils soient de gauche ou de droite. Les écrivains suisses que j'admirais ou que je respectais le plus (mais sans exclusive) faisaient plutôt partie du GO que de la SSE.

Quand on a été éduqué par une mère qui élevait deux enfants avec moins de cinq cents francs par mois, on n'a guère besoin d'opérer un choix idéologique. On sait d'expérience qu'il existe des classes sociales, des gens qui se fatiguent en vain et d'autres qui les fatiguent avec profit, mais on se méfie de raccourcis comme *le peuple* et de ses conceptualisations idéalisées et des gens qui croient pouvoir parler en son nom. On sait d'où l'on vient et cela crée parfois un devoir dans le métier d'écrire. De ce point de vue, adhérer au GO représentait pour moi un engagement à ne pas l'oublier. Combien de membres du Groupe d'Olten sont-ils issus, comme on dit, de milieux populaires ? Une telle statistique n'a sans doute jamais été établie et cela vaut mieux. Rien ne serait plus grotesque que des gens acharnés à vouloir brandir quelque label de pureté dans ce domaine, ce serait à vrai dire aussi ridicule que ces filles et ces fils de grands bourgeois tourmentés d'avoir toujours pété dans la soie et dont la seule ambition, dirait-on, en attendant l'héritage, consiste à devenir des pauvres un peu trop fiers de leur sort.

«Mes origines sociales, écrivais-je en 1983, m'éloignent par une sorte d'hygiène morale innée de toute tentation politiquement bienpensante.» Mais je ne me sentais nul devoir d'aller défendre la veuve et l'orphelin et je restais loin de sacraliser l'univers des gagne-petit. En fait, avant d'adhérer au Groupe d'Olten, je ne crois pas avoir jamais manifesté d'appartenance à quelle gauche que ce fût, mais ce que j'écrivais, et aussi probablement ma manière d'être, faisaient que les gens me situaient à gauche. A l'époque, un recueil de nouvelles que je venais de publier m'avait par exemple valu quelques lignes plutôt élogieuses d'un critique très conservateur, inscrit de longue date au parti radical. Il tempérait son enthousiasme en notant «qu'une génération et plus encore au plan des idées» nous séparait. Quelles idées? Il ne le disait pas. Et donc il sous-entendait, et ce sous-entendu me rejetait dans une gauche indicible, probablement anarchiste et dangereuse. Cela m'avait étonné parce que je n'avais pas conscience que ce livre pouvait véhiculer des idées politiques. Ce n'était qu'une vision du monde et de notre destinée exprimée dans des nouvelles assez brutales, burlesques et mâtinées d'absurde. Cela m'avait étonné, mais pas indigné. Comprendre soi-même ce que l'on fait en écrivant est déjà si incertain qu'il serait insensé d'exiger le même entendement d'un lecteur. Je ne pouvais d'ailleurs pas prétendre écrire dans un hebdomadaire politiquement très connoté, comme *Tout va Bien*, et venir prétendre ensuite que l'on me collait abusivement des étiquettes. «Plutôt que d'être de gauche, notais-je toujours en 1983, dans mon *Journal*, je laisse dire que je le suis.» Cela m'avait donc paru assez naturel que Jeanlouis Cornuz, dont l'engagement politique est d'une autre qualité que le mien, m'invite un jour à adhérer au Groupe d'Olten. Et c'est bien la seule fois où je me suis rangé «à gauche» par décision personnelle, volonté d'adhésion, plutôt que d'endosser l'étiquette. Et j'ai toujours été persuadé, pendant ces années-là, de l'importance symbolique et politique que revêtait pour un écrivain son appartenance au GO dans un pays considérant tout intellectuel critique comme un suppôt de Moscou, fichant jusqu'au délire et frappant à divers niveaux, de manière occulte, d'interdiction professionnelle.

Je me suis senti à l'aise au GO. J'y ai rencontré des gens dont je me sens proche en tant qu'écrivain et en tant que citoyen. Jamais je n'ai douté d'être entré dans la bonne maison. Mais cela ne m'a rien coûté d'adhérer à la nouvelle société des écrivains, dont j'éprouve cependant quelque difficulté à écrire le nom, surtout le premier mot. Le danger n'est plus de se trouver muselés et poursuivis par une administration délirante, mais d'être détruits par une machine économique dont le programme de performance intègre peut-être des auteurs, mais pas la littérature. Nous ne risquons plus la censure, qui concède au moins une prise en considération par la peur, nous risquons la mise à l'écart comme épiphénomène non rentable. La dissolution du Groupe d'Olten et de la Société Suisse des Ecrivaines et Ecrivains en vue de constituer une société unique ressortait de l'évidente nécessité. Il s'agit moins de se demander aujourd'hui si nous sommes de gauche ou de droite que de prendre conscience ensemble de la commercialisation absolue du texte réduisant nos écrits à l'attrait le plus éphémère d'un produit de consommation formaté selon les publics et les supports, audacieux selon les goûts du jour, coupé de toute idée de durée, de rupture comme de continuité, ce qui équivaut bien à la condamnation à mort de la littérature.

Elisabeth Wandeler-Deck

Die GO als eine Einladung zu einer Tischgesellschaft

Je sais bien, mais quand-même ... die Buchstaben, die Wörter. Wörter legen Gebräuche fest, sind Gebrauchsgegenstände. Ich weiss. Aber dennoch ... genauso gut können sie in Gebräuche eingreifen durch ihren unordentlichen Einsatz. Und Festgefügtes öffnen, damit sich reichere Räume bilden. Zu mehreren Aussagen verhelfen. Indem wir zu einander sprechen, indem wir, wie Eva Meyer sagt, eine Tischgesellschaft, die eine Öffentlichkeit sein könnte, bilden. «Doch nicht im Gegensatz zum Privaten. Weil eine Tischgesellschaft das Private selbst veröffentlicht, dadurch dass sie es in Gesellschaft bringt.»[1] G, O, Anfangsbuchstaben und Buchstaben eines Beginnens mit, sie liegen im Mittelfeld des Alphabets, das wir brauchen, wenn wir französisch italienisch englisch romanisch albanisch deutsch finnisch spanisch ungarisch schreiben aus den Sprachen schreiben, in die wir so oder so geraten sind, ein Alphabet von Z nach A zufällig über D oder G oder wie auch und gerne über rollendes oder geriebenes, verschlucktes kaum mit dem Gaumen oder der Zunge erkanntes R in ein Ohr, das reicht. Es reicht, wie jede und jeder sagen mag von A bis Z und in ein Enden aus einem Beginnen, und dann ist die Geschichte aus. Nein, nicht auserzählt. Das nicht, nein. Von G nach O ausgespannt und breit gemacht als ein Tisch, an den ich mich zu setzen begann, mit meinen Buchstaben, ich stelle mir den Tisch vor, lang genug, auch nicht zu breit, um mich daran zu setzen, hinzuzusetzen, ja, was mir erlaubt war, wie jedem und jeder mit genügend öffentlich gemachten Buchstaben, so wurde sich zu vergnügen möglich. Mit jenen, die schon da waren, mit jenen, die dazukamen. Vom Widerspenstigen zu reden. Von den Ordnern?

1   Eva Meyer, *Tischgesellschaft*. Stroemfeld/Nexus, Basel und Frankfurt am Main 1995.

Von wem und dem und dem gerade sehr Wichtigen und Brennenden zu reden? Die GO, eine Übungsanlage im Widersprechen. Und zu fragen. Widerständig widerspenstig sein wofür wozu und ob das reicht. Manchmal reicht es. Darf das gesagt werden, es darf, hält der Tisch. Was er verspricht. Er – versprach, muss jetzt gesagt werden – spannte den Abstand auf, den jeder und jede braucht, damit Schweigen und Sprechen ansetzen kann. So sagte ich manchmal etwas und hielt mit manchem zurück. Als ich mich dazuzusetzen weiterhin begann und dieses mich Hinsetzen und Dabeibleiben begann und sogar in den Vorstand gewählt wurde. Ja, gerade das Vorstehen, eines Vorstands, es findet durchaus im Sitzen statt und im Reisen und Besuchen von Sitzungen, im Auseinandersetzen und Zustimmen und Ablehnen, da geht es dann um Stimmen, laute, raue, süsse Stimmen. Gestimmte, verstimmte Sätze an Tischen. Zum Glück kann zwischendurch ein Reisgericht, Fisch- oder Fleischgericht gegessen werden auch ein gemischter Salat und etwas dazu getrunken auch.

So könnte man jetzt von den Stammtischen zu reden beginnen, die ein alter Brauch sind vielerorts in Bern oder Yverdon nicht in Zürich manchmal in Zürich oder Aarau vielleicht in Basel und um einen runden Tisch in Kneipen eingerichtet werden oder als eine Bar in Lugano sich in die Länge dehnen und auch von diesen oder jenen aus einer Umgebung heraus, die auch eine Sprechsprache ist, eingerichtet wurden.

Was soll da auf einmal der Gedanke an Stämme, das ist eine andere Sache, um die es auch gehen konnte um die es ging in Ansätzen und die ich schätzte denen ich misstraute die ich manchmal zu vergessen vorzog, nein, das konnte ja nicht angehn, dass es sich bei der Tischgesellschaft um Stammesmitglieder handelte an diesem bestimmten Tisch mit einer Länge G und einer Breite O. Falls das ein Mass ist.

Um im Widerspruch zu bleiben, so, dass ein Text entstehen kann, den einer, eine schreibt und ihm eine Überschrift gibt. Und eine Öffentlichkeit entsteht aus eigenen und eigentümlichen Büchern. Ja, schon sind es manche Wörter schon sind sie da, in meine Gedanken geraten und habe eben einen Fisch gekauft, der Zander heisst und eine andere Einladung ist, sich zu Tisch zu setzen.

Das Redebedürfnis wurde grösser und grösser und drängte zur Äusserung und wenn diese im Dazutreten und im Verlassen der Tischgesellschaft bestand. Auf eine Gefahr hin und mochte man nicht schweigen. Wir kennen das, auch, und einen oder die andere, manche jedenfalls beziehen sich gerne auf diese Merkzahlen, Jahreszahlen, die zu den Wörtern, den Buchstaben treten, so dass eine Vergangenheit plötzlich da ist. Angesagt ist. Aber auf verlorenem Posten und wer auf diesem Posten oder was, kann das gesagt werden? Wie auch. Und was mag das heissen, auf verlorenem Posten. Einer Tischgesellschaft, war das Familie. Die ruft. Was gelang was nicht gelang nämlich, in eine Eifersucht hinein geliebt, eine Familie zu werden. Musste das sein. Hätte das gelingen müssen. Gewiss nicht, wenn auf dem Tisch liegt, das angeht. Und eine, einer die Wahl hat. Und ein Standpunkt ein Durchgang mitzudenken ist. Der angeboten war und eine Stelle bezeichnete demokratischer Sozialismus. Der Tisch ein Angebot. Ich nahm mit Vergnügen an. Was auf der Hand liegt, dass es genügte und nicht genügte. Und ich mich manchmal begnügen mochte daran zu denken, wie einiges von dem, was angeht, auf dem Tisch gut aufgehoben vorlag. Ich weiss ja. Ja, dennoch. Das hatte ich mit der Tischgesellschaft gemeinsam. Dass ich so vergnügt dem schwierigen Andern des Schreibens nachgehen konnte, das ein Schieben und Herumschieben von Sprache ist, bis eine Arbeit getan sein mag, da ja der Tisch als G mit O bestand und diese Angelegenheit der Tischgesellschaft vertrat.

Verlassen der Tischgesellschaft – was wir jetzt alle tun. Jetzt, da beschlossen wurde, diesen einen Tisch mit G und O im Namen und einer Dehnung von A nach Z und einer Zeit von damals nach später aufzuheben. Und eine andere Tischgesellschaft als eine weitere Autorinnen-, Autorengesellschaft sich zu finden ansetzt.

Manfred Züfle

Was mir die Gruppe Olten bedeutete

Die Gruppe Olten war für mich nicht Heimat – warum auch? –, aber sie war mir immer ein *Ort*, Ort in einer *Geschichte*.

*

Schon die Entstehung der GO bezeichnete politisch klar einen Ort für Schriftstellerinnen und Schriftsteller und signalisierte damit – weit über die Eigeninteressen einer bestimmten Gruppe hinaus –, was intellektuell nicht möglich sein darf in diesem Land. Ich sage bewusst *intellektuell* und nicht moralisch. Moralische Empörung über ein bestimmtes Verhalten eines «Kollegen», das von einem in seiner Geschichte offenbar unsensibel gewordenen Verband nicht desavouiert wurde, hatte zwar zu Austritt und Protest geführt. Das war nötig. Die kleine Gruppe der Ausgetretenen ging aber einen Schritt weiter, traute sich zu – man kann es nicht anders sagen –, sich selbst zu gründen. Sie schuf damit einen öffentlich deklarierten intellektuellen Ort – ein in der Schweiz nicht gerade üblicher Akt.

«Die Schweiz», die mehr oder weniger offizielle, und die, die immer wieder genau wissen (und immer schon wussten), was die Schweiz ist und zu sein hat, misstrauen den «Intellektuellen» mehr als andernorts, vor allem wenn solche (und SchriftstellerInnen wären überall «solche») sich zusammenschliessen. Die GO war, ob sie nun den «Sozialismus» wollte (oder später dann nicht mehr offiziell wollte), grundsätzlich Fichen-würdig. Lassen wir das. Nicht die Programme waren politisch, auch nicht deren Veränderung im Verlauf der Zeit, der Ort war es, der scheinbar unsinnigerweise «Gruppe Olten» hiess.

*

Programme aber standen während der ganzen Geschichte der GO nie im Zentrum. Literarische Programmatik gar kam nie über Ansätze hinaus, nie setzte sich irgendein literarisches Credo durch, etwa für eine «littérature engagée» (oder ihr Gegenteil). Andererseits war die GO auch nie so etwas wie eine Gruppe 47, zu der nur gehören konnte, wer dem selbst geschaffenen und immer wieder neu geraunten Mythos entsprach – bis der Mythos nicht mehr stattfand. Das war vielleicht das Wohltuendste an der GO, dass man/frau sich grundsätzlich nicht literarisch auf die Finger schaute. Absolut konsequent verbat man/frau sich, nach irgendwelchen obskuren Kriterien der Qualität aufgenommen zu werden, das einzige Kriterium war und blieb der urheberrechtliche Anspruch. Man/frau entschied sich selbst, in diesen Verband, in diesen Ort einzutreten.

Die Geschichte der GO war vielleicht am denkbar weitesten von dem, von irgendeinem Mythos entfernt, den man ihr allenfalls von aussen anzudichten versucht sein mochte. Das war für mich persönlich wohl sogar das entscheidende Motiv, mich in ihr auf Zeit als eine Art «Apparatschik» überhaupt engagieren zu können. Denn es ging (in dem, was man Verbandsarbeit nennen könnte) um sehr nüchterne Dinge, um diese allerdings umso bestimmter. Es ging um die Wahrung durchaus professioneller Interessen (die hier nun nicht noch einmal aufgezählt werden müssen), aber dies geschah immer im höchsten Grade explizit im kulturpolitischen Kontext erstens der Schweiz und zweitens in den immer wichtiger werdenden europäischen Zusammenhängen.

Genau dieses nüchtern politischen Gehalts des Orts, den die GO einnahm, war man/frau sich (mehr oder weniger) schon bewusst, auch wenn andere Motive zunächst dazu geführt haben mochten, Mitglied der GO (und z. B. eben nicht des SSV) zu werden.

*

Man kann mir – durchaus zu Recht – vorwerfen, ich treibe die Nüchternheit nun doch etwas gar weit. Es war ja auch immer wieder mal schön (und manchmal auch ärgerlich), in der GO zu sein. Ich weiss (und wusste es immer zu schätzen als eine Art spezifische Lebensqualität für mich als Autor), dass ich in der GO Bekanntschaften und Freundschaften hatte, die ich sonst nicht gehabt hätte. Und gerade dies war vielleicht auf eine Weise dann doch das Zentrale. Das aber, scheint mir, war gerade deshalb möglich, weil man/frau schon immer mindestens von einander wissen konnte, was für eine(n) kulturschaffende(n) «Intellektuelle(n)», für eine(n) AutorIn, für eine(n) SchriftstellerIn *keinen* Platz haben konnte an diesem Ort namens Gruppe Olten.

*

Die Geschichte der Gruppe Olten ist jetzt vorbei. Sie hat damit keineswegs ihre Bedeutung verloren. Die Gründung eines neuen Verbandes (und das dabei durchaus verbindlich Geäusserte), des AdS, der Autorinnen und Autoren der Schweiz, macht klar, dass diese AutorInnen auch in Zukunft nicht darauf verzichten werden, nicht darauf verzichten *wollen*, Ort (und nicht bloss ein wenig Platz) zu haben.